Bernhard Mack (Hrsg.)

CoreDynamik

Wege zum Kern

CIK UnternehmerBeratung GmbH
St. Ottilien-Str. 8 · D-82299 Türkenfeld

Ausführliche Informationen zu weiteren Titeln von Bernhard Mack sowie zu jedem unserer lieferbaren und geplanten Bücher finden Sie im Internet unter **www.junfermann.de** – mit ausführlichem Infotainment-Angebot zum JUNFERMANN-Programm.

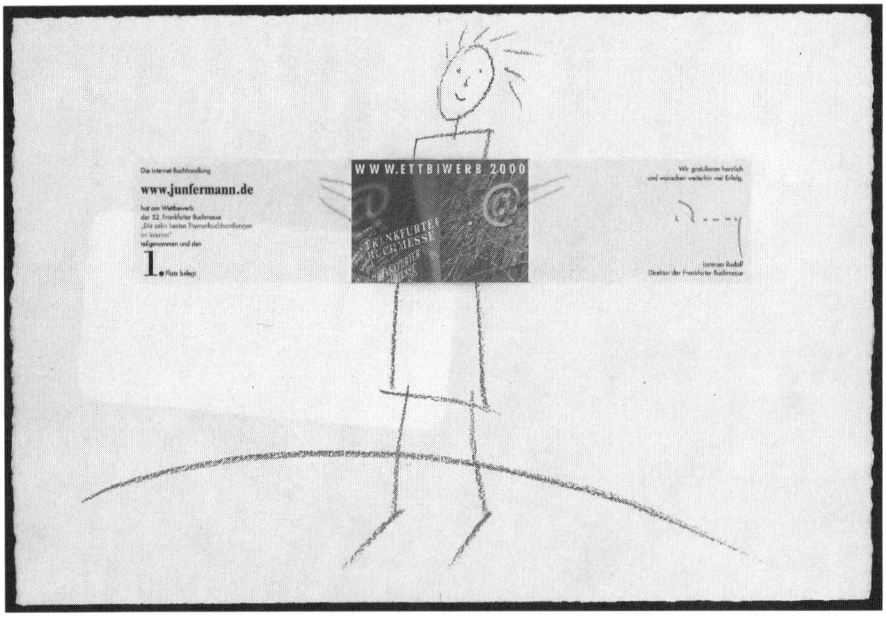

www.junfermann.de: 1. Platz im Wettbewerb „Beste Themenbuchhandlung im Internet"

Bernhard Mack (Hrsg.)

CoreDynamik

Wege zum Kern

Junfermann Verlag · Paderborn
2001

Cover-Abbildung: Dr. Gerhard Mayer

Satz: JUNFERMANN Druck & Service, Paderborn
Druck: Media-Print Paderborn

Die Deutsche Bibliothek – CIP-Einheitsaufnahme
Mack, Bernhard:
CoreDynamik: Wege zum Kern. / Bernhard Mack. – Paderborn: Junfermann, 2001
ISBN 3-87387-405-9

ISBN 3-87387-405-9

Inhalt

Für

Reinhard Schimmelpfeng

und

Heinz Stark

in Freundschaft

Dank und Vorwort

Dieses Buch richtet sich an Menschen, die die Landkarte ihrer Persönlichkeit und ihres Inneren verfeinern und neuere Ansätze in der Psychologie kennenlernen wollen. Es berichtet über Erfahrungen, die zahlreiche Menschen auf ihrem Weg zu sich selbst gemacht haben.

Es richtet sich speziell an TrainerInnen, TherapeutInnen, LehrerInnen und Coaches, die ihre Methodik in Trainings und Therapien vertiefen und differenzieren sowie neue Wege im „Begleitungsberuf" gehen wollen. Ebenso sind Personalverantwortliche, Führungskräfte und Manager angesprochen, die sich über neue Erkenntnisse der Intuitionsforschung und neue Trainingskonzepte in der Personalentwicklung informieren wollen.

Diese neuen Wege haben die hier versammelten Autoren in den letzten 10 bis 30 Jahren entwickelt, erprobt und evaluiert. Wir nennen diesen hier vorgestellten Weg CoreDynamik.

CoreDynamik ist eine Methode, mit der wir einerseits ganzheitlich-intuitiv und andererseits analytisch-systematisch den Weg zu einer erfüllenderen Erfahrung des Lebens gehen, im Beruf wie auch im Privatleben.

Körper, Geist und Seele werden als ein Geschehen betrachtet, das in einem systemischen Bezug zu sozialen, wirtschaftlichen und ökologischen Prozessen steht. Inhaltliche Fragestellungen und Denken sind ebenso bedeutsam wie Gefühle, Beziehung, Körperausdruck und intuitive Prozesse.

Die Methode der CoreDynamik wurde von *Dr. Bernhard Mack* in den achtziger Jahren entwickelt und seit Gründung des Instituts im Jahre 1991 im Austausch mit *Dr. Helmut Volk-von Bialy* und den weiteren Dozenten, Mitarbeitern und Studierenden des Instituts ausdifferenziert.

Das CoreDynamik Institut baut seit Jahren ein Netzwerk von Menschen auf, die den Weg zur Seele gehen und sich dabei mit Gleichgesinnten zusammenschließen und so ein neues professionelles Selbstverständnis als TrainerIn, LehrerIn, TherapeutIn oder Coach verwirklichen.

Inzwischen besteht ein europaweites Netz von TrainerInnen, Coaches, Therapeuten und AusbildungsteilnehmerInnen, die an der Weiterentwicklung der Methodik arbeiten.

CoreDynamik integriert die Ansätze der Gestalttherapie, der Integrativen Therapie, der Transaktionsanalyse, des NLP, der Musiktherapie, des Psychodramas und der Rollenspielpädagogik, der Organisationsentwicklung, der Körper- und Bewegungsarbeit und der transpersonalen Psychologie zu einem ganzheitlichen lernprozess-orientierten Verfahren.

Zuerst entwickeln sich menschliche Wachstumsprozesse langsam und stetig. Unser Lernweg führt durch die Aufarbeitung unserer persönlichen Geschichte. Wir erfahren unsere Grenzen und unser Festhalten an alten Strukturen. Während wir uns von den Randschichten der Persönlichkeit über die Intuition zum Kern (Core) vortasten, entsteht die Möglichkeit zu einem Sprung in eine neue Dimension unserer Bewusstseins- und Lebensmöglichkeiten.

Wir erfahren unterschiedliche Wirklichkeitsebenen, können lernen, uns für Wellen neuer Information und Entwicklung zu öffnen und auf diesen zu surfen. Dabei geschieht Wachstum langsam und in Sprüngen.

Ich gebe Ihnen einen Kurz-Überblick über die Inhalte dieses Buches:

In der Einleitung stellt *Ingo Jahrsetz* das Aufkommen des Transpersonalen in der Psychologie in einen gesellschaftlichen und wissenschaftshistorischen Zusammenhang und begründet, wie notwendig diese Entwicklung zu einem neuen Paradigma für uns Menschen ist.

Im ersten Hauptteil stellt *Bernhard Mack* die konzeptionellen Grundlagen der CoreDynamik und ihre didaktische Begründung dar. Dieses Kapitel ist eine Reise durch die Psychologie der letzten Jahrzehnte und ermöglicht ein Grundverständnis eines ganzheitlichen Menschenbildes, in dem der Mensch als Wesen mit Leib und Seele verstanden wird. Die Möglichkeiten werden umrissen, tiefste Horizonte der Selbst- und Welterforschung zu entdecken.

Im zweiten Hauptteil geht es um die praktische Umsetzung der theroretischen Grundlagen. Praktiker aus verschiedenen Berufsfeldern schildern ihre Erfahrungen, Übungen und Ideen vor dem Hintergrund ihrer jeweiligen feldbezogenen Konzepte. Der Herausgeber hat die Reihenfolge der Aufsätze so gewählt, wie die jeweiligen Themen im Curriculum der CoreDynamik im Laufe des Prozesses an Bedeutung gewinnen. So werden z.B. zuerst die individuellen Kontaktthemen (Kontakt des Einzelindividuums zu sich und zu anderen) behandelt, bevor die Paardynamiken und schließlich die Gruppendynamik zum Thema werden.

Dann folgt die Arbeit in Institutionen und anderen großen Systemen und zuletzt wird die Frage nach der Umsetzung in die Alltagspraxis, die den gesamten zweiten Teil durchzieht, noch einmal gesondert thematisiert. Das Buch beschreitet also einen Weg mit wachsenden Kontexten und zunehmender Komplexität.

- *Astrid Gude* führt uns ein in die wesentlichen Dimensionen einer hilfreichen Begleitung auf dem Weg zu unserem Selbst. Die Fragen, wie sich TrainerIn oder

TherapeutIn klar, prägnant und stützend in die Beziehung zum jeweiligen Gegenüber eingeben kann, werden diskutiert.

- *Jeanette von Bialy* und *Helmut Volk-von Bialy* zeigen uns dann das Grundhandwerkszeug in der Arbeit mit Einzelnen: den Kontaktzyklus und die Kontaktfunktionen. Diese Konzepte haben sich seit vielen Jahren in der sogenannten Gestaltarbeit in der Praxis bewährt und werden hier zusammengefasst.
- Die erweiterte Beschäftigung mit sich selbst, den eigenen Ausdrucks- und Kontaktmöglichkeiten, wird in dem Aufsatz von *Karin und Volkmar Dittmer* beschrieben. Über das Medium der Musik, unserer Stimme und des Klangs im allgemeinen können wir uns neue Tore der Kontakts und der Kreativität eröffnen. Dies dient der privaten Alltagsbewältigung ebenso wie der Verbesserung von beruflichen Führungsqualitäten.
- Neben der Musik ist noch ein weiteres Medium für den Entwicklungsprozess hilfreich: das Wasser. *Maria Roszkopf-Niel* und *Hubert Roszkopf* bringen als öffnendes und entspannendes Element das Wasser ein. Sie skizzieren Möglichkeiten, wie die Methode der CoreDynamik in der Arbeit im Wasser an weiterer Tiefung gewinnen kann.
- *Doris Müller* führt dann in die Arbeit mit einem weiteren Ausdrucksmedium ein: das Theater. Gleichzeitig schreiten wir mit diesem Aufsatz zur Arbeit mit Paaren weiter. Die Autorin und Trainerin nutzt als wesentliche Unterstützung für die Arbeit mit Paaren den Mythos, die archetypischen Bilder von Paaren. Sie skizziert einen typischen Seminarverlauf, wie er Paaren ihre Beziehungsdynamik verdeutlichen und ihre Kontaktmuster erleichtern kann.
- Die Arbeit mit Paaren wird dann von *Bernhard Mack* auf eine weitere Tiefungsebene geführt. Mit Hilfe von Ritualen und Atemarbeit eröffnet dieses Konzept Einzelnen und Paaren die Möglichkeit, ihre Muster zu sehen und neu zu entwerfen.

Im nächsten Schritt wird die Ebene der Gruppe eingeführt:

- *Michael Wilmes* erläutert ein Konzept zur Konfliktbewältigung, das auf dem Hintergrund einer Win-Win-Vorstellung beiden Konfliktpartnern Nutzen bringen kann.
- Die Phasen einer Gruppenentwicklung werden anschließend von *Helmut Volk-von Bialy* erläutert. Er stellt uns aus seiner jahrzehntelangen Erfahrung als Gesprächs- und Gruppenleiter ein äußerst differenziertes Handwerkszeug zur Verbesserung von Interaktionen zur Verfügung. Er nennt diese schlichten, aber sehr wirksamen Handreichungen zu Recht „Wege zur Dialogfähigkeit“.
- *Bernhard Mack* stellt sodann die Ethik und Praxis der coredynamischen Gruppendynamik im Zusammenhang einiger Übungen vor und erläutert den Prozessablauf einer auf Raum- und Gruppenebene konzipierten systemischen Familienaufstellungsmethode.

- Anschließend stellt er die Trainingskonzepte der CoreDynamik für Coaching und Managementtraining in den Zusammenhang der sogenannten „Tiefungsebenen“ und erläutert, unter welchen Lernvoraussetzungen welche Schritte möglich sind.
- *Helmut Volk-von Bialy* präsentiert uns schließlich einen besonderen Leckerbissen, sein Lernsystem 288. Es ist das Modell eines dreidimensionalen Lernraumes, mit dessen Hilfe man schrittweise lernen kann, sich in den neuen Anforderungen an Dynamik, Komplexität und kooperativer Interdependenz zurechtzufinden.
- Der Aufsatz von *Gerhard Mayer* stellt unsere Forschungen noch einmal in einen übergeordneten Zusammenhang und begründet, inwieweit der hier vorgestellte Weg eine Mittelstellung zwischen traditionellen Ansätzen und außergewöhnlichen, schamanischen Heil- und Trainingsmethoden genannt werden kann.
- Zur Integration der Erfahrungen ist dann die Arbeit von *Yvonne Ats* zu lesen. Sie stellt am Beispiel von Gartenarbeit die Möglichkeiten dar, wie die Lernerfahrungen in den persönlichen und überpersönlichen Tiefen und Höhen in den Alltag integriert werden können.

Im dritten Hauptteil referieren wir die meist wörtlichen Berichte und Zitate von SeminarteilnehmerInnen. Entsprechend dem Handlungsforschungsansatz gelten wörtliche Aussagen von TeilnehmerInnen als die wichtigste und praktischste Quelle zur Evaluation eines Prozesses. Aus Hunderten von Seiten eigener Mitschriften unsererseits und schriftlichen Berichten der TeilnehmerInnen haben wir aus Gründen der Lesbarkeit diese Erfahrungsberichte ausgewählt, ohne jedoch an den Formulierungen oder an der Verschiedenartigkeit des Stils etwas zu verändern. Lediglich die Namen wurden verschlüsselt. Die Namen der BegleiterInnen wurden aus den wörtlichen Berichten unverändert übernommen.

Ein kurzer Ausblick über geplante Forschungsvorhaben schließt das Buch ab.

Lesefahrplan

Ich schlage Ihnen verschiedene Lesemöglichkeiten vor:

Wenn Sie sich hauptsächlich für die Fragen von praktischen Trainings im beruflichen Alltag interessieren, dann beginnen Sie am besten im Hauptteil 2 bei den Kapiteln 2.8, 2.10 und 2.11.

Wollen Sie vor allem etwas über Arbeitsmöglichkeiten mit Einzelnen erfahren, beginnen Sie mit den Kapiteln 2.1, 2.2 und 2.3. An Paararbeit Interessierte können direkt mit den Kapiteln 2.4 und 2.5 beginnen.

In allen Fällen ist es möglich, die ausführliche Einführung im ersten Hauptteil erst später zu lesen. Die Einleitung von *Ingo Jahrsetz* und das Kapitel von *Astrid*

Gude sind sehr gute Orientierungen auf der Landkarte der Lernprozesse, um die es hier im wesentlichen geht.

Es ist auch möglich, direkt mit der exemplarischen Lernprozessbeschreibung von *Leiter*, *Moos* und *von Bothmer* zu beginnen. Sie geben einen umfassenden Überblick, was die Themen des gesamten Buches anbetrifft.

Um Wiederholungen zu vermeiden, musste an zahlreichen Stellen auf meine bisherigen Bücher verwiesen werden. Letztlich stellen alle fünf Bücher zusammen das System der CoreDynamik dar, und die meisten praktischen Übungen sind in den anderen Büchern ausführlicher dargestellt. Um das Zitieren lesbar zu gestalten, werden meine Bücher mit folgenden Abkürzungen benannt:

- „Der Liebe einen Sinn geben" (Simon & Leutner 1996) erscheint als „*Der Liebe Sinn*",
- „Rituale alltäglichen Glücks" (Junfermann 1997) wird zitiert als „*Rituale*",
- „Kontakt, Intuition & Kreativität" (Junfermann 1999) wird genannt „*Kontakt, Intuition*",
- „Führungsfaktor Menschenkenntnis" (mi 2000) wird abgekürzt zu „*Menschenkenntnis*".

Dank

Ich freue mich über das Gelingen unseres Gemeinschaftswerks und danke vor allem den beteiligten Autoren und Autorinnen. Wir sind alle als Freunde, Forscher, Trainer und Therapeuten miteinander verbunden und legen hiermit eine Zusammenfassung unseres Lernens vor.

Speziell möchte ich *Helmut Volk-von Bialy, Astrid Gude, Rutger von Bothmer* und *Ingo Jahrsetz* danken, die das Manuskript mehrmals durcharbeiteten und deren Anregungen ich gerne aufgenommen habe.

Die Grafiken hat *Markus Nies* erstellt, *Sabine Chandrika Soto* hat das Manuskript mehrmals überarbeitet und druckfertig gemacht und *Gottfried Probst* vom Junfermann Verlag hat unser Projekt von Anfang an mit Wohlwollen unterstützt.

Ohne die TeilnehmerInnen unserer Trainings jedoch wäre dieser Bericht nicht möglich gewesen. Sie haben sich geöffnet, ihre intimsten Erfahrungen zur Verfügung gestellt und zur Veröffentlichung freigegeben. Dadurch erhält dieses Buch erst seinen realistischen Charakter. Ihnen allen sei herzlich gedankt.

Freiburg, im September 2000
Bernhard Mack

Einleitung: Das Auftauchen des Transpersonalen in der Psychologie. Von *Ingo Jahrsetz*

Psychologie und Psychotherapie und sogar Kommunikationstrainings haben für viele Menschen etwas Anrüchiges. Konnte man vor ein oder zwei Jahrzehnten noch beobachten, wie Menschen sich heimlich vergewisserten, ob auch kein Bekannter sie vielleicht sehen könnte, bevor sie an der Praxistür eines Psychologen läuteten, so erscheint der zweifelhafte Ruf einer psychotherapeutischen Behandlung oder eines psychologischen Trainings heute subtiler; er lässt sich beispielsweise in der Frage ahnen: Habe ***ich*** eine Behandlung oder ein Training nötig? So sehr in den letzten Jahrzehnten auch Aufklärung von allen möglichen Seiten um das Phänomen der sogenannten *psychischen Krankheiten* versucht wurde, so sehr bleibt vielerorts dieser Makel doch haften: Die Krankheit der Seele oder auch nur Kommunikationsprobleme gelten im öffentlichen Leben des Westens als ein Schandfleck in der Persönlichkeit, bei den Betroffenen ist dieser meistens verbunden mit Gefühlen von *Versagen, Schuld* und *Scham,* mit *Schwäche*, die eigentlich nicht sein darf. An der Seele erkrankt zu sein oder auch nur noch etwas dazulernen müssen oder wollen, bedeutet für viele Menschen in der Öffentlichkeit auch heute noch etwas Ehrenrühriges. Das Lernen ist abgeschlossen, zumindest im psychologischen Bereich, und: Leiden darf nicht sein: Leidende Menschen schämen sich häufig oder erleben ihr Leid als eine persönliche Schuld.

Die traditionelle Psychologie behandelt Scham und Schuld als etwas, was in der Person selbst liegt, als *innerpsychisches* Gebrechen. Sie geht davon aus, dass dieses Leiden geheilt werden kann, wenn der Mensch die Balance zwischen Verantwortlichkeit und Lust in seinem Inneren wiederhergestellt hat. Bis zu einem gewissen Grade stimmt dies natürlich. Z.B. kann die Besessenheit eines autoritären Charakters von rigiden Normen auf der einen Seite, Triebüberschwemmungen oral-narzisstischer, aggressiver oder sexueller Natur auf der anderen ungeheures persönliches und soziales Leiden verursachen. Es ist das Verdienst der Psychotherapie seit *Freud,* dies erkannt und vielen Menschen auf diese Weise geholfen zu haben.

Dennoch sind zahlreiche Menschen heute von der traditionellen Psychologie und Psychotherapie enttäuscht. Denn trotz aller Bemühungen scheint das Leiden mit ihrer Hilfe kein Ende zu nehmen. Ganz im Gegenteil: Intime Beziehungen von Therapeuten und Therapeutinnen z.B. scheinen seltener zu gelingen als die von Angehörigen anderer Berufsgruppen[1]. Alltägliches Glück und Lebenszufriedenheit werden zuweilen umso problematischer erlebt, je erfahrener die Betroffenen therapeutisch sind. Gefühle von Vereinzelung, Angst, Scham und Schuld können umso intensiver und auch unauflösbarer empfunden werden. Dies gilt auch und vielleicht besonders dann, wenn die Aufmerksamkeit auf die ungelösten planetaren Probleme der Gegenwart gelenkt wird, auf Hunger, Kriege, ökologische Zerstörungen etc. Das *Leiden selbst* wird nicht überwunden. Die traditionelle Psychotherapie kann neurotische Symptomatiken bessern, sie kann jedoch das Leiden nicht heilen. Menschen, die sich unglücklich fühlen, schämen sich häufig wegen persönlicher Unvollkommenheiten, die sich offensichtlich nicht überwinden lassen. Scham und Schuld bleiben auch im Kontext psychotherapeutischer Arbeit ein häufig vernachlässigtes und ungelöstes Problem.

Leiden im Konzept der traditionellen Psychotherapie ist vor allem eine Frage von mangelnder Balance; die individuelle Mechanik scheint defekt. Die Frage, *wer das Leiden verursacht* und *wie das Leiden überwunden werden kann*, kann in diesem Kontext nur um den Preis resignativen Hinnehmens gestellt werden. *Freud* unterschied das *neurotische* vom *normalen* Leiden[2]. Dieses kann nur hingenommen werden; verursacht wird es vom Körper, von der Außenwelt und von der Beziehung zu anderen Menschen[3]. Leiden ist für *Freud* vor allem kulturell geforderter Triebverzicht: ein Tribut für eine relativ sichere Lebensumwelt.[4] Weil dieses *„normale Leiden"* so unumgänglich erscheint, wendete sich die psychotherapeutische Bewegung in der Nachfolge *Freuds*, von einigen Ausnahmen abgesehen, nur noch der Mechanik neurotischen Leidens zu. Therapeuten, die dies nicht hinnehmen wollten (wie z.B. *Wilhelm Reich*), gerieten in Misskredit oder wurden ausgeschlossen.

Verantwortlich für die Balance im Inneren der Seele wurde das *Ich* als Zentrum der Person. Das *Ich* der Psychotherapie heute kann als reif/unreif, stark/schwach gesehen werden; das *Ich* kann seine Aufgabe erfüllen oder versagen. Das *Ich* kann funktionieren oder nicht, immer geschieht dies im Kontext eines maschinellen Systems. Wenn das *Ich* sich *befreien* will, kann es das nur, indem es *gegen* etwas

---

1 Schmidbauer: Helfen als Beruf
2 Freud GW VII (Abriß der Psychoanalyse) S. 109 f.
3 Freud GW XIV (Das Unbehagen an der Kultur) S. 434
4 Freud ebenda.

kämpft. Es kann Barrieren aufrichten gegen die, die es bedrohen; Grenzen sind immer etwas, was mit Kampf und Verteidigung zu tun hat. Auf diese Weise verursacht das *Ich* immer wieder neues Leiden. Dieses kann es nur immer wieder neu ausbalancieren.

Die offene Frage der Psychologie heute bleibt: Wer ist es, der verantwortlich ist für die Krankheit der Seele, *wer* ist *schuld* am Leiden? Dass es vielleicht das *Ich* selbst ist, das die Krankheit verursacht, kann die traditionelle Psychologie nicht anerkennen; denn damit würde sie sich die Grundlage entziehen, auf der sie steht.

Wie eine Befreiung vom Leiden möglich werden konnte, war *Buddhas* Frage, mit der er seinen Weg begann. Am Ende erkannte er, dass es das *Ich* nicht gibt. Als er seine Aufmerksamkeit auf den Platz des *Ich* lenkte, wurde er gewahr, dass dieser *leer* ist. An seiner Stelle entdeckte er nur das unendliche Fließen von energetischen Formationen, Seinszuständen in sich gegenseitig bedingenden Abhängigkeiten. Diese *sind* einfach, strömend, sich anziehend, sich abstoßend in wechselseitiger Bedingtheit. Das ist alles.

Das personale *Ich* ist nichts als eine Idee im Kopf der Menschen, ein Konzept westlicher Gesellschaften. Die menschliche Ich-Identität ist ohne Substanz; sie ist *nichts*. Gelangt dies ins Bewusstsein, können die Betreffenden damit aufhören, etwas Besonderes sein zu wollen, etwas, das sie unterscheidet von allem anderen Lebendigen; Menschen werden aufhören, sich herauszuheben vor anderen Menschen. Sie werden sich nicht mehr schämen, wenn sie ihre Unvollkommenheit bemerken, sondern sie werden diese als Ausdruck einer kreativen Evolution begreifen, die Wesen aller Schöpfung ist. Sie werden *sein*: strömen, trennen, verbinden, immer wieder Neues erschaffen – *Sein* in der Synergie unendlicher Kreationen. Dabei werden sie frei sein und ohne Leiden, frei sein von Angst, Scham und Schuld.

Ich glaube nicht, dass es so etwas wie psychische Krankheiten gibt. Denn die Seele eines Menschen kann nicht krank werden. Sie ist das *Atman*, das innerste Sein; dieses kann nicht beschädigt werden. Allerdings können sich Menschen verstricken im endlosen Funktionieren und Balancieren: Das *Ich* will Unlust vermeiden, Lust gewinnen. Möglicherweise vergessen sie sich in diesen Aktivitäten selbst und verlieren ihre Seele. *Seelenverlust* ist bei den Schamanen der Welt das gleiche Wort wie Krankheit.

Der abendländisch religiösen Tradition ist der Gedanke einer *unverletzlichen* Seele fern; Gotteserfahrungen erscheinen ihr als Anmaßung, eine Überwindung des Leidens kraft mystischer Innenschau scheint unmöglich.

In der westlichen Überlieferung gibt es eine Sünde von Geburt an. Die Seele eines jeden Menschen erscheint von Grund auf „verderbt“, dem Bösen verhaftet; dies wird als der Preis der menschlichen Freiheit angesehen. Die Begleichung dieser Urschuld kann nur durch göttliche Gnade geschehen. Sie verweist auf einen transzendenten Gott als den *ganz Anderen*, der ganz woanders ist und von dort zum Menschen herabsteigt. Den Weg zurück, zu ihm ins Paradies zu gehen, hat Gott dem Menschen verwehrt. Vergebung, die Heilung der *kranken Seele*, kann in der Perspektive abendländischer Orthodoxie allein geschehen durch das *Dogma* der kirchlichen Autorität. Denn eine von Grund auf kranke Seele kann nur Krankes erfahren und vollbringen. Aus diesem Grunde brannten im Mittelalter die Scheiterhaufen für die weisen Frauen, die um Wege der Befreiung wussten, und für die Mystiker, die Gott erfahren hatten.

In diesem Zusammenhang entstand die Tradition der sakralen Beichte, in der Abbitte geleistet werden musste vor allem wegen der Sünden des Fleisches, der Sünden gegen andere Menschen und der Sünden der Gottesanmaßung. Wider ihren eigenen Willen nahm die traditionelle Psychotherapie den Platz der kirchlichen Beichte ein und trat in deren Fußstapfen.[5] Die *Sünde wider den heiligen Geist* tauchte säkularisiert wieder auf in der Form des *vernünftigen Ich*, welches ständig zu vermitteln hatte zwischen dem archaischen Begehren des Fleisches und dem familial Schicklichen (den Erwartungen anderer Menschen).

Im öffentlichen Diskurs gab es die *Sünde wider den Heiligen Geist* nicht mehr, die Ideologien der Priester schienen abgeschafft und durch die *Vernunft* ersetzt. Zunächst konnte dies als großer Fortschritt in der Evolution des Bewusstseins gefeiert werden; später stellte sich jedoch heraus, daß das Problem nicht wirklich gelöst war, sondern nur quasi abgedrängt ins gesellschaftlich Unbewusste. Die *Vernunft* hatte permanent Feinde zu bekämpfen: die Triebe, die Lust, intuitive Eingebungen, Spontaneität und Kreativität. Ein solcher Alltag kostet(e) ungeheuer viel Kraft, die den Menschen fehlte, um beispielsweise die schrecklichen Katastrophen des zwanzigsten Jahrhunderts verhindern zu können: zwei Weltkriege, Hiroshima, Auschwitz, Jugoslawien ...

Die Kultur des rational aufgeklärten Menschen war nur denkbar auf einer trieb- und lustfeindlichen Grundlage. Der individuelle Mensch war in Gegnerschaft zu allem anderen getreten: *homo homini lupus.* Besonders jedoch waren Männer und Frauen zu Feinden geworden, Kultur bemächtigte sich feindselig der Natur und beutete diese aus bis zum Letzten, jeder Mensch war zum Feind seiner selbst geworden. Dies ist die Situation des Seelenverlustes.

Zwischen allen Fronten stand das *Ich* unter dem ungeheuren Anspruch, vermitteln zu müssen, Frieden und Glück zu schaffen. Es konnte nur chancenlos überfordert sein. Letztlich konnte es nur versagen. In seiner Kraft zur Unterscheidung war

---

5 Vgl. hierzu: Foucault, Michel: Sexualität und Wahrheit. 1. Bd. Der Wille zum Wissen. Frankfurt 1977 (Suhrkamp).

das individuelle Ich kosmisch allein. Es war umgeben vom Horror der Endlichkeit, von Existenzangst und Todessehnsucht. Gleichzeitig galt das *Ich* des westlichen Menschen als der höchste und häufig idealisierte Garant für ein *gutes Leben.*

Schlugen die komplizierten Integrationsleistungen des *Ich* fehl, so glaubte man, von *psychischer Krankheit* im medizinischen, gleichsam wertfreien Sinne (weil auf die Funktionen des Körpers bezogen) sprechen zu können. Doch hat sich dieses Verständnis entgegen allen Aufklärungsversuchen der rationalen Vernunft in der öffentlichen Meinung nie recht durchsetzen können. Das erfolglose oder gescheiterte *Ich* wurde zum Sündenbock und hatte für den Verlust der Seele zu büßen. Die *Krankheit der Seele* blieb verknüpft mit dieser archaischen Schuld. In unserer Zeit ist sie zum moralischen Versagen des Individuums geworden. In der traditionellen Psychologie fällt dies auszusprechen unters Tabu. Statt dessen war eine Psychologie ohne Seele entstanden; Seelenverlust ist das, was uns z.B. der Behaviorismus deutlich vor Augen führt.

Diese Situation legt verführerisch nahe, dass sich die *Transpersonale Psychologie* auf den Weg machen sollte, die verlorene Seele zu finden und dem *Ich* zu entsagen. In der Tat findet sich diese Richtung heute oft in einer vom *New Age* gefärbten Literatur. *Rückkehr* (beispielsweise ins Matriarchat, in den Regionalismus, in eine vor-technologische Zeit) erscheint heute vielen Vertretern der sogenannten *Szene* als eine verlockende Alternative. Dass diese keine ist und *Regression* nur einen Rückfall in überwundene *Irrationalismen* zur Folge hätte, hat wissensreich *Ken Wilber* mehrfach beschrieben[6].

Alle Psychologie muss aufs *Ich* bauen, wenn sie Menschen Hilfe anbieten will, die ernst genommen zu werden verdient. Ich bin sogar der Meinung, dass Psychologie ans *Ich* gebunden und mit seiner Auflösung auch ihr Ende gekommen ist. Allerdings kann sich die Psychologie in einen Kontext stellen, in dem eine *Überwindung des Leidens* möglich ist. *Heilung* geschieht, wenn bewusst wird, dass das *Ich* nichts ist als ein Gedanke unter vielen, ein Konzept, das losgelassen werden kann.

Dieses Thema entfalten *Bernhard Mack* und KollegInnen im vorliegenden Buch gleichermaßen theoretisch kenntnisreich wie praxiserfahren. Es beschreibt die unterschiedlichen Ebenen der *Selbsterforschung und des Trainings*: In den Anfangsstadien des Prozesses persönlicher *Selbsterforschung* geht es vor allem um eine Wahrnehmung und Artikulation der *Inhalte des Bewusstseins.* Das zentrale Thema sind die verschiedenen Facetten des *Ich*, innerhalb derer sich so etwas wie *Selbst*bewusstsein entwickeln kann. *Selbsterfahrung* führt in *Macks* Ansatz zu der Erfor-

---

6 Wilber, Ken: Eros, Kosmos, Logos, und: Das Wahre, Schöne, Gute

schung der *Strukturen des Bewusstseins*, die das Wesen des Geistes (das *Core*) enthüllt. Von diesem Kern aus ist eine *Überwindung des Leidens* möglich.

In meiner Erfahrung entspricht diese Bewegung der Logik einer radikalen Selbsterforschung, die die authentische Erfahrung im gegenwärtigen Moment mehr ernst nimmt als Interpretationen, Vorstellungen und Konzepte der betreffenden Situation. Wenn eine solche Selbsterforschung kompromisslos genug ist, wird sich hinter allen Inhalten, Vorstellungen, Gedanken, Gefühlen die Weisheit und die heilende Kraft des Geistes selbst zeigen. *Stanislav Grof* nennt diese den *inneren Heiler, die innere Heilerin;* letztendlich ist auch das nur eine der vielen Bezeichnungen für das Herz, das Wesen des Geistes. In der Situation radikaler Selbsterforschung öffnet sich vielen Menschen der Kontext des Spirituellen als *Erfahrung*, wie ihn die großen Traditionen des Ostens lehren und wie er von den Mystikern aller Welt erfahren wird.

Wenn in der menschlichen Erfahrung die Möglichkeit am Horizont erscheint, dass das Leiden selbst überwunden werden kann, öffnet sich den Betreffenden eine ganz neue Wirklichkeit. Deren Entdeckung ist das, worum es der *Transpersonalen Psychologie* geht, die jedoch meistens zunächst in einem *anti-rationalen, „präpersonalen" Sinne, wie Ken Wilber* es nennt, missverstanden wird.

Paradoxerweise liegt das heilende Potential, das sich mit der Öffnung für eine andere Wirklichkeit erschließen kann, nicht in fernen Welten, exotischen Erfahrungen, sondern im achtsamen Umgang mit der gegenwärtigen Realität. Eine Achtsamkeit des Augenblicks, ohne die Bilder von Vergangenem, ohne Bewertungen und Pläne des *Ich*, ein unmittelbares Gewahrsein *dessen, was ist*, schafft eine vollkommen veränderte Wirklichkeit. Es ist dies die Realität des *Transpersonalen*; *Stanislav Grof* nennt es die *holotrope Wirklichkeit.*

Die Psychotherapie und auch Kommunikationstrainings können einen geeigneten Kontext herstellen, der Menschen unterstützt, sich *transpersonalen Wirklichkeiten* zu öffnen, in deren Perspektive eine Überwindung alles Leidens möglich ist. Traditionelle Psychotherapie oder Trainings können den Betreffenden auf ihrem Weg helfen, erleichtern, Mut machen – *Heilung bewirken* (z.B. durch geschickte Techniken) können sie nicht. Die *Transpersonale Psychologie* nimmt gegenüber der traditionellen einen veränderten Platz ein: Sie ist nicht mehr die Wissende; Therapeuten oder Trainer geben die Rolle der Beichtväter ab. Statt dessen *dienen* sie Menschen in der Entfaltung ihrer heilenden Prozesse in der Art des *beginner's mind*, wie das Zen ihn kennt: Sie nehmen wahr, *was ist,* und unterstützen eine Perspektive, die die innere Weisheit jeder Seele, das Core, wie es *Bernhard Mack* nennt, als Zentrum aller heilenden Weisheit wahrnimmt. *„Du kannst nur mit dem*

Herzen richtig wahrnehmen"[7]: Diese Erkenntnis des *Kleinen Prinzen* bedeutet Heilung. Die Seele ist wieder in die Psychologie zurückgekehrt.

Der *Transpersonalen Psychotherapie* und Psychologie öffnet sich hier ein endloser Raum, für den es bisher noch kaum Landkarten zur Orientierung von Forschern, Selbsterforschern, Trainern und Therapeuten gibt. *Bernhard Mack* geht es in diesem Buch darum, so etwas wie eine Landkarte im Umgang mit dieser *anderen Wirklichkeit* zu entwickeln. Und dieser bedarf es. Der Kontakt mit dem eigenen tiefsten Wesen kann zum Zusammenbruch oder Durchbruch in der Entwicklung eines Menschen führen: je nachdem, wie die Betreffenden vorbereitet sind. Denn das Gewahrwerden des *großen Herzens* kann die Unvorbereiteten verbrennen; die Eingeweihten erleuchtet das göttliche Feuer. Die Berührung mit ihm kann nur durch eine *Hingabe* geschehen, in der das *Ich* mit seinen Planungen, Erwägungen, Gefühlen unwichtig wird. Doch das *Ich* ist wie eine Krücke; sie kann nur weggeworfen werden, wenn die *Stärke der Hingabe* für das eigene Leben tragend geworden ist. Dies hängt mit der Bereitschaft zu sterben zusammen.

Bernhard Mack entwickelt eine prozessabhängige Heilmethode, die in den Anfangsstadien anders vorgeht als in den fortgeschrittenen Phasen. Sie enthält Entwicklungssprünge wie auch kontinuierliches Fortschreiten durch Lernen und Übung. Gipfelerlebnisse sind Sprünge, die dem Bewusstsein immer ein Mehr an *Ganzheitlichkeit* erschließen; für den Erfahrenden kann dies neue Perspektiven mehr Hoffnung und Sinn erschließen. *Mack* betont, dass *peak experiences* allein allerdings in der Regel im Laufe der Zeit vergessen werden wie der Traum, den ich niemandem anvertraut habe, wie alle Ideen, die im Kopf eines Menschen gefangen bleiben. Außergewöhnliche Erfahrungen des Bewusstseins bedürfen eines *Beziehungskontextes*, in dem sie berichtet, mit anderen geteilt werden können. Es ist so ähnlich, wie wenn das kleine Kind über seine Erlebnisse mit Mutter und Vater spricht, dann können diese sein Wachstum fördern. Wenn ein Kind mit seinen großen Erfahrungen im Herzen der Eltern ankommt, entsteht eine Berührung, die alle Beteiligten tief beglücken und das *Core*, das Allerheiligste ahnen lassen kann. Im Wachstums- oder Trainingskontext können solche Begegnungen eine Bereitschaft schaffen, kontinuierlich zu lernen, fortzuschreiten auf dem Weg über viele Stolpersteine.

Die *Transpersonale Psychologie* enthält die Möglichkeit, einen *Beziehungsraum* zu schaffen, in dem Menschen eine existentielle Urschuld überwinden können, die daraus entstanden ist, dass sich die Seele aus der Einheit mit dem Göttlichen hinausbegeben hat[8]. Unter bestimmten Bedingungen kann sie ein *wissendes Feld* dar-

---

7 Saint-Exupéry: Der Kleine Prinz

8 Vgl. Grof, Stanislav: Kosmos und Psyche / Om Parkin: Die Geburt des Löwen

stellen, dessen Erkenntnisse und Einsichten nicht-dual sind, gespeist aus der Weisheit des *Selbst*, des *Core. CoreDynamik* macht einen solchen Ort zu einem *Lernfeld*, in dem Menschen sich selbst erfahren und üben können.

Was ist es vor allem, was immer wieder gelernt und geübt wird im Raum des Transpersonalen? Menschen könnten glücklich sein, wenn sie lernen, die traditionelle Feindschaft zum Körper in eine freundliche Kooperation zu verwandeln, die Feindschaft zwischen Männern und Frauen in die Kraft verbundener Seelen, wenn sie lernen, die Arroganz des *Ich* gegenüber dem *Sein* zu transformieren in die Frage, die *Parzival* am Ende seiner langen Reise zu stellen wußte: *Oheim, was fehlt dir?* Auf diese Weise erlangte er den Gral.

Jenseits des *Ich* gibt es eine Wirklichkeit des Mitgefühls. Es gibt keinen Grund mehr, sich zu schämen; der Befreite kann unvollkommen sein, ohne Schuldgefühl. Das ist das Herz.

1

Einführung in die Core-Dynamik: Grundlagen und Konzepte
Von *Bernhard Mack*

„Das Übernatürliche ist etwas Natürliches, das wir noch nicht erworben haben."
Sri Aurobindo

„Die Aufgabe, vor der die Welt steht, ist, die Welt zu einem Großen und Ganzen zu machen, in dem viele unterschiedliche Elemente friedlich koexistieren", sagt *Malidoma Patrice Some*, ein westlich gebildeter Schamane aus Afrika.

Der Beitrag, den wir zur Bewältigung dieser Aufgabe leisten, besteht darin, Wege nach innen, zum Zentrum unserer Kraft, zu erforschen und zu begleiten. Ökologisches, soziales, politisches Bewusstsein, das sich aus dem Kontakt mit dieser Kraft speist, mündet in praktisches Handeln für die Vernetzung des Ganzen. In diesem Buch werden wir nach und nach eine Vorstellung von dem inneren Kraftzentrum, das wir Core nennen, entfalten sowie Wege, die zur Öffnung dieser inneren Räume führen, beschreiben.

Die Vorstellung eines inneren Zentrums oder auch einer kosmischen Grundkraft findet sich in vielen Kulturen und wird mit den verschiedensten Symbolen und Worten zu umschreiben versucht. Je tiefer die Erkenntnis des menschlichen Wesenskerns voranschreitet, desto mehr Fragen werfen sich auf, desto mehr offenbart sich uns sein Geheimnischarakter. So heißt *Wankan Tanka* in der Lakotasprache nicht „Großer Geist", sondern „Großes Geheimnis", und das *Tao* des alten China wird verstanden als die Mitte und Quelle allen Seins, das sich jeder Definition entzieht, ein Geheimnis, eine Leere, die Kraft, die nichts tut und alles bewirkt. In ihr ist alles aufgehoben, was ist.

In unserer Vorstellung ist dieses Wesen oder Sein allgemein und übergreifend und gleichzeitig höchst subjektiv und personal, also im Außen und im Innen, wobei sich bei tieferer Erfahrung diese Grenze zwischen innen und außen auflöst.

Unser wissenschaftstheoretischer Ansatz, mit dem wir uns diesem Geheimnis nähern, ist die Phänomenologie. Sie ist eine Haltung, sich dem Wirken als Ganzes zu nähern, ohne es zu zerlegen. Sie enthält den Verzicht auf eine übergreifende, alles erklären wollende Theorie und hält sich an das Erscheinende, an das Offensichtliche, das, was im Wechselspiel von Innen- und Außen-Erfahrung evident und dann im dialogischen Prozess zur kommunizierbaren Wirklichkeit wird.

Die zentrale Praxis bei der Arbeit mit dem Core ist der Eintritt in veränderte Bewusstseinszustände, in den Bereich, in dem Heilung – und das heißt Ganzwerdung – geschieht, wo wir eingebunden sind in eine größere Seele und wir uns für Augenblicke von dem Wirken der „großen Seele" berühren lassen.

Wir lassen uns berühren von dem Aufblitzen der Wahrheit aus dem Wesen des Ganzen, das ein Fließen neuer Kraft auslöst und dem Leben Sinn gibt und Richtung weist (*Heinz Stark*).

Unsere Methoden haben wir aus der Praxis entwickelt und nicht aus einem abstrakten Theoriegebäude abgeleitet. Wir werten verschiedene Konzepte als einen möglichen Blick oder Beitrag, um eine andere Ebene, einen anderen Ausschnitt aus der komplexen Wirklichkeit abzubilden.

Diese Wirklichkeitskonzepte so zu verbinden und zu vernetzen, dass Entwicklungsprozesse beschleunigt werden, ist das Anliegen der CoreDynamik. Es geht um das Projekt, die psychische Entwicklung des Menschen von der sozial-emotionalen über die körperliche, intuitive bis zur geistigen Bewusstseinserweiterung zu begleiten.

Einige, von denen ich weiß, dass sie dieses Projekt in Angriff genommen haben, sind *Sri Aurobindo, Ken Wilber, Jack Engler, Daniel Brown, George Leonard, Michael Murphy* und *A.H. Almaas.*

Ich meine, die Integration von psychischer und spiritueller Entwicklung ist eine wesentliche Frage unserer Zeit, die anstehende Anforderung an die psychologische Forschung. Waren *William James, C.G. Jung, Robert Maslow, Roberto Assagioli* und *John Pierrakos* noch Wegbereiter, so wird es heute zunehmend selbstverständlicher, die seelisch-geistige Ebene in die psychotherapeutische Arbeit und Beratung mit einzubeziehen. Auch *Jack Kornfield* weist darauf hin, daß Psychotherapie und Meditation miteinander verbunden werden müssen, und zunehmend entstehen integrative Therapieausbildungen, die zuerst die psychologische Ebene und dann die spirituelle Ebene oder auch beide gleichzeitig thematisieren.

Jedoch gibt es noch keine durchdachte und geprüfte Systematik. Vielleicht wird es sie nie geben, weil das Thema so komplex ist wie der Mensch und das Leben. Alle Festlegungen und Dogmatisierungen des „einen Weges" sind problematisch. Über diese Dinge zu sprechen ist für mich verbunden mit Demut, mit Hochachtung vor Geheimnissen, die wir nur umschreiben und erahnen können. Ich möchte Fragen stellen, Probleme erörtern. Ich möchte Ihnen meine bisherigen Erfahrungen als ein Modell vorstellen. Mein Lebensthema ist, Netzwerke von Suchenden aufzubauen und zu unterstützen und eine Landkarte zu entwickeln, um das Terrain des Bewusstseins begehbar zu machen.

Vieles von dem, was ich vertrete, wird durch die Existenz eines *Mozart* und anderer Genies in Frage gestellt: *Mozart* hat mit acht Jahren ganze Symphonien komponiert, ohne jahrelang Musik studiert zu haben. Es gibt erleuchtete Wesen mit hohem Bewusstsein und Heilfähigkeiten, die nie ein therapeutisch-didaktisches Curriculum durchlaufen haben.

Unsere alltägliche Erfahrung jedoch ist:

Menschen, die unter heutigen gesellschaftlichen Bedingungen im Westen aufgewachsen sind und keine „Sonderbegabungen" haben, brauchen für das Erlernen von komplexem Bewusstsein anderer Wirklichkeitsebenen eine Didaktik der Bewusstseinserweiterung. Da gibt es ganz bestimmte Lernnotwendigkeiten und Schritte, um überhaupt und gefahrlos in diese anderen Bewusstseinsdimensionen gelangen zu können. Wenn wir andere Wirklichkeiten (s.u.) erfahren, kommen wir auch mit hohen Energien und intensiven Prozessen in Kontakt. Dies will vorbereitet sein.

1.1 Was sind andere Wirklichkeitsebenen?

Unter **anderen Wirklichkeitsebenen** verstehe ich Bereiche jenseits der alltäglichen sinnlichen Erfahrungen.

Diese Bereiche können zum einen durch die sog. **außersinnlichen Wahrnehmungen (ASW)** erfahren werden. Sie liegen unmittelbar neben oder hinter unserer „Normalwahrnehmung" und sind den meisten Menschen durch bestimmte Methoden zugänglich. ASW können beschrieben werden als Erfahrungen, die ohne Beteiligung der uns bekannten Sinnesorgane zustande kommen oder als eine Antwort auf einen äußeren – auch seelischen – Vorgang, der durch kein uns bekanntes Sinnesorgan repräsentiert wird. In der ASW sind wir nicht bloß Rezeptoren, sondern ein kreativer Aspekt tritt hinzu. Die Psychologie hält die Existenz von ASW für erwiesen, ohne eine beweisbare Erklärung für das Zustandekommen der ASW zu haben (siehe Lexikon der Psychologie).

Zum andern können andere Wirklichkeitsebenen erfahren werden durch symbolisch oder bildhaft vermittelte Wahrnehmungen, die wir als traum- oder tranceartige Erkenntnisprozesse verstehen. Meist befinden sich die Wahrnehmenden dabei in ekstatischen oder stillen „Sonderzuständen", die wir weiter unten genauer beschreiben werden.

Drittens steht uns eine Erkenntnisdimension zu Verfügung, die wir einfach als „erweitertes Bewusstsein" beschreiben. Es handelt sich um das sog. unmittelbare Gewahrsein, ferner die Intuition, Wesens- und Seinserfahrungen und schließlich Erfahrungen der „geistigen Dimension". Wahrnehmungen also, die jenseits unserer Alltagswahrnehmungen liegen. Wir werden hierauf weiter unten ausführlicher eingehen.

Bezogen auf die „anderen Wirklichkeiten" ist mir ein Zitat von *Hans Peter Duerr* sehr wichtig: „Fast alle Wissenschaftler scheinen das Wesentliche nicht verstanden zu haben, dass es nämlich nicht um die Erfahrung einer anderen Wirklichkeit geht, sondern um die Erfahrung eines anderen Teils dieser einen Wirklichkeit, dessen Erleben die Bedingung der Selbsterkenntnis ist" (zitiert nach *Heinz Stark*).

Das heißt, es gibt nur eine Wirklichkeit, und wenn wir über außersinnliche Wahrnehmung sprechen, dann ist immer gemeint: „Teil dieser einen Wirklichkeit". Wir sollten nicht aufspalten in das Sichtbare und das Unsichtbare. Beides ist je schon in einer höchst intimen Weise ineinander verwoben.

Trotz dieser Verbundenheit der Wirklichkeiten werde ich weiter unten eine Landkarte unterschiedlicher Dimensionen von Wirklichkeitserfahrung anbieten.

Um diese anderen Wirklichkeitsebenen erfassen zu können, brauchen wir körperliche Aufnahmekapazität und geistige Integrationsfähigkeit.

Körperliche Aufnahmekapazität

Der Organismus muss gelernt haben, die für die Erfahrung anderer Wirklichkeitsebenen notwendigen Kanäle zu öffnen, diese Informationen durchzulassen und so zu speichern, dass sie erinnert werden können. Der Körper im realen und im übertragenen Sinne ist der Kanal und das Gefäß für erweitertes Bewusstsein. Wir müssen üben, unserem Organismus die Fähigkeit zu geben, diese enormen Energien zu halten.

Die Frage ist: Wie kann der Körper diese energetischen Erschütterungen überhaupt verkraften? Denn der Körper ist immer das Gefäß, das die Energie halten muss, der (er)tragen muss, was wir in den anderen Dimensionen der Wirklichkeit erleben.

Geistige Integrationsfähigkeit oder Sinnerfassungskapazität

Haltefähigkeit ist die eine Grundlage. Darüber hinaus brauchen wir Sinnerfassungskapazität. Der Verstand und die Gefühle müssen langsam vorbereitet werden, um sich in diesen neuen Erfahrungsräumen sicher und wohl zu fühlen.

Geschieht dies nicht, kann eine Ablenkung stattfinden durch nicht bearbeitete Widerstände, Gedanken, Konzentrationsmangel und Ängste.

Der psychisch-mentale Komplex muss mit diesen Informationen etwas anfangen können. Das heißt, der Mensch muss den Informationen, die aus anderen Wirklichkeitsebenen kommen,

- seine Aufmerksamkeit schenken können
- ihnen einen persönlichen Sinn oder eine allgemeinmenschliche Bedeutung geben können
- sie in sein persönliches Denk- und Fühlsystem einordnen und
- sie so integrieren können, dass sie dem psychischen System nützen und nicht schaden.

Die Erfahrung dieser besonderen inneren Räume kann als etwas Besonderes, als etwas Elitäres angesehen werden. Mit der richtigen Vorbereitung sind diese Erfahrungen aber allen Menschen und nicht nur ausgewählten Einzelwesen möglich. Mit *Ken Wilber*s Worten: Wir müssen mit hilfreicher Stütze und Verbreiterung auf der vorhandenen Bewußtseinsebene beginnen, bevor wir auf wirksame Weise authentische Transformation anbieten können (*Wilber*, A spirituality that transforms, S. 5).

Der Grund für das schrittweise Vorgehen ist: Wenn die bisherigen Lernerfahrungen zu schnell und zu abrupt durch neue Erfahrungen weggenommen werden, erfolgt kein Durchbruch, sondern ein Zusammenbruch, keine Entspannung, sondern ein Kollaps.

Außerdem müssen wir immer auch die zahlreichen positiven Lernmöglichkeiten, die das einfache Sein, der Humor, die Freude bieten, wertschätzen lernen. Ein integraler Ansatz sucht nicht nur die tiefsten Erkenntnisse, sondern beschäftigt sich auch mit den alltäglichen Dingen und Gewordenheiten, würdigt speziell auch den emotionalen, den physischen, den mentalen, den kulturellen Aspekt des menschlichen Wesens – und als Vorbereitung und Ausdruck der Transformation den immer schon anwesenden voll entfalteten Seinszustand (ebenda, S. 6).

In unserer Konzeption von Trainings und Lernprozessen arbeiten wir langsam und bauen die notwendigen Schritte aufeinander auf. Gleichzeitig haben wir ein waches Auge dafür, wann ein Sprung möglich ist. Wenn wir nur auf das Springen achten, fehlt uns die Basis zum Sprung.

Wir haben auch erfahren, dass Lernen bestimmte Energiefelder braucht. Es braucht Gruppenkontexte, Felder, die sich untereinander so aufbauen, dass die Energie stark genug ist, um die unten beschriebenen höchst komplexen und intensiven Lernprozesse zu ermöglichen.

Brauchen wir für die Erfahrung anderer Wirklichkeitsebenen eine Didaktik?

Traditionelle Kulturen

Die traditionellen Schulen der Weisheit haben allesamt in jahrtausendealter Erfahrung ein differenziertes Konzept für den Weg in die anderen Wirklichkeitsbereiche oder Welten ausgearbeitet.

In traditionellen Kulturen, in Brasilien, in Südafrika, in Indien und Tibet, überall, wo spirituelle Traditionen eine Geschichte haben, gehören außergewöhnliche Bewusstseinserfahrungen so zum Alltag, dass sie integriert sind in das Leben der Gemeinschaft. So sind Kinder in Brasilien von klein auf an mit Rhythmen in Kontakt, die sie in bestimmte innere Räume bringen. Sie kennen sich aus, und die Gemeinschaft weiß, worum es sich da handelt. Die Erfahrungen sind somit eingebettet in einen Lebenszusammenhang, der der geistigen Entwicklung einen Rahmen und Bedeutungskontext gibt.

In West-Europa haben wir keinen sozialen Kontext, der diese höchst intensiven Prozesse versteht, trägt, akzeptiert oder zumindest besprechbar macht. Wir leben in einer Kultur, in der derartige Erfahrungen außergewöhnlich und ausgegrenzt sind. Deshalb müssen wir uns auf diese Erfahrungen vorbereiten und Subkulturen bilden, in denen es möglich ist, über solche Dinge zu kommunizieren.

Zugangsweisen hier und heute

In unserer Kultur ist das erfahrungsorientierte spirituelle Erbe verlorengegangen und/oder zerstört worden. Es gibt keine inneren und äußeren Bezugspunkte für die Erfahrung anderer Wirklichkeiten. In der akademischen Psychologie haben wir die Stimulus-Response-Psychologie, die Triebpsychologie, die Kommunikationstheorie und die organismische Psychologie durchlaufen und keine Antworten auf die wirklich brennenden Fragen nach dem eigentlichen Wesen des Menschen erhalten.

C.G. Jung und *William James* und einige wenige andere hatten einen Startschuss in eine ganzheitliche Richtung gegeben. Diese Bewegung wurde vom Behaviorismus, der den Menschen als Reiz-Reaktions-Maschine ansieht, wieder zurückgedrängt. Nun kehrt die humanistische und in ihrer Folge die Transpersonale Psychologie zu einem ganzheitlichen Konzept zurück; sie sieht den Menschen als körperliches, seelisches und geistiges Wesen und beschreitet einen Weg nach innen. Der ganzheitliche und transpersonale Ansatz wird in neuerer Zeit erst langsam wieder über *Stanislav Grof, Ken Wilber, John Pierrakos* und *Karlfried Graf Dürckheim* aufgegriffen.

Kongresse zur Transpersonalen Psychologie häufen sich, und auch Zeitschriften zu einem ganzheitlichen spirituellen Ansatz werden gegründet (siehe: Transpersonale Psychologie).

Diese zu begrüßenden Entwicklungen geschehen jedoch in einem gesellschaftlichen Feld, in dem die individuellen Prozesse nicht aufgefangen werden, ja sie werden im Gegenteil von der Mehrheit mit Argwohn betrachtet, und wenn jemand in tiefe Erkenntnisprozesse und Öffnungen geht, wird er noch immer leicht als verrückt bezeichnet. Der Weg nach innen ist also in unserer Gesellschaft nicht ungefährlich.

Gefahren auf dem Weg nach innen

Aber auch individuell ist dieser Weg nach innen nicht gefahrlos. Wird er zu schnell und unvermittelt eingeschlagen, können zwei Dinge geschehen:

a) Die Suchenden sind durch das Angebot überfordert und können es nicht annehmen („Ich habe nichts empfunden, keine Bilder gesehen, bin von meinen Gedanken abgelenkt gewesen“), d.h., es geht an ihnen vorbei, und sie können es nicht integrieren, oder
b) die ungeheuren Energien, die bei dem Weg nach innen freigelegt werden können, überfluten das unvorbereitete Individuum, er oder sie kann das Material nicht verarbeiten, und es kommt zu Zusammenbrüchen, Psychosen oder anderen psycho-sozialen Problemen.

Deswegen brauchen wir eine durchdachte, erfahrungsorientierte Didaktik. Sie basiert auf verschiedenen Elementen:

1. Diagnosen (Entwicklungs- und Fähigkeitsdiagnosen)
2. Anhand von entwicklungspsychologischen Modellen und unserer Praxiserfahrung haben wir Modelle entwickelt, die Gefühle, Körperempfindungen, Bewußtseinsinhalte, Symbole und weitere psychische Phänomene beschreiben und in einen Zusammenhang stellen. Wir nennen diese Modelle „Landkarten" des Erlebens. Diese Landkarten können Sicherheit und Orientierung auf dem Weg nach innen geben.
3. Spezifisches Handwerkszeug, d.h. Interventionsstrategien für die unterschiedlichen Stufen der Entwicklung
4. Systematische Evaluation durch Handlungsforschung

Diagnose

Wegen der genannten Gefahren ist zu Beginn eines Entwicklungsprozesses auf dem Weg nach innen zuerst eine gründliche Diagnose erforderlich:

- Wo steht der Forschende, Übende, Suchende oder Klient?
- Was sind seine bisherigen Lernerfahrungen:
  - mit Bildern
  - mit Gefühlen (welche Gefühle stehen ihm zur Verfügung, welche werden abgewehrt?)
  - mit seinem Körper und autonomen Reaktionen
  - mit Intuition und Gewahrsein
  - mit anderen Wirklichkeiten?

Landkarten, die Sicherheit beim Weg nach innen und wieder zurück geben

Um Sicherheit für die Lernenden gewährleisten zu können, braucht es Landkarten der Wege, für den Weg nach innen und den Weg zurück nach außen. Nachdem ich seit 30 Jahren die verschiedensten Therapierichtungen und -schulen kennengelernt habe, kann ich grob vereinfachend folgendes sagen: Die meisten Therapierichtungen haben keine ausgearbeitete didaktische Landkarte für das Umgehen mit außergewöhnlichen Wirklichkeiten.

Um solche Landkarten entwickeln zu können, müssen wir uns fragen:

Wie geschieht Entwicklung?

Menschliche Entwicklung ist ein Lernprozess. Zuerst erfolgt der Lernprozess beim Menschen (wie auch in jedem anderen personalen oder sozialen System) langsam und stetig. Es werden Grundlagen für den Wachstumsprozess gelegt, der Organismus übt sozusagen die Grundrechenarten, übt „zusammenzählen und abziehen", bevor er seine Kontrolle der Details aufgeben kann und zur „Exponentialrechnung" bereit ist. Das Addieren ist die Grundlage für das Multiplizieren. Der psychische und physische Organismus schafft sich Sicherheiten, um dann in die notwendigen Unsicherheiten springen zu können. Er läuft sich warm, bereitet sich vor, sammelt kinetische Energie, akkumuliert Undefinierbares in der Ruhe, um dann wie Phönix aus der Asche zu steigen.

Die Natur ist voll von Symbolen für diesen Geburtsprozess als Metamorphose:

- Die Raupe, die sich verpuppt, bevor sie zum Schmetterling wird;
- das Ei, das ausgebrütet wird, bevor das Küken schlüpft;
- der Hochleistungssportler, der ein Formtief durchläuft, bevor er den neuen Rekord erreicht;
- der Künstler, der scheinbar endlose Momente vor dem Papier sitzt, bevor ein neues, kraftvolles Werk entsteht;
- Liebespaare, die durch einen schwierigen Konflikt gehen, bevor ihre Liebe noch tiefer und erfüllender wird.

Wir erfahren auch immer wieder Rückschläge. Entwicklung geht durch spiralische Bewegungen immer wieder zu einem Punkt, an dem wir glauben, nicht weitergekommen zu sein. Es kann Schmerzen geben und Widerstände. Wir erfahren unsere Grenzen und erleben, wie wir an alten Strukturen festhalten. Irgendwann stehen wir vor der Möglichkeit zu einem Sprung in eine neue Dimension unserer Denk- und Lebensmöglichkeiten.

Um diesen Prozess des Wachstums zu verdeutlichen, möchte ich Sie zu einem Ausflug in die moderne Entwicklungspsychologie einladen, in der es verschiedene Schulmeinungen gibt, die einander teils ergänzen, teils widersprechen.

Die meisten Schulen stimmen darin überein, dass Entwicklung eine Aufeinanderfolge von Stufen oder Stadien ist, bei denen eine vorhergehende Entwicklungsstufe erlernt werden muss, bevor die nächste erreicht werden kann.

Wir finden – quer durch die verschiedenen Schulen – hierarchische Stufenmodelle, die von aufeinander aufbauenden Fähigkeiten ausgehen. Kein späterer Lernschritt kann erreicht werden, wenn die vorhergehenden nicht durchschritten sind.

Im Gegensatz dazu sagt die Erfahrung, dass Sprünge auf ein höheres Lernniveau möglich sind, dass dabei Zwischenschritte ausgelassen werden können, Stufen übersprungen werden können. Wir können spontane Erkenntnis- und Lernsprünge beobachten, von denen wir nicht einmal die Ursachen ausmachen können. Wir wissen meist nicht, was da geschehen ist. Wir können es nicht beeinflussen, geschweige denn kontrollieren. Wir können es nur beobachten.

Auch die Evolution macht solche Sprünge. So hat *Rupert Sheldrake* beobachtet, dass Spatzen in Nordschottland die Aluminiumfolie der vom Milchmann vor die Tür gestellten Milchflaschen spontan aufzupicken lernten, nachdem die Spatzen in Südengland es gelernt hatten. Er deutet das so, dass offenbar in dem Moment, in dem das morphische Feld einer Verhaltensweise aufgebaut ist, alle anderen Spatzen die Grundausstattung dafür erwerben oder zur Verfügung gestellt bekommen, dieses Verhalten spontan oder zumindest schneller erlernen können.

Dies entspricht unserer Erfahrung, dass die Felder in Gruppen schnelleres Lernen für den Einzelnen ermöglichen.

Also: Was stimmt denn nun? „Lernen ist stufenabhängig" oder: „Sprünge sind möglich"? Die Position der CoreDynamik ist die einer Kombination aus beiden Positionen, zusammengefasst in dem Satz:

Entwicklung geschieht stufenabhängig langsam und in Sprüngen.

Diese didaktische Grundannahme bestimmt unsere Methode und soll in diesem Buch in den verschiedensten Feldern erläutert werden. Wie der Mensch lernt, wissen wir nicht wirklich, wir können nur die Bedingungen dafür optimieren. Deswegen müssen wir die einzelnen Entwicklungsschritte genau kennen.

Um diese Entwicklungsschritte zu beschreiben, orientiere ich mich im folgenden am Modell von *Jean Piaget*, das von *Ken Wilber* erweitert und zu einem umfassenden Entwicklungsmodell von Menschsein und Evolution ausgearbeitet wurde.

1. Die sensomotorische Entwicklungsstufe mit Bedürfnissen, Empfindungen und Wahrnehmung bildet sich in den ersten Lebensmonaten aus.
2. Dem folgt die phantasmisch-emotionale oder emotional-sexuelle Stufe, in der sich der bildliche Verstand, die einfachste Form geistigen Abbildens, die nur Bilder benutzt, entwickelt.
3. Die nächste Stufe ist die des repräsentierenden Geistes oder des präoperationalen Denkens:
   a) Denken mit Symbolen (2-4 Jahre). Ein Symbol geht über ein Bild hinaus.
   b) Denken mit Konzepten (4-7 Jahre). Konzepte gehen über Symbole hinaus.
4. In der konkret-operationalen Phase entwickeln sich die Regeln und Rollen. Nun werden wir zu Operationen wie Multiplikation, Division, Klasseneinteilung und Hierarchisierung fähig.
5. Schließlich entwickelt sich in der formal-operationalen Phase der formal-reflexive Geist. Dies ist die erste Struktur, die nicht nur über die Welt nachdenken kann, sondern auch über das Denken selbst. Jetzt entsteht die Fähigkeit zur Introspektion und Selbstreflexion. Der Geist kommt in die Lage, Beziehungen (die keine Dinge sind) einzuschätzen und zu verarbeiten. Es ist die Stufe, in der der größte Teil des alltäglichen Erwachsenenlebens vollzogen wird: Logik, Verknüpfungen, Rationalität.

   Bis zu dieser Ebene entwickeln sich die meisten Menschen in unserer Kultur aufgrund der traditionellen Schulbildung. Hier ist ein Schnitt, eine Grenze, über die die meisten nicht hinausgelangen. Die alltägliche gebundene Rationalität beschreibt die Welt, als wenn sie vorgegeben wäre für das ebenfalls vorgegebene Subjekt. Sie reicht aus, um alltägliche Probleme zu lösen, nicht aber, um die anstehenden Fragen der Weltentwicklung zu beantworten.

6. Zahlreiche Psychologen sprechen von einer ganzheitlich-kognitiven Struktur, die über die Stufe formal-operationalen Denkens hinausgeht. Sie wird als integrativ oder kreativ-synthetisch bezeichnet. *Wilber* nennt sie die visionäre Logik. Beziehungen und Wahrheiten werden als ein integrales Ganzes gesehen. (In unserem Konzept ist dies die erste Stufe des räumlich-ganzheitlichen Wahrnehmens und Gewahrseins, **Tiefungsebene Va**, dies wird weiter unten erläutert.)
7. *Wilber* nennt eine weitere, über die sechste Stufe hinausweisende Stufe: Die psychische Ebene. Die kognitiven und wahrnehmenden Fähigkeiten werden so pluralistisch und universal, dass sie über alle engen persönlichen Anliegen hinausreichen. (Dies ist in der CoreDynamik die Stufe des intuitiven Erfassens, der Aktivierung der nicht-sinnlichen Antennen und des unmittelbaren Gewahrseins, **Tiefungsebene Vc**, siehe unten.)
   Auch hier ist wiederum ein Schnitt, der einen Entwicklungssprung verlangt.
8. *Wilber* benennt darüber hinaus die subtile oder feinstoffliche Ebene der menschlichen Entwicklung.
9. Schließlich können Menschen die kausale Ebene als Quelle aller anderen Strukturen erfahren.
10. Die zehnte Stufe ist in der Entwicklungspsychologie von *Wilber* **das absolute Bewusstsein an sich**.

Um es schon einmal vorwegzunehmen: Diese letzten drei Stufen nenne ich die CORE- oder Wesensebene, in der das Denken seine Getrenntheit und Partikularität aufgibt. Seinserfahrung, Essenz und weitere unten beschriebene Erfahrungen können dem Menschen hier zuteil werden (**Tiefungsebene VIa**, **b und c**, siehe unten).

Es wird deutlich, dass in diesen Forschungen Stufen der Entwicklung des Denkens, Fühlens, Erkennens und Intuierens anerkannt werden, die über unsere alltäglich-logische Intelligenz hinausgehen. Wie können wir diese Stufen der Entwicklung erreichen, die über das in der Schule gelernte Niveau des formal-operationalen Denkens hinausreichen?

Wir meinen, dies ist möglich durch ein therapeutisch-didaktisches Modell, das diese Stufen beschreibend aufnimmt und sie in einem aus der Therapie- und Trainingspraxis entstandenen, erfahrungsorientierten Modell in konkrete Lern- und Handlungsschritte umsetzt.

Dabei haben wir die Erfahrung gemacht (und stimmen hierin mit *Wilber* überein), dass es möglich ist, in einem Entwicklungsbereich, z.B. der moralischen Entwicklung, auf einer anderen Stufe zu stehen als z.B. in der kognitiven Entwicklung. Die Entwicklungsleiter ist nicht in allen Entwicklungsbereichen linear und parallel. So kann jemand eine starke soziale Verantwortlichkeit empfinden, jedoch im Gefühlsbereich noch wenig entwickelt sein. Ebenso können Menschen schon tiefe transpersonale Erfahrungen gemacht haben, ohne sie in ein differenziertes Körperselbst integrieren zu können. Es scheint sogar so zu sein, dass verschiedene Entwicklungslinien relativ unabhängig voneinander voranschreiten, so dass wir auf der einen (z.B. kognitiv) weit, auf der anderen (z.B. sozial) durchschnittlich und auf der dritten (z.B. integrales Denken) nur wenig entwickelt sind. Die Didaktik der CoreDynamik versucht, für die unterschiedlichen Bereiche ein Bewusstsein zu entwickeln und die verschiedenen Entwicklungslinien zu vernetzen und zu integrieren.

Drei Aufmerksamkeitsdimensionen

In coredynamischen Settings werden (nach *Helmut Volk-von Bialy*) ständig drei Aufmerksamkeits-Dimensionen beachtet:

1. Die Dialektik von Integration und Differenzierung

Diese Dimension berücksichtigt die Erfahrung, dass Differenzierung einzelner Aspekte die Voraussetzung für eine Integration mit anderen Aspekten darstellt. Dies soll in folgender Skizze angedeutet werden.

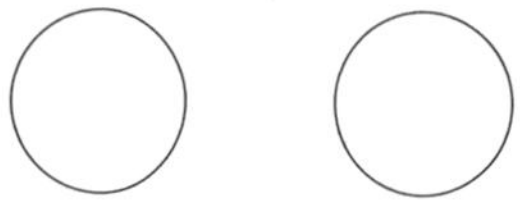

Zustand A:
Zwei undifferenzierte Bereiche ohne Berührung,
z. B. Gefühle und Körperempfindungen

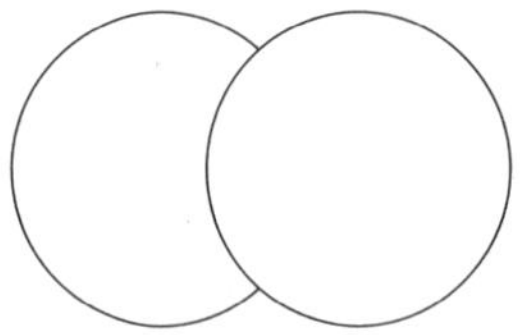

Zustand B:
Zwei differenzierte Bereiche mit Überschneidung
(Integrationszone)

Abb. 1

Integration wird durch Differenzierung ermöglicht. Umgekehrt wird aber auch eine weitere Differenzierung einzelner Qualitäten durch deren Integration (Koevolution) ermöglicht. Beispiel: Je mehr ich von meinem Körper spüre, desto mehr bekomme ich auch von meinen Gefühlen mit. Je enger ich die Bereiche aufeinander beziehe, desto mehr verstärken sich die differenzierenden Wirkungen dieser Integration.

2. Die Polarität von Bewusstheit und Bewusstsein

Während Bewusstsein sich vom gegenwärtigen Prozess entfernt, um planerisch (antizipatives Bewusstsein oder Zukunftsorientierung) oder auswertend (reflexives Bewusstsein oder Vergangenheitsorientierung) die Situation zu betrachten, ist Bewusstheit eine Erfahrung ausschließlich im Hier und Jetzt (Erleben des Bewusstheitskontinuums oder Gegenwartsorientierung). Die Polarität von Bewusstheit und Bewusstsein vereint also alle Zeitaspekte in sich.

3. Die Polarität von dynamischer und stiller Meditation

Meditation als Weg in die eigene Mitte, ins Zentrum der energetischen Steuerung kann erfolgen

a. einerseits über einen ausdrucksvollen, dynamischen Weg ekstatischer Rituale (z. B. rhythmisches Springen, Tanzen, Schütteln, Kreiseln oder Intensivatmung) als Beschleuniger,
b. andererseits über einen eindrucksvollen, beschaulichen, konzentrierten Weg stiller Einkehr (z. B. stilles, unbewegtes Sitzen, Sich-Spüren über den Atem in den verschiedenen Körperräumen, Konzentration auf einen Punkt, stilles Zeuge-Sein des Denkens und anderer Bewusstseinsinhalte) als Entschleuniger.

Diese Wege zum Core, zur Seele ergänzen einander.

Nimmt man diese drei Aufmerksamkeitsdimensionen zusammen, so ergibt sich ein dreidimensionales Modell der Aufmerksamkeitsbereiche:

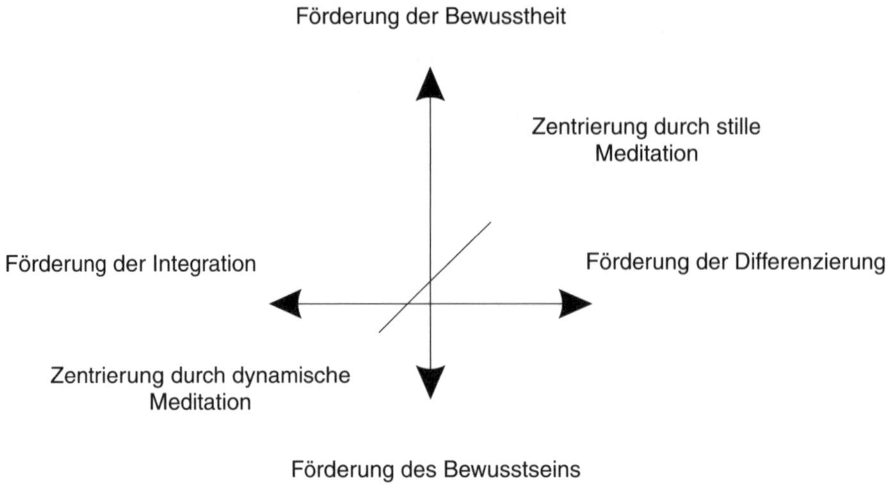

Abb. 2

In diesem dreidimensionalen Konzeptraum bewegen sich die methodischen Settings der CoreDynamik.

Basis-Erlebens-Dimensionen (Tiefungsebenen)

Kennzeichnend für coredynamisches Vorgehen ist die differenzierende und integrierende Berücksichtigung von sechs Dimensionen des Erlebens. Die Fähigkeit, sich in den ersten Dimensionen wissend und wahrnehmend frei bewegen zu können, bildet die Basis für eine Eroberung von weiteren oder tieferen Dimensionen des Erlebens.

Diese Erlebensdimensionen, Existenzformen, Seinsphänomene oder Erfahrungsräume nennen wir Tiefungsebenen. Es sind

1. das Miteinander (Kommunikation, Verständigung, Gedankenaustausch),
2. die Wertungen (Emotionen, Stimmungen und Befindlichkeiten, Bevorzugungen und Vermeidungen, Bilder),
3. das Gewordensein (biografische Einschärfungen, Skripte, Schlüsselszenen und -dialoge sowie deren Nacherleben im Jetzt, Eingebettetsein in historische und soziale Kontexte),
4. die Leiblichkeit (Körperempfindungen, Haltungen, Spannungen, Bewegungsmuster, autonome Körperreaktionen),
5. die Raumdimension als Grundlage von Präsenz und Intuition,
6. der Wesens- oder Kernraum.

Das spezifische Handwerkszeug dieses Modells, d.h. die Interventionsstrategien zur Unterstützung von Entwicklung und die systematische Evaluation des Ansatzes, sind im Hauptteil dieses Buches beschrieben.

Im folgenden Kapitel widmen wir uns der Frage, wie es zu diesem Ansatz kam.

1.2 Biografische und wissenschaftshistorische Wurzeln der CoreDynamik

Der Ansatz der CoreDynamik geht von der grundsätzlichen und unauflösbaren Subjektivität von Erfahrung und damit von jeder Forschung aus. Deswegen muss der Forscher sich selbst offenbaren in seiner Subjektivität und in seiner geschichtlichen Gewordenheit, damit die Relativität seines Ansatzes erkannt werden kann. Ich werde deswegen einige historische und biografische Bemerkungen über die Entwicklung des CoreDynamik-Ansatzes machen. Den LeserInnen sei empfohlen, die herausnehmbare (siehe Anhang) Gesamtübersicht parallel dazu zu lesen.

Ist der Mensch eine Maschine?

In meiner Ausbildung zum Psychologen, die 1967 begann, zeigte sich schon zu Beginn die Auseinandersetzung zweier verschiedener Anschauungen vom Menschen: Da war zum einen der Reduktionismus, d.h. der Versuch der modernen naturwissenschaftlich orientierten Psychologie, den Menschen auf einfache Reiz-Reaktionsmuster (Behaviorismus) zu reduzieren. Ich erlebte den reduktionistischen Empirismus (Wahr ist nur das, was beobachtet und gemessen werden kann) als eine Kampfesposition. Die Reduktionisten beanspruchten für sich die alleinseligmachende Wahrheit und behaupteten, der wahre Forscher sei der, der sich auf das objektiv Beobachtbare und Messbare beschränkt. Ich spürte sehr früh, dass damit das Leben wegdefiniert wird. In allen Versuchsanordnungen musste die Person ausgeschlossen werden. Alle persönlichen, subjektiven Regungen waren „Störfaktoren". In dieser Zeit galt vieles, was heute selbstverständlich ist, als absurd und als zu bekämpfen, so z.B. Bewusstsein, Geist, Persönlichkeitsregungen und Subjektivität. Der Vorteil dieser reduktionistischen Ansätze war eine genaue Beobachtungsschulung, eine klare empirische Versuchsanordnung und die Entwicklung eines strukturierten, wenn auch sehr reduzierten Denkens.

Phänomenologie und Gestalttheorie

Gleichzeitig existierte in der deutschen Universitätsausbildung die Gestaltpsychologie von *Wertheimer*, *Koffka* und *Köhler*, damals vertreten von *Albert Wellek*. Sie trat ein für die Subjektivität von Wahrnehmung und erkannte, dass die Perspektive der Wahrnehmung die Gestalt, das wahrgenommene Objekt prägt, ja bestimmt. Als Gestalt- und Wahrnehmungsqualität wurde die Übersummativität festgestellt. D.h., das Ganze ist immer mehr als die Summe seiner Teile, und die

Erfahrung von Wahrnehmungsvordergrund und -hintergrund in ihrer relativen Bezogenheit sind sinnlich-existentielle Gegebenheiten.

Prägend waren dabei meine Lehrer *Karl-Friedrich Graumann* mit seiner „Phänomenologie der Perspektivität" und der Philosoph *Hans-Georg Gadamer. Hans-Georg Gadamer* pflegte das sokratische „Ich weiß, dass ich nichts weiß" sehr leidenschaftlich zu leben.

Die Wissenschaft der Phänomenologie (begründet von *Edmund Husserl*) geht davon aus, dass die Objektivität von Forschung eine Illusion ist, dass jede Wahrnehmung grundsätzlich subjektiv ist und dass wir in der Wissenschaft nichts anderes tun können, als möglichst genau und gründlich die Vorgänge, die wir subjektiv wahrnehmen, zu beschreiben. Dies ist ein Ansatz, der später in der am Hier und Jetzt orientierten Gestalttherapie von *Fritz Perls* und in der Phänomenologie von *Gabriel Marcel* (vermittelt durch *Hilarion Petzold*) wieder auftritt.

Entwicklung vollzieht sich in Stufen

Weitere prägende Einflüsse erlebte ich durch *Jean Piaget*, dessen Entwicklungspsychologie davon ausgeht, dass bestimmte Lernschritte die Voraussetzungen für weitere Lernstufen sind. Dieses Stufen- oder Stadienkonzept von Wachstum taucht schon in unserer Dissertation von 1975 (*Mack/Volk*) auf. Ebenso prägend war *Immanuel Kant*, dessen Hauptthese pointiert folgendermaßen zusammengefasst werden kann: Das Bewusstsein (die Vernunft oder die Kategorien) ist die Bedingung der Wirklichkeit, was dann von *Hegel* dahingehend weiterentwickelt wurde: Das Bewusstsein entwickelt sich in Schritten und Stufen.

Humanistische Psychologie und Pädagogik

Auf der psychologischen Ebene war dann, vermittelt über *Reinhard Tausch*, der Psychotherapeut *Carl Rogers* sehr prägend in meiner Entwicklung, dessen grundsätzlich humanistisch orientierter Ansatz ein wesentlicher Schritt weg vom reduktionistischen Empirismus war. Sein menschenfreundlicher Ansatz des nicht-direktiven Eingehens auf das Gegenüber, des empathischen Wahrnehmens und der Verbalisierung der Gefühle des Gegenübers, komprimiert in der klassischen Gesprächstherapie, war viele Jahre leitendes Prinzip meiner Arbeit.

Die Orientierung am Gegenüber wurde verbunden mit pädagogischen Konzepten (Diplomarbeit in Psychologie 1972, „Schülerzentriertes Lehrerverhalten im politischen Unterricht"). In diesen ersten Untersuchungen gab es darüber hinaus einen starken Einfluss von *Jürgen Habermas* („Das persönliche Interesse bestimmt die Erkenntnis des Forschers") und *Klaus Holzkamp* („Wissenschaft ist eine Form von Handlung, und alle wissenschaftlichen Prozesse unterliegen den gleichen Gesetzmäßigkeiten wie jede Handlung").

Handlungsforschung

Hiermit waren die Türen geöffnet für den Ansatz der Aktionsforschung. Die Aktionsforschung geht davon aus, dass das handelnde Subjekt des Forschers und das handelnde Subjekt des zu erforschenden Menschen oder Prozesses beides zusammen gewürdigt und in seiner Komplexität gesehen und analysiert werden muss. Es geht nicht nur um Erkenntnis, sondern um eine Veränderung von Prozessen in eine Richtung, die von Forscher und Zu-Erforschenden gemeinsam diskutiert und festgelegt werden. Das Forschungsobjekt wird damit auch zum Subjekt und Teilhaber am Forschungsprozess. Aus diesem Grunde haben wir (*Mack/Volk*) schon 1975 die beteiligten Menschen („Versuchspersonen“) zu Worte kommen lassen, und deshalb besteht auch ein Teil der vorliegenden Veröffentlichung aus der direkten Wiedergabe der subjektiven Erlebnisberichte der Teilnehmer am coredynamischen Lernprozess (siehe Kapitel 3.2 und 3.3).

Mit anderen Worten: Aus der Phänomenologie von *Graumann* und *Gadamer* sowie dem Konstruktivismus von *Holzkamp* und pädagogischen Ansätzen entwickelte sich zusammengenommen ein Ansatz von Handlungsforschung oder Action-Research, der die wissenschaftstheoretische Grundlage von CoreDynamik bildet. Es handelt sich dabei um eine erfahrungs- und theoriegeleitete Beschreibung und Systematisierung von Erfahrungen.

Martial Arts

Im nächsten Entwicklungsschritt kam dann, von 1978 bis 1985, eine siebenjährige Erfahrung mit den asiatischen Kampfkünsten, insbesondere mit Aikido, dazu. Der Aikido-Schüler lernt in kleinen Schritten durch Üben und Versenkung, dass der Geist und das Bewusstsein stärker sind als die Materie, dass geistige Konzentration und geistige Fokussierung Energien freisetzen können, die größer sind als reine Materie oder Muskelkraft. Dabei hat die spiralische Bewegung (die wiederkehrt im Symbol der Core-Spirale) die größte Kraft. Durch das Üben der Aikido-Kampfkunst wurden wesentliche Raumerfahrungen, Raumorientierungen ermöglicht, die später in der Raumarbeit der CoreDynamik wiederkehren. Ebenso finden sich im Aikido Aspekte von Loslassen, Ki-Energie, Flow und Bodenkontakt, die für meinen Entwicklungsprozess prägend wurden.

Gestalt- und Integrative Therapie

Zeitgleich begann die Begegnung mit der Methode von *Friedrich Salomon Perls*. Er entwickelte die Konfrontation zur Kunstform. So wurden wesentliche Schritte in meinem Denken und Fühlen möglich:

- Kontakt geschieht an der Grenze (d.h., die Abgrenzung, die Ich-Werdung ist Grundlage und Bedingung für Kontakt).

- Das Hervorlocken und Entwickeln von Gefühlen ist möglich.
- Ausdruck als grundlegendes Merkmal des Menschseins ist ein Ziel der Therapie und ermöglicht Freiheit.
- Systematisches und lustvolles Brechen von Tabus ist eine wesentliche Entwicklungshilfe.
- Experimente dienen der Entfaltung der Persönlichkeit und der Ausdrucksvielfalt.
- Das Leben (und auch die Therapie) geschieht im Hier und Jetzt. Im Hier und Jetzt liegt das Geheimnis von Entwicklung, Entfaltung, Weisheit und Erleuchtung.

Im persönlichen Kontakt mit *Laura Perls* kam dann noch ein wesentlicher Aspekt hinzu: Der klare, strukturierte Kontaktprozess, den ein Gestaltbildungsprozess darstellt, kann und soll in Liebe und Respekt vor dem Gegenüber geschehen.

Ab 1979 genoss ich eine siebenjährige intensive Lehrzeit bei *Hilarion Petzold*, dem Leiter des Fritz-Perls-Instituts. Das herausnehmbare Schaubild im Anhang zeigt die Vielfalt der Ansätze, die *Hilarion Petzold* in seiner Integrativen Therapie miteinander verbindet und die ich von dieser Zeit an auch in meine Arbeit mit übernahm, sowie über die Integrative Therapie hinausgehende Vertiefungen, die ich in den achtziger Jahren meiner therapeutischen Praxis hinzufügte.

Klang und Wesen

Weitere Einflusspersonen ab 1980 waren *Michael Vetter* und *Reinhard Schimmelpfeng*, die mich zur Musiktherapie führten und zur Erkenntnis, dass Musik, Klang und Obertöne eine wesentliche Öffnung des Bewusstseins ermöglichen.

Gleichzeitig lernte ich bei dem Sufi-Meister *Pir Vilayat Inayat Khan*, der in seinen Meditationsanleitungen eine Verbindung von Physik, Mystik, Klang- und Lichterfahrungen sowie geistig-psychischen Qualitäten vermittelt.

Die Initiatische Therapie von *Karlfried Graf Dürckheim* war ein weiteres Geschenk in meiner Entwicklung. Die Erfahrung des Überweltlichen in der Welt und das Ahnen dessen, was durchscheint durch das, was erscheint, waren wesentliche Öffnungen, ja Initiationen.

Bioenergetik und holotropes Atmen

Im nächsten Schritt entdeckte ich 1982 *Wilhelm Reich* und dessen Analyse der Charakterstrukturen sowie seinen Weg über den Körper, insbesondere die Arbeit am Körperpanzer. Der Übersetzer und praktische Umsetzer von *Wilhelm Reich* ist *Alexander Lowen*, dessen Bioenergetik und bioenergetische Übungen mich und auch meinen therapeutischen Weg jahrelang prägten. Durch die Arbeit mit der

*Lowen*schen Bioenergetik öffneten sich die Blockaden bei mir und meinen Klienten immer mehr. Die Energie, die Stimme, der Schrei, die Vibration waren Türöffner, die in neue Räume und Erfahrungsdimensionen führten.

Dann trat ab 1983 *Stan Grof* in mein Leben. Mit einigen seiner nahen Schüler gründeten wir eine kollegiale Atemgruppe, in der wir systematisch über mehrere Jahre das holotrope Atmen erforschten. Wir tasteten uns langsam heran und gingen in immer tiefer reichende Experimente. Durch diese *Grof*sche Atemarbeit wurde mir die Manifestation der anderen, oder besser gesagt: der einen geistigen Welt, in verschiedenen Dimensionen immer deutlicher.

Bewegungsarchetypen

Durch die Kontakte zu der Bewegungstherapeutin *Laura Sheleen* und das Studium der Bücher von *Gurdjieff* wurden diese Erfahrungen immer prägnanter in Bewegungsarchetypen sowie in Richtungs- und Raumtänzen ausdrückbar. Die innere spirituelle Erfahrung konnte sich mehr und mehr in Raumdimensionen und Raumorientierungen manifestieren.

Ebenso hatte *Anna Halprin* mit ihrem „Movement Ritual" Einfluss auf meine Körperarbeit. Die Gestaltung von Ritualen in der Natur, der Kontakt zu indianischen Medizinmännern und Schamanen führten zu einer vertieften körperlichen Ausdrucksform in Tanz-, Bewegungs- und Trommelritualen. All dies sehe ich als Ausdrucksformen für innere geistig-seelische Prozesse.

Der Omegapunkt

Während mehrerer Jahre reiste ich häufig nach Kalifornien, nach Esalen, wo ich in Kontakt mit *George Leonard* und *Jack Rosenberg* war (Integrative Körperpsychotherapietherapie, IBT). Durch den Aufenthalt in Indianerreservaten und in der Natur durfte ich Erweiterungen der inneren Raumerfahrungen und geistigen Dimensionen erleben.

Auf einer einjährigen Weltreise 1987 begegnete ich dann den Schriften des indischen Weisen *Sri Aurobindo,* der eine Verbindung westlicher und östlicher Philosophie und Psychologie leistet. Die Position von *Sri Aurobindo* kann mit folgenden Thesen kurz zusammengefasst werden:

- Das Bewusstsein entwickelt sich, und damit auch der Mensch.
- Der Mensch ist noch lange nicht fertig entwickelt.
- Es sind noch geistige Entwicklungsdimensionen vorstellbar, die uns deutlich von Abhängigkeiten befreien.
- Die Entwicklung bereitet einen neuen Sprung vor (siehe auch *Ken Wilber* im folgenden).
- Wir können diese Entwicklungsschritte vorbereiten und den Sprung üben.

Hier wird der Bezug zu *Teilhard de Chardin* deutlich, der von einem Omegapunkt der menschlichen Entwicklung ausgeht. *Jean Houston* („Der mögliche Mensch“) und *Satprem* („Der Mensch hinter dem Menschen“) sind hier empfehlenswerte Literaturhinweise. 1987 war dann auch meine Begegnung mit *John Pierrakos* und seiner Core Energetik. Die Core Energetik wird weiter unten in Kapitel 1.6 genauer beschrieben.

In diesen Jahren vertiefte sich mein Studium von *Ken Wilber*, der immer einflussreicher für meinen Denk- und Lernprozess wurde. Seine Konzeption vom Universum als einem großen, sich entwickelnden und sich selbst verstehendem, gestaltendem, materialisierendem Bewusstsein prägte mein Denken. Mit dieser Formulierung ist auch die Haupterfahrung meiner Atemreisen mit verschiedenen Atemtechniken umschrieben.

Ich erkannte eine Eigenart des menschlichen Entwicklungsprozesses: den pulsierenden Wechsel zwischen Klarheit und Unsicherheit, Logik und Irrwegen. In dieser Spannung zwischen Chaos und System, zwischen detaillierter Kenntnis und Nichtwissen können Bewusstseinssprünge geschehen. Es geht in unserer Entwicklung darum, auf eine Bewusstseinsebene zu kommen, auf der wir jeweils **noch nicht** sind, und ich kann, wenn ich jeweils nur 3+3 addiere, keinen qualitativen Sprung machen. Deshalb werden wir logischerweise durch Phasen von Nichtwissen, Phasen von Perturbation, von Unsicherheit und Chaos hindurchmüssen, um in eine andere Struktur zu kommen.

Dies kann auch durch Phasen von Verzweiflung führen, von absolutem Nicht-Können und von Loslassen. Bei einem vollständigen Prozess kommt nach dem Loslassen letztendlich die Phase von Geschehenlassen, und wir werden beschenkt von einer neuen Bewussteinsebene. Manchmal sind die uns gegebenen Informationen vorerst eine Überforderung, und in dieser Überforderung kann (bei guter Vorbereitung) etwas Wesentliches geschehen.

Die Medizinmänner

Zur gleichen Zeit begann meine Beschäftigung mit der Psycholytischen Therapie und anderen schamanischen Vorgehensweisen, in denen Medizinen und Substanzen zur Erweiterung des Bewusstseins eingesetzt werden. Eine mehrjährige Ausbildung bei verschiedenen schamanischen Lehrern vermittelte mir die Kenntnis der unterschiedlichsten Substanzen und ihrer Wirkfaktoren sowie der optimalen Gestaltung von Set (alle psychologischen Faktoren, die den Verlauf der Sitzung beeinflussen können, wie z.B. Erwartungen, Vorbereitung, Lernvoraussetzungen und Vorstellungen der Beteiligten) und Setting (die tatsächliche Umgebung des Experiments) für psycholytische Behandlungen und Bewusstseinserweiterungen.

Wesentliche Landkarten und Tiefendimensionen der CoreDynamik wurden mir entweder in schamanischen Visionen oder in holotropen Atemsitzungen gezeigt. Manche Landkarten, methodische Schritte und Erkenntnisse wurden mir zuerst in diesen tiefen Bewusstseinsräumen zugänglich, bevor ich sie dann wieder kleinschrittig aufbauend in der Arbeit mit Klienten und Trainingsteilnehmern ausprobierte und verifizierte. So entwickelte sich das coredynamische Instrumentarium in einem Wechselprozess von Selbsterfahrung, Tiefenerforschung und praktischer Anwendung, Korrektur und erneuter praktischer Anwendung.

Daraus entwickelten sich mehrere grundsätzliche Konzepte, wie z.B. dass Training und Therapie praktisch sein, d.h. im realen Alltag direkt in Umsetzung und zwischenmenschliche Kontakte münden muss. Gruppentrainings und -therapie und die Vernetzung der Teilnehmer untereinander sind die nächsten Schritte nach dem einzeltherapeutischen Durcharbeiten der Probleme des Klienten. So begannen wir Begegnungswochenenden, Vernetzungswochenenden, gemeinsames Feiern und gemeinsame Entfaltungsrituale zu entwickeln, die sich auch im Alltag als reale und konstante Vernetzung der Teilnehmer fortsetzten und bewährten.

Hakomi und Existentielle Psychotherapie

Eine weitere wesentliche Einflussgrösse der CoreDynamik ist der Ansatz des Hakomi, begründet von *Ron Kurtz*. Die von ihm sehr einfühlsam und überzeugend übernommene reichianische Einteilung der Charakterpanzermuster in seinen Grundüberzeugungen haben wir in unsere Arbeit übernommen und als 9. Dimension den Core-Zustand hinzugefügt. Der Umgang mit dem Widerstand und andere sehr feinfühlige Hakomi-Methoden (Übernehmen des Widerstands) sind wesentlicher Bestandteil der CoreDynamik geworden.

Die existentielle Psychotherapie, die *Irving Yalom* beschrieben hat, brachte den Aspekt des Sinns als entscheidendes Therapie-Agens in unseren Ansatz. Hier übernimmt die existentielle Psychotherapie die Erkenntnis von *C.G. Jung*, dass eine Neurose eher durch Sinnentleerung oder Sinnverlust zu definieren sei als durch Traumata und frühkindliche Entbehrungen. Dies taucht dann in der CoreDynamik in den Visions- und Sinnfindungsritualen auf.

Rituale

Wir sprachen schon vom Einfluss des Schamanismus auf unseren Ansatz: Rituale in der Natur, Feuer- und Schwitzhüttenrituale, die Arbeit mit dem Krafttier, mit Rhythmusbewegung und dem Kontakt zur Natur sind wesentliche Arbeiten in den tieferen Dimensionen.

Gehen wir vom Schamanismus einige Jahrtausende weiter, kommen wir zum Christentum und dem Ritual der Heiligen Messe. *C.G. Jung* fand heraus, dass die

Struktur der Messe ein uraltes Heilungsritual in allen Urreligionen dieser Welt darstellt. Wenn wir ihre Struktur genau untersuchen, stellen wir fest, dass sie die wesentlichen Aspekte eines sinnvollen Heilungsrituals beinhaltet. Ich habe das in *„Der Liebe Sinn“* (S. 172) genauer dargestellt.

Tantra

Wesentliche Einflüsse entstanden in den 90er Jahren durch Erfahrungen in Biodynamik und durch den Kontakt zur Orgodynamik von *Gabrielle St. Clair* und *Michael Plesse.* Die Beschäftigung mit verschiedenen Richtungen der tantrischen Körperschulung und die vertiefte Erfahrung des „Geschmack des Jetzt“ und des „Risking the Unknown“ erweiterte unser Methodenspektrum.

Präsenz

Durch die Erfahrung des Aikido, durch Zen- und Vipassana-Meditationen, durch holotropes Atmen und innere Körperreisen öffnete sich der Raum der Präsenz und des unmittelbaren Gewahrseins. Der Raum hinter den Gefühlen wurde deutlich, und in meiner Selbsterfahrung sowie in der Erfahrung mit vielen Hunderten von Klienten wurde immer erfahrbarer, dass sich die Persönlichkeit in den tiefen Dimensionen auflöst und wir in einen Raum von Schwingung und Feldbewusstsein treten können (Tiefungsebene V und VI). Dies ist ein Raum, den die Psychosynthese durch ihre Desidentifikation mit den Gefühlen („Ich bin mehr als meine Gefühle“) anstrebt. Ich habe mich jedoch in diesem Punkt von der Psychosynthese abgegrenzt (siehe: *„Der Liebe Sinn“*), da wir in diese Räume nicht hineinspringen können, sondern uns langsam dahin entwickeln müssen.

Core

Ab 1990 dann rückte die Tiefendimension des Core ins Zentrum der Arbeit. Die Kraft, Prägnanz, Tiefe und das Ungeheuerliche des Core wurden mir immer deutlicher. Der Mut wuchs, mit nicht-sichtbaren Informationen Kontakt aufzunehmen und die Möglichkeiten hierzu zu überprüfen und zu belegen. Die Stimmen der Wale und Delfine wurden für mich zum Hinweis und Symbol eines weltumspannenden Informationsnetzes von Energien, Wellen und Feldern.

Schließlich vertiefte der Kontakt zu den Arbeiten von *A. H. Almaas* meine Forschungen. Sein Verständnis von Core, Raum und Essenz rundeten den Forschungsprozess in seiner bisher vorliegenden Form ab. Der Beitrag von *Almaas* soll unten gewürdigt werden.

Nachdem es bisher darum ging (wozu das durch die Delfinstrategien [vgl. *„Rituale“* und *„Kontakt, Intuition“*] erweiterte Komplexitätsbewusstsein ein gutes Stück beitrug), die Beschleunigung und wachsende Komplexität zu bewältigen, möchte ich abschließend noch als Gegenbewegung den Aspekt der Verlangsamung hinzufügen.

Die Seele ist ein Raum-Zeit-Wesen, sie braucht Zeit für tiefe Prozesse, sie möchte Schönheit und Stille, d.h., neben Beschleunigung und Geschwindigkeit sind Meditation, Stille und Langsamkeit wesentliche Voraussetzungen in einer sich vertiefenden und mehr Glück und Fülle verheißenden Entwicklung.

Die herausnehmbare Grafik im Anhang fasst die hier skizzierten Einflussfaktoren anschaulich zusammen und ordnet sie den sechs Tiefungsebenen, die weiter unten erläutert werden, zu.

Ethische Grundüberzeugung

Aus den zahlreichen Einflüssen hat sich im Laufe der Jahre ein Grundkonzept der Welt entwickelt, das wir auch als ethische Grundlage unserer Beratungs-, Trainings- und Therapiearbeit verstehen. Ich gehe davon aus:

- dass die Wirklichkeit ein ungemein komplexes, vernetztes und vielfach geschichtetes Energiegesamt(feld) ist;
- dass dieses Energiegesamt wesentlich ein sich entwickelndes Bewusstsein, d.h. ein geistiges Phänomen ist, das an einigen Punkten als Materie wahrnehmbar ist;
- dass dieses Phänomen als allgemeines auch individuelle Aspekte hat, die sich als kernhafte Wesen (Personen) zeigen, deren Verbindung untereinander umgangssprachlich als Liebe bezeichnet werden kann.

Wenn Berater, Trainer und Therapeuten sich an diese Grundüberzeugungen halten wollen, folgt daraus der folgende Verhaltenskodex:

- Ein Berater/TrainerIn übt Respekt vor dem Einzelnen, der ein Repräsentant des Ganzen ist. Damit einher geht der Versuch der grundsätzlichen Verletzungsfreiheit im Kontakt mit dem Gegenüber.
- Berater und TrainerInnen achten auf das Vernetzungsgesamt, d.h. auf das System, innerhalb dessen ein Phänomen auftritt, und die dahinterliegenden Energieprozesse eines sichtbaren Phänomens.
- Berater und TrainerInnen sehen sich als – aus dem Abstand schauenden – Teil des Gesamtsystems und begleiten den Prozess als solche.
- Komplex denkende Berater/TrainerInnen befreien sich vom Denken in Ursache-und-Wirkungs-Zusammenhängen.
- Sie sehen sich als geistig-körperliche Wesen, individuell und im Kern mit allen verbunden.

1.3 Das Bewusstsein entwickelt sich in Richtung größerer Komplexität

Der hierarchische Aufbau des Seins

Die Wirklichkeit ist nicht aufgebaut aus in sich geschlossenen Einheiten (Ganzen) und auch nicht aus abgetrennten Elementen oder Teilen. Die Wirklichkeit ist strukturiert als ganzheitlicher Prozess, in dem jedes Ganze Teil eines höheren Ganzen ist. Und das ad infinitum. *Ken Wilber* nennt diese Ganzen, die gleichzeitig Teile eines höheren Ganzen sind, Holons (ein griechisches Wort für Gestalt). Weil es kein letztes Ganzes gibt, gibt es kein Ganzes, welches nicht ein höheres Ganzes hätte.

Die Wirklichkeit besteht nicht aus abgetrennten Dingen oder Prozessen, sie besteht nicht aus Atomen oder Quarks. Sie besteht vielmehr aus Prozessen, die immer auch Teil eines größeren Ganzen sind. Das gilt für Atome, Zellen, Menschen, Symbole und Ideen. Sie sind weder als isolierte Dinge noch als für sich stehende Prozesse zu verstehen, sondern als Ganze und Teile zugleich. Figur und Hintergrund werden immer im Zusammenhang gesehen, sie sind nicht voneinander zu trennen. Nichts existiert, was nicht ein Holon wäre, und das gilt eben auch für uns Menschen. Wir Menschen existieren nicht als Teile und auch nicht als Ganze, wir sind immer Holons, wir sind Teile eines sozialen Gefüges, das wiederum Teil eines größeren Gefüges ist, und in uns gibt es Sub-Strukturen wie Leber und Galle usw., die wiederum als Holons aufgebaut sind in verschiedenen Stufen.

Das heißt, die Wirklichkeit ist hierarchisch, oder, in *Wilber*s Terminologie, holarchisch aufgebaut, im Sinne einer zunehmenden Komplexität. Die Wirklichkeit hat verschiedene Komplexitätsstufen. Oder um es noch anders zu sagen, die Wirklichkeit besteht aus Feldern in Feldern in Feldern in Feldern. Der Kosmos besteht aus einer Leiter, aus einer Hierarchie von Holons.

Jedes Holon versucht sich selbst zu erhalten und ist definiert aus verschiedenen Aspekten, aus dem Stoff, aus dem es gemacht ist und durch den es lebt, und durch eine relative Autonomie sowie durch eine relative Abhängigkeit. Aber im wesentlichen ist es ein Muster, das sich selbst erhält. Jedes Holon hat eine inhärente Fähigkeit, sich selbst zu erhalten. Dies ist die Selbsterhaltungstendenz, und jedes Holon muss sich einem anderen Holon und anderen Holons anpassen. Als Ganzes bleibt es ein Holon, als Teil muss es sich anpassen. Diese beiden Tendenzen nennt *Wilber* Eigenständigkeit und Zugehörigkeit. Es gibt nichts, was nur eigenständig ist. Es gibt nichts, was nur zugehörig ist. Selbst in der Symbiose, wenn wir genauer schauen, gibt es Reste von Eigenständigkeit.

Diese Autonomie und die Bezogenheit müssen in einem guten Verhältnis zueinander sein. Das ist eine Definition von Gesundheit. Wenn ich mich beziehe und relativ autonom bin, bin ich in Ausgewogenheit. Und Pathologie heißt, dass Bezogenheit und Eigenständigkeit nicht ausgewogen sind. Wenn ich zu autonom bin und zu wenig Bezug habe, ist das genauso problematisch wie umgekehrt. Der Wachstumsprozess verläuft dabei von Selbsterhaltung über Selbstanpassung zu Selbsttranszendenz. Ich versuche mich zu verwirklichen, indem ich mich überwinde.

Das Prinzip, die Kraft, die dahintersteht, ist nach *Wilber* der Eros. Der Eros, in einer Formulierung von *Helmut Volk-von Bialy*, ist die Neugier an der eigenen Seele und an der Seele des anderen. Und dieser Eros ist das, was mich zur Selbsttranszendenz bewegt. Selbstverwirklichung geschieht durch Selbsttranszendenz.

Felder prägen Entwicklungen

Der Prozess der Entwicklung wird geordnet durch die sog. morphogenetischen Feldern (*Rupert Sheldrake*). Leber, Niere, Herz und Lunge werden durch ein morphogenetisches Feld zu einem menschlichen Organismus konstituiert. Auf jeder Ebene wirken die Felder dadurch, dass sie die Prozesse ordnen, die sonst unbestimmt bleiben würden. Das übergeordnete Feld des menschlichen Organismus schafft die Synthese, und daraus wird eine höhere Ordnung, nämlich der Mensch.

Die verschiedenen Organismen koevolvieren, d.h. entwickeln sich gemeinsam. Da alle in einem Feld zusammengeschlossen sind, wobei die Felder die Entwicklung determinieren, entwickeln sich Holons gemeinsam. Sie sind untrennbar durch Interaktion verbunden. Alles steht miteinander in Wechselbeziehung auf allen Ebenen.

Daraus schließt *Wilber*: Evolution hat eine Richtung, nämlich die zunehmender Komplexität und zunehmender Integration. In diesem Prozess der zunehmenden Komplexität entsteht zunehmende Organisation und Strukturierung.

„Jede Entdeckung eines neuen und tieferen Kontextes und einer Bedeutung ist die Entdeckung einer neuen Therapie“ (*Wilber*), denn unsere relative Autonomie nimmt zu, da wir mit dem Zugang zu immer größerer Tiefe immer größere Freiheit gewinnen. Mit anderen Worten: Wenn ich mich weiterentwickele und immer komplexer werde, muss der Zugang zu mir auch immer komplexer werden.

Sehr vereinfacht ließe sich eine methodologische Stufenfolge wie folgt beschreiben:

Wenn ich in dir nur ein Verhaltensmuster von Reiz und Reaktion sehe (du bist wie ein Hund, dessen Speichel läuft, wenn ich klingele), dann ist die Methode, die ich anwende, um dein Verhalten zu optimieren, auch die entsprechende, nämlich die Verhaltenstherapie.

Wenn ich darüber hinaus dir Gefühle zugestehe, ist die Gesprächstherapie der angemessene Zugang. Wenn ich dich als ganzheitlichen Organismus verstehe, nutze ich den Ansatz der Gestalttherapie. Wenn ich schließlich sehe, dass du ein denkendes, leibliches Wesen mit Ausdrucksbedürfnissen in einem sozialen Kontext bist, wende ich Integrative Therapie an.

Wenn ich erkenne, dass du ein Schwingungsfeld bist und in einem Feld lebst, das dir einen Kontext bietet, und sehe, dass das Kontextfeld nicht nur sozial, sondern auch geistig ist, werde ich spirituelle Ansätze hinzuziehen, um dir gerecht werden zu können. Je komplexer ich dich erlebe, desto komplexer muss meine Methode sein, mit der ich dir gegenübertrete. Gleichwohl behalten die einzelnen therapeutischen Ansätze oder Trainingskonzeptionen ihre Gültigkeit, je nach Zielgruppe und Indikation. Hierzu hat *Wilber* in „Das Wahre, Schöne, Gute" (S. 359f) zahlreiche Beispiele aufgeführt.

Es taucht die Frage auf: Warum braucht es eine neue Methode, warum braucht es etwas, das wir CoreDynamik nennen? Die Antwort lautet: Weil unser Bewusstsein von der Komplexität des Menschen zunimmt, brauchen wir auch neue Methoden, die diesem wachsenden Komplexitätsbewusstsein entsprechen. Jedes Entdecken eines neuen und tieferen Kontextes und einer Bedeutung braucht die Entdeckung einer neuen Therapie.

Der Omegapunkt

Jedes Holon hat des weiteren ein zunehmendes Telos. Telos heisst Ziel. In der Chaosforschung wird es Attraktor genannt. Wir alle haben schon die Erfahrung gemacht, dass nicht nur die Vergangenheit uns prägt, sondern auch die Zukunft. Manche Forscher sagen, dass die Zukunft eine noch viel stärkere Wirkung hat als die Vergangenheit.

Der Attraktor, der Sinnkontext ist eine Energie, die ein Holon in eine Entwicklung zieht. Die Tiefenstruktur eines Holons wirkt wie ein Magnet, wie ein Attraktor, der es in eine bestimmte Richtung zieht. In der Formulierung von Teilhard de Chardin ist es der Omegapunkt, auf den wir uns hin entwickeln.

Omegapunkt, Attraktor, Telos sind Begriffe für vergleichbare Prozesse. Sie aktualisieren mich in meine Entwicklung. Eine anschauliche Erklärung hierfür liefert *Rupert Sheldrake* mit den morphogenetischen Feldern. Weil also die Psyche sich irgendwo hinbewegt, deswegen kann sie auch steckenbleiben. Das ist eine völlig neue Definition von Neurose oder Entwicklungstraumata. Da ist nicht nur irgend etwas schiefgegangen im Sinne von Schmerz oder Verletzung, sondern da konnte eine Entwicklung nicht stattfinden. Es ist also nicht nur eine Konditionierung in der Vergangenheit, sondern ein nicht stattgefundener Entwicklungsprozess, der mich krank macht, eine nicht geschlossene Gestalt. Wachstum wurde behindert, so wie wenn man auf einen Samen tritt.

Dieser plattgetretene Samen wird dann als eine Fixierung sichtbar. Kehrt man zu diesem Punkt zurück, wo diese Fixierung stattgefunden hat (ich bin 3 Jahre und stehe in meinem Gitterställchen, und ich rüttle an den Stäben und darf mich nicht entfalten), kann ich versuchen, den Fuß von diesem Samen zu nehmen und die damals nicht mögliche Entwicklung stattfinden lassen. Ich erlaube, dass das Telos, also die Zielmöglichkeit, die Entfaltung dieses Entwicklungsabschnittes, jetzt möglich wird. Dann kann das Holon in sein Telos, in seine Bestimmung treten.

Für *Freud* war der Omegapunkt die genitale Organisation und das integrierte Ego, also sexuelle Erfüllung und Entwicklung des Ich. Für *Piaget*, einen Entwicklungspsychologen, war es das formal-operationale Denken, das die höchste Entwicklung darstellt. Für *Habermas* ist es die rationale Intersubjektivität zwangsfreier gegenseitiger Verständigung. Auch *Ken Wilber* geht es um zwangsfreie intersubjektive Kommunikation, gegenseitige Verständigung. Das ist letztlich auch das Ziel, das wir in der CoreDynamik erreichen wollen, dass Menschen miteinander ohne Herrschaft, ohne Zwang, ohne Fuß auf dem Samen so miteinander kommunizieren können, dass sich die Möglichkeiten, die in jedem angelegt sind, entfalten können.

Eben weil die Psyche irgendwohin unterwegs ist, kann sie auch steckenbleiben. Wäre der Geist nicht irgendwohin unterwegs, könnte er nicht steckenbleiben oder krank werden. Die Probleme, die Punkte des Steckenbleibens können erklärt werden anhand des Wohins des Unterwegsseins.

Wenn ich definiere: „Du bist unterwegs dahin, dass du satt wirst, dass du was zu fressen bekommst", sehe ich dich als völlig anderes Wesen und interveniere völlig anders, als wenn ich dich als jemand sehe, der unterwegs ist zur genitalen Befriedigung oder zu Reichtum oder zu sozialer Sicherheit oder hin auf zwangsfreie Kommunikation. Wiederum anders gestalte ich meinen Umgang mit dir, wenn ich dich als jemand erlebe, der unterwegs ist hin auf spirituelle Erfüllung oder auf kosmische Integration und ganzheitliche Entfaltung.

Ich kann und muss bei jedem Individuum, mit dem ich arbeite, herausfinden: Was ist das Wohin seines Unterwegsseins, was ist der Sinn seines Lebens? Ich kann und muss ihn unterstützen, sein Telos herauszufinden und damit die Kraft seines Telos zu öffnen. Das Gegenüber muss diese Kraft letztlich selbst entfalten, aber der Therapeut/Coach versucht mit dem Suchenden, die Unterbrechungen zu finden, die das Telos behindern. Was ist die eigentliche Bestimmung deines Lebens?

Dies ist auch eine jungianische Formulierung: Neurose heißt nichterfüllte Sinnhaftigkeit.

Jede Entwicklungsstufe, in der wir als Holon sind, ist einer Spannung ausgesetzt. Als Ganzes bin ich relativ autonom und ganz. Als Teil bin ich relativ separiert, entfremdet und vom Kontext, der noch außerhalb meiner Wahrnehmung liegt, abgeschnitten.

Da es immer Kontext gibt, der noch außerhalb meiner Wahrnehmung liegt, gibt es in mir die innere Tendenz, diesen Kontext zu erfassen. Das ist das, was mich treibt. Solange mir die größeren Kontexte noch nicht bewusst sind, solange ich sie noch nicht einbeziehen kann, drängt etwas in mir, mich in diese größeren Kontexte hinein zu entwickeln.

Leid und Schmerz entstehen aus dem Bewusstsein des Noch-nicht-entfaltet-Habens eines höheren Kontextes. Das, was mein Bewusstsein plagt, ist die Ahnung eines Tieferen, Höheren oder Bedeutungsvolleren. Das ist das, was an meinen Grenzen zerrt. Friede kann erst einkehren, wenn dieser weitere Horizont gefunden ist. Ist er gefunden, entsteht Ruhe und Befriedigung.

Aber da ich ein Holon bin, gibt es einen weiteren Kontext, der danach entsteht, der mich wieder zieht. „There is no end to integration" – eine Formulierung von *Perls*. Es geht immer weiter, es gibt stets einen größeren Kontext, der mich zieht. Und zwischendrin gibt es die Befriedigung, dass eine Gestalt geschlossen ist. Es entsteht Entspannung, Ruhe, Ausruhen, ein Sich-Öffnen in diesen Zustand, in die neue Intensitätsstufe. Ich nenne das „die Ausdehnung der oberen Grenze von Glück". Nach der Ruhephase wird sie sich weiter ausdehnen wollen, und der Zyklus beginnt von neuem.

„Beschränkte Kontexte sind durch nichts aufzulösen, was auf derselben Ebene unternommen werden kann" (*Wilber*). Ich kann nur weiterkommen durch die darüberliegende Ebene. Der größere Kontext übt einen Zug aus, er ist das Telos des gegenwärtigen beschränkten Kontextes. Der gegenwärtige Zustand ist immer beschränkt und ist immer vollkommen zugleich. Und in dieser Spannung leben wir. Deswegen ist es notwendig, dass ich als Begleiter von Entwicklungsprozessen mit dem bleibe, wo jemand ist, ohne ihn irgendwohin zu ziehen. Ich erlaube ihm, einfach da zu sein, wo er jetzt ist. Ich lasse ihn sein, weil ich weiß, dass das Holon, das mir da gegenübersitzt, von seinem eigenen Telos in einen größeren Kontext gezogen wird.

Der Begleiter ist derjenige, der ihm Ruhe, Sicherheit und Nahrung auf diesem Komplexitätsniveau gibt, und indem er das versteht und integriert, wo er jetzt ist, kommt er irgendwo an und erreicht damit eine Ebene, wo das nächste Telos ihn weiterzieht.

Nach *Wilber* gibt es keinen äußersten Omegapunkt – der würde ein endgültiges Ganzes voraussetzen. „Ein solches Holon gibt es nirgendwo im Reich des manifestierten Seins. Aber vielleicht lässt sich das auch anders betrachten. Vielleicht bewegt Telos, vielleicht auch Eros den gesamten Kosmos. Und wer weiß, vielleicht ist Gott sogar ein alles umfassender chaotischer Attraktor, der als sanfte Überredung zur Liebe in allem wirkt" (*Wilber, Eros, Logos, Kosmos,* S. 109). Dieser letzte Omegapunkt, dieser letzte Attraktor, den es nicht geben kann, weil es immer weitergeht, ist ein Attraktor, der uns zu höherer Komplexität zieht und damit zur Liebe.

Je komplexer ich mich entfalte und damit auch verbinde, um so näher bin ich an dem dran, was *Wilber* Liebe nennt. Bewusstsein, Komplexität und Liebe sind bei ihm das gleiche. Entfaltung auf das Telos hin ist Liebe.

Es geht also darum, die Welt und damit auch mein Gegenüber als etwas zu begreifen, das komplexer ist, als ich gerade erfassen kann. In jedem Training, in jeder Beratung habe ich in meinem Gegenüber ein Holon vor mir, das immer komplexer ist, als ich verstehen kann. Und das löst in mir die Grundhaltung von Respekt aus, von Nichtwissen, von Ahnen, von Demut und einem Bewusstsein von tendenzieller Überforderung. Ich kann es nicht „richtig" machen, doch das Feld trägt und unterstützt den Entwicklungsprozess.

Macht und ökologisches Bewusstsein

Entwicklung vollzieht sich kurven- oder auch spiralförmig. Gleichmäßiger Aufstieg oder kontinuierliches Halten von Energie ist in der Natur nicht möglich. Wie die folgende Grafik zeigt, gibt es in dieser Veränderungskurve verschiedene Phasen. Ich habe das in „*Rituale*" und „*Kontakt, Intuition*" ausführlicher beschrieben.

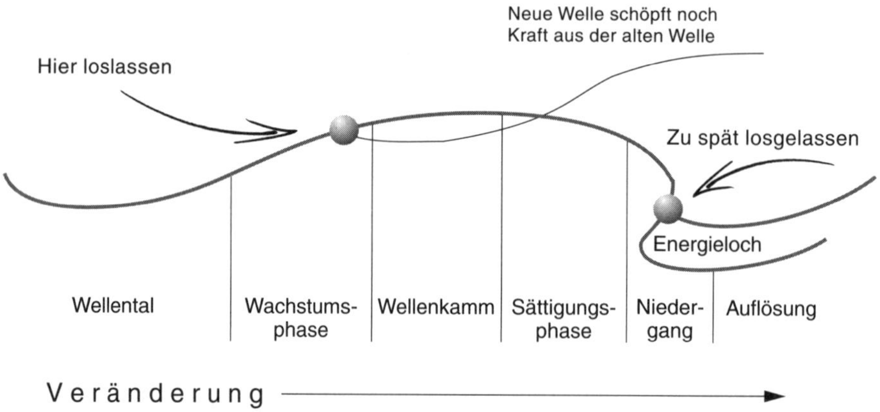

Abb. 3: Kurvenbild des Wellenwechsels

Hier soll nur kurz daran erinnert werden, dass es sinnvolle und weniger gute Punkte des „Wellenwechselns“ gibt, das sind Punkte, an denen ich aus einer vorhandenen Welle aussteigen und auf eine neue Welle springen kann. Das kann inhaltlich, energetisch oder organisatorisch gemeint sein. Immer aber ist Entwicklung mit einem Loslassen von alten Mustern, Konzepten, Vorstellungen und auch Gefühlen verbunden. Ohne das Loslassen alter Strukturen können wir uns nicht verändern und nach vorne in Richtung größerer Komplexität gehen.

Größere Komplexität muss gehalten und gebündelt werden. Das geht nicht ohne ein organisatorisches Zentrum oder, im Inneren, einen „Königsplatz“. Damit kommt das Macht-Thema ins Spiel. Wir kommen um Macht und Kraft nicht herum. Aber wie kann diese Macht emanzipatorisch genutzt werden?

Wir können die Notwendigkeit des Lernens zu einer Bewusstseins- und Qualitätsveränderung nutzen. Wir können lernen, dass dieses Springen nur möglich ist, wenn wir es nicht allein rational vollziehen. Rechtzeitig zu erfassen, wann die nächste Kurve kommt, wann ich springen muss, ist über die Ratio allein nicht möglich, sondern nur mit zusätzlicher Hilfe der Intuition. Nur in dem Moment, in dem ich meinen Organismus als Empfangsstation für komplexere Energien wahrnehme, werde ich den richtigen Punkt finden.

Ich kann die Welle mit dem Kopf nicht erfassen, da bin ich immer zu spät. Wir haben gelernt zu fühlen, zu denken, rational zu bleiben, wir haben gelernt, unsere rationalen Funktionen zu optimieren. Aber wenn wir dieses Spektrum anschauen, erkennen wir, dass es begrenzt ist.

Es gibt ein Telos, das uns auf eine höhere Komplexität zieht, und das ist der Bereich jenseits der Ratio. Dies ist der Bereich der Intuition oder des unmittelbaren Gewahrseins von Energien und Bereichen, die nicht mehr mit dem Verstand allein zu erfassen sind.

Eine Möglichkeit des Zugangs ist, dass ich mir erst mal verstandesmäßig darüber Klarheit verschaffe, dass es solche Dimensionen gibt es und solche Erfahrungen möglich sind. Damit öffne ich mein Bewusstsein für die Möglichkeit, sie auch zu erfahren. Wir haben in unserem Körper die Möglichkeit, Prozesse wahrzunehmen, die jenseits unseres Verstandes sind. Dahin kommen wir aber nur, wenn wir unsere überholten Vorstellungen von Wirklichkeit loslassen.

Wenn ich mich ins Bett lege und festhalte, kann ich nicht einschlafen, kann ich nicht träumen. Ich muss loslassen, um einzuschlafen. Genauso muss ich loslassen, um jene nicht-alltäglichen Erfahrungen zu machen. In diesem Loslassen kann ich lernen, meine Sende- und Empfangsstation darauf einzustellen, dass ich Dinge empfange, die ich über rationales Bewusstsein allein nicht empfangen kann.

Es gibt in unserer Kultur ein Gerät – wenn wir da an einem Knopf drehen, hören wir auf einmal die Musik der Beatles. Und dann drehen wir ein bisschen weiter, dann hören wir Beethoven. Dieses Gerät nennt man Radio. Wenn wir unserer Urgroßmutter erzählt hätten, dass wir ein solches Gerät besitzen, an dem wir Knöpfe drehen, und dann Musik zu hören ist, dann hätte sie gesagt: „Du spinnst ja, das gibt's nicht."

Für uns ist heute selbstverständlich, solch ein Gerät mit diesem Knopf zu haben, und genauso kann man sich vorstellen, dass wir in der Lage sind, den „Knopf" an unserem körperlichen Sende- und Empfangsgerät so zu drehen, dass wir die Informationen erhalten, die wir für unsere weitere Entwicklung benötigen.

Die Frage ist: Was ist die nächsthöhere Komplexitätsstufe, auf die hin ich entworfen bin? Wie meint mich das Sein?

Wenn ich diese Frage stelle, erlebe ich meine Verbundenheit mit dem Ganzen. Durch dieses Erleben von Verbundenheit wird negative Machtausübung unwahrscheinlicher, weil ich mich als Teil des Ganzen erlebe.

Dieses Erleben ist wie ein Heraustreten in eine neue Komplexitätsstufe. *Wilber* benutzt als Beispiel den bekannten Wahrnehmungsversuch aus der Entwicklungspsychologie von *Piaget*: Wir zeigen einem dreijährigen Kind zwei Glasröhren, eine schmale und eine breite. In der schmalen Glasröhre ist eine Flüssigkeit, und die kippen wir in die breite Glasröhre und fragen das Kind: „Ist das die gleiche Flüssigkeitsmenge?"

Das dreijährige Kind sagt: „Das ist jetzt weniger" (weil es jetzt flacher ist). Zwei Jahre später sagt es ganz selbstverständlich, dass es die gleiche Flüssigkeitsmenge ist. Das ist die Entwicklung zum konkret-operationalen Denken, bei dem es eine Selbstverständlichkeit ist, Länge mal Breite mal Höhe sofort mitzudenken und zu wissen, dass die Substanz sich durchs Umkippen nicht verringert. Wenn wir auf eine nächste Entwicklungsstufe gehen, dann wird für uns etwas selbstverständlich, was vorher undenkbar war.

Vor dem Hintergrund des Wissens um die größere, die geistige Welt können wir anfangen, unsere Wahrnehmung immer feiner und differenzierter einzustellen und so die Informationen genauer zu bekommen, offener dafür zu sein und Methoden zu entwickeln dafür, wie wir offener werden. Die grundlegende Methode hierfür ist die Atmung und die Aktivierung bestimmter Körperzentren. Wir aktivieren unsere Atmung und konzentrieren uns auf bestimmte Wahrnehmungszentren wie z.B. die Handflächen, das Dritte Auge, die Krone oder das Herz. Wenn wir die Verbindung zwischen Kronenzentrum, Drittem Auge, Herz und Handflächen aktivieren und hineinatmen, stellen wir unsere Empfangsstation auf Informationen aus einem intuitiven Bereich ein. Es gibt auch andere sinnvolle Verbindungslinien zur Aktivierung der Intuition; diese hat sich nach unserer Erfahrung jedoch besonders bewährt.

Wenn ich das tue, verbinde ich mich mit einer höheren Holoneinheit, bekomme ich aus meinem Möglichkeitsraum Informationen über die nächste Welle und aus dem Feld meines Gegenübers Informationen über seine Entwicklungsmöglichkeiten. Das ist das, was wir in der CoreDynamik ganz systematisch üben, nämlich die Entwicklungswellen über intuitive Erfahrungen zu erfassen.

Auf der Kontaktebene ist eine vertiefte Wahrnehmung z.B. durch den weichen Blick möglich (vgl. „*Rituale*" S. 124). Wenn wir weich hinschauen und den Blick auf unendlich einstellen, können wir üben, im Gegenüber Bestimmung und Wesen zu sehen.

Spannung und Sprung

In dem Moment, in dem ich mich so öffne, höre ich auf, Macht ausüben zu wollen. Dabei ist wichtig zu lernen, in dieser Entspannung auch Spannung auszuhalten. Ich erfahre nämlich gleichzeitig die Beschränktheit meines Wissens. Ich komme in Kontakt mit dem riesigen Universum meines Nicht-Wissens, mit meinen mangelnden Informationen, und ich muss immer mit einer beschränkten Informationsmenge handeln. Das ist das, was wir als Sprung begreifen. Ich springe auf eine nächsthöhere Ebene, aber ich habe nicht alle Informationen, die mir ein abgesichertes Springen ermöglichen würden.

Der Sprung ist immer unsicher, immer spannend. Ich muss diese Unsicherheit aushalten lernen. Damit ich sie aushalten kann, muss vorher der Körper als Gefäß stabilisiert sein, muss vorher Kontakt im Hier und Jetzt geübt sein, Boden- und Körperkontakt. Hier und jetzt erlebe ich meine Atmung. Hier und jetzt merke ich, wie meine Gefühle spürbar werden, hier und jetzt erlebe ich dieses Gefühl in einer konkreten Situation meiner Biografie. Ich transformiere die Gefühle, und ich erlebe meinen Wesenskontext auf der nächsthöheren Ebene, die mich zieht.

Wir können erreichen, dass die Bewusstheit dieser verschiedenen Ebenen für Momente parallel präsent ist oder zumindest abrufbar ist im Hindurchgleiten durch die Persönlichkeitsschichten zum Zentrum: Kontakt, Gefühl, Biografie, Intuition, Präsenz des Kontexts, Core, Kosmos. Indem ich mich mit den verschiedenen Ebenen in mir und mit meinem Gegenüber verbinde, können wir uns gleichzeitig als zwei Holons zu einer Dyade verbinden. Gemeinsam können wir uns als Teil des nächsthöheren Holons erfahren, als Teil der Gruppe, und wir als Gruppe als Teil einer Bewegung, der Gesellschaft und der Weltgemeinschaft. Im nächsten Schritt kann eine Bewusstheit entstehen, in der wir uns als Teil des lebendigen Organismus Mutter Erde (Gaia) oder auch des gesamten Kosmos empfinden können. Wir nennen diese Bewusstheit Präsenz.

Ich kann mein Bewusstsein nicht komplexer werden lassen, ohne ökologisch zu denken und unterdrückende Strukturen auflösen zu wollen. Das heißt, von außen nach innen zu gelangen heißt gleichzeitig, größere Komplexität zuzulassen, und dies bedeutet, Machtstrukturen abzubauen und aus diesem Inneren heraus nach außen wirken zu wollen, auf eine Weise, die frei von Macht und Unterdrückung ist.

Worum es geht, ist, ins Jetzt zu kommen und gleichzeitig neben sich stehend den Prozess von außen zu beobachten. Damit sind wir etwas, was auch das Universum offensichtlich ist: ein Prozess, der sich entfaltet und ein Bewusstsein von dieser Selbstentfaltung hat.

1.4 Die Tiefungsebenen I bis IV

Zum Überblick fasse ich zunächst das Modell der Schritte durch die sechs Tiefungsebenen zusammen und erläutere dann die ersten vier Tiefungsebenen im einzelnen:

I. Zuerst geht es um **Denken, Einordnen und Verstehen**. Wir sprechen, hören, informieren uns über Sachfragen und Zusammenhänge auf inhaltlicher und psycho-sozialer Ebene. Wir verstehen unsere jeweiligen Funktionen, Rollen und Gedanken. Wir lernen unsere Kontaktmuster (vgl. „*Menschenkenntnis*") kennen und verstehen, welche Kontaktunterbrechungen (ebenda) möglich sind und welche wir bevorzugen.

II. Im nächsten Schritt lassen wir **Bilder und Gefühle** zu, erfassen, erspüren deren Bedeutung und lassen uns von ihnen bewegen, anregen und entspannen. Wir erfahren, welche Bilder und Gefühle uns als Schutzmechanismen dienen, wie wir diesen Schutz würdigen und auch loslassen können. Wir erinnern uns an das reiche Spektrum der Gefühle (sich freuen, trauern, wütend sein, Mitgefühl empfinden etc.) und laden alle Gefühle als gute Freunde ein. Wir erfahren die heilende Kraft des UND, indem wir die scheinbar widersprüchlichen Polaritäten in uns akzeptieren und integrieren.

III. Wir werden uns unserer **biografischen Gewordenheit** bewusst, sehen uns in unserem Lebenskontext, lösen Bindungen an überkommene Gefühle und Bilder und kommen von dort wieder ins Jetzt zurück. Wir lernen unsere Grundüberzeugungen kennen und erfahren, wie sie unser Verhalten prägen und wie wir sie – ohne sie ganz überwinden zu können – so nutzen können, dass wir nicht mehr Opfer unserer biografisch bedingten Weltwahrnehmung sind.

IV. Wir laden die **Körperebene** ein. Wir erleben uns als empfindende Wesen, öffnen das Sehen, Hören, Riechen und Schmecken, aktivieren unsere Körperenergie durch Bewegung, Klang und Atem.

Wir erfahren, dass unser Körper bisher unbekannte Energiepotentiale birgt. Wir lernen die Bedeutung von Symbolen und Archetypen für uns kennen und öffnen uns in den Raum des Paar- und Gruppenwesens.

Diese Erfahrungsebenen werden in den nächsten Schritten in den transpersonalen Raum erweitert:

V. Wir öffnen unsere Wahrnehmung weiter, indem wir unser **Raum- und Zeitbewusstsein** erweitern, betreten die **existentielle Ebene**, in der wir uns der grundlegenden Gegebenheiten des Menschseins wie Tod, Sinn, Verantwortung und Freiheit bewusst werden.

Wir entwickeln unsere Willensfunktionen und Willenskraft, gestalten **Rituale** und lassen intuitive Bilder, Ahnungen, **Gleichzeitigkeitserfahrungen** und wortloses Erkennen zu.

Wir erfreuen uns am Meistern **komplexer** Erlebnisse durch **Intuition** und treten in den Raum der **Präsenz**.

VI. Wir machen Verbindungs- und **feinstoffliche Energie**erfahrungen. Das **Erkennen und Erleben des Angekommenseins im Sein und an der Quelle (Core-Erfahrung)** charakterisieren diesen schwer beschreibbaren Zustand, der sich weiter entfalten kann in ein Bewusstsein-an-sich, die **Non-Dualität**.

Im folgenden Kasten sind die sechs Tiefungsebenen mit ihren Unterteilungen noch einmal im Überblick zusammengefasst:

Tiefungsebenen

I.	Kontakt, Kontaktunterbrechung, Rollen, Gedanken, Verstehen
IIa.	Bilder, Gefühle
IIb.	Polaritätenintegration
IIIa.	Biografie, szenische Involvierung, Regression und Progression
IIIb.	Grundüberzeugungen
IVa.	Körperwahrnehmung
IVb.	Autonome Körperreaktionen (Bio-Energie)
IVc.	Symbole, Archetypen
IVd.	Der soziale Körper (Paare und Gruppen)
Va.	Raumöffnung, unmittelbares Gewahrsein
Vb.	Existentielle Ebene und Ritual
Vc.	Präsenz, Intuition
VIa.	Hoch-Energie, feinstoffliche Energie
VIb.	Sein, Quelle, Essenz, Core
VIc.	Essenz ist eins mit dem Höchsten Selbst, Bewusstsein-an-sich, Non-Dualität

Nach unserer Erfahrung (*Wilber*, *Engler* und *Brown* 1988 bestätigen das) handelt es sich bei diesen Entwicklungsstadien nicht bloß um zufällige Oberflächenstrukturen, sondern es sieht so aus, als handele es sich um quasi universale Tiefenstrukturen der Bewusstseinsentwicklung. Die Entscheidung, wie die einzelnen Stadien einzuteilen sind, sind zwar etwas willkürlich, wenn auch dadurch nicht weniger nützlich als Landkarte der Orientierung und Entwicklung. „Wenn sich schließlich herausstellen sollte, dass einige dieser Klassen (Stadien) andere, deutlich unterscheidbare Klassen enthalten, dann haben wir unser Verständnis für die Abfolge einfach erweitert und nicht ungültig gemacht" (*Wilber, Engler, Brown* 1988, S. 23).

Ich möchte an dieser Stelle auf einen wichtigen Unterschiede in der Konzeption *Aurobindos* und *Wilbers* einerseits und der CoreDynamik andererseits eingehen. Während die beiden erstgenannten eine konsequente Entwicklungspsychologie vorlegen, die quasi eine Ausweitung der *Piaget*schen Entwicklungsstadien darstellt, also in sich eine geschlossene entwicklungspsychologische Stufenlehre darstellt, kann man in der CoreDynamik einen Drehpunkt in der Stufenabfolge beobachten: Die Stufen 1-4 sind methodologische Schritte zu zunehmender Tiefung, nicht jedoch wie bei *Wilbers* und *Aurobindos* Stufen 1-5 entwicklungspsychologische Abfolgen der menschlichen Entwicklung. Dieser Bruch ist absichtlich, denn m.E. ist die Stufenfolge 1-5 von *Piaget*, *Wilber* und *Aurobindo* nur für die Beschreibung der kindlichen Intelligenzentwicklung von Interesse, nicht jedoch für die Entwicklung eines normalen Erwachsenen, der auf der formal-operationalen Ebene seinen weiteren Wachstumsprozess beginnt.

Unsere Ebenen V und VI mit ihren Unterdifferenzierungen sind dann entwicklungspsychologische Schritte als Stadien der Bewußtseinsentwicklung und methodologisch-didaktische Schritte zugleich.

Methodologische Kernpunkte des Prozesses

Wir sprechen jetzt über das Handwerkszeug der Bewusstseinsentwicklung. Die Landkarten sind nun angedeutet, und wir fragen jetzt nach dem didaktischen Aspekt, nämlich: „Wie komme ich dahin?"

Das Sprechen über das Core ist bei mir oft mit einer Scheu, Vorsicht oder auch Scham verbunden, denn das Herantasten an diesen „Heiligen Bezirk" ist für mich so groß und ungeheuerlich, dass ich mich im Kontext dieses Themas oft sehr klein und groß zugleich fühle.

Dies ist der Raum, in dem Heilung geschieht. Darum beschäftigen wir uns damit. Meine Erfahrung ist, dass in diesem Core-Bereich dann Heilung geschieht, wenn wir diesen Innenraum auf sichere Weise betreten und auch wieder sicher und mit einem Verstehen zurückkommen.

Ich will kurz das Grundmodell erläutern, bevor ich dann zum methodischen Handwerkszeug übergehe.

Abb. 4: Zwiebelmodell

In unserem Ansatz ist das Core der innerste Bereich. Innen ist **die eine Wirklichkeit**. Das Zwiebelmodell veranschaulicht diesen Prozess: Im Innersten ist das Core, dieser hochenergetische, rot-orange oder weiß-blau glühende Kern von Lebendigkeit, wie ein Kraftwerk, die Liebe, der Wesenskern. Drumherum ist die Schutzschicht der Intuition oder des unmittelbaren Gewahrseins. Drumherum liegt die Schutzschicht des Körpers, der Grundüberzeugungen, der Gefühle, und dann erst kommen die Bilder, Kontaktunterbrechungen (z.B. Projektionen), Gedanken, und außen liegt die Schicht von Rollen und Klischees.

Wir gehen davon aus, dass der innerste Kernbereich des Menschen, das Core, so etwas Wertvolles, Zartes und gleichzeitig Gewaltiges ist, dass es geschützt werden muss durch die äußeren Randschichten.

Dieses Persönlichkeitsmodell, das in ähnlicher Weise auch bei *Samuel Widmer* und bei *A.H. Almaas* zu finden ist, stellt unser didaktisches Rüstzeug dar. Wenn wir ins Innerste kommen wollen, dann müssen wir von außen nach innen gehen.

Im Spiralmodell wird das gleiche gesagt. Wir gehen von außen in einem spiralförmigen Weg nach innen. Dabei erfahren wir bestimmte Muster über uns selbst. Was sind meine Bilder, was ist die Art, wie ich projiziere, was ist die Struktur meiner Gedanken, wo liegen meine Gefühle versteckt, wo sind sie offen? Diese psychologischen Faktoren sind wichtig, um sich nachher im Innersten sicher zu fühlen.

Und darum geht es in unserem Ansatz, dass wir uns selbst in tiefsten Zuständen noch so sicher fühlen, dass ich immer noch sagen kann: Hallo, ich bin Petra Meier, dann und dann geboren, habe dieses soziale Netz, diesen Beruf und habe diese und diese Fähigkeiten. Das ist die Möglichkeit des Wegs zurück. Bin ich mit dieser mitschwingenden Bewusstheit in dem glühenden Innenraum, dem Core, dann kenne ich den Weg zurück nach außen.

Wenn ich im folgenden den Weg entlang der Tiefungsebenen als ein Hintereinander beschreibe, dann geschieht dies nur aus Gründen der Anschaulichkeit. In Wirklichkeit ist der Weg spiralförmig, und alle Entwicklungsdimensionen des Menschen werden gleichzeitig, jedoch mit unterschiedlichen Schwerpunkten angegangen.

Der folgende Abschnitt geht auf eine Anregung von *Helmut Volk-von Bialy* zurück, der damit unsere Methode präzisiert hat.

Die Grafik (Abb. 5) verdeutlicht den Prozess:

Die Ebenen I bis IV sind sog. Koevolutionsbereiche, sie entwickeln sich gemeinsam und bedingen sich sogar in ihrer Entwicklung. Die Tiefung entsteht dann in einem Prozess der Differenzierung und Integration der koevolvierenden Bereiche.

Dies kann folgendermaßen verstanden werden: Von Beginn an werden alle Erfahrungsdimensionen der Teilnehmer berücksichtigt. Allein schon in der Frage: „Was spürst du jetzt?“ ist nicht nur die Verstehensdimension, sondern auch das körperliche und emotionale Erleben mit angesprochen, können auch biografische Atmosphären mit anklingen. Dabei ist zu beobachten, dass ich, je mehr ich von meinem Körper spüre, desto mehr auch von meinen Gefühlen mitbekomme. Je enger ich die Bereiche aufeinander beziehe, desto mehr verstärken sich die differenzierenden Wirkungen dieser Integration.

Es geht uns um die Verbindung, die Integration der Bewusstseinsdimensionen, die alle für sich nicht höher oder tiefer, sondern anders sind, wobei einige Erfahrungen als Grundlage aufgefasst werden, wie z.B. der Kontakt und das Verstehen.

Kennzeichnend für das coredynamische Vorgehen ist die differenzierende und integrierende Berücksichtigung von zunächst vier Dimensionen des Erlebens. Die

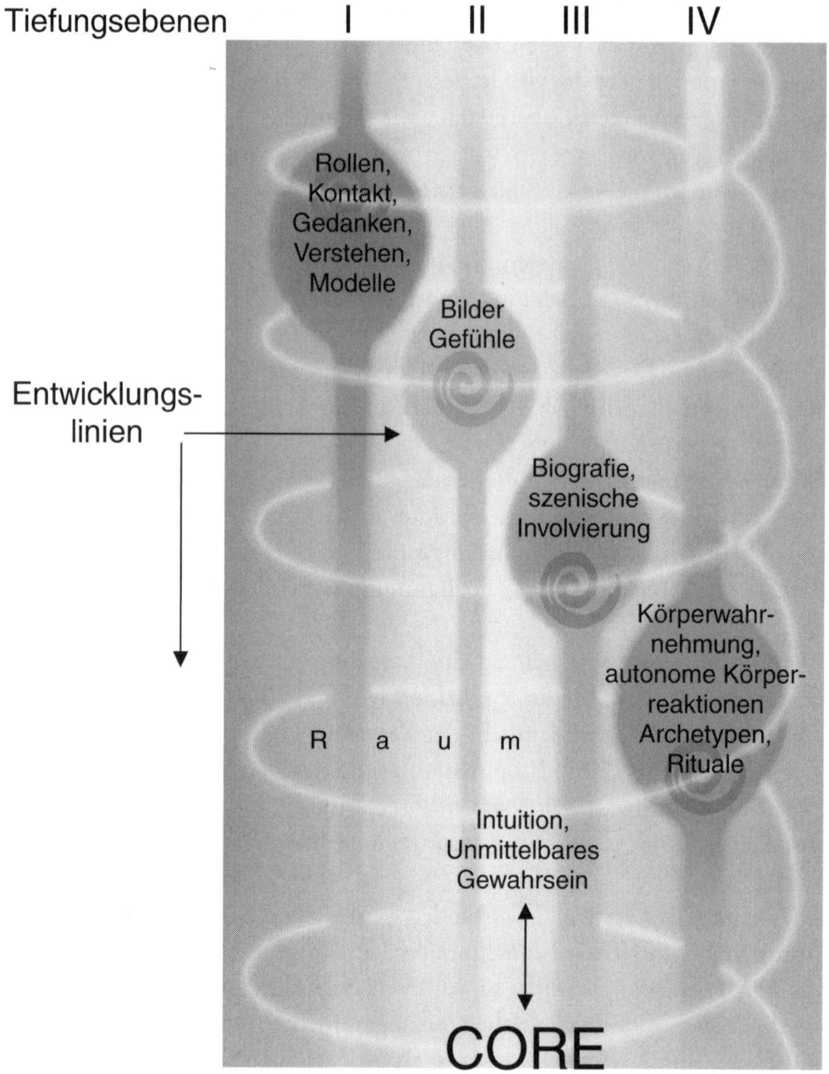

Abb. 5: Schlauchgrafik

Fähigkeit, sich in diesen Dimensionen wissend und wahrnehmend frei bewegen zu können, bildet die Basis für das Erreichen der weiteren zwei Dimensionen (V und VI) des Erlebens. Diese beiden Dimensionen sind jedoch schon immer in jedem Erleben vorhanden, nur noch nicht bewusst.

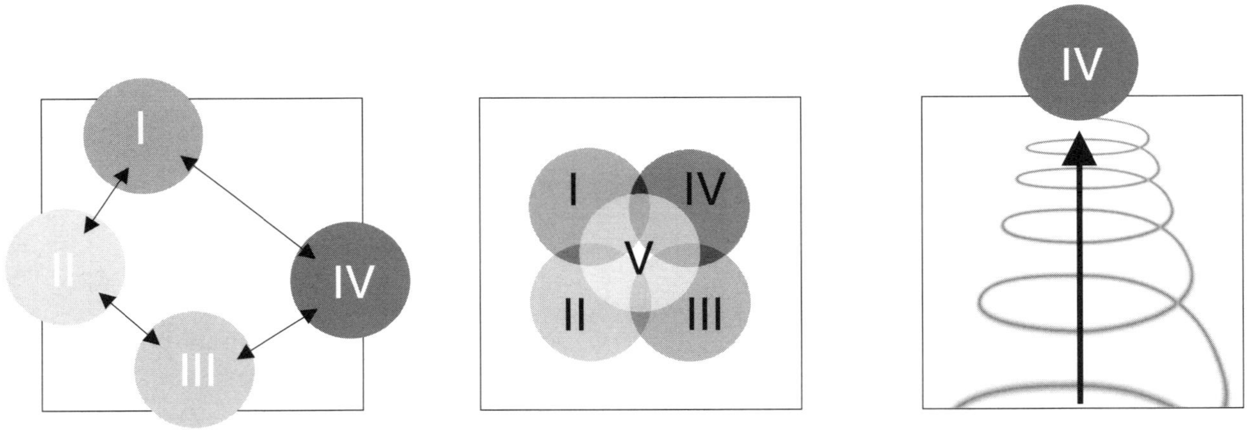

1. Phase
Die Erlebensdimensionen werden zunächst einzeln erkundet und dann aufeinander bezogen.

2. Phase
Durch Differenzierung fangen die Dimensionen an, sich zu durchdringen. Intuition (V) wird möglich.

3. Phase
Core als Attraktor, das Integrationsprinzip schimmert durch.

Abb. 6: Verbindung der Ebenen

Im Erlebensprozess sind also die sogenannten Ebenen der Tiefung nicht voneinander zu trennen; in jeder Übung sind alle Aspekte – wenn auch nur rudimentär – vorhanden, und nur aus Gründen der methodischen Überschaubarkeit und Planung trennen wir sie und bewegen uns scheinbar von Ebene I nach Ebene VI und wieder zurück.

Wir bezeichnen diesen Weg als Weg entlang der Tiefungsebenen. Die Ebenen I bis IV findet man auch in der Integrativen Therapie. Sie sollen nun genauer beschrieben werden.

Ebene I: Kontakt, Rollen, Gedanken, Verstehen

Die äußere Schicht sind die sozialen Klischees, die Rollen und Muster, die Kontaktfähigkeit, die Kontaktunterbrechungen. Wir versuchen die Gedanken eines Menschen kennenzulernen und üben uns im Verstehen.

Wir beginnen mit der Frage:

- Wie ist die Kontaktfähigkeit einer betreffenden Person?
- Wo liegen die Kontaktunterbrechungen?

Hier ist uns das Konzept der Gestalttherapie sehr hilfreich. In der Gestalttherapie wird meist mit dem jetzigen Moment gegangen und kunstvoll die eine Frage variiert: „Was ist jetzt?" Die Wahrnehmung der Gegenwart ist für viele Menschen sehr schwer. „Was ist jetzt?" ist jedoch die grundlegende und immer wieder variierte und wiederholte Frage, auf der alle späteren Erfahrungen aufbauen. Grundlage jedes Prozesses ist also die Arbeit am Hier und Jetzt.

Gleichzeitig üben wir deuten, wir üben das Verstehen meiner und anderer Prozesse, denn die tiefste Erfahrung nützt mir nichts, wenn ich sie nicht verstanden habe. So sagt auch *Ken Wilber*: *Peak experiences* sind allein für sich genommen noch nicht heilsam, wenn sie nicht in einem dialogischen Prozess vermittelt sind.

Zum Verstehen lassen sich sinnvollerweise Konzepte der Psychoanalyse und der Tiefenpsychologie hinzuziehen.

Wir haben die ersten vier Tiefungsebenen von *Petzold* übernommen, an einigen Stellen differenziert und die Ebenen V und VI hinzugefügt. Die Beschreibung der Ebenen V und VI werden nachher Hauptteil dieses Kapitels sein.

Mit den vier Tiefungsebenen wurde von *Petzold* ein Muster entwickelt, das uns die Schritte nach innen erleichtert und für denjenigen, der durch diesen Prozess hindurchgeht, eine Orientierung darstellt. Wir üben die Reflexion anhand der Orientierungsfrage: „Wo bin ich?"

Wenn wir direkt ins Zentrum des Seins hineinspringen wollen, gelingt dies in der Regel nur mangelhaft, und wir wissen nicht, was dabei mit uns geschieht. Wir können Angst bekommen, machen zu und haben letztendlich weniger profitiert, als wenn wir uns die Zeit lassen, diesen Weg der schrittweisen Entfaltung zu gehen.

Jeder Kontakt, jedes Training, jeder Weg in die außergewöhnlichen Bewusstseinszustände beginnt mit den Phänomenen des Kontakts im Hier und Jetzt. Es geht als erstes um das Hinschauen und Wahrnehmen, was jetzt ist. Hier und Jetzt, was sehe ich, was spüre ich hier in diesem Körper?

Eine 77-jährige Kollegin hat einmal gesagt: „Erst gar nichts spüren und dann auf einmal Alles spüren, das geht net." Von diesem „erst gar nichts Spüren" zum „Alles-Spüren" ist ein langsamer, differenzierter Prozess. Und der erste Schritt ist Kontakt. „Was ist jetzt?" Kontakt zum Boden, Kontakt zum Bauch, Kontakt zur Atmung im Jetzt.

Die Frage wird eingeschliffen: Wie kann ich mich unterstützen in meinem Hiersein, in dieser Wirklichkeit? Für diese Sicherheit sind die Säulen der Identität eine wertvolle Hilfe. Die Identitäts- oder Stabilitätssäulen sind die des Körpers, der Gefühle, des sozialen Netzes, des Berufs, der materiellen Basis, der Werte, der Ich-Identität und des geistig-seelischen Seins. Sie dienen zum einen der Diagnose des IST-Zustandes und bieten zum anderen das Material für die Frage: „Was will ich entwickeln, wo will ich hin, was sind meine Ziele auf meinem Weg?"

Am Anfang bremsen wir als Begleiter den Prozess. Es geht nicht um irgend etwas Spektakuläres, es geht nicht darum, schnell irgendwo hinzukommen, sondern am Anfang geht es nur um Vorsicht und um Netz-Bauen. Was sind meine Kontaktunterbrechungen, was verändere ich, wenn ich mir oder anderen begegne? Was sind meine Rollen, mit denen ich mich im Kontakt stabilisiere und auch Kontakt unterbreche?

Dabei geht es im Wesentlichen ums Verstehen. Ich beginne beim Verstehen, und ich ende beim Verstehen. Es geht nicht um besondere ekstatische Erlebnisse, sondern es geht um Verstehen dessen, was da gerade eben passiert. Es gibt Therapierichtungen, in denen es im wesentlichen um intensive Erfahrungen geht. Unsere Erfahrung ist aber, dass dieser scheinbar schnelle Weg letztlich zu wenig führt. Er führt zu einer Befreiung, zu einer Entspannung für Momente. Wenn ich aber nicht verstehe und diese Arbeit, die Erfahrungen in meinen biografischen und in einen größeren Kontext einzuordnen, nicht leiste, dann bleiben diese Erfahrungen Eintagsfliegen.

Ebene II

IIa: Bilder und Gefühle

Wenn wir auf der Ebene von Kontakt ein soziales Netz gebaut haben, gehen wir weiter auf die Tiefungsebene II, zu dem Bereich der Gefühle und Bilder. Dort lernen wir Landkarten der Gefühle und Bilder kennen.

- Welche Gefühle gibt es?
- Was sind Grundgefühle, was sind Ersatzgefühle?
- Welche Gefühle geben dir Stabilität, welche Unsicherheit?
- Was sind deine Bilder? Welche Bilder geben dir Schutz?
- Welche Bilder sind für dich bedrohlich?

In Tiefungsebene II gibt es wie für jede Tiefungsebene eine ganz bestimmte Gruppe von therapeutischen Interventionen, von Handwerkszeug, um diese Ebene zu erreichen. Sie sind in *„Kontakt, Intuition“* ausführlich beschrieben.

Wir üben außerdem, wie wir diese Ebene der Bilder und Gefühle wieder verlassen und zurück zum Verstehen gelangen können. Es gibt ein Gefühl von Sicherheit, wenn ich auf dieser Ebene schon einmal oder mehrfach erlebt habe, wie ich von den Gefühlen wieder zurückkomme. Gerade war ich sauwütend, und jetzt bin ich wieder beruhigt und verstehe es. Gerade war ich tieftraurig, und ich komme wieder zurück.

Es ist wichtig, die Erfahrung zu machen, dass wir unsere Gefühle steuern können. Wir können in Gefühle hineingehen und auch wieder herausgehen. Sie beherrschen uns nicht. Ich übe, traurig zu sein, und zunächst spiele ich die Trauer, und wenn ich an einem bestimmten Punkt loslasse, übernimmt die Trauer den Prozess. Der Körper übernimmt den Prozess, und das Gefühl beginnt zu fließen. Der Übende kann immer die Kontrolle halten und dennoch an einigen Punkten loslassen und das Gefühl vollständig in seinen Qualitäten ausloten.

Eine Möglichkeit, diesen spielerischen Umgang mit unseren Gefühlen zu lernen, ist der von uns entwickelte GefühlsParcours (siehe: *„Der Liebe Sinn“*, S. 31). Die Übenden gehen an verschiedenen Plätzen im Raum nach eigener Wahl nacheinander in unterschiedliche Gefühle, wie z.B. die Trauer, die Freude, das Mitgefühl oder die Wut.

Zuerst scheint es nur ein Spiel, dann werden die Gefühle immer echter und authentischer erlebt, bis sie uns für kurze Momente richtiggehend überrollen und wir im ganzen Körper zu diesem Gefühl werden. Dies wird als sehr befreiend und beglückend erlebt.

An dieser Stelle möchte ich einen kurzen Bezug zu *Roberto Assagioli* herstellen. Die Psychosynthese *Assagiolis* ist historisch gesehen eine der wichtigsten Entwicklungen zu einer komplexen transpersonalen Psychologie. *Roberto Assagioli* hat wertvolle Pionierarbeit geleistet, und wir können von seinen Erkenntnissen viel lernen. Er stellt das Herz, die Liebe und das Mitgefühl in den Mittelpunkt seiner Arbeit, betont als wesentliches Ziel seiner Therapie die spirituelle oder transpersonale Entwicklung, und er geht auch von einem spirituellen, überbewussten Zentrum der Persönlichkeit aus, das mit dem Core in unserem Sinne vergleichbar ist.

Eine ausführliche Auseinandersetzung zwischen Psychosynthese und CoreDynamik würde jedoch den Rahmen dieses Buches sprengen. So soll es hier bei einer generellen Würdigung bleiben und bei der erneuten Betonung der Tatsache, dass wir beim Umgang mit Gefühlen eine deutlich andere Position vertreten. In der CoreDynamik werden die Gefühle zuerst für eine lange Zeit für sehr wichtig genommen; das vollständige Hineingehen in die Gefühle, die Identifikation mit den Gefühlen (ich bin ganz diese Angst, diese Trauer) ist ein wichtiger Schritt, um die Tiefe der Gefühle ganz und gar auszuloten. Darüber hinaus kann man explizit sogar von einer Gefahr sprechen, wenn die Ent-Identifizierung mit den Gefühlen zu früh einsetzt. Die Gefahr ist, dass die Reifung nur aufgesetzt und nicht zutiefst im Körper verankert ist. So schreibt auch *Wilber*: „Die Psychosynthese verlor u.a. deshalb an Boden, weil sie zwar eine im Ganzen schlüssige Theorie war, aber die Ent-Identifizierung betonte, was in der Praxis viele dissoziative Leute anzog, sozusagen Patienten, die in manchen Fällen die Klinik übernahmen“ (*Das Wahre, Schöne, Gute*, S. 381).

Das Terrain der Gefühle ist eine hochkomplexe Landschaft, in der wir Täler und Berge, Flüsse, Klippen und weite Felder, Schluchten und Orkane kennenlernen und erforschen können.

Neben den großen Türen in den Gefühlsbereich gibt es auch die kleinen Türen. In der Landschaft der Gefühle können wir viele feine Zwischentüren kennenlernen: Wie komme ich in den Gefühlsraum hinein, wie komme ich wieder heraus? Mit diesen Worten könnte man ein Grundmuster unserer Arbeit skizzieren: Wie komme ich rein, wie komme ich raus, und wie komme ich zurück auf sichere Weise? Wir müssen ja morgen oder nächste Woche wieder arbeitsfähig sein. Also, wie komme ich zurück?

Eine differenzierte Wegbeschreibung zu den Gefühlen und auch den Weg zurück haben wir mit der Musik- und Forschungsgruppe *TranceZenDance* auf unserer Doppel-CD „*Emotion*“ gegeben. Sie kann als Selbst-Übungsweg und auch für den Einsatz in Seminaren genutzt werden.

Zum leichteren Überblick machen wir hier einen kurzen Vorgriff auf den Gesamtprozess:

Wenn wir im Bereich von Gefühlen und später dann mit dem Körper eine gewisse Sicherheit entwickelt haben, können wir in den Bereich von unmittelbarem

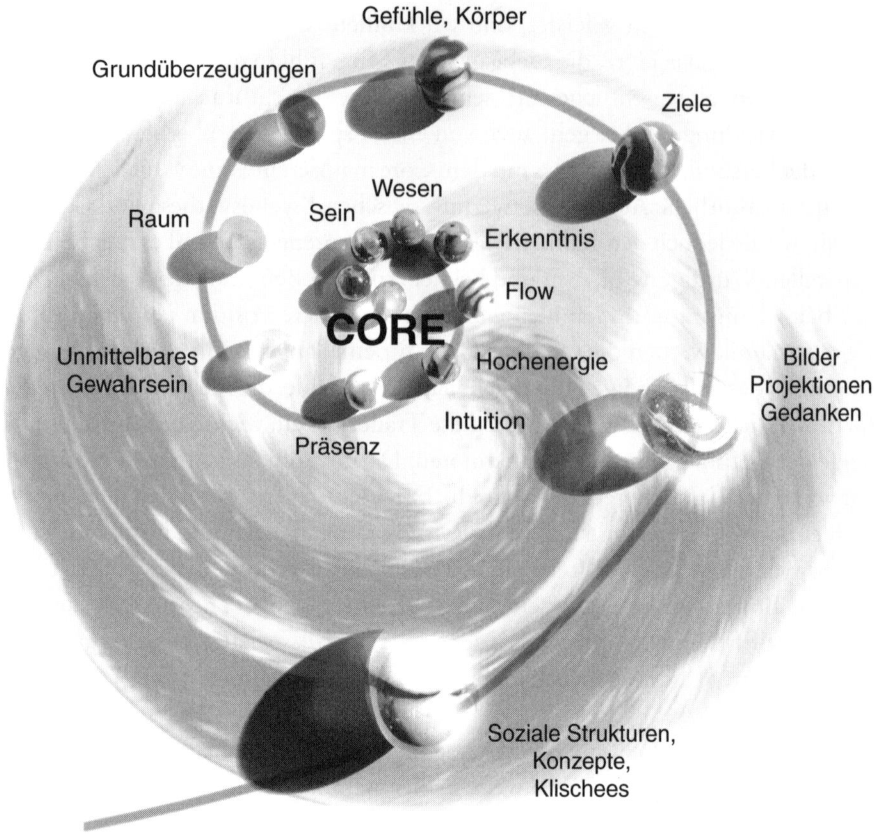

Abb. 7: Grafik CoreSpirale

Gewahrsein, Präsenz und Intuition treten. Von da treten wir in den Kern ein, dort, wo wir reine Energie erleben können.

Wenn wir in dieser Spirale im Kern angekommen sind, gehen wir wieder nach außen und wiederholen den Vorgang erneut und kommen so zu schrittweise tieferen Erfahrungen. Es ist quasi eine sich wiederholende unendliche Spirale.

IIb: Polaritätenintegation

Ein weiterer Schritt innerhalb dieser Tiefungsebene ist die sog. Polaritätenintegration. Hierbei werden unterschiedliche, scheinbar widersprüchliche persönliche Eigenschaften wie z.B. feige/mutig, offen/verschlossen, liebevoll/ablehnend angeschaut und miteinander in Bezug gesetzt sowie in sich zu akzeptieren gelernt. Ein wichtiger Aspekt der Polaritätenintegration in der CoreDynamik ist das Sehen, Annehmen und Würdigen unserer Destruktivität. Wir sind nicht nur „gut", und es ist ein illusorisches Ziel, ausschließlich gut sein zu wollen. Das Dunkle, Böse, oder wie immer wir den Schatten nennen wollen, muss gesehen werden. Verdrängen des Schattens kann zu unkontrollierter Destruktivität führen. Was das Böse letztendlich ist, bleibt ein Geheimnis. Das Annehmen unserer dunklen Seiten macht uns jedoch vollständiger, ehrlicher und lebendiger. Hierzu ist die *Dämonsuche* ein geeignetes Ritual („*Der Liebe Sinn*", S.123f).

Wir Menschen sind widersprüchliche Wesen und vereinigen zahlreiche, oft widersprüchliche Teil-Persönlichkeiten (das innere Team) in uns. Wenn wir diesen Tatbestand ignorieren, werden wir leblos und unecht. Die heilende Kraft des UND wird entdeckt, indem wir verschiedene, scheinbar widersprüchliche Qualitäten des Erlebens durch das UND in Beziehung setzen. Übungen hierzu sind in „*Der Liebe Sinn*", S. 41 beschrieben.

Ebene III: Biografie

IIIa: Szenische Involvierung

Nach dem Thematisieren von Kontakt, Verstehen und Gefühlen kommt die Biografie in den Blick. Damit geht eine zunehmende Intensität der Prozesse einher. Beispiele für Biografie-Arbeit, z.B. mit dem Medium des Lebenspanoramas, sind unten in Kapitel 3.2 von *Rutger von Bothmer* u.a. angeführt. Ziel ist, durch ein gemaltes Panorama das eigene Leben in seinem Verlauf, in seinen Höhen, Tiefen und Krisenmomenten, zu erfassen und zu verstehen.

Es geht dabei darum, durch wörtliche Dialoge mit den eigenen Eltern in eine sog. Regression zu kommen. D.h., die betreffende Person fühlt sich als kleines Kind wie damals, fühlt die alten, unverarbeiteten Gefühle und bringt sie ins Hier und Jetzt, um sie erneut erleben, durcharbeiten, auflösen und verstehen zu lernen.

Die leitenden Fragen sind immer in der Gegenwart formuliert: „Wie alt bist du jetzt, während du das erlebst?", „Was siehst, hörst, fühlst du jetzt in diesem Moment, in dem deine Mutter hereinkommt und ...?" Das Durcharbeiten der alten, unabgeschlossenen Szenen ermöglicht uns, dass wir sie abschließen. In der Sprache der Gestalttherapie heißt das, dass wir „die Gestalt schließen". Sie kann dann in den Hintergrund treten und bedrängt unser aktuelles Erleben nicht mehr. Wir können mehr im Jetzt leben und das wahrnehmen, was wirklich ist.

IIIb: Grundüberzeugungen

Unsere Arbeit mit den Grundüberzeugungen wird in meinen anderen Büchern ausführlich geschildert und soll hier nicht wiederholt werden. Es geht im Wesentlichen darum, die eigenen Muster und Haltungen in Bezug auf das Leben kennenzulernen. Eine gute Brücke ist die Skriptanalyse aus der Transaktionsanalyse und speziell die Arbeit mit den eigenen Antreiber-, Bremser- und Erlaubersätzen. Danach folgt meist die sogenannte *Pesso*-Arbeit. Die Teilnehmer formulieren die von ihnen gewünschten Sätze oder Botschaften von „idealen Eltern" und hören diese so lange, bis sie sie wirklich in sich hineinlassen können. Durch häufiges und regelmäßiges Integrieren dieser unterstützenden Sätze kann ein neues Selbstbewusstsein wachsen und ein neues heilsames „Drehbuch" (Skript) geschrieben werden.

Der liebevolle, aber auch humorvolle Umgang mit dem alten Drehbuch ist in unserer Arbeit wichtig. Witzige und auch versöhnliche Deutungen lösen die Festhaltespannung und öffnen neue Sichtweisen.

Ebene IV: Körper

Wenn wir einen Menschen in seinem biografischen Kontext und in seinen Themenstellungen tiefer kennengelernt haben, gehen wir auf Ebene IV, die Ebene des Körpers.

IVa: Körperwahrnehmung

Der Körper will erst vorsichtig gespürt werden, Körperwahrnehmungen wollen erprobt und geübt werden. Hierher gehören alle Übungen der *Sensory Awareness.* Dies sind Übungen, die Körperempfindungen, die Körperthemen, die Spannungen und angenehmen Empfindungen im Körper wahrzunehmen, zu benennen und langsam tiefer zu erforschen. Diese Ebene ist in *„Der Liebe Sinn", S. 110f* beschrieben worden.

IVb: Autonome Körperreaktionen

Wir kommen nun zum Bereich der verschiedenen Arten von Energie. Energie zu definieren ist ein vergebliches Unterfangen, und wir wollen es nicht versuchen. *John Pierrakos* hat in seinem Buch *Core Energetik* (S. 30ff) einen umfassenden und lesenswerten Überblick über die Energiebegriffe der letzten 3000 Jahre gegeben. Das hier vorliegende Buch ist der Versuch, Energiephänomene zu umschreiben und sich ihnen anzunähern. Wir unterscheiden grob gesehen vier Formen und Begriffe von Energie:

a) Die physikalische Energie. Sie ist nicht Thema dieses Buches. *Einstein* und *Stephen Hawking* haben dazu wichtige Aussagen gemacht.

b) Die körperliche Energie: Hierunter verstehen wir die Aktivierung des Körpers durch Bewegung, Nahrung, Atmung, Stimme und äußere Impulse wie Musik etc. Umgangssprachlich könnte man diese Energie als Kraft oder Vitalität bezeichnen.

c) Die Bio-Energie: Dies sind die im Körper wahrnehmbaren feinen Schwingungen und Pulsationen, die z.B. durch Atemarbeit, durch bioenergetische Übungen (*A. Lowen* und *Pierrakos*) oder durch Vorstellungen und innere Bilder und Gefühle ausgelöst werden können. b ohne c ist möglich, c benötigt zu seiner Erfahrung b. Die Bioenergie ist das Phänomen, das wir auf der Ebene IVb meinen, wenn wir von feinen Strömen und Vibrationen sprechen.

d) Die sog. feinstoffliche Energie ist zu unterscheiden von den ersten drei Energieformen und wird in der Tiefungsebene VI erfahrbar. Sie soll dort näher beschrieben werden.

Nach dem vorsichtigen Kennenlernen unserer Körperreaktionen gehen wir weiter zur Vertiefung der Körperwahrnehmungen in den Bereich der sogenannten autonomen Körperreaktionen. Wir können uns diesen Impulsen durch die Wiederholung von Bewegungen, durch das Hervorlocken der Aggression und durch die Arbeit mit Stimme, Kraft und konfrontativen Unterstützungen durch den Begleiter annähern. Auch die Arbeit mit dem Medium Ton-Erde, z. B. im Formen des eigenen inneren Kindes, löst tiefste Gefühle und Körperempfindungen bis in zu frei fließenden Energieströmen aus.

Autonome Körperreaktionen erreichen wir auch, indem wir körperliche Energie durch Bewegung oder Atmung hinzufügen. Wir können durch die sog. Tiefenatmung das gesamte System so aufrütteln und durcheinanderbringen, dass neue Türen zu Körperempfindungen, zur Bio-Energie und auch zu den weiter unten beschriebenen Zuständen geöffnet werden.

Eine sehr angenehme Art, autonome Körperreaktionen hervorzurufen, ist das Lachen. Ich mag sehr die Übung, in der die Teilnehmer durch das ansteckende Lachen des Seminarleiters und darauffolgend durch das ansteckende Lachen der anderen Gruppenmitglieder zu einer heftigen Zwerchfellbewegung inspiriert werden. In Wellen pulsen Bauch und Zwerchfell, schütteln sich und vibrieren, bis der Körper die Führung übernimmt und die Teilnehmer sich ganz dem Prozess überlassen. Interessant ist, dass nach heftigem Lachen oftmals ein tiefes Weinen einsetzen kann, was wiederum nach der Entspannung zu einem Lachen führen kann. Der pulsative Wechsel zwischen Lachen und Weinen führt irgendwann in eine große Stille und einen tiefen Frieden. Dies ist ein wesentliches Ziel der Arbeit mit autonomen Körperreaktionen. Diese Stille kann uns dann in die Raumerfahrung und in die Präsenz führen.

Aber es kann sein, dass wir von der Ebene IV erst mal wieder zurückgehen zu Ebene III, II oder I. Dieser Prozess kann bis zu einem Jahr dauern, bis die Erfahrung stabilisiert ist und die Sicherheit vorhanden ist, sich in sich auszukennen.

Den Bereich der autonomen Körperreaktionen unterbinden die meisten traditionellen Therapien. Solche heftigen Reaktionen erscheinen als zu bedrohlich und der nachfolgende Auflösungsprozess der Ich-Strukturen als zu gefährlich, weshalb sie verhindert werden. Damit verschließen sie sich wertvolle Türen zu den tieferen Schichten unseres Seins.

Ein wesentlicher Weg hin zu den sog. autonomen Körperreaktionen sind die verschiedenen Formen der Atemarbeit, insbesondere das Holotrope Atmen. Die Arbeit mit dem Atem wurde in *„Rituale“* und *„Der Liebe Sinn“* ausführlich erläutert.

IVc: Symbole und Archetypen

Eine weitere Unterteilung der Tiefungsebene IV kann durch die Arbeit mit Symbolen und Archetypen charakterisiert werden. Wir erkannten bei der Auswertung von Prozessen, dass Bilder eine andere Qualität haben als Symbole und Archetypen.

Während Bilder einen eher subjektiven und persönlichen Aspekt der Empfindung des „Innenreisenden“ darstellen, sind Symbole und Archetypen allgemeinerer und oft sogar kollektiver Art. Sie drücken eine generelle menschliche Weisheit oder Erkenntnis oder auch einen allgemeinen psychischen Prozess oder Heilungsvorgang aus. Als solche sind sie näher an der kollektiven Qualität unseres Innersten und enger verknüpft mit den Schwingungsfeldern, die uns konstituieren.

Die Arbeit mit den archetypischen Mustern von Kind, Jüngling, Mann, Vater und Weisem einerseits oder von Kind, junge Frau, Frau, Mutter und Weiser andererseits ist in *„Menschenkenntnis“*, thematisiert worden.

Auch die Arbeit mit Mythen, Märchen und die Deutung auf der Ebene von Symbolen erlaubt einen Einstieg in den Bereich der Seele, der rein verstandesmäßig nicht erreichbar ist.

Wir nutzen auf dieser Ebene die dem Menschen gegebene Gabe des Geschichtenerzählens. Es kann sehr heilsam sein, für sich selbst eine heilsame Geschichte zu finden und sie einem Zeugen oder Gegenüber zu erzählen.

Umgekehrt üben wir auch, intuitiv die für das Gegenüber heilsame Geschichte zu finden und zu erzählen. Auch wenn wir noch während der Erzählung nicht wissen, warum gerade diese Symbole, Archetypen oder heilsamen Wendungen im

Verlauf der Geschichte aufsteigen, sie erweisen sich zumeist als zutiefst berührend, erhellend und heilsam.

IVd: Der soziale Körper

Haben wir das Einzelwesen bis zu diesem Schritt nach innen begleitet, tritt jetzt im Sinne von zunehmender Komplexität seine leiblich-soziale Verbundenheit als Paar- und Gruppenwesen in den Vordergrund der Betrachtung, der soziale Körper.

Die coredynamische Arbeit mit Paaren und mit Gruppen sowie unsere systemische Familienaufstellungsmethode ist in den entsprechenden Kapiteln dargestellt worden.

1.5 Ebene V: Raum, Präsenz, Existenz, Intuition

Die verschiedenen Dimensionen der Tiefungsebene V (Raumerfahrungen, Präsenz, Existenz, Intuition) wurden aus der Systematik zahlreicher Innenreisen und auch der Entwicklungsverläufe vieler SeminarteilnehmerInnen herausgefiltert und kategorisiert. Sicher gibt es weitere Unterformen und Übergänge, diese vier haben sich als aufeinander aufbauende Entwicklungen und folglich auch als sinnvolle didaktische Schritte erwiesen.

Va: Raumerfahrung und Weitung

In unserer Konzeption arbeiten wir auf spezifische Weise mit dem Thema Raum. Die konkrete Arbeit mit dem Raum ist in *„Kontakt, Intuition", S. 181ff* genauer beschrieben worden und soll hier nur zusammenfassend skizziert werden:

Wir üben, Raumerfahrungen zu erleben. Was ist das eigentlich, unten? Unten, da sind Füße, Beine, Boden. Welche Symbolik hat für mich unten? Was bedeutet für mich: Baum, Wurzeln, Boden, Realitätskontakt?

Was ist das eigentlich: oben, Kopf, Himmel, Öffnung, Antenne? Was ist das: links (Herz, Liebe)? Was ist das: rechts (Verstand, Wille)?

Wir üben, durch Herumgehen im Raum eine Orientierung zu finden. Zunächst gehen wir mit geöffneten Augen durch den Raum. Diese Bewegungen und die dazugehörigen Orientierungen werden dann mit geschlossenen Augen erinnert. Mit geschlossenen Augen wird dann die Verbindung Außenraum, Plätze im Raum, dazugehörige Themen und innere Orte hergestellt. Wir vernetzen Augen, Arme, Kopf, Organe, Körperhaltungen und Raumdimensionen so häufig in der übenden Wiederholung, bis die inneren Repräsentationen dieser Aspekte im Innenraum sicher internalisiert sind. Dann können wir damit in realen Situationen arbeiten, die eine Herausforderung darstellen.

Sie können sich das so vorstellen: Ein Flugkapitän muss in seinem Cockpit eine scheinbar unübersehbare Menge von Knöpfen und Hebeln kennen und auch in Stresssituationen spontan, sicher und richtig bedienen können. Ein geübter und erfahrener Kapitän braucht nicht lange zu überlegen, wo und wie die entsprechenden Knöpfe zu bedienen sind, er greift einfach zur richtigen Stelle und bewegt den Knopf oder den Hebel in die richtige Richtung. Das ist das Ergebnis von „Körperwissen" oder „Körpergedächtnis".

Auf gleiche Weise können wir lernen, in unserem „Körperwissen" relevante Muster und die dazugehörigen Interventionen abzuspeichern und aus der Menge an möglichen Einschätzungen und Charakterisierungen spontan die für diese Situation angemessenen auszuwählen und (um im Beispiel des Flugkapitäns zu bleiben) mit einem kleinen Handgriff, mit einer kleinen, kaum sichtbaren Körperbewegung die richtige Strategie in unserem Körperbewusstsein abzurufen.

Dies nennen wir „mein persönlicher Tanz“. Durch Bewegungen, durch einen inneren Tanz, durch das Aktivieren des Körpergedächtnisses über rituelle Bewegungen werden Themen, Gedanken, Methoden und stabilisierende Konzepte abgerufen, die in allen Lebenslagen unterstützend sind. Die Therapeutin ruft Interventionen ab, die Führungskraft kann Situationsanalysen und die dazugehörigen Führungsstile abrufen, und der Trainer ruft in seinem inneren Tanz Schulungsmöglichkeiten und der Mitarbeiter Verhandlungstechniken mit Kollegen aus seinem geübten Repertoire ab.

Wir haben die Erfahrung gemacht, dass Ungeübte nach einigen Stunden bis zu 12 Dimensionen (Themen, Begriffe, Konzepte) gleichzeitig im Körperraum spüren und auch lokalisieren können.

Um es noch einmal mit anderen Worten zu verdeutlichen: Die Raumdimensionen werden zuerst im Außenraum mit geöffneten Augen und anschließend mit geschlossenen Augen körperlich im Innenraum des Organismus erfahren. Wir gehen durch den Raum und ordnen bestimmte Themen im Raum zu (siehe „*Kontakt, Intuition*“, S. 188 ff), erhöhen dann die Beschleunigung, so dass wir dann irgendwann die außerräumlichen Erfahrungen im Körper integrieren. Das heißt, wir erfahren eine Landkarte im Körper.

Dabei wird der Körper als Gefäß entwickelt. Die hohen Energien, die in den Ebenen V und VI erfahrbar sind, müssen gehalten werden können von diesem Container, der unser Körper ist. Diese Fähigkeit läßt sich über Raumwahrnehmung schulen. Darüber hinaus wird die Vorstellung verfeinert, was es bedeutet, nach vorne zu gehen, im Unterschied zu dem, was es bedeutet, zurückzugehen. Nach vorne kann mit Verbot belegt sein, nach unten kann mit Angst belegt sein, weil ich vielleicht keinen ausreichenden Boden habe. Das Thema kann sich entwickeln: Wie schaffe ich mir einen Boden? Hier verbinden wir wieder Gedanken, Bilder, Symbole, Gefühle und Körperwahrnehmungen.

Wenn die Orientierungsfunktion der Raumwahrnehmung als Lernvoraussetzung erarbeitet ist, gehen wir im nächsten Schritt in die Raumöffnung.

Ein kleines Kind kommt grenzenlos auf die Welt. Es hat noch keine Persönlichkeit, noch kein Ich und insofern noch keine Grenzen. Die Selbstwahrnehmung eines Kleinkindes ist die totale Raumwahrnehmung, und zwar die offene, unbegrenzte Raumwahrnehmung.

Es ist einfach Freiheit, kein Ich, keine Persönlichkeit, sondern offener Raum, Präsenz, Anwesenheit. Wenn Sie so ein kleines Wesen sehen, das ein paar Wochen oder Monate alt ist, und lange hinschauen, bekommen Sie manchmal das Gefühl, dieses Wesen ist einfach da. Es schaut in absoluter „Jetzigkeit“, in absoluter Präsenz. Da ist Kontakt, ohne dass ein Ich dazwischentritt. Erst im Laufe der Zeit entwickelt sich das Ich, und jede Ich-Entwicklung ist identisch mit der Bildung von Grenzen. Das heißt, es bildet sich Schutz, es bildet sich Orientierung, und das ist erst einmal gut.

Jede Persönlichkeitssstruktur, die wir aufbauen, schafft in uns so etwas wie Grenzen, und das verringert unseren Raum in uns. Je mehr Persönlichkeit, je mehr Ich, desto mehr Enge. Das hat den Vorteil, dass die Angst abnimmt. Je stärker die Persönlichkeit, je stärker das Ich, desto mehr kann ich mich zusammenhalten, und umso geringer ist die Existenzangst, die Angst, mich aufzulösen. Deswegen können Kinder ja auch in so eine unendliche Panik geraten, weil noch so wenig Struktur da ist.

Diese Struktur kann allerdings auch zur Enge werden. Wir können diese Enge des Persönlichkeitspanzers ein Leben lang halten. Wir kommen so irgendwie durchs Leben, aber was wir vermissen, ist Weite.

Intuitionsöffnung heißt immer auch Raumöffnung. Ich lasse Persönlichkeitsgrenzen los und trete in einen weiten Raum. Selbstkonzept, innere Grenzen und Raumstrukturen sind synonyme Begriffe. Durch die zunehmende Verinnerlichung dieser Selbstkonzepte im Laufe der Entwicklung werden die Innengrenzen stärker, und damit wird die Persönlichkeit stärker. Die Folge davon ist, dass der Innenraum enger und enger wird. Der Handlungsspielraum, der Denk- und Fühlspielraum wird eingeschränkt, und die Entstehung des Selbstbildes repräsentiert die allmähliche Strukturierung von Grenzen im geistigen Raum (vgl. *Almaas*, Die Leere).

Wir beginnen zu definieren: Was gibt es und was gibt es nicht? Es gibt das, was ich hier sehe, das andere gibt es nicht. Das ist ein Selbstschutz und jetzt kommt die andere Illusion dazu: Hier höre ich auf, das ist meine Körper-Grenze, da drin bin ich, und ich bin abgetrennt von dir. Diese Abgrenzung ist einerseits Teil einer gesunden Entwicklung, da wir nur so aus der ursprünglichen Symbiose mit der Mutter oder beiden Eltern herauskommen.

Andererseits, von einer höheren Warte aus gesehen ist diese Abgegrenztheit eine Illusion. Diese Illusion, die wir in unserem Leben aufbauen, ist ein Selbstschutz, dient der Reduzierung von Angst. Und dass es so ist, können wir feststellen, wenn wir in die andere Richtung gehen, wenn wir anfangen, den Raum zu öffnen. Wenn wir anfangen, weiter zu werden, entsteht in der Regel Angst. Jedes Loslassen, jedes tiefere Entspannen geht meistens zuerst einmal durch Räume von Angst.

Wenn wir Glück haben, ist es ein sehr angenehmer Wechsel zwischen Weite und Glück und Angst. Jeder Schritt bringt uns erst mal Angst und dann wieder Weite. Das Gefühl der Weite ist direkt proportional zur Ausdehnung der Selbstgrenzen.

Ein Kind braucht Grenzen, Orientierung, Schutz. Es braucht Muster – was ist oben, unten, links und rechts, was ist innen und was ist außen, also was bin „ich", und was ist die Welt. Das sind Grundlagen für die Ausbildung eines Ichs.

Das Ich hat diese polare Funktion von Schutz, aber auch von Einengung. Wenn ich später in einen tiefen Zustand der Ich-Erweiterung gehen will, muss ich diese engen Ich-Muster wieder auflösen. Dafür gibt es ein wirksames Agens in uns, und dieses wirksame Agens nennen wir Raum. Durch die Vorstellung von Raum, durch die Arbeit mit Raum, durch die Öffnung mit Raum schmelzen Selbstgrenzen, und damit schaffe ich mir überhaupt die Bedingungen dafür, in eine innere Öffnung zu gehen.

Raum hat noch eine weitere für den Wachstumsprozess wichtige Eigenschaft, nämlich die, dass er sich ausdehnt. Während sich der Innenraum ausdehnt, schmelzen die Grenzen, und die schmelzenden Grenzen erlauben wiederum Raumausdehnung. Diese Ausdehnung ist ein fortschreitender Prozess, und wenn ich ihn nicht blockiere, geht er weiter und weiter, und die Öffnung bekommt einen selbststabilisierenden Energieschub. Raumöffnung schmilzt Grenzen, schmelzende Grenzen erlauben Raumöffnung. Dies ergibt eine positive Rückkopplungsschleife, und es ist zu beobachten, dass Prozesse zunächst langsam verlaufen, und auf einmal gibt es einen Schub in der Entwicklung. Wenn Raum im Bewusstsein erscheint, findet Veränderung statt.

Es gibt keine Veränderung im Selbstbild ohne Auflösung von Selbstgrenzen. Es gibt keine Auflösung von Selbstgrenzen ohne die Tätigkeit von Raum (vgl. *Almaas*). Damit sagen wir, dass Raum an sich ein tätiges Etwas ist. Die Vorstellung von Raum und die Kontaktnahme mit Raum ist etwas, was Öffnung und Weitung und damit Glück und Glückserfahrung bringt. Wir können die Gleichung aufstellen: Raumerfahrung ist gleich Freude.

Unmittelbares Gewahrsein

In diesem Entwicklungsstadium schulen wir nach der Raumöffnung eine weitere Wahrnehmungsqualität, das „unmittelbare Gewahrsein". Dies ist wie ein Hinblicken ohne dazwischentretende Filter, ohne Konzepte und Gedanken, reines Schauen, innere Weitung und gleichzeitiges Zeugenbewusstsein, d.h., das wahrnehmende Subjekt ist sich seiner selbst und der gleichzeitig ablaufenden Wahrnehmungsvorgänge bewusst.

Im Unterschied zum Gewahrsein auf der Ebene I („Was ist jetzt"-Awareness) ist es breiter, tiefer und komplexer, da die dazwischenliegenden Tiefungsebenen durchlaufen wurden und die Bewusstseinsintensität um ein vielfaches erhöht ist. Da die vorherliegenden Bewusstseinsebenen erfahren und geschult wurden, kann der leib-seelische Organismus die Erfahrung von Gleichzeitigkeit erfassen, verarbeiten und genießen.

Dieser Zustand ist zu vergleichen mit dem weichen Blick, dem weichen Ohr. Die Wahrnehmung wird weiter, breiter, die Tiefendimensionen von Raum, von Klang und von Ereignissen können auf eine Art wahrgenommen werden, die wir als Gleichzeitigkeitsempfindung beschreiben können. Vordergrund und Hintergrund der Erfahrung im Gestaltbildungsprozess wechseln sehr schnell, bis hin zu einer Gleichzeitigkeit, in der sich für Momente die Einzelphänomene in eine ganzheitliche Wahrnehmung auflösen. Der Wahrnehmende erlebt sich selbst als einen Teil des Wahrnehmungsfeldes, wenn auch noch eine klare Trennung zwischen Subjekt und Objekt vorhanden ist.

Wilber beschreibt diesen Prozess so: „Vom Beobachtungsstandpunkt aus gesehen, verändert das Gewahrsein seine Ausrichtung; es wendet sich von der Emanation miteinander verbundener Ereignisse ab und sich selbst zu. Wenn das Gewahrsein sich auf sich selbst richtet, ist die Verschiebung der Wahrnehmungsebene oft sehr drastisch; es ist, als ob sich Raum inmitten der wechselnden Ereignisse öffnet" (*Wilber*, 1988, S. 270). Das Gewahrsein wird in jedem Augenblick selbst zum Gegenstand der Achtsamkeit. Dies ist das Auftauchen des Zeugen.

Es kann ein Gefühl von großer Zufriedenheit, von Wissen und Entspannung auftreten. Dieses Gefühl ist wie eine Vorbereitung, Öffnung und Verfeinerung der Wahrnehmungsorgane. Hinzu kommt eine reale Öffnung der Körperräume, des Hirnraumes, des Bauchraumes, der Tiefe der Verwurzelung in den Boden und eine teils schmerzhafte, teils mit Liebesgefühlen verbundene Herzöffnung. Der Raum, die Erscheinungen und die Wahrheiten werden als Ganzes gesehen. Es sind die ersten Schritte in die Ekstase, und Ekstase (Heraustreten aus dem kleinen Ich) ist meist mit Herzöffnung und Liebe verbunden.

Vb: Existentielle Ebene und Ritual

Der Prozess der schrittweisen Tiefung geschieht im permanenten Wechsel von Expansion und Kontraktion, Weitung und Verdichtung, Loslassen und Spannung halten. Nach dieser Öffnung soll wieder eine Sammlung, eine Konzentration erfolgen.

So folgt im nächsten Schritt die Konfrontation mit den „großen Themen des Lebens", den existentiellen Fragen. Wachstum kann nicht nur ein organismischer Prozess der Entfaltung von Ausdruck, von Gefühlen und Kontakterweiterung sein. Es bedarf einer inhaltlichen Auseinandersetzung mit existentiellen Gegebenheiten, die nicht allein durch die Gefühls- und Körperentfaltung geleistet werden kann.

Die existentiellen Fragen werden anhand der von den Teilnehmern eingebrachten Probleme und auch durch die bewusste Gestaltung von Ritualen eingeführt.

Die Existentielle Psychotherapie hat zu diesen Fragen wertvolle Arbeit geleistet (vgl. *Yalom*). Gleichwohl vertritt die CoreDynamik eine in wichtigen Punkten andere Auffassung, u.a. bzgl. der Auffassung einer grundsätzlichen Isolation des Menschen.

Isolation

Getrennt und geworfen sein sind menschliche Grunderfahrungen, und die Entwicklung vor allem in unserer westlichen Gesellschaft hat die Individualisierung in den Vordergrund gestellt und zunehmend die Vereinzelung gefördert. Die Getrenntheit ist auf einer bestimmten Ebene der Betrachtung nicht zu leugnen, wobei der Existentialismus – historisch begründbar – ein sehr negatives Welt- und Menschenbild hat.

Dennoch: Wir sind getrennt **und** verbunden. Dass wir letztlich verbunden sind (und Getrenntheit eine Illusion ist), ist nicht nur die persönliche Erfahrung im Rahmen der CoreDynamik, sondern etwas, das allen großen Weisheitstraditionen zugrunde liegt und was erfahrbar ist, wenn man sich auf einen entsprechenden Weg begibt.

Dies wird auch von den hier vorgelegten Untersuchungsdaten (vgl. Kap 3) gestützt. Die Fülle der Daten ist für mich überzeugend, und ich gehe von der grundsätzlichen Getragenheit des Menschen und einer möglichen Sinnhaftigkeit von Leben aus.

Freiheit

Der Begriff „Freiheit" ist nicht im Psychotherapielexikon zu finden. Die meisten traditionellen Schulen der Psychologie beschäftigen sich nicht mit diesem grundlegenden Bereich des Menschseins oder lehnen das Faktum der Freiheit ab.

Wir Menschen können die existentielle Erfahrung unserer Freiheit machen. Wir können erleben, dass wir die Gestalter unseres Lebens sind, auch wenn wir eingewoben sind in zahlreiche Bedingtheiten, Zwänge und Einschränkungen. Sicher prägen uns äußere Faktoren und innere Gewordenheiten, wir können jedoch die Erfahrung machen, dass unsere Freiheit und Entscheidung unser Leben stärker beeinflussen können als Prägungen.

CoreDynamik geht von dieser Erfahrung aus und stellt folglich die Herausforderung und die Erlebnismöglichkeiten zur Verfügung, die Erfahrung der Freiheit zu machen. Die Freiheit zu wünschen, zu wählen, zu handeln und sich zu verändern, muss zuallererst als eine Möglichkeit dargestellt werden, da wir in unserer Kultur oftmals von deterministischen Haltungen („Der Mensch ist so, wie er ist") geprägt sind. Die Erfahrung von Freiheit kann durch Experimente, durch Willenserfahrung, Commitments und das bewusste Gestalten von Ritualen geschehen.

Verantwortung

Die Erfahrung von Freiheit führt uns in den Raum der Verantwortung. Wir Menschen sind unseren Gedanken, Gefühlen und Motivationen nicht ausgeliefert, ja nicht einmal unseren körperlichen Impulsen. Wir können „antworten" auf diese Impulse, ohne uns damit zu identifizieren. Wir können entscheiden, ob wir traurig und bedrückt oder froh und ausgedehnt sind. Wir können handeln.

CoreDynamik stellt Erfahrungsmöglichkeiten und Übungen zur Desidentifikation von Gedanken, Gefühlen und körperlichen Impulsen zur Verfügung, damit die Übenden auf dem Weg lernen können, dass sie frei sind und aus ihrem Innersten heraus – als sie selbst – antworten können.

Dies geschieht jedoch in unserer nun schon mehrmals beschriebenen lernprozessorientierten Methode. Zuerst geht es bei den meisten Menschen darum, das Opfergefühl, das „Ich-kann-nicht", das Sich-Ausgeliefert-Fühlen anzunehmen und zu würdigen. Wenn wir hier zu früh in den Raum der Verantwortung treten wollen, wird dieser Schritt von vielen Menschen als moralischer Druck, als neues Über-Ich und als von außen aufgesetzt erlebt, und sie gehen entweder in den Widerstand oder geben eine nur scheinbare Reife vor.

Deswegen thematisieren wir Verantwortung auch erst auf der fünften Stufe der Tiefung. Auf Ebene zwei und drei erlauben wir (und fördern das auch im Sinne von Übernahme des Widerstands, vgl. *Ron Kurtz*) ganz bewusst das Jammern, das Leiden, das Abgeben und Verschieben der Verantwortung. Diese intrapsychischen Prozesse müssen Raum haben, müssen leben dürfen, bevor sie transformiert werden können. Das Manko vieler spiritueller Schulen ist, dass sie für diese regressiven Tendenzen unserer Psyche keinen Raum bieten. Folglich schleichen sich diese Bedürfnisse immer wieder von hinten ins System und können nicht transformiert, sondern nur unterdrückt werden.

Eine gute Möglichkeit der Arbeit mit Verantwortung ist das Bestehen auf dem Hier und Jetzt. Mikroskopisch genaue Beschreibungen und Analysen dessen, was gerade hier geschieht, sei es in der Therapeut-Klient-Beziehung oder im Gruppenverhalten:

- Wie machst du das jetzt?
- Wie übernimmst du jetzt Verantwortung für dein Verhalten?
- Wer ist der Chef oder die Chefin in diesem Moment?
- Wer handelt hier gerade so, wie du es tust?
- Hast du dieses Verhalten gewählt?
- Sind dein Vater oder deine Mutter jetzt hier gerade anwesend?

Weitere Übungen zum Abschied von der Opferrolle und dem Drama habe ich in „*Rituale*", S. 132 f dargestellt.

Wille

Wir Menschen sind nicht nur ein Bündel von angehäuften Reaktionsmustern auf bestimmte Reize. Wir stehen in einer Welt, die uns im Wesentlichen freie Wahl und persönliche Entscheidungen ermöglicht. Es ist eine unhinterfragbare existentielle Gewissheit, dass wir so etwas wie einen Willen haben. Dieser Wille ist entscheidend für unsere Lebensgestaltung.

Folglich tritt im nächsten Schritt unseres Curriculums die Schulung des Willens hinzu.

Der Wille ist in den Hauptströmungen der gegenwärtigen Psychologie ebenso ein Fremdwort wie „Seele" oder „Geist". Die Psychoanalyse oder andere Richtungen der Psychologie haben in ihrem Determinismus versucht, die Existenz des Willens zu leugnen. Folglich kennen wir in den gängigen Therapieformen auch kaum Übungen zur Willensschulung.

Auch generell haben wir in unserer Kultur keine entwickelte Tradition der Willensschulung. Die Erziehung ist auf Unterdrückung und Brechung des Willens hin ausgerichtet. Die Tradition der Kontemplation ist im Westen den klassischen Kirchen vorbehalten und dort an dogmatische Inhalte gebunden. Die östlichen Willensschulungen müssen erst in unsere Sprache übersetzt werden. Lediglich die Psychosynthese (*Roberto Assagioli*), *William James* und die Existentielle Psychotherapie (*Yalom* und *May*) haben hier brauchbare Konzepte anzubieten.

In unserem Persönlichkeitsbild liegt der Wille tiefer als die Bilder und Gefühle und der Körper. Er liegt auch noch tiefer als die Grundüberzeugungen. Insofern ist er schwer zu erreichen, und es benötigt viele Anläufe, ihn immer wieder zu erforschen, aufzusuchen, zu schulen und wachzurufen. Körperlich kann man ihn dem Solarplexus, dem Hara, dem hinteren Bereich des Hara (Kreuzbeingegend) und dem Wurzelchakra zuordnen.

Assagioli geht von der existentiellen Gewissheit der Erfahrung des Willens aus. Wir erleben ihn als existent, ob er nun stark oder schwach, klar oder unklar ist. *Assagioli* lokalisiert den Willen als Feld um den inneren Mittelpunkt des Menschen, „das Ich oder das persönliche Selbst" herum. Denken, Intuition, Gefühle und Empfindungen kommen nach ihm von außen sternförmig dazu. *Assagioli* räumt dem Willen eine hervorragende Stellung ein und betrachtet ihn als das zentrale Element und den direkten Ausdruck des „Ich" oder des Selbst.

Stärker noch formuliert es *Rollo May:* „Der Mensch erfährt seine Identität in der Intentionalität und im Willen. Ich ist das ICH des ‚Ich kann'. Das ‚Ich kann' und ‚Ich will' stellen die wesentlichen Erfahrungen der Identität dar" (*May*, S. 201).

Auch in der von *Karlfried Graf Dürckheim* und *Maria Hippius* begründeten Initiatischen Therapie wird großes Gewicht auf die Willensschulung gelegt, wenn auch mit anderen Begriffen. Hier wird als Grundlage der Öffnung ins Sein das Exerzitium, die regelmäßige Übung genannt: Immer aber verläuft der Weg zur Verwandlung auf zwei Gleisen: erstens Vertiefung der Fühlung mit der uns immanenten Transzendenz; zweitens Treue zum Exerzitium (*Dürckheim* 1973, S. 160). In der Übung geht es darum, die alte Verfassung, die die Transzendenz behindert, zu verlernen („auszufleischen") und die ihr entsprechende, sie ermöglichende Verfassung bewusstzumachen und „einzufleischen". Entscheidend sei die unbedingte Treue zur pünktlichen Wiederholung tagtäglich – „auch und gerade dann, wenn man keine Lust hat."

Wir haben in der CoreDynamik, was die Willensschulung betrifft, den Schwerpunkt auf die Vorstellungsschulung, das Üben ungewöhnlicher Handlungen, die Wiederholung von stabilisierenden Sätzen und Körperübungen sowie die Meditation gelegt: Beobachtung des Atems, Üben der Disziplin des Sitzens oder strukturierte Übungen mit Bewegung und Schwert.

Die Schulung der Vorstellung als Willenstraining geht von der Erfahrung aus, dass Vorstellungen, Bilder und Ideen die Tendenz haben, die körperlichen Bedingungen und die Handlungen zu erzeugen, die diesen entsprechen. Das hat auch schon *William James* festgestellt: „Jedes Bild hat in sich ein motorisches Element." Ideen und Bilder wecken Gefühle und umgekehrt.

Wird dieser Prozess wiederholt, so erreichen wir eine Vertiefung. Wir arbeiten sehr bewusst mit dem Prinzip der Verstärkung über Wiederholung. In der humanistischen Tradition der neuen Therapien wurde die Kraft der Wiederholung vernachlässigt.

CoreDynamik setzt bewusst auf die Kraft von Aufmerksamkeit, Wiederholung und dadurch auf bewusste Verstärkung von Lernprozessen. Hierzu gehört auch das mantraartige innerliche Wiederholen von Worten, die bestimmte Qualitäten im Organismus erzeugen, wie z.B. **Ausdauer, Bestimmtheit, Entschlossenheit, Geduld, Kraft, Mut, Unerschütterlichkeit, Liebe, Wahrheit, Würdigung**.

Wirksam ist auch die von *Assagioli* entlehnte, grundsätzliche, wesentliche Bekräftigung: „Ich bin ein Wille; ich bin ein bewusster, starker, dynamischer Wille" (1982, S. 154). In der Schulung des Willens kann eine positive Rückkopplungsschleife entstehen: Die ersten vorsichtigen Schritte stabilisieren den Willen, dieser wird deutlicher als existent erfahren, wird stärker und unterstützt zunehmend die nächsten Schritte im Willenstraining.

Der Wille kann entwickelt werden über die Hara-Übungen, die ich in „*Menschenkenntnis*" beschrieben habe. Darüber hinaus erwiesen sich als hilfreich:

- Phasen der Stille und des Alleinseins
- Einhalten von Diäten

- bewusstes Verzichten auf bestimmte Suchtstoffe
- Übungen zum Halten von Spannung
- Regelmäßigkeiten in Bewegungsübungen
- Übungen zum Ja- und Nein-Sagen

Tod

Die Beschäftigung mit der Frage des Todes ist zentral für unser geistig-seelisches Wachstum. Wird dieses Thema von den Teilnehmern nicht von selbst eingebracht, dann thematisiert der Gruppenleiter es durch bewusstes Eingeben des Themas.

Die Angst vor dem Tod ist oftmals so groß und prägt so viele einschränkende Verhaltensmuster, dass Freiheit, Wahl und Lebensentwurf reduziert sind.

Die Übung, sich den letzten Tag seines Lebens, die letzte Minute und das bewusste Hinübergehen in die andere Dimension vorzustellen, zu erleben und mit den anderen Gruppenmitgliedern zu durchleben, kann den eigenen Umgang mit dem Tod bewusstmachen und verändern. Sie kann einen radikalen Wandel in der Lebensperspektive herbeiführen.

In der Konfrontation mit der letzten Gewissheit, dass wir alle sterben müssen, können neue Wertesysteme entwickelt und das Gegebene angemessener gewürdigt werden („Zähle deine Segnungen").

Viele Verhaltensweisen, die uns unglücklich machen, können auf eine dahinterliegende unbewusste Todesangst zurückgeführt werden.

Vermeidung von Stille, von Alltäglichkeit und Normalität oder die Arbeitssucht z.B. kann als die Angst vor dem Sterben verstanden werden. Indem jemand sich als etwas Besonderes zeigen will, vermeidet er oder sie die Konfrontation mit unserer Endlichkeit, zumindest was unser Leben in dieser körperlichen Erscheinungsform betrifft.

Sinn

Die Sinnthematik habe ich ausführlich in *„Der Liebe Sinn"*, S. 176 ff abgehandelt. CoreDynamik geht im Unterschied zur Existentiellen Psychotherapie von der grundsätzlichen Getragenheit und Verbundenheit des Menschen aus. Dies entspricht der existentiellen Erfahrung der Menschen, die den hier beschriebenen Prozess durchlaufen haben (Kapitel 3).

„Mit steigender Komplexität der Verbindung bringt uns Liebe folglich in Kontakt mit einem Bewusstsein von Ganzheit und Einheit des Universums. Diese Ganzheit kann als Licht erfahren werden. Liebe (und in ihrem Gefolge die Lust) verbindet uns also mit dem Licht, oder – in anderen Worten – mit dem Göttlichen. Dies ist die Essenz der CoreDynamik" (*„Der Liebe Sinn"*, S.187).

„Sinn entsteht also in der Bezogenheit über sich selbst hinaus. Sinn entsteht durch die Fähigkeit, das zu erfahren, was durchscheint, durch das, was erscheint" (S. 189).

Die Teilnehmer lernen, sich und ihrem Leben einen Sinn zu geben. Dies ist das, wozu wir Menschen in der Lage sind und was unsere tiefste Bestimmung ist. Wir entfalten uns auf den Omegapunkt (siehe oben) hin und verbinden uns somit in immer größerer Komplexität mit dem Ganzen. Dies ist der überpersönliche Sinn, und meine persönliche Ausprägung dieses Weges ist mein personaler Sinn.

Diese überpersönliche und persönliche Sinngebung ist erlaubt, möglich und notwendig. Sie wendet die Not, wenn auch die paradoxe Erfahrung des Alleinseins und der Selbstverantwortung bleibt.

Ritual

Die Beschäftigung mit existentiellen Fragen wie Tod, Sinn, Freiheit und Verantwortung sowie die Entwicklung des Willens ist die Grundlage für die bewusste und erwachsene Gestaltung von klärenden und heilenden Ritualen, einem Kernstück der CoreDynamik. Umgekehrt ermöglicht die Gestaltung und Durchführung von Ritualen das Erfassen der existentiellen Fragen auf eine tiefere und bewegendere Weise als durch bloßes Reflektieren.

In Ritualen verbindet sich Gestaltung (Wille) und Prozess (sich dem Fluss der Bilder, Gefühle und Ereignisse überlassen).

Aus der Klarheit, die eine Planung und Gestaltung des Ritualraums und des Ritualablaufs verlangen, und aus der oben angedeuteten Öffnung des Innenraums, insbesondere des Herzraums, kann der Raum des Rituals, des Mythischen betreten werden.

Im Bereich des Rituals muss das historische Bewusstsein von bestimmten Krafthandlungen und mythischen Zusammenhängen hinzutreten. Aus der Kenntnis alter Rituale, aus der Achtung der eigenen Würde und der auf Ebene IV und Va erfahrenen Körperenergiephänomene kann ein Selbstrespekt entstehen, der uns in die innere Haltung eines Schamanen, eines Priesters oder Ritualgestalters vordringen läßt. Zeit als Begrenzung kann sich auflösen.

In dieser inneren Haltung entsteht eine tiefere Loslösung vom Ich-Zustand. Wir werden gleichsam Handelnder und „Vollziehender" als Diener eines Größeren. Die Ich-Reste tun dies noch für einen selbst, für einen anderen oder die Gemeinschaft, der Genuss der Ich-Auflösung ist aber schon so weit vorangeschritten, dass die Handlung in einen größeren Kontext gestellt werden kann. Die innere Haltung ist Demut und Empfangen; alle Sinne und inneren Zentren werden auf Empfang gestellt.

Zum Ritual gehört Bewusstheit auf allen Ebenen, insbesondere die Bewusstheit der eigenen Denk-, Fühl- und Handlungsmuster. Das bewusste Gestalten und Durchleben eines Musters ist ein Ritual. Rituale sind um so wirksamer, je mehr Ebenen des Bewußtseins und Seins sie einbeziehen. Ziel des coredynamischen Entwicklungsweges ist es, das ganze Leben zu einem bewussten Ritual zu machen.

Es gibt spontane, situationsspezifische Rituale und formalisierte, bewährte Rituale.

Als sinnvolle und tiefgehende Struktur hat sich folgender Ritualverlauf (in mannigfacher inhaltlicher Ausgestaltung) bewährt, der eine große Ähnlichkeit mit dem Ablauf der Hl. Messe aufweist (in Klammern):

1. Bewusstmachung des Themas und Zielsetzung
2. Gestalten des Ritualraumes (Schmücken des Altars etc.)
3. Benennen der Not (Beichte)
4. Bitten um Hilfe, d.h. eingestehen, dass ich mich wahrscheinlich nicht allein aus der Not befreien kann und mich zum Gelingen des Rituals in einen größeren Kontext stelle (Kyrie). Diese Hingabe widerspricht nicht der oben besprochenen grundsätzlichen Willensfreiheit und Handlungsmöglichkeit von Menschen, sondern unterstreicht seine Würde. Der Wille wird durch die gesamten Ritualgestaltung ausgedrückt.
5. Hineingehen ins Ritual durch eine rituelle Handlung, z.B. Bewegung, Schritt, Worte (Ankleiden und Glockenzeichen)
6. Glaube an die Wirksamkeit des Rituals (Credo)
7. Würdigen des Gegenübers als Helfer und/oder Zeuge des Geschehens (Sanctus)
8. Opfer (Offertorium)
9. Die neue Handlung wird vollzogen, Transformation (Wandlung)
10. Verbindung mit dem Größeren und Energieübertragung (Kommunion)
11. Ankerung, Commitment, Dank (Segen)
12. Heraustreten aus dem Ritual (Ite Missa est)

Folgende Rituale gehören zu den Grundmustern der CoreDynamik:

- Wunsch- und Lustrituale (*„Der Liebe Sinn“, S. 134 ff)*
- Verbindungs- und Trennungsrituale (*„Rituale*“, S. 86)
- Zeugung und Geburt (*„Der Liebe Sinn*“, S. 91)
- Dämonsuche (*„Der Liebe Sinn“, S. 124)*
- Der Tanz der Beziehungsspirale (*„Der Liebe Sinn“, S. 62)*
- Visionssuche (*„Kontakt, Intuition“, S. 122 ff)*
- Tod (Mein letzter Tag) (*„Der Liebe Sinn“, S. 200)*
- Das große Heilungsritual (*„Der Liebe Sinn“, S. 207)*
- Die Core-Spirale (*„Rituale*“, S. 194)

- Schritte zum Core-Zustand („*Rituale*“, S. 163 f)
- Die Core-Energie ausstrahlen lassen („*Rituale*“, S. 165)
- Atemreisen oder Bewegungsekstasen („*Der Liebe Sinn*“, S. 197 ff)

Ritualgestaltung und Willensentwicklung dienen u.a. auch der Stabilisierung der Ich-Funktionen, der Identität. Je stärker das Identitätsbewusstsein, umso größer ist die Möglichkeit, in den folgenden Tiefungsstufen loszulassen, ohne Gefahr, zu dekompensieren und von den Informationen, den Energien und den ungeheuerlichen Erfahrungen überschwemmt oder geängstigt zu werden. Willensschulung und Ich-Stabilisierung gehen also der Ich-Auflösung voraus und begleiten sie im ständigen Wechsel.

Vc: Präsenz und Intuition

Präsenz

Präsenz ist ein Geschenk, und *sie kann geübt werden.* Eine Einstiegsübung ist das *Continuum of Awareness* mit der Frage: „Was ist jetzt?“ Zwei Partner sitzen sich gegenüber, und der/die eine fragt in Abständen immer wieder: „Was ist jetzt?“ Durch diese Selbstexploration kommen wir schrittweise tiefer ins Jetzt.

Wir können hier einen Schritt weitergehen, indem wir fragen: „Was hindert dich daran, jetzt ganz präsent zu sein?“ oder: „Nenne mir deine verschiedenen Methoden, nicht präsent zu sein.“

Im dritten Schritt fragen wir nach dem Symptomgewinn: „Was ist gut oder richtig dabei, nicht präsent zu sein?“

Es gibt zahlreiche Möglichkeiten, Präsenz zu üben, insbesondere in der Schönheit der Natur. Wenn wir die unendliche Weite einer klaren Nacht wahrnehmen, wenn wir uns ganz in das Geräusch eines Gebirgsbaches hineingeben oder wenn wir einen Vogel an einem stillen Sommerabend hören. Es sind diese kurzen Momente, in denen wir unsere persönlichen Probleme und die Vergangenheit und die Zukunft loslassen und ganz in die Gegenwart hineintreten. Einerseits verlangt es totale Aufmerksamkeit, gleichzeitig wird es wie ein Geschenk und eine Gnade erlebt. Es entsteht etwas, das nicht mehr benannt werden kann, und das innere Wesen, die Essenz der Dinge und Vorgänge scheint hindurchzuleuchten. Wir können es jedoch nur wahrnehmen, wenn wir ganz präsent, ganz da sind. Es ist wie ein Schmecken des Seins. Gleichzeitig nehmen wir wahr, dass wir wahrnehmen, und sind uns des Bewusstseins bewusst. Dies ist jedoch nicht als Spaltung, sondern als ganzheitliche, den inneren Wahrnehmungsraum vergrößernde Gegenwärtigkeit zu verstehen.

Eckhardt Tolle definiert Präsenz: „Wenn das Sein sich seiner selbst bewusst wird – das ist Präsenz. Da das Sein, das Bewusstsein und das Leben synonyme Begriffe sind, können wir sagen, dass Präsenz Bewusstsein meint, das sich seiner selbst bewusst wird. Oder: Leben, das sich seiner selbst bewusst wird“ (*Tolle*, S. 81).

Es ist möglich, dass das Bewusstsein sich von der Identifikation mit den physikalischen und mentalen Formen löst und eine reine, strahlende Gegenwärtigkeit wird.

Der Egopanzer löst sich auf, die personale Fixierung auf diese konkrete Biografie, auf diese konkrete Person weitet sich in eine große räumliche Stille, die gleichzeitig Leere und Fülle in einem ist. Dies gelingt mit Musik oder Klang, ganz besonders jedoch in der Stille. Auch in Klangerlebnissen gibt es diese kurzen Momente der Stille. Stille ist ein sehr kraftvoller Träger von Präsenz. Wir können also üben, in diese kleinen Zwischenräume hineinzulauschen, sei es beim Sprechen, beim Hören und bei allen anderen Sinneswahrnehmungen. In die Stille hineinzulauschen ist der direkte Weg, um präsent zu werden. Stille und Raum können auf einer tiefen Ebene als Synonyme begriffen werden. Die Brücke ist der Atem.

Eine weitere wirksame Hilfe in die Präsenz ist die bewusste Wahrnehmung der inneren Architektur des Lächelns. Wenn wir den Mundraum und vor allem den Raum im oberen Hals bis hinunter in die Herzregion als lächelnd wahrnehmen, öffnen sich die Tore der Präsenz. Wir können dies tiefer gleiten lassen bis zum lächelnden Zwerchfell und dann über das Wurzelchakra Kontakt mit dem Mittelpunkt der Erde aufnehmen. Haben wir uns geerdet, öffnen wir den Scheitelpunkt und dehnen das Lächeln nach oben in den Kosmos aus. So fühlen wir uns gegenwärtig vom Erdmittelpunkt bis ins Universum und erleben uns als Bindeglied in einem unendlichen, gleichzeitigen Raum des Jetzt.

Wir verstehen Präsenz als eine Steigerungsform des unmittelbaren Gewahrseins. In der Präsenz sind wir noch direkter mit dem Sein verbunden, entwickeln neben dem Zeugenbewusstsein noch eine größere Ausdehnung unserer Bewusstseinsgrenzen. Es ist Existenz in einem Punkt (One-pointedness) und universelle Ausdehnung gleichzeitig.

Intuition

Wir haben oben die ersten Schritte zur Gleichzeitigkeitserfahrung über Raumwahrnehmung beschrieben. In dem Moment, in dem das Bewusstsein unterschiedliche Aspekte gleichzeitig wahrnimmt, dehnt sich der Körper aus. Die Körpergrenzen lösen sich auf, was wiederum Glück und Angst provoziert. Die Illusion, dass wir getrennt sind, löst sich auf. Wir erfahren Gleichzeitigkeit der verschiedenen Sinneswahrnehmungen: Wir spüren den Boden, und gleichzeitig haben wir Kontakt mit den anderen Dimensionen, dem intuitiven Raum. Nur wenn ich mich dort nicht verliere und hier den Boden als Stütze habe, kann ich mich gut wieder zurückbringen. Deshalb üben wir in diesen relativ einfachen Dimensionen wie der Raumübung, wie es möglich ist, gleichzeitig verschiedene Dinge, Themen und Ebenen im Bewusstsein zu halten

Die Gleichzeitigkeitserfahrung ist der Moment, in dem unser Körper als Antenne wahrgenommen wird und Informationen eintreffen, die wir im normalen Alltagsbewusstsein nicht erhalten können. Kleinschrittig überwinden wir die Illusion der Getrenntheit. Haben wir ursprünglich noch gemeint: „Hier bin ich, und da ist der Pool von Informationen, den ich suche und der mich in meinen weiteren Entscheidungen und Prozessen unterstützen kann", so wird in dieser nächsten Öffnungs- und Ausdehnungsphase die höchst intime Verbindung von wahrnehmendem Subjekt und scheinbar da draußen befindlichen Informationen im Schwingungsfeld, das der Kosmos ist, erfahren.

In diesem Schritt wird der Ich-Anteil noch geringer. Durch weitere Hinzufügung von Energie durch Atmung, bewusste Wachheit, Zeit oder rhythmische Pulsationsbewegungen können wir einen Zustand erreichen, der uns für außersinnliche Informationen so weit öffnet, dass wir intuitive Botschaften oder Erkenntnisse erfahren.

Während auf der Ebene des Rituals der Handelnde noch mitgestaltet (und intuitive Informationen geschenkt bekommen kann), tritt auf dieser nächsten Stufe der Intuition das Handeln in der Hintergrund. Dieser Zustand ist ein reines Beschenkt-Werden. Gleichwohl bleibt der Körper der Kanal, der als Antenne für unsere außersinnliche Wahrnehmung (ASW) dient. Dies scheint ein Paradox zu sein: ASW durch den Körper. Dieses Paradox löst sich auf, wenn wir erfahren, dass der Körper über Wahrnehmungsorgane verfügt, die noch feiner sind als die bekannten Sinnesorgane, so zum Beispiel die Chakren oder Energiefelder, die subliminale Frequenzen oder geistige Phänomene empfangen können. Diese Antennen sind im Alltagsbewusstsein nicht verfügbar und können durch Übung aktiviert werden.

Bei der Öffnung des Intuitionsbereichs wird insbesondere das Dritte Auge aktiviert und geöffnet. Es wird möglich, Licht zu senden und zu empfangen.

Menschen können so weit loslassen, dass sich ihre alten Muster auflösen und sie erfahren: „Ich bin nicht getrennt, ich bin verbunden, es gibt Informationen, die ich noch nie erfahren habe und die mir wichtig sind und mich weiterbringen." Ein wesentlicher Punkt für die Intuitionsöffnung ist die Bereitschaft, eine wirklich wichtige Frage zu stellen.

Zur Entspannung und Einführung möchte Ihnen jetzt eine Intuitions-Übung anbieten.

Übung

Wählen Sie sich eine Ihnen angenehme, entspannende und tragende Musik. Tun Sie gar nichts, außer dazusitzen und Musik zu hören.

Sie können gleichzeitig mit der Vorstellung von Raum in Kontakt gehen. Sie können sich zuerst vorstellen und dann spüren, dass der Raum in Ihnen sich öffnet. Sie sitzen auf diesem Stuhl, und wenn nach 15 Minuten die Übung beendet ist, sind Sie wieder in Ihrem Normalbewusstsein.

Sie können gleichzeitig schauen, was in diesem Moment passiert, Sie können den Prozess unter einem wissenschaftlichen Aspekt betrachten.

Wir wechseln zur leichteren Entspannung in die Ich-Form.

Ich vergewissere mich, dass ich Freunde habe, die mich lieben.

Ich spüre meine Wirbelsäule, mein Würdeorgan, und meine Füße auf dem Boden. Ich beobachte meinen Atem, wie er einströmt und ausfließt, und ich genieße die Vorstellung von Raum. Während ich atme, öffne ich ganz vorsichtig meinen Brustraum. Ich lasse die Anspannung los und verbinde mich mit der Vorstellung von Raum.

Ich habe Zeit, ganz gemütlich zu atmen, verstärke die Ausatmung ein klein wenig, bis ein Seufzen kommt. Ich darf zufrieden sein und nichts tun. Ich stelle mir vor, wie ich verwurzelt bin mit der Erde, meine Füße ruhen am Boden, der Stuhl trägt mich, der Boden ist meine Sicherheit, meine Heimat, mein Schutz.

Gleichzeitig öffne ich den Brustraum, spüre den Raum, darf weich werden und lausche der Musik. Während ich atme, stelle ich mir die Raum-Dimensionen vor:

Boden ist unten, Kopf ist oben. Ich bin zwischen unten und oben, zwischen Boden und Himmel. Ich dehne mich zwischen Boden und Himmel. Es ist wie ein Größerwerden, ein Mich-Ausdehnen; mit jedem Atemzug werde ich größer und gleichzeitig tiefer verwurzelt in die Erde.

Während ich diese Raum-Dimensionen halte, nehme ich die „Vorwärts-Richtung" dazu. Ausdehnung nach vorne und vielleicht auch nach hinten. Ich dehne mich aus nach vorne, lasse den Unterkiefer los und dehne mich aus nach hinten. Mein Volumen wird größer und der Raum in mir weit.

Ich erfahre eine Ahnung von Raum, und während ich mich weiter ausdehne und diese Raumöffnung genieße, stelle ich mir eine wichtige, für mich wesentliche Frage über mein Leben: Ich greife einfach bei einer der ersten Fragen, die mir gekommen sind, zu. Ich berühre mit der Frage meinen Kern.

Während ich auf dem Stuhl sitze, stelle ich mir nun vor, dass meine linke Hand zum Himmel und meine rechte Hand zum Boden zeigt. Alles geschieht gleichzeitig: ausatmen, dehnen, öffnen, weit werden.

In dieser Haltung von linker Hand zum Himmel, die rechte zum Boden beginne ich mich in diesem Raum um meine senkrechte Achse zu drehen, und ich lächle innerlich dazu.

Die Drehrichtung ist für einige spirituelle Schulen sehr wichtig. Meine Erfahrung ist, dass linksherum Drehen öffnender ist. Es gibt auch andere Meinungen und Erfahrungen und ich möchte kein Dogma daraus machen. Drehen Sie so, wie es für Sie angenehmer ist. Linkshänder und Rechtshänder sind unterschiedlich, das einzig Wichtige ist die Vorstellung von Weite. Ich kann rechts in die Weite gehen, ich kann links in die Weite gehen.

Schon jetzt kann ich Antworten hören zu meiner Frage, die Handflächen sind wie Antennen, der Oberkörper wie eine große Antenne, die Arme wie Antennen, die Nase, Stirn, Ohren und der Hinterkopf wie eine große Antenne. Speziell durch den Hinterkopf erfahren wir viel.

Ich drehe mich und lasse Antworten zu, während ich atme. Raum, Weite. Ich lasse mich überraschen. Tiefer höre ich jetzt. Ich dehne mich aus und lasse los.

Ich werde weiter und geräumiger. Ich ruhe mich aus in dem Raum. Ich nehme Kontakt auf mit meiner Frage und lasse Antworten kommen, während ich mich ausdehne.

Mein Organismus, mein Körper ist eine Antenne. Ich öffne mich, während ich mich innerlich drehe. Der Unterkiefer löst sich, und die Atmung fließt. Nichts tuend dehne ich mich aus in den Raum.

Es ist Zeit, zu mir nach Hause zu kommen. Ich komme an bei mir, während ich mich öffne für das, was mir gegeben sein will an Information. Jetzt atmend überlasse ich mich meiner Frage, der Vorstellung von weiter Landschaft, von sich ausdehnenden Räumen, vielleicht ein weites Gebirge oder eine Savanne in meiner Brust. Ich öffne mich, während der Boden mich trägt.

Ich kann diese Drehbewegung innerlich beschleunigen, während ich loslasse. Die Arme und Hände sind Antennen, und der Raum weitet sich. Ich spüre den Boden, ich spüre den Stuhl, auf dem ich sitze; während ich atme, während ich mit meiner Frage und mit möglichen Antworten in Kontakt bin, mache ich mir klar, dass ich hier in einem Raum sitze auf diesem Stuhl, ich spüre den Boden, der mich trägt.

Meine Frage wird tiefer, die Antworten werden tiefer, ich lasse mich überraschen. Es ist, als wenn ich in einem großen Saal, in einer weiten Landschaft, auf einem großen Berg tanze; die Verbindung wird stärker, die Antennen werden stärker, Antworten kommen.

Ich schaue, was ich genießen kann. Ich versuche, mich zu erinnern, was da alles kommt, während ich mich weiter ausdehne. Atmend spüre ich den Boden unter mir und die Ausdehnung nach vorne, die Ausdehnung nach oben, nach vorne und zur Seite. Ich drehe mich in diesem Raum der Entspannung und schaue, ob mir Botschaften oder Informationen oder was immer kommen wollen. Ich lade das Ungewöhnliche ein, trete in unbekannte Räume, und wenn ich möchte, öffne ich neue Türen.

Nach einer Weile beginne ich langsam den Weg zurück.

Ich atme und komme langsam zurück. Ich bringe die Antworten und die Erfahrung mit. Ich fange an, mich zu räkeln und zu strecken. Ich lasse mir Zeit, um zurückzukommen, um hier wieder anzukommen.

Ganz allmählich sammle ich mich, sammle die Informationen und mache mich ganz vorsichtig und langsam wieder auf den Rückweg und schaue, ob ich diesen Raum, diese Raumwahrnehmung halten kann, die Empfindung von Raum und Weite halten kann, während ich mich langsam und vorsichtig auf den Rückweg begebe. Ich bleibe noch einen Moment ganz bei mir, während ich mich ausruhe.

Nach der Informationsaufnahme aus dem anderen Bereich ist es gut, gemeinsam darüber zu diskutieren und dann zu bewerten: Was ist sinnvoll? Was ist brauchbar? Welche Information beruht auf meinen Mustern? Was war überraschend? Was hat mich in dieser Erfahrung erschüttert, und was hat mich auf eine neue Bewusstseinsebene gehoben?

Ich will noch einen anderen Aspekt hinzufügen: Unsere Seele ist ein Schwingungswesen im Raum, also ein Raumwesen, aber auch ein Raum-Zeit-Wesen. Das heißt, sie braucht Zeit, um sich in diesen Räumen zu orientieren. Wenn ich eine Intuitions-Übung 10 Minuten lang mache, werde ich natürlich andere Informationen bekommen, als wenn ich für zwei, vier oder neun Stunden in diese Räume gehe. Und auch das bauen wir sehr vorsichtig auf. Die erste Übung dauert ca. 10 Minuten, die nächste eine halbe Stunde, dann eine Stunde, bis schließlich neun Stunden.

Die Rückkehr des Schamanen

Wir können den gegenwärtig in der Gesellschaft zu beobachtenden Prozess der Öffnung für die außersinnlichen Dimensionen „Rückkehr des Schamanen" nennen. Dieses Wissen, das seit Jahrtausenden der Menschheit bekannt und bewusst ist, kehrt zur Zeit zurück in unseren ganz normalen Alltag. Schamanisches Wissen oder Umgang mit Intuition und außersinnlichen Wahrnehmungen kehrt zurück in die normalen Alltagswelten, in normale Führungsetagen, in normale Lehrerkonferenzen und in normale Supervisionen von Elternbeiräten. Wichtig ist, diese Geschenke an Informationen mit dem Herzen zu begreifen und dieses Wissen nicht zu funktionalisieren.

Die Frage ist: Wie kann ich diese Arbeit machen, die fein auf der Grenze zwischen den Welten geschieht, ohne diese Informationen zu funktionalisieren, zu benutzen für Profitinteressen? Wie kann ich diese Arbeit in einen Raum bringen, wo die Informationen geschützt sind vor Funktionalisierung? Wie kann ich diesen Raum mit Herz, also mit Liebe, mit Demut und Respekt betreten? Unabdingbar ist der Respekt vor diesen Erfahrungen, die so unendlich wertvoll sind.

Unsere Erfahrung ist, dass die Gefahr der Ausnutzung nicht im Vordergrund der Überlegungen stehen muss. Die Menschen, die diesen Weg gehen, erleben Einheitserfahrungen, in denen sie sinnlich, körperlich und geistig spüren, dass wir alle verbunden sind.

Aufgrund dieser Verbindungserfahrung können wir anfangen, unsere scheinbare Getrenntheit und den resultierenden Konkurrenzkampf aufzugeben und wirklich zusammenzuarbeiten. Einmal wir als Team, oder als Firma, oder im gesamten Weltbereich. Durch diese geistigen, intuitiven Erfahrungen kann ein ökologisches Bewusstsein von Welt entstehen. Aber auch das kann nicht verordnet werden. Manchmal ist die alte, verharrende Persönlichkeitsstruktur des Einzelnen stärker.

Ich habe erlebt, dass in Führungskräfte-Trainings drei Viertel oder vier Fünftel der Teilnehmer in eine große Weite gingen und wirklich Erfahrungen von Liebe und Verbundenheit hatten. Einige andere hielten fest und sagten: „Nein, ich bin noch nicht so weit, es macht mir Angst, das will ich noch nicht".

Ob sie es nun formulieren können oder nicht, es gibt immer einige, die am Seil festhalten, und das ist okay. Widerstand ist etwas, was zu schützen ist. Aber diejenigen, die durch diese Arbeit ihr Herz und ihre Intuition aufmachen, die werden in ihrem Arbeits- und Privatbereich etwas Positives bewirken.

Der Navigator

Es gibt immer Möglichkeiten, auszusteigen und einzusteigen. Und zwar in jedem Moment. Und wenn ich draußen bin, kann ich trotzdem wieder rein, und wenn ich zu weit drinnen bin, kann ich wieder raus. Es ist nur die Frage: Erlaube ich mir diese verrückte Vorstellung, dass ich der Navigator bin?

Die Erfahrung, dass ich navigieren und mich in diesen inneren Räumen orientieren kann, ist eine wichtige Haltung eines Schamanen, auch in unserer modernen Umwelt. Die Haltung kann umschrieben werden mit dem Satz: „Soso, aha, mhm, ist ja interessant."

Eine weitere hilfreiche Haltung ist die Entspannung des Unterkiefers. Damit öffnen wir die Raumwahrnehmung in uns. Wenn ich den Unterkiefer loslasse und dabei mich auf meinen Bauch konzentriere und gleichzeitig im Kopf eine Raumvorstellung einlade und mich auf Raum, Weite, Mitgefühl, Energie, Boden und Körper konzentriere und dies alles gleichzeitig wahrnehme, entsteht Raum in mir.

Gleichwohl nehmen wir auch dies alles noch in symbolisch vermittelter Form wahr. Die Erfahrung wird uns in Bildern, Symbolen, Klängen oder Geschichten vermittelt, und es bedarf anschließend einer Übersetzungsarbeit ins alltägliche Bewusstsein. Obwohl der Raum der Intuition schon überpersönlich genannt werden kann, kann es dabei auch noch um sehr alltagspraktische Dinge gehen, persönliche Lebensentscheidungen, Planungen und alltägliche Fragen. Diese stehen jedoch in einem deutlich größeren Kontext und werden von der Tiefe eines großen Wissens bestrahlt.

In einer weiteren Tiefung kann sich die ganzheitliche Wahrnehmung im oberen Kopfbereich und im Hinterkopf öffnen.

Diese Erfahrung berührt die feinstoffliche Ebene, die Ebene des Kronenchakras und der Hinterhauptaura. Wir erleben eine vertiefte Gleichzeitigkeitserfahrung. Über die Kronenöffnung gelingen geistige Verbindungen, das In-Beziehung-Setzen von Wahrheiten und die Integration von Konzepten. *Wilber* nennt dies die Vision oder Panoramische Logik: Hier taucht eine höherrangige, synthetisierende Fähigkeit auf. „Es ist eine Totalität von Wahrheitssehen auf einen Blick; die Beziehung von Idee zu Idee, von Wahrheit zu Wahrheit, selbst gesehen in einem integralen Ganzen, die höchste integrative Struktur im personalen Bereich" (*Wilber*,1988, S. 83).

Ob wir diese Erfahrung nun in alltagssprachliche Bilder, Muster oder Worte übersetzen oder es in der integrativen, metasprachlichen, ganzheitlichen Wahrnehmung belassen, ist gleichwertig. Wir können uns auch einfach nur von diesen Qualitäten beschenken und anmuten lassen und es unserer Seele überlassen, was sie damit macht.

1.6 Tiefungsebene VI: Das Core

VIa: Energie und feinstoffliche Ebene

Als nächste Durchgangspforte können wir dann auf eine Ebene treffen, die charakterisiert ist durch weitere Auflösung der Ich-Anteile („alles löst sich auf"). Das Ich ist noch vorhanden, aber die beginnende Auflösung wird wahrgenommen, entweder zuerst mit Angst und dann mit Lust oder direkt als ein großes, befreiendes Loslassen. Was vorher noch bewusste Raumöffnung war, wird jetzt zu einem Zustand extremer Wachheit. Alles ist bewusst, pulsiert und fließt, und der Zeuge tritt in einer Weise hervor, dass wir von reiner Gegenwart oder energetisierter Präsenz sprechen können. Diese Gegenwart hat eine höhere Dichte als die Jetzt-Erfahrung des „Was ist jetzt" aus der Tiefungsebene I und eine höhere Tiefe und Energie als das unmittelbare Gewahrsein auf Ebene Va). Die Präsenz leitet über in die Erfahrung von Energie.

Was meinen wir auf dieser Ebene mit Energie?

Wiederum enthalten wir uns eines Definitionsversuchs und müssen es bei Umschreibungen und Beschreibungen von Erfahrungen belassen. Wir verstehen auf der Ebene VI Energie als die pulsierende Grundlage des Schwingungsfeldes, das uns umgibt und das wir sind. Energie ist Schwingung des Feldes, und damit Bedingung für ein Feld und das Feld zugleich. Energie ist Bedingung der Möglichkeit von Sein und von Materialisierung.

Energie löst in uns das Empfinden von Gegenwart aus. Diese Gegenwart ist eine Qualität, die gleichzeitig als Öffnung in höhere Dimensionen verstanden werden kann. Das Rest-Ich ist noch anwesend, aber es hat jegliche egoistische und personale Begrenzung abgelegt, es ist bereit zur Hingabe. Es weiß, dass ihm nichts geschehen kann.

Wir stehen im feinen Kontakt mit der Energie unseres leib-seelischen Organismus. Die Energie wächst dadurch an, dass die Begrenzungen und Blockierungen sich aufweichen und auflösen.

Das Gefühl von Überraschung und gleichzeitig von Begegnung mit Altvertrautem öffnet die innere Neugier, und Wahrnehmung wird zur „Begeisterung", d.h., eine große Freude am Geistigen kann entstehen.

Wilber nennt dieses Stadium die feinstoffliche oder subtile Ebene, den Sitz transzendenter Einsichten und Absorption. Hier ist ihm und zahlreichen spirituellen Traditionen zufolge das direkte phänomenale Erfassen personaler göttlicher Formen möglich. Im Vipassana ist es das Stadium des Entzückens, der Erleuchtung und beginnender transzendenter Einsicht (*Wilber* 1988, S. 84).

Der Zweifel, ob es die geistige Dimension wirklich gibt, löst sich auf in eine unmittelbare Gewissheit der Erfahrung. Farben, Gerüche, Klänge und Berührungen erreichen eine so sensible Feinheit, dass auch die feinsten Schwingungen wahrgenommen werden können, und zwar mit der gleichzeitigen Gewissheit, dass dies hinter den Sinnen wahrgenommen wird, dass es außersinnlich ist und die groben Sinne nur die äußeren Eingangspforten für diese Wahrnehmungen sind.

Dies gelingt allen Charaktertypen, auch denen mit den Grundüberzeugungen 1, 3, 5 und 8 (siehe „*Menschenkenntnis*"), die auf den früheren Stufen noch eher an Skepsis, Zweifeln und wissenschaftstheroretischer Relativierung von Erfahrungen festhielten. Man kann also nicht behaupten (wie es z.B. *Eva Jaeggi* tut), dass es sich hier allein um orale, romantische und verklärende Verschmelzungsbedürfnisse von regressionsbedürftigen, unreifen und unkritischen Oralen handelt.

Bei *Sri Aurobindo* (und ihm verwandt *Ken Wilber*) werden diese Schritte in einer etwas anderen Reihenfolge beschrieben, lassen sich aber inhaltlich vergleichen.

Ich wiederhole kurz die an *Piaget* angelehnten Entwicklungsschritte, die auf S. 32 ausführlicher erläutert wurden:

1. Sensomotorisch
2. Vital-emotional-sexuell (bildhaft)
3. Willensgeist (Symbole und Konzepte)
4. Sinnengeist (Regeln und Rollen)
5. Vernunftgeist (reflexiv)

Danach kommt bei *Aurobindo* auf der 6. Stufe der Höhere Geist. Das sind synthetisch-integrative Denkoperationen, „die Wahrheit als Ganzes sehen", hier bei uns als Ebene Va – Raumöffnung – beschrieben.

*Aurobindo*s 7. Stufe, der erleuchtete Geist, transzendiert das Denken und sieht die Wahrheit auf einen Blick. Es sind dies außersinnliche Fähigkeiten oder innere Erleuchtung oder Visionen, bei uns als Ebene VIa zusammengefasst.

Die Stufe 8 bei *Aurobindo*, der Intuitive Geist, ist für ihn das transzendent-archetypische Bewusstsein, „Subtile Kognition und Wahrnehmung", in der CoreDynamik die Ebene Vc (Intuition). Seine Ebenen 6-8 können beschrieben werden als höherer Geist und Seele (bei uns VIb), seine Ebenen 9-10 als GEIST (VIc in der CoreDynamik).

Wenn auch die genaue Reihenfolge nicht übereinstimmt, so kann doch von einer hohen Ähnlichkeit und Bestätigung der Existenz dieser Bewusstseinsebenen ausgegangen werden.

Es gibt einen Unterschied in der Konzeption *Aurobindo*s und *Wilber*s einerseits und der CoreDynamik andererseits. Während deren Konzeption eine in sich geschlossene entwicklungspsychologische Stufenlehre darstellt, kann man in der CoreDynamik einen Drehpunkt in der Stufenabfolge nach Tiefungsebene IV beobachten:

Die Stufen I bis IV der CoreDynamik sind methodologische Schritte zu zunehmender Tiefung, nicht jedoch, wie *Wilbers* und *Aurobindos* Stufen 1-5, entwicklungspsychologische Abfolgen der menschlichen Entwicklung. Man könnte sogar von einem Umdrehungs- oder Rückwärtsprozess sprechen: Das Baby nimmt sich zuerst als sozialen Körper, dann als individuellen Körper, dann mit seinen Gefühlen und erst später unter dem Aspekt von Bildern, Gedanken und Rollen wahr.

Der Weg der CoreDynamik zu Ebene IV könnte dann als Wiederaneignungsprozess beschrieben werden. Danach geht es dann vorwärts weiter im Sinne von Höherentwicklung. Unsere Ebenen V und VI mit ihren Unterdifferenzierungen sind dann Stadien der Bewusstseinsentwicklung und methodologisch-didaktische Schritte zugleich.

Wenn wir allerdings davon ausgehen, dass das Core unser Ursprung und unser Telos zugleich ist, dann ist die gesamte Entwicklung ein Prozess zurück zum Ursprung und nach vorn in die bewusste Entfaltung. Ursprung und Ziel fallen ineinander. Nur nicht mehr im verschmelzenden, präpersonalen Sinne der Symbiose (heim zur Mutter oder im romantischen Sinne zurück ins Paradies, das es nie gegeben hat), sondern im differenzierten, individuierten Bewusstseinsakt der transpersonalen Vereinigung mit allem und allen.

Trotz genauer Landkartenbeschreibung erleben wir in unserer Arbeit die Übergänge zwischen den einzelnen Ebenen nicht als exakt abgegrenzt. Auch *Aurobindo* beschreibt die Übergänge zwischen den verschiedenen Stadien als gleitend. Zwischen den alltäglichen und den kontemplativen und den transpersonalen Stadien gibt es keinen Bruch. „Die Entwicklung kann zu höheren Stadien voranschreiten, von denen jedes durch eine Verfeinerung und Steigerung kognitiver, willensmäßiger und perzeptiver Fähigkeiten gekennzeichnet ist“ (*Wilber, Engler, Brown*, 1988, S. 21).

Ich möchte noch einmal betonen, dass wir das Modell der Tiefung nicht als linear verstehen. So ist z.B. Kontakt und Verstehen die Basis für alle weiteren Schritte, sie sollen nicht als die „flachste“ Ebene angesehen werden. So könnten wir auch statt des Begriffs „Tiefungsebenen“ die Worte Erweiterungs- oder Entwicklungsebenen wählen. Alle Erlebensqualitäten (Denken, Fühlen, Biografie, Körper, Raum) sind immer gleichzeitig da auf jeder Tiefungsebene. Was dann jeweils neu ist, ist die veränderte Qualität bei zunehmender Integration und gleichzeitiger Differenzierung aller Erlebensqualitäten. Das Denken verfeinert und erweitert sich, das Fühlen, die Körper- und Raumerfahrung differenziert und erweitert sich. Die Begriffe „hoch“ und „tief“ können zu einem linearen Denken irreführen, was nicht beabsichtigt ist. Wir verstehen Entwicklung eher als einen integrativen spiraligen

Prozess, in dem sich alle Erlebensqualitäten, das Denken, das Fühlen etc., verfeinern. Der Körper ist also nicht „tiefer" als das Denken, aber das Denken verändert sich durch die Integration von Fühlen, Empfinden, biografischem Verständnis und Raumwahrnehmung.

Von dieser Basis des Entwicklungsprozesses aus sind eine große Anzahl von möglichen Übergängen in den Bereich des Seins erfahrbar. Es gibt viele fließende Übergänge von dieser Ebene in die nächste, die Ebene des Seins, des transpersonalen Raums oder des Core.

Wir sind bei der Erforschung der Dimension des Raumes durch mehrere Stadien gegangen. Doch damit sind wir noch nicht am Ziel angekommen. *Almaas* beschreibt die Übergangsqualität des Raumes so:

„Es gibt verschiedene Grade von Tiefe und Ebenen des leeren Raumes. Der Beginn der Leere ist das Fehlen der Identifikation mit dem Selbstbild. Man hat ein Selbstbild, aber man identifiziert sich nicht mit ihm. Das führt zu einem Gefühl von Ausdehnung und Weite. Auf einer tieferen Ebene gibt es dann kein Selbstbild mehr. Es ist aufgelöst. Es gibt nur die Erfahrung des leeren, offenen Raumes, ohne Grenzen und sehr klar. Im Zentrum des Aufmerksamkeit steht nicht der Inhalt des Geistes, sondern die weite Leere, die sein Wesen ist. Das ist aber noch nicht die tiefste Ebene" (*Almaas* 1994, S. 54).

Ich fasse den methodischen Prozess bis hierher in Abb. 8 zusammen:

Die Grundlage ist die Raumerfahrung, dann kommen als weitere Schritte zur Bewusstseinserweiterung die Arbeit mit Bildern und Symbolen, mit Bewegung, mit Musik und Atem (Bewegungsekstase). Anspannung und Entspannung müssen in einem ausgewogenen Verhältnis stehen, der Kontakt mit der Erde ist wesentlich, rhythmische Körperpulsationen werden angeregt, der Körper wird energetisiert.

Ein festgehaltener Körper kann kaum in Prozesse der Bewusstseinserweiterung gehen. Deswegen unterstützen wir zuerst die Öffnung und Lösung der Körperspannungen oder auch -panzer. Des weiteren unterstützt der Begleiter oder Anleiter den Prozess mit Bildern und Symbolen. Bilder und Symbole sind Türöffner in neue Richtungen, Ebenen und Erfahrungen, und sie sind auch ein Schutz; sie signalisieren dem Reisenden, dass der Begleiter noch da ist, dass die Bodenstation zuverlässig den Bodenkontakt zur alltäglichen Wirklichkeit hält, und sie unterstützen gleichzeitig ein Öffnen von neuen Räumen.

Dazu kommt die Atmungsaktivierung. Je mehr ich von den skizzierten Unterstützungen (siehe Abb. 8) als Intervention integriere, desto vollständiger wird die Öffnung. Unsere Erfahrung ist, dass der Organismus irgendwo loslässt, wenn wir aus den unterschiedlichen Erlebensqualitäten Impulse geben.

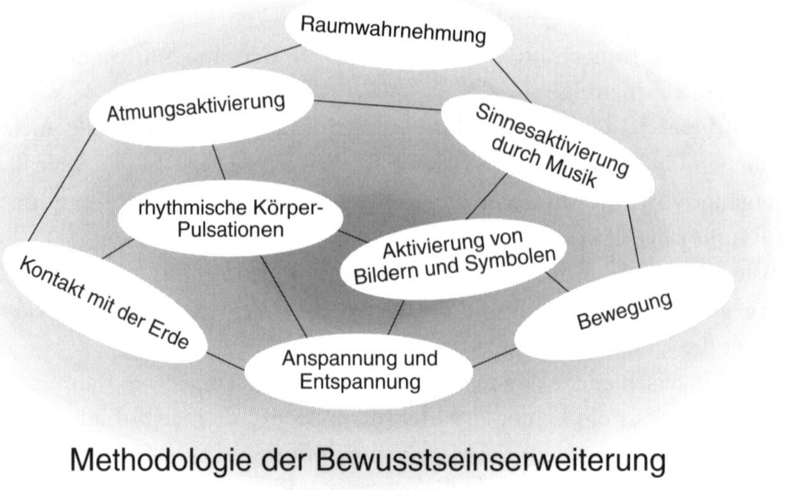

Abb. 8: Methodologie der Bewusstseinserweiterung

Sie haben vielleicht schon die Erfahrung gemacht, von vier Händen gleichzeitig massiert zu werden. Eine Hand oder zwei Hände kann ich kontrollieren, aber die dritte und vierte kann ich nicht mehr kontrollieren Da schmelze ich und gebe mich einfach hin.

So ist es auch in unserer Interventionstechnik: Raumerfahrung und die übrigen Interventionen versuchen wir möglichst gleichzeitig zu geben, damit der Organismus sich das aussucht, was ihm Sicherheit gibt, um ins Loslassen zu gehen.

Hintergrund des Loslassens ist die mehrmalige Erfahrung, dass ich sicher zurückkomme. Es gibt eine Gruppe, in der ich das diskutieren und verarbeiten kann, es gibt ein soziales Netz, in dem das selbstverständlich ist, was ich hier erlebt habe.

Wir bieten die intensiveren Erfahrungen in der Regel nur in Kontexten an, in denen wir wissen, dass die Teilnehmer gut vorbereitet sind und wir uns in einigen Tagen oder Wochen wiedersehen werden. D.h., das Ausmaß und die Tiefe eines Prozesses, den ich induziere, wird vom Set und vom Setting, d.h. von den inneren Voraussetzungen der Teilnehmer und den äußeren Bedingungen, abhängig gemacht.

Wir können die Tiefungsintensität sehr genau bestimmen: Zum einen durch die Art der Musik, dann durch die Dauer der Intervention (Zeit) und schließlich durch das Ausmaß der Intensivierung der Atmung. Wir gehen dabei nur so tief, wie wir uns sicher sind, dass dieses soziale Netz, das diesen Erfahrungsprozess gemeinsam erlebt, auch tragen kann.

Raumerfahrung und damit Bewusstseinserweiterung wird jedoch nicht nur durch dynamische und ekstatische Übungen, die wir Bewegungsekstasen nennen, erreicht.

Parallel üben wir, uns in Stille und Versenkung diesen Tiefendimensionen zu nähern. Dabei hat sich nach unserer Erfahrung die Vipassana-Meditation bewährt, die ich in „Der Liebe Sinn", S. 157f, beschrieben habe. Wir legen dabei besonderen Wert auf die letzte Phase der Meditation, in der das erlebte Öffnungs- oder Glücksgefühl im Sinne einer Herzöffnung nach außen zur Um- und Mitwelt ausgestrahlt wird. Letztlich dient Meditation der Liebesschulung.

VIb: Sein, Quelle, Essenz, Core

Die Raum- und Energieerfahrung ist gleichsam ein Vorhof der danach erscheinenden tieferen Erfahrung des Seins. Raum, Energie und Präsenz kann noch annäherungsweise beschrieben werden. Dafür gibt es noch Bilder. In den nächsten Schritten wird es zunehmend schwieriger, Worte zu finden und die Erfahrungen zu beschreiben, weil wir immer mehr in den vor- oder besser nachsprachlichen Bereich gelangen.

Assagioli hat eine sehr gute Zusammenfassung der Merkmale dieses Seinsraumes, den er das Überbewusste nennt, gegeben: „Die Eigenschaften des Überbewussten und die verschiedenen psychisch-spirituellen Vorgänge in ihm werden der Erfahrung zugänglich. Diese sind keineswegs abstrakt, vage oder flüchtig, wie jemand meinen könnte, der sie nicht kennt; sie sind vielmehr *lebendig,* intensiv, vielfältig und dynamisch. Sie sind etwas, das man als realer empfindet als die inneren und äußeren Erfahrungen des Alltagslebens. Die wichtigsten Merkmale dieser Erfahrung des Überbewussten sind:

1. Eine Empfindung des Lichts, eine Erhellung sowohl ganz allgemein als auch bezogen auf Probleme und Situationen, deren Bedeutung dadurch enthüllt wird.
2. Ein Gefühl des vollständigen Friedens, das unabhängig ist von äußeren Umständen oder inneren Zuständen.
3. Ein Gefühl von Harmonie und Schönheit.
4. Ein Gefühl der Freude und Seligkeit – jener Seligkeit, die Dante so gut zum Ausdruck gebracht hat.
5. Ein Gefühl der Kraft – jener Kraft, die dem Geist eigen ist.
6. Ein Gefühl von Größe, von unendlicher Weite, Universalität und Ewigkeit.

Alle diese Eigenschaften sind nicht voneinander getrennt, sondern durchdringen einander" (*Assagioli, Psychosynthese,* S. 43).

Connirae und *Tamara Andreas* nennen weitere Kriterien für den Core-Zustand:

1. Es handelt sich um einen Zustand des Seins, im Gegensatz zu Tun oder Haben. Es ähnelt der Liebe, dem inneren Frieden, dem Einssein.
2. Ein Core-Zustand hängt nicht von anderen Menschen ab, wie z.B. „Wertschätzung durch andere".
3. Physische Veränderungen finden statt, tiefe Entspannung oder Erregung, das Atemmuster und die Hautfarbe können sich verändern.

Wenn wir uns tiefer an die Frage heranpirschen, was denn nun das Core sei, stehen wir unvermittelt vor der Tür des Nicht-Wissens. Alle Umschreibungen können nur Annäherungen und Tastversuche sein. Dieses Herantasten ist jedoch untermauert von unzähligen Erfahrungen, sinnlichen und übersinnlichen Erlebnissen, körperlichen und bildlichen Empfindungen, die dieses große, unfassbare und dennoch so nahe Feld der Erfahrung umkreisen.

Core kann als ein moderner Begriff für Seele oder Gral aufgefasst werden. Dabei verstehen wir Core jedoch nicht als etwas Festes, sondern eher als einen Prozess der Integration oder als Attraktor. Die wörtliche Übersetzung „Kern" verführt zu der Annahme, dass es etwas Festes gibt in uns. Das ist ein überholtes Bild von Substanz.

Die Seele ist in unserer Auffassung eine überpersönliche und zugleich höchst persönliche Form der Verdichtung im Schwingungsfeld der Energie, allerdings der feinstofflichen Energie, die wir oben von anderen Energieformen abgegrenzt haben.

Das Wesen ist dabei die geistige Dimension dieses seelischen Schwingungsfeldes als seinem allgemeinen Seinszustand. Gleichzeitig erscheint uns die Seele als subjektive Gewordenheit des überpersönlichen Schwingungsfeldes, als „Wer-bist-du-Geheimnis".

Unsere Beschreibungsversuche können nur Metaphern und Annäherungen sein, und wenn wir in unserer Konzeption das Bild des „Kerns" wählen, sind wir uns der mit dieser Beschreibung verbundenen Gefahren der Fehlidentifizierung bewusst. Einerseits substantivieren wir damit einen höchst dynamischen, unfassbaren Prozess, der nicht auf einen „Kern", eine Mitte reduziert werden kann. Andererseits ermöglichen wir mit diesem Hilfskonstrukt die Vorstellung und damit Empfindung von einem „Inneren" oder einem „Zuinnerst", das den Prozess der transzendenten Tiefung und gleichzeitiger Weltverankerung erleichtert und in zahlreichen spirituellen Traditionen eine Entsprechung findet.

Nach *Dürckheim* geht es um eine Gestaltung der Welt und um die Reifung aus dem „Wesen zur Transparenz für Transzendenz". Der initiatisch erarbeitete

Durchbruch zum Wesen erschließt den „lebendigen und eigentlichen Kern“ des menschlichen Selbst. In der „Großen Erfahrung“ geht das Wesen als ein unzerstörbarer, numinoser Urgrund der menschlichen Existenz auf. „In der immer von neuem demütig vollzogenen Handlung wird der Mensch für das in den unbewussten Tiefen seines individuellen Selbst lebendige Wesen aller Dinge und für die große Einswerdung bereitet“ (*Dürckheim* 1950, S. 11). Er kann dann zum Zeugen des Überweltlichen in der Welt werden. Dieses Überweltliche in der Welt, das Hereinbrechen der Transzendenz in unsere individuelle Gewordenheit als Körperwesen, nennen wir in der CoreDynamik das Wesen oder die Mitte oder den Kern, das Core.

Das Zentrum

In der psychologischen Tradition wird diese Erfahrungsqualität mit ähnlichen Worten umrissen. So beschreibt *John Pierrakos* das Core als ein Zentrum, einen Kern göttlicher Weisheit und Energie. „Dort sind Energie und Bewusstsein vollkommen rein, sie leuchten und unterliegen keiner Einschränkung. Von diesem Zentrum strahlt Energie aus, so wie aus dem Herzen eines Sterns. Diese Energie durchströmt unser ganzes Sein und erfüllt jedes Molekül unseres Körpers mit Leben.“ *Pierrakos* versucht in seiner Core Energetik mit den grenzenlosen Ressourcen des Core in Kontakt zu treten und sie zu erschließen. Nach *Pierrakos* sind wir durch das Core mit allem verbunden. Core ist unsere göttliche Verbindung zu den Kräften des Universums. „Wenn wir die Qualitäten unseres Core aktivieren, tritt das höhere Selbst zutage“ (*Pierrakos* 1998, S. 21 f).

Das Zentrum ist „direkt, ungeteilt und wahr. Es ist das höhere Selbst. Es ist eine leuchtende, vitale Masse, die Quelle und zugleich der Empfänger der Lebenskräfte. Der Kern hat völlige Einheit, da ist keine Dualität auf diesem Niveau, kein gut oder schlecht. Es ist unteilbare Vibrationsbewegung, ein Ort, wo jede Person Wahrheit instinktiv erkennt ... In diesem Kern liegt die unsterbliche Einzigartigkeit des Menschen, und hier liegt auch die Verbindung mit dem unermesslichen Universum und der ganzen äußeren Existenz mit dem, was einige Gott nennen. Die Kraft, die das Universum regiert, ist die gleiche, die im Kern des Menschen wirkt“ (*Pierrakos* 1977, S. 100).

Von dorther ist es verständlich, dass die Kontaktnahme mit diesem Kern auch die intensivste und höchste Form der Heilung bewirken kann, wenn wir die Behinderungen um diese Wirkkräfte weggenommen haben.

Ähnlich wie *Almaas* geht *Pierrakos* von der Erfahrung aus, dass dieser Kern in jedem Menschen vorhanden ist und seine Einheit heilen kann. „Warum wird er als Gefangener gehalten? Die Antwort ist: aus Furcht. Das Kind lernt, sich vor dem Fluss des Kerns zu fürchten“ (S. 103). Wenn Eltern die spontanen Ausdrucksformen von Kindern zurückweisen, weisen sie damit implizit den Lebensgrund des Kindes zurück, dessen Frustrationen dann überhaupt erst die negativen Gefühle hervorrufen.

Durch eine innere Verbindung von Gefühlen werden dann auch die positiven Gefühle angsterregend, sobald sie wahrgenommen werden. Sicherheit entsteht dadurch, dass alle vitalen, ursprünglichen und kernhaften Regungen verdrängt werden. Die Angst vor Zurückweisung wird geringer, wenn wir uns einschränken und eng machen.

Pierrakos, der Mitbegründer der Bioenergetik zusammen mit *Alexander Lowen*, folgt der Auffassung von *C.G. Jung*, für den die Seele eine machtvolle und in sich selbst gesunde Komponente des kollektiven Unbewussten ist. Er ergänzt die Funktion des Willens als wichtigen Prozess in der Therapie.

Alle drei legten ihren Schwerpunkt immer mehr von den Wunden des Menschen auf seine Lebenskraft. Sie erkannten, dass allein das Nähen der Wunden nicht genügt und dass die Suche nach einem tieferen Sinn im Leben und der Kontakt zu den inneren Kraftquellen die Heilung deutlich besser vorantreiben können als ein nur im Leid Suchen und Sich-Suhlen. Es ist besser, die Stärken des Kerns freizusetzen, als Schwächen zu korrigieren. Die Vitalkräfte des Ganzen werden dahin geleitet, die verletzten Teile zu heilen. Dies ist jedoch nur möglich, wenn der Heilende selbst seinen Kern entdeckt und geöffnet hat, von seinem Kern aus Kontakt nimmt und die Selbstheilungskräfte des Gegenübers zum Tragen kommen lässt.

Nach *Pierrakos* ist die Grundsubstanz einer Person Energie und die Bewegung der Energie ist Leben. „Lebendige Energie ist nicht nur Quantität oder Masse. Der qualitative Aspekt, die Bewegung, ist Bewusstheit" (1977, S. 92). Jede Zelle trägt in sich einen inneren Plan (eine Entelechie) auf ihre Entwicklung hin, jede Zelle weiß offenbar, wohin der Entwicklungsweg in Richtung einer höheren Ordnung geht (siehe das Telos bei *Wilber*). Damit Entwicklung geschehen kann, müssen die Blockaden weggenommen werden. Energie muss ungehindert in Richtung Ganzheit fließen können. „Sobald die Energie ungeteilt fließt, fließt auch die innere Bewusstheit ungeteilt" (ebd.).

Jede lebendige Einheit besteht aus bewusster, lebendiger Energie, hat ein Zentrum und eine Peripherie. Sie sendet Lebenskraft aus und empfängt sie. „Und obgleich ‚Core' eigentlich Tiefe und somit Absteigen impliziert, kommt man der Wahrheit näher, wenn man sich dieses Zentrum als den Gipfel des Seins vorstellt, die Ebene, zu der wir aufsteigen" (*Pierrakos* 1987, S. 21).

Das Spezielle des Ansatzes der Core Energetik von *Pierrakos* ist, dass ihr Begründer in der Lage ist, die unseren physischen Körper umgebenden Energiefelder (Aura) farbig und in ihrer jeweiligen Ausprägung zu sehen.

Nach ihm ist die Aura ein exaktes Duplikat unserer Physiologie. Er baut darauf ein sehr differenziertes diagnostisches Instrumentarium und eine entsprechende Therapiemethodologie auf.

Er entwickelt ein Schichtenmodell von außen nach innen, wobei die äußeren Schichten (Maske und Charakterpanzer und negative Gefühle) den inneren Kern schützen. Die einzelnen Schichten durchdringen sich jedoch gegenseitig, vom physikalischen Körper über den Panzer bis zur Seele, dem Core.

Auch *Pierrakos* geht von verschiedenen Stadien in der Therapie aus. Auch er arbeitet von außen nach innen, und zwar in vier Schritten:

1. Zuerst untersucht und behandelt er die sog. Maske, das ist der äußerste Schutzbereich des Menschen.

2. Im zweiten Stadium liegt der Hauptakzent darauf, die „primären negativen Gefühle unverzerrt hervorzurufen“ (*Pierrakos* 1977, S.112). Dies wird in klassischer bioenergetischer Übung durchgeführt, indem Körperbewegungen, insbesondere Schlagen, Schreien und Stampfen, die Abwehrenergie des Menschen aktivieren und bewusstmachen.

3. Das dritte Stadium der Therapie ist der Entfaltung der Person in Richtung auf eine Integrative Einheit mit der ganzen Existenz gewidmet. Also wird hier schon mit der Bewusstheit des Kerns und der Bewußtheit von Stärke und Potential gearbeitet. Hier sind Meditation und Einsatz eines „positiven Willens“ die Methoden.

4. Im vierten Stadium geht es darum, das Vertrauen der Person zu erweitern. Die positiven Grundgefühle, die in der Therapie entwickelt wurden, werden nun auf andere Bereiche und auf die Zukunft hin extrapoliert.

In gewisser Weise ist die Core Energetik auch eine Stufenbehandlung, ein systematischer Weg von außen nach innen und wiederum von innen nach außen. Gleichwohl bedurfte es der Formulierung des Ansatzes der CoreDynamik, um die Methodologie in einigen Punkten zu differenzieren, zu vereinfachen, nachvollziehbarer zu machen und (da mir die Fähigkeit des Aurasehens nicht zur Verfügung steht) eine Methodologie zu entwickeln, die ohne diese besondere Begabung auskommt und so auch breiteren Kreisen – insbesondere in nicht-therapeutischen Settings – zu vermitteln ist.

Darüber hinaus ist unser Ansatz in einem umfassenderen methodologischen Kontext (u.a. der Gestalttherapie, der Integrativen Therapie und der Kommunikationswissenschaft, der Tiefenpsychologie, der Musik- und Dramatherapie, des NLP und der Organisationsentwicklung) verankert. Insofern entspricht CoreDynamik mit ihrer komplexen Methodologie für Individuen, Teams und Organisationen weitgehend der realen Komplexität der Wirklichkeit.

Essenz

Bei *Almaas* wird das Core mit ähnlichen Worten umschrieben: In seinen zahlreichen Büchern tastet er sich in immer neuen Formulierungen an das Wesen des Core heran. Er nennt es auch Essenz. „Es ist, als ob sich das ganze Sein in einer integrierten Intensität gesammelt hätte. Die Aufregung ist verflogen, man ist ohne Emotion, und das Denken ist beruhigt. Es ist die positive Präsenz einer Kraft, die weder physischer, emotionaler noch geistiger Natur ist" (*Almaas* 1994, S. 13).

Anders als in der CoreDynamik ist bei *Almaas* Präsenz und Essenz beinahe dasselbe. In der CoreDynamik ordnen wir die Präsenz als ein Zustand unseres Bewusstseins der V. Tiefungsebene zu. Auf der Ebene V gibt es noch eine Trennung zwischen Wahrnehmendem und Wahrgenommenem.

Erst auf der VI. Stufe verschwindet diese Trennung langsam. Erfahrender und Erfahrenes werden eins. Es gibt keine Trennung zwischen Subjekt und Objekt mehr.

Substanzlose Substanz

Almaas definiert Essenz oder Core als eine substanzlose Substanz. Sie hat verschiedenste Qualitäten. Im Wesentlichen ist es „eine süße, warme, schmelzende Empfindung, die nicht wirklich nur eine Empfindung ist. Sie ist die Präsenz eines bestimmten Aspekts von Essenz, den wir verschmelzende Liebe oder verschmelzende Essenz nennen. Es ist die Erfahrung von Verschmelzen oder Einswerden" (*Almaas* 1994, S. 49).

„Die Erfahrung essentieller Substanz kann eine solche Tiefe haben, einen solchen Reichtum, eine solche Wirklichkeit, Bedeutsamkeit, intensive Wirkung auf unseren Geist, dass manchen Menschen wirklich schwindelig wird und sie nicht in der Lage sind, die unmittelbare Begegnung auszuhalten. Wir erfahren sie als das, was wir im Innersten selbst sind. Sie ist zutiefst unser Wesen und ist unser kostbares und schönstes Zentrum. In ihr liegt unser Wert und unsere Bedeutung. Sie ist unser Wesen und unsere Identität. Sie ist etwas, das unserem Herz so nah ist, dass nur unser Herz selbst sie schmecken kann. Sie ist etwas so Bedeutsames für uns, dass sie das einzig wahrhaft Nährende für unser Leben ist. Sie ist das Kostbarste, was es gibt" (*Almaas*1994, S. 85).

Schon das Kleinkind erfährt diese Qualitäten in sich als innere, verschmelzende Liebe. „Es ist die Essenz, deshalb erfährt es die duale Einheit der symbiotischen Phase als die verschmelzende Essenz. Wessen es sich undeutlich bewusst ist, ist die Präsenz der Mutter und seiner selbst als ‚eins', und dieses eine empfindet es als verschmelzende Liebe. Das Kind weiß noch nicht, dass es seine eigene innerste Empfindung ist. Es projiziert sie auf die Verbindung mit der Mutter. Das Baby weiß noch nicht, dass es selbst die verschmelzende Essenz ist." Aber dieser falsche Eindruck liegt an der Wurzel der Persönlichkeit. Die Gleichsetzung der dualen Einheit mit der verschmelzenden Essenz bleibt im Unbewussten, an der Wurzel der Persönlichkeit, für den Rest des Lebens dieses Individuums.

Dies ist von fundamentaler Wichtigkeit für das Verständnis der Beziehung von Persönlichkeit und Essenz. Wann immer es zu einem Verlust von symbiotischen, dualen Einheiten kommt, erlebt das Kind den Verlust von verschmelzender Essenz. In Wirklichkeit beginnt es sich unvollständig zu fühlen, weil es einen essentiellen Teil von sich vermisst.

An dieser Stelle soll auf die differenzierte Kritik *Wilbers* an *Almaas* hingewiesen werden. *Wilber* warnt vor einer romantischen Idealisierung des kindlichen Seinszustandes. Nach *Almaas* ist ein Baby oder Kleinkind vollständig in Kontakt mit Essenz oder dem Sein. „Sie sind Essenz" („*Essenz*", S. 83).

Dies ist jedoch die romantische Vorstellung eines ursprünglichen Paradieszustandes, in den wir uns zurücksehnen.

Realistischerweise jedoch müssen wir sehen, dass das Kind primär ein von Trieben beherrschtes, narzisstisches, egozentrisches Körperselbst ist. Es lebt um der Nahrung willen, und sein Gott ist der Mund (*Wilber*, „*Das Wahre, Schöne, Gute*", S. 501).

Im Kleinkind ist noch keine Fähigkeit, sich in die Rolle eines anderen zu versetzen; es hat daher auch keine echte Liebe, keine Toleranz und keine Güte.

Es geht in unserer Entwicklung also nicht zurück in den romantischen Urgrund, sondern es geht um eine Entwicklung nach vorn.

Die von *Almaas* beschriebene Einheit ist also eine präpersonale Verschmelzung mit der Mutter. Gleichwohl bleibt, dass das Kind noch nicht durch seine Persönlichkeit blockiert ist wie der Erwachsene. Wenn wir später in unseren neurotischen Mustern hängen, haben wir also nichts verloren, sondern etwas Neues in uns ringt um sein Erscheinen. Wenn dieses Neue, die Essenz, noch nicht gespürt wird, empfinden wir an dieser Stelle ein Vakuum, eine Leere, ein Loch in unserem Sein. Jeder füllt dieses Loch, indem er Teile seiner Persönlichkeit entwickelt, oder durch verschiedene andere Versuche, den Zustand des Verschmelzens wieder zu erreichen.

Die Füllung des Vakuums ist nach *Almaas* eines der wichtigsten unbewussten Motive, das Erwachsene dazu bewegt, Liebesbeziehungen einzugehen. Verschmelzungssehnsucht ist der Grund für viele Schwierigkeiten in Beziehungen und dafür, dass viele Menschen in ihren Partnern Mütter sehen. Man glaubt, die eigene innere Unvollkommenheit und Leere werde durch die Beziehung zum Partner aufgehoben.

Im Hinblick auf das spirituelle Wachstum ist es wichtig, die frühen Abwehrmechanismen zu verstehen und zu dekonstruieren. Aber nicht deshalb, weil man dadurch eine reine Essenz wiedergewinnen würde, die in der Kindheit vorhanden war und später unterdrückt wurde, sondern vielmehr deshalb, um Blockierungen aufzuheben, die die höhere Emergenz der Essenz an sich verhindern. „Diese ‚Löcher' haben also gewissermaßen eine doppelte Wirkung, indem sie sowohl das Niedrige als auch das Höhere ausschließen" (*Wilber*, *„Das Wahre, Schöne, Gute"*, S. 505).

Dennoch bleibt: Was uns wirklich fehlt, finden wir nur in der Essenz, in unserem Innersten Wesen, in unserem Core, und nicht bei unserem Partner, den wir mit unserer ungestillten Sehnsucht überfordern.

Die Suche nach Erfüllung richtet sich nach außen, wie zum Beispiel auch im christlichen Hostienritual, das die Verschmelzung mit dem göttlichen Wesen im Außen sucht. Das einzige, was helfen würde, ist die Wiedergewinnung der verlorenen Essenz.

Nach *Almaas* ist verschmelzende oder schmelzende Essenz, die klare, die süße und goldene Essenz die Kraft und die Energie hinter der Sehnsucht nach Einheit mit dem Universum, mit Gott, mit der ursprünglichen Intelligenz (*Almaas* 1994, S.113), dem Core.

Traditionelle Psychotherapie ist darauf ausgerichtet, die Persönlichkeit gesünder oder stärker zu machen. Sie arbeitet nicht mit der Essenz oder dem Core und sie lässt damit den wesentlichen Heilfaktor in uns ungenutzt. Letztlich geht es in der CoreDynamik gar nicht um Therapie, sondern um Rückkehr zum Sein. Jedoch ist Therapie eine wichtige, für die meisten Menschen unabdingbare Vorbedingung, um erweiterte Bewusstseinszustände überhaupt erfahren zu können. Es ist notwendig, bis zu dem Punkt vorzustoßen, an dem sich der Klient als leeren Raum empfindet. Die Löcher in der Persönlichkeit müssen bis in ihre Tiefe ausgelotet und ausgehalten werden. Dann kann Essenz einströmen, das einzige, das unsere Löcher wirklich füllen kann.

Letztlich ist die tiefste Ursache aller Konflikte der Persönlichkeit der Verlust von Essenz, nicht die Wiederholung der Programme aus der Kindheit. Die alten Negativ-Programme führen lediglich zum Verlust des Core-Erlebens. Traditionelle Therapie hat also ebenfalls ein Loch, indem sie diese wesentlichen Grundlagen unseres Seins nicht einbezieht.

Die Persönlichkeit hat eine Erinnerung an die Unbegrenztheit und Unerschöpflichkeit der Inneren Kraft. Aber dieser Überfluss wird nach außen projiziert, und dann will die Persönlichkeit mehr und mehr von außen.

In unserer Hilflosigkeit versuchen wir, die inneren Löcher mit Gier vollzustopfen, wenn wir vergessen haben, dass wir die Essenz verloren haben. „Die Persönlichkeit will das, was verlorengegangen ist, und das ist endlos. Das Charakteristikum der Gier verschwindet nicht, bis man das Loch nicht spürt und es mit dem wirklichen Überfluss von Essenz gefüllt ist" (*Almaas* 1994, S. 156).

Auch *Almaas* entwickelt eine prozessabhängige Heilungsmethode, die in den Anfangsstadien anders vorgeht als in fortgeschrittenen Stadien. Zuerst werden die Persönlichkeit und die Konflikte konfrontiert, insbesondere der symbiotische Wunsch nach der Mutter, bevor Essenz befreit werden kann. „Die Arbeit beginnt an den äußeren Schichten der Persönlichkeit und geht dann tiefer und tiefer" (*Almaas* 1994, S. 138).

Es geht dabei auch um die Sensibilisierung des Körpers und der Bewusstheit von Empfindungen und Gefühlen. „Die Sensibilität muss sich mit der Zeit vertiefen, und die Empfindungen müssen sich verfeinern, so dass der Organismus sich der feinstofflichen Präsenz von Essenz selbst bewusst werden kann. Essenz ist eine verkörperte Existenz, und man erfährt sie im Körper, nicht irgendwo anders oder abstrakt" (*Almaas* 1994, S. 134).

Auch hier ist eine deutliche Verwandtschaft zu unserer Methode der CoreDynamik zu sehen.

Ich möchte hier nicht zu ausführlich auf das Werk von *Almaas* eingehen, da wir in vielen Punkten übereinstimmen. Ich empfehle die Originallektüre seiner Werke, insbesondere von *„Essenz"*, von *„Die Leere"*, *„The Pearl beyond Price"* und *„The Point of Existence"*. Diese kurze Zusammenfassung soll die Verwandtschaftsbezüge der Ansätze verdeutlichen. Es handelt sich hier um Erkenntnisse, die in immer zahlreicheren Ansätzen verschiedenster Herkunft zum Tragen kommen (u. a. auch bei *Pir Vilayat Inayat Khan*), nur in der traditionellen und universitären Psychologie immer noch vernachlässigt werden.

Auch *Sri Aurobindo* sah die Essenz als eine Kraft mit Masse, eine substanzlose Substanz. Nach *Aurobindo* spüren wir dieses Phänomen manchmal als eine unpersönliche Kraft, eine Präsenz, ein Sein in unseren Tiefen, als ob wir da eine Unterstützung hätten, etwas, das uns Festigkeit gibt, beinahe ein Rückgrat und eine feste Sicht der Welt. „Mit diesem kleinen vibrierenden Etwas ist man unverwundbar und nicht mehr allein. Es ist dann überall, es ist immer da" (*Satprem* 1968, S. 60f).

Bei den obigen Autoren habe ich diejenigen ausgewählt, die unserer Erfahrung (s.u.) annäherungsweise entsprechen. Ich erlebe meinen Versuch der Landkartenentwicklung als ihren Ansätzen verwandt, jedoch als eine didaktische und methodische Erweiterung im Sinne der Integration größerer Komplexitäten.

Eine Abgrenzung von nur dem Namen nach vergleichbaren Konzepten wie der Core-Transformation von *Connirae* und *Tamara Andreas*, einem vertieften NLP-Verfahren, der Core Pulsation, einer Energiemassageform von *N. Schaubmair*, sowie der Core-Dynamik, einer amerikanischen Selbstverteidigungsform, soll hier unterlassen werden. Mein Wunsch ist es, dass Forscher auf diesem Gebiet sich zusammenschließen und nicht Meinungen ausschließen, sondern alle Erfahrungen integrieren zu einer großen Zusammenschau dieses unfasslichen Einen.

Ich möchte hierzu eine Formulierung von *Stephen Hawking* (2000) anführen: „Die Entsprechungen (der verschiedenen physikalischen Forschungsrichtungen) sind ein starkes Indiz dafür, dass es eine vollständige vereinheitlichte Theorie der Physik gibt, sie lassen aber auch erkennen, dass es vielleicht nicht möglich ist, diese Theorie in einer einzigen fundamentalen Formulierung auszudrücken. Statt dessen müssen wir uns eventuell in unterschiedlichen Situationen an verschiedene Aspekte der grundlegenden Theorie halten, so als wären wir nicht in der Lage, die Erdoberfläche auf einer einzigen Karte abzubilden, und müssten für verschiedene Regionen verschiedene Karten benutzen."

Der Kern in der CoreDynamik

Das Core ist eine Erfahrungsdimension grundsätzlichen Gutseins und grundsätzlicher Vollkommenheit. Im Kern, im Wesen sind wir Menschen zutiefst gut und vollkommen.

Das Core ist subjektiv, spezifisch und persönlich ebenso wie objektiv, allgemein und unpersönlich. Es ist damit die Nahtstelle zwischen Individuum und Geist. Wir können es auch Seele nennen. Seele ist für uns ein Begriff, der die Brücke, den Prozess des Übergangs zwischen Subjektivität und Überpersönlichem umschreibt.

Seele ist der Bereich, in dem wir nicht gefangen sind in Ego-Vorstellungen, in dem wir frei sind, unser Ego aufzulösen, und uns hingeben in den großen Ozean des Seins. Core ist ein Zustand, von dem wir vermuten, dass er mit dem Prozess und Übergang des Sterbens zu vergleichen ist.

Core-Erfahrung ist wie ein kleiner Tod, der uns zuerst nah an die Todesangst heranführt und uns dann, im weiteren Loslassen, entlässt aus der Gebundenheit an subjektiv-verengte Wahrnehmungsmuster. Es ist wie ein Eintauchen ins große Meer des Seins. Wir erleben in diesem Zustand ein vertieftes, fast unbegrenztes Wissen, ein Erleben von Verbundenheit.

Während uns auf der Tiefungsebene V die Raumerfahrung in die Weite und Öffnung geführt hat, unmittelbares Gewahrsein und später Präsenz unsere Wahrnehmungsmuster drastisch verändert und geöffnet hat, tritt jetzt eine unpersönliche Qualität hinzu, ein Wissen ohne Subjekt, eine Verschmelzung von Subjekt der Wahrnehmung und Objekt des Wahrgenommenen. Beides wird eins zu einer Empfindung großer Stimmigkeit.

Da gibt es Zustände von großem Licht, Ströme von Galaxien, die unser Bewusstsein gar nicht fassen kann. So bleibt uns nur die Auflösung ins große Bewusstsein. Worte werden zum Stammeln, Sätze bleiben unvollkommen, und jeder Formulierungsversuch muss hinter der gewaltigen Wirklichkeit (im doppelten Sinne von Realität und Wirkung) der Erfahrung zurückbleiben.

Diese Erfahrungen lassen sich eher in der bildenden Kunst, der Musik und Dichtung, im Tanz und der Poesie, im stillen Hinblicken oder einer zarten Berührung ausdrücken.

Das Medium des Buches verlangt jedoch Sprache, und so will ich weiter Beschreibungsversuche für das Unaussprechliche unternehmen.

Core ist die symbolische Repräsentation eines gewaltigen inneren Vulkans, eines Energiekörpers, der die tiefsten Lebenskräfte repräsentiert. Wir können Seele immer nur als symbolische Repräsentation erfahren, niemals als sie selbst, denn jede innere Wahrnehmung ist durch unsere Sinne vermittelt und damit eingeengt, vermittelt, verbildlicht oder verkörperlicht.

Emma Jung formuliert das so: „Im gewissen Sinn wäre also die Seele jenes wunderbare Gefäß, dem die ‚Queste' (die Gralssuche, *B.M.)* gilt und die lebensspendende Kraft innewohnt, dessen letztes Geheimnis aber nicht enthüllt werden kann, sondern stets verborgen bleiben muss, weil sein Wesen Geheimnis ist" (*E. Jung, M. von Franz*, S. 148).

Core ist immer größer, als es in unseren symbolischen Wahrnehmungsmöglichkeiten über unsere Sinne unserem Wahrnehmungsapparat und unserem Denken vermittelt wird.

Während auf der Ebene V noch annäherungsweise Abbildungen der Wirklichkeit über Bilder vom Feld, von Schwingungsmustern, von der Relativität von Raum und Zeit, von Archetypen und Mythen möglich sind, ist für diese Ebene gerade das Übersteigen dieser Vorhöfe des Himmels charakteristisch.

Aus diesem Grunde unterscheiden wir in der CoreDynamik zwischen Ebene V und VI. Sicher ist die V. Ebene ab Vc auch schon dem transpersonalen Bereich zuzuordnen. Hier kommen wir schon in Kontakt mit dem kollektiven Unbewussten, den inneren Weiten und dem Übersteigen der Ego-Beschränkungen.

Die bildliche Ebene scheint hier noch angemessen, wir können uns noch verständigen, und Worte scheinen noch eine Brücke zu bilden zur Erfahrung.

Wir erfahren das Core oder das Sein als „substanzlose Substanz", als Quelle oder leuchtendes Feuer, als gold-orangene oder weiß-blaue Energiesubstanz, als Urgrund und Seinsgrund.

Wir können dies als die Ebene der persönlichen und überpersönlichen, der kollektiven Seele bezeichnen. Seele wird erlebt als Schwingungsphänomen oder Energiefeld, das die Grundlage des persönlichen und überpersönlichen Seins bildet. Die Seele kann verstanden werden als die Verdichtung eines Schwingungs- oder Energiefeldes, die der Urgrund der körperlichen, menschlichen Manifestationen ist, eben die kausale Ebene. Sie ist zu unterscheiden vom Geist (klein geschrieben als Verstand aufgefasst) und dem GEIST (großgeschrieben als dem universalen GEIST).

Die Grenzen unseres Geistes und unseres Körpers sind nicht dieselben. Gedanken betreten und verlassen unseren Körper, sie können ihm innewohnen, ihm entfliehen, ihn überschreiten und transzendieren. Eine Ebene, die einer anderen innewohnt, kann über sie hinausgehen, was nicht möglich wäre, wenn sie nur in ihr enthalten wäre.

Was im Verstand enthalten ist, sind Gedanken „und deshalb enthüllt die Betrachtung der Gedanken niemals die Seele. Wenn sich jedoch die Gedanken beruhigen, taucht die Seele innerlich als etwas vom Geist Verschiedenes auf; daher kann sie ihn transzendieren, über ihn hinausschauen, ihm entfliehen. So ist auch der GEIST (spirit) nicht in der Seele enthalten, sondern wohnt ihr inne, transzendiert ihre Grenzen und Formen" (*Wilber* 1988, S. 168).

Nach *Wilbers* Konzeption ist diese Ebene die sogenannte kausale Ebene. Sie beschreibt die unmanifestierte Quelle oder den transzendenten Boden aller niederen Strukturen, den Abgrund, die Leere, das Formlose, das Stadium der mühelosen Einsicht, die im Nirvana gipfelt; *Aurobindos* Übergeist. Es wird als universales und formloses Selbst beschrieben, das allen Wesen gemeinsam ist (*Wilber, Engler, Brown,* S. 85).

VIc: Paradoxie und Non-Dualität – Bewusstsein an sich

Core kann einerseits als subjektiv und gleichzeitig als transpersonal erlebt werden. Core ist jene eigentümliche paradoxe Qualität des Innersten, die einerseits durch Non-Dualität gekennzeichnet ist, andererseits zutiefst paradox in ihren Erscheinungsformen ist. Core ist anwesend und entzieht sich, ist Urgrund und Quelle und gleichzeitig ein Gewordenes, je nach Betrachtungsperspektive. Wenn wir dieses tiefe, einerseits beunruhigende und dennoch wohlbekannte Empfinden von Paradoxie erleben, können wir dieses Erleben als einen Hinweis verstehen, dass wir uns dem tiefsten inneren Raum nähern. Ich werde weiter unten einige Beispiele aus Erfahrungsberichten hierzu geben.

Es ist wie die Synthese von Paradoxien in einer gleichzeitigen Erfahrung. Wir erleben das Core einerseits als Sein (es ist) so ähnlich, wie wir in der Physik das Kleinste als Partikel oder Teilchen definieren können. Gleichzeitig erleben wir es als Fließen oder Werden oder Welle (es ist nicht) und spüren, dass beides wahr ist und sich nicht gegenseitig ausschließt. Schon *Parmenides* (das Sein) und *Heraklit* (das Fließen und Werden) haben sich über den Urgrund der Existenz auseinandergesetzt. Es ist ein tiefes Glückserlebnis, zu erfahren, dass beides gleichzeitig wahr ist. So wird auch in diesem inneren Raum das Core als Ausdruck unseres Bewusstseins erlebt, nicht als lineare Realität, sondern als Wahrnehmungsform eines nicht entscheidbaren tiefsten und wirklichen Paradoxons.

Diesen Übergang innerhalb der Core-Ebene zur letzten Bewusstseinsstufe beschreibt *Aurobindo*: „Der Ich-Sinn verliert sich in der Größe des Geistes und geht schließlich unter; eine breite kosmische Wahrnehmung und das Gefühl eines grenzenlosen, universalen Selbst ersetzen sie, ein uneingeschränktes Bewusstsein der Einheit, das alles durchdringt, ein Wesen, das in seiner Essenz eins ist mit dem Höchsten Selbst" (zit. nach *Wilber* 1988, S. 85).

Diese Beschreibung geht nahtlos über in einen Bereich, den einige Traditionen den Raum der Non-Dualität oder des Bewusstseins an sich nennen. Nach *Wilber* ist es die absolute Ebene, bei uns wird es Ebene VIc genannt. „Wenn das Bewusstsein den Zustand des Erlöschens oder der kausalen Absorption ohne Manifestation voll durchlaufen hat, soll es endlich wieder zu seiner ursprünglichen und ewigen Wohnstätte als absoluter Geist erwachen, strahlend und alles durchdringend, eins und vieles, einziges und alles – die vollständige Integration und Identität manifester Formen mit dem unmanifestierten Formlosen. Das ist absolutes und eigenschaftsloses Bewusstsein an sich, *Aurobindos* „Supergeist", der „Eine Geist" des Zen, Brahman-Atman. Streng genommen ist das Absolute nicht eine Ebene unter anderen, sondern die Realität, Bedingung oder Soheit aller Ebenen" (*Wilber* 1988, S. 85).

In der christlichen Tradition wird das ursprünglichste Sein als Gott bezeichnet, und zwar in der Projektion unserer Subjektivität als personaler Gott. *C.G. Jung* sagt es so: „Diese intime Beziehung, ja Identität des göttlichen Wesens mit dem Selbst (Atman) des Menschen dürfte allgemein bekannt sein" (1971d, S. 213f). Es sollte sich jedoch niemand der Hoffnung hingeben, „dass wir auch nur eine annähernde Bewusstheit des Selbst erreichen" (1971b, 196f).

In diesen Tiefendimensionen sind Worte natürlich nur eine unbeholfene Brücke. Diese Core-Erfahrung wird jedoch immer wieder gemacht und in den verschiedensten Formulierungen umschrieben. Beispiele hierfür werden im Folgenden und im Hauptteil 3 dieses Buches zitiert werden.

Die Dualität von gut und böse, von unendlich und begrenzt, von individuell und umfassend löst sich auf in den non-dualen Zustand der All-Einheit. Dies ist ein Bewusstseins- und Seinsstadium, das bei *Ken Wilber* „absolut", bei *Aurobindo* „Supergeist" genannt wird und in der Tradition des Advaita (*Ramana Maharshi*) der Zustand der Non-Dualität.

Diese Ebene kennzeichnet eine Rückkehr zur schlichten Alltäglichkeit des Seins. Die Stufen der Entwicklung spielen keine Rolle mehr, das Bewusstsein taucht ein in die vollkommene Jetzigkeit des Seins. Konzepte lösen sich auf, das Beobachten selbst wird zurückgelassen, wirkliches Verstehen geschieht ohne einen einzigen Gedanken.

Jede Anstrengung, etwas zu tun oder zu verstehen, wird aufgegeben. Der Anspruch, irgendwohin gehen zu müssen, wird losgelassen. Es ist das „Immer-schon-Angekommen-Sein" im gegebenen Augenblick.

Das Ego existiert nicht mehr. Core-Erfahrung wird erlebt als die vollkommene Bereitschaft zur Hingabe. Alle Identifikationen mit Seiendem, mit dem Ich und mit anderen Vorstellungen sind aufgegeben. Die Illusion von Getrenntheit ist überwunden. Stille entsteht. Modelle werden als Modelle losgelassen. Der Kern ist nicht mehr verborgen. „Wenn ich esse, esse ich. Wenn ich gehe, gehe ich."

Viele Kulturen umschreiben diesen Zustand: Bei den Chinesen heißt er Tao, das Unaussprechliche, das Unfassliche. Das Charakteristische des Tao ist, dass wir keine Aussagen über es machen können, und dennoch ist es Anfang und Endzustand jeder Entwicklung. Das Tao ist allumgreifend und nicht existent. Es ist paradox, zu deutsch: gegen die landläufige alltägliche Meinung und Erfahrung. Das Tao ist paradox auch in dem Sinne, dass alle erfahrbaren Zustände gleichzeitig in ihr Gegenteil übergehen und sich auflösen. Das Tao ist Stille, die alle Geräusche einschließt. Das Tao ist Urgrund und Nichts zugleich.

Auf dieser letzten Tiefungsebene erfahren wir ein Auflösen aller Gegensätze. Die Wahrnehmung der Einheit vermittelt uns unsere Identität mit Gott und der Schöpfung. Das eigene Schöpfersein kann erfahren werden. Es ist das Bewusstsein der Vollkommenheit jeden Moments. Urteile lösen sich auf. Die Ewigkeit, die das Jetzt ist, kann im realen Kontakt mit dem Sein, dem Gegenüber, dem Geliebten und der Natur erfahren werden. Demut und Dankbarkeit entstehen. Der Kreis schließt sich in der Alltäglichkeit des göttlichen und ewigen Jetzt.

Transformationsmodalitäten

Diese Core-Erfahrungen können als Einssein, Verschmelzung mit dem Licht, als Sich-Auflösen im Großen Ganzen und als Liebe zu den Menschen und dem Universum sowie als Gotteserfahrung beschrieben werden.

Der Weg dorthin sollte Bestandteil eines ganzheitlichen Weges sein, in dem Körper, Geist und soziales Umfeld und das gesellschaftliche System gleichermaßen Fokus der Aufmerksamkeit sind.

Dies ist auch eine These von *Michael Murphy*, der die umfangreichste Sammlung und Zusammenfassung von Daten über außergewöhnliche Bewusstseinszustände geschrieben hat. In seinem Buch *„Der Quantenmensch"* fasst er auf 800 Seiten empirische Ergebnisse aus vielen Jahrhunderten aus allen Kontinenten darüber zusammen, dass diese Erfahrungen möglich und real sind.

Er beschreibt sogannte „Transformationsmodalitäten". Das sind Bereiche, in denen sich der Mensch durch Übungen oder Geschenke mit anderen Dimensionen verbinden kann und einen evolutionären Durchbruch auf eine neue komplexere Seinsebene vorbereiten kann.

Ich fasse einige Bereiche dieser Transformationsmodalitäten zusammen. Nach *Murphy* können wir uns auf folgenden Ebenen zu außergewöhnlichen Zuständen weiterentwickeln:

- in unserer Wahrnehmung von Dingen und Prozessen, die sich außerhalb und innerhalb des Organismus befinden,
- in unserer Fähigkeit, auf außergewöhnliche Weise zu fühlen, zu denken und zu kommunizieren und uns selbst und andere zu beeinflussen,
- im Erreichen geistiger und seelischer Fähigkeiten, die unser alltägliches Bewusstsein um ein Deutliches übersteigen.

Wir können eine Personalität entwickeln, die unsere normale Selbstwahrnehmung transzendiert und sich ihres fundamentalen Einsseins mit anderen bewusst ist. Dies ist die Grundlage der Liebe.

Aufgrund der vorliegenden Forschungsdaten können wir also davon ausgehen, dass wir Menschen uns in den verschiedensten Sinnen, Verhaltensebenen und Seinsdimensionen noch unvorstellbar weit weiterentwickeln können, und zwar nicht nur im Denken, Fühlen, Wollen und Verhalten, sondern auch und gerade im Erfassen nicht-alltäglicher Wirklichkeiten. Die Felder der Transformation scheinen unbegrenzt zu sein.

Unsere Wachstums- und Veränderungsmöglichkeiten liegen also in allen menschlichen Entwicklungsdimensionen, sind offenbar enorm und übersteigen unsere Vorstellungskraft. Es gibt sie jedoch, und sie werden von vielen Menschen immer wieder auf ähnliche Weise erlebt.

Bei einiger Übung werden diese Erlebnisse ganz normal, und es gibt sogar didaktische Wege dorthin. Diese Erfahrungen geben dem Leben Sinn, Heilung und Ganzheit. Wir erfahren, dass alle Welten eine Welt sind.

Der von uns beschriebene Weg ist bei guter Vorbereitung den meisten Menschen zugänglich. Ob wir es Gralssuche, Erleuchtung, Core-Schamanismus oder CoreDynamik nennen – alles sind gleichwertige Methoden auf dem Weg in die anderen Welten, andere Welten, die keine anderen Welten sind, sondern die je schon hier sind in dieser einen Welt, die in uns ist und um uns. Wir können uns erleben als bewusstes und wachsendes Energiefeld in diesem unendlichen Vernetzungsgewebe der kosmischen Liebe.

1.7 Erfahrungsberichte von Ebene VI

Im Entwicklungsprozess sind alle Schritte und Ebenen gleichwertig wertvoll. Erfahrungsberichte vom Gesamtprozess sind im Auswertungsteil 3 und auch in *„Rituale" und „Kontakt, Intuition"* gegeben. In diesem Kapitel konzentrieren sich die Berichte auf die Erfahrungen von Ebene VI, um direkt die obigen Ausführungen zu veranschaulichen, zu konkretisieren und zu belegen.

In der sechsten Ebene sind Worte eher verstellend, es gibt nur noch Umschreibungen und Andeutungen von Ahnungen.

Wenn mir ein Siemens-Mitarbeiter, ein Teilnehmer in einem normalen Führungskräfte-Training, nach einer Atemreise mitteilt, dass er in genau 15 Minuten (die Zeitangabe war durch die Außenkontrolle bestätigt) sein ganzes Leben gesehen und durchlaufen hat, dass er während dieser Zeit in der Hölle, im Himmel und in der Ewigkeit war und dass er den Urgrund des Lebens und allen Seins gesehen habe, kann man nur kopfschüttelnd zuhören und demutsvoll aufnehmen und annehmen, was die Resonanz des eigenen Innersten ist: „Dies hört sich authentisch und glaubwürdig an." Wenn die gleiche Person ein Jahr später mitteilt, dass diese 15 Minuten ihr Leben verändert haben, dann wird die Glaubwürdigkeit noch untermauert.

Unsere Annäherungsversuche an die Qualitäten des Core sind wesentlich geprägt von jahrzehntelangen eigenen Erfahrungen, inneren Forschungsreisen, Experimenten mit Freunden und Kollegen sowie den Erfahrungsberichten von Hunderten von suchenden Seminarteilnehmern, die sich einer inneren Forschungsreise in die Dimensionen des Core unterzogen haben und deren Erlebnisse im Innersten von ihnen selbst und den Zuhörern als authentisch erlebt wurden.

Diese Erfahrungsberichte sind im Teil 3 ausführlich wiedergegeben. Hier sollen einige Protokolle von SeminarteilnehmerInnen und eigene Tagebuchnotizen von Forschungsreisen ins eigene Innere einen ersten Eindruck geben.

Es handelt sich in der Regel um Seminarteilnehmer und Klienten, die einen längeren Vorbereitungsweg durchlaufen haben und dann in intensiven Ritualen in diesen Bereich getreten sind. Es sind alles wörtliche Zitate aus direkt anschließenden Berichten oder am darauffolgenden Tag verfertigten schriftlichen Protokollen.

„In dem Raum, in dem ich das Core ahne, spüre ich die Stille, wo ich Zeuge bin, und ich erlebe, wie aus dem Nichtmanifesten das Manifeste wird. Ich bin Zeuge der Geburt des Entstehens des Seins. Meine Wahrnehmung füllt sich in den Raum, und ich vermag den Raum des Nichtgeschehens mit Wahrnehmung zu füllen und den Übergang ins Unermessliche zu spüren. Zwischen der Angst und dem Göttlichen ist ein riesiges Territorium. Ich habe erstmals Andacht erfahren."

„In diesem innersten Bereich ist eine Wahnsinnskraft. Die kann und brauche ich jedoch nicht alleine zu tragen. Sie ist viel zu groß, um sie auszuhalten. Ich kann nur erschaudern, ich kann es nicht halten, es wird stabilisiert im Weitergeben."

„Dieses innere Glücksgefühl wurde mir heute geschenkt. Ich habe das totale Glück erfahren und total mein Herz geöffnet, ich brauchte mich in keiner Weise mehr schuldig zu fühlen für meine Kraft, mein Mitgefühl und dafür, wie reich ich beschenkt bin vom Leben. Dieser Weg nach innen war eine Spirale und ein einziger Lobpreis Gottes. Die Töne, die Klänge, die ich hörte, wurden mir zugeatmet, ich habe sie gespürt und habe wahrgenommen, wie meine Hände, mein ganzer Körper gefüllt wurde von Licht und Sein."

„Ich habe die Welt als Energiefelder gesehen, die miteinander in Verbindung stehen. Ich habe sinnlich erlebt, was *Castaneda* sagt: Wir sind leuchtende Energieeier. Unsere Natur ist es, zu leuchten. Daraus folgt: Wir haben grosse Verantwortung."

„Ich habe gespürt, wie mein geistig-seelischer Organismus eine grosse Energiemenge aufgewendet hat, um die Blase der engen Wahrnehmung zu sprengen. Ich konnte deutlich spüren, wie meine Energie sich erhöhte, und wenn die Energie da ist, findet Veränderung statt. Diese Energie kommt von innen, ganz von innen. Das, was das Leben eigentlich bestimmt, kommt von einem anderen Teil in uns als dem Verstand. Dieser innere Teil ist viel stärker als unsere äußeren Schutzschichten. Die Frage zwischen Menschen ist dann: Wie tauschen wir diese Energie gemeinsam miteinander aus? Und die Erfahrung war sehr prägnant: Die persönliche Energie ist in Verbindung mit den grossen Energien. Wenn du das wahrnimmst und zulässt, dann reitest du auf der Welle, die dich mitnehmen kann, einer großen Energiewelle, in die du eintauchst und wo alles ganz leicht wird."

Wiederum in einer anderen Gruppe wurde nach einer Intensivatmung mit Krönungsritual (vgl. „*Der Liebe Sinn*", S. 212) berichtet:

„Ich erlebte mich wie einen Schornsteinfeger, der die dunklen Kanäle durchputzt und reinigt. Plötzlich stand ich an einer großen Tür und sah eine schwarz-gold-blaue glasklare Kugel mit strahlendem Licht darin und spürte die Gewissheit: Das Licht ist in mir."

„Dieser innere Klang in meinem innersten Dom war grenzenlos und gewaltig. Ich fühlte eine völlige Ekstase, spürte, wie ich mich selbst krönte und vom Göttlichen gekrönt wurde."

„Ich erlebte, dass das Universum nur aus Gnade besteht. Die Königs-Krönung im Heilungsritual war für mich eine stimmige Handlung."

„In mir spürte ich eine hellwache Linie von Licht. Es war ein köstlicher Zustand. Es war alles und nichts zugleich. Ich spürte die Polaritäten von Freude, Zufriedenheit und Leid und merkte, dass im tiefsten Keller des menschlichen Seins die

Menschheitsgeschichte gewebt wird. Die Energie schoss mir die Wirbelsäule hoch, es war heiß in jedem Wirbel, und ich spürte eine große Weite in meiner Brust."

„Gral und Core erlebte ich als eine Einheit. Ich war die Liebe und war zutiefst verbunden, obwohl ich körperlich nicht vorhanden war. Ich erlebte Räume jenseits von Emotionalität."

Auch die weiteren Beschreibungen des Core-Zustandes machen deutlich, dass es sich um keinen festen, einheitlichen oder unveränderlichen Zustand handelt, sondern dass er Paradoxien, Prozesse, Bewegungen und Symbole enthält und oftmals ein gleitender Übergang zwischen Ebene Vc und Vd sowie VIa zu beobachten ist:

„Ich erlebte mich als Sonnengott und gleichzeitig als kleines Kind. In der Ausatmung saß ich in einer silbernen Schutzkuppel, in der Einatmung gingen goldene Strahlen von meinem Bauch weg. Der Sonnenstrahl sagte mir, ich soll die Verbindung herstellen. Aber das ist zu groß für mich, und ich sage dennoch ja. Ich weiss zwar nicht wie, aber ich sage ja. Mein ganzer Körper kribbelt von diesen Energiemustern, alles geht in die Richtung dieses Tunnels, dieser Tunnel voll von Licht. Und gleichzeitig bin ich beruhigt, alles hat die gleiche Richtung. Meine Aufgabe ist, die Strahlen weiterzuleiten. Ich bin wie ein Kanal, und ich kann es weiterleiten."

„Ich habe mich aufgelöst in einer Glocke von Licht und mich absolut wohl gefühlt und habe jetzt noch eine komplette Erinnerung an dieses grosse Glücksgefühl. Ich bin durch 12 Empfindungsräume gegangen, und mein innerster Ton hat mich in meinen Innenraum getragen. Ich konnte jede Zelle als Planet und die Zwischenräume erleben."

„Zuerst habe ich mich vorm Hinübergehen gefürchtet, weil ich wusste, ich komme an. Vor diesem Ankommen hatte ich zuerst Angst, doch dann schwand die Angst im Loslassen. Dort war alles da. Ich habe eine tiefe Geborgenheit gefühlt, es war hell, warm und weich, einfach Licht. Und ich erkannte: Dort, wo du gerade stehst, da sei einfach. Es gibt keinen wichtigen oder unwichtigen Platz. Dort, wo du gerade bist, ist der wichtigste Platz."

„Der Vulkan hat sich geöffnet, ohne zu explodieren. Es war einfach rotglühendes gelb-orangenes Lavafeuer. Es war ein Vorgang, den ich als extreme Ganzheit erlebt habe. Dabei habe ich mich eingebettet erlebt in etwas noch Größeres, und in der Auflösung spürte ich, ich bin eine Brücke von dem Geistigen zum Materiellen. Außerhalb und in mir ist ein Raum von Vollkommenheit, es ist komplett, ich bin komplett."

„Dieses starke Empfinden von ‚ich bin', da konnte ich dann loslassen. Alles war hell und still. Ich habe in dieser inneren Kapelle, in dieser inneren Kathedrale gesungen, getönt, ich wurde der Ton, ich war der Ton."

„Es war wie ein Einweihungsritual. Ein machtvolles Bild von einem Mönch oder einem Weisen, der zu mir kam und mir alles Wissen vermittelte. Ich spürte meine innere Macht, die aber gut war. Diese Einweihung fand in einer inneren Kirche statt, in meiner innersten Mitte."

„Es war ein großes Eingebundensein, und ich spürte verschiedene Bewusstseinsebenen gleichzeitig. Es war wie ein Kanalputzen, eine innere Trommel rief mich. Der Flügelschlag in meinem Innersten ist mein Atem. Ich empfand ihn als eins mit dem Lebensimpuls in meinem Zentrum."

„Ich entspannte mich in ein riesiges Hologramm der Wahrnehmung. Es war ein ganz gewaltiges, beglückendes Gefühl, ich war ganz da im Innersten wie in einer Metamorphose. Da will ich wieder hin und diese Wahrnehmung verfeinern und entwickeln."

„Das war ein großer weißer Raum, wo es mich früher schon hinzog und auch jetzt wieder hinzog. Es war eine stille, ekstatische Kühle und auch gleichzeitig heiß. Im Einziehen der Atmung konnte ich mich öffnen."

„Es war eine riesige, weite Ebene des Lichts, wie ein Raum des Göttlichen. Und ich spürte ein absolutes Vertrauen. Da ist das Licht. Jede einzelne Zelle hat vibriert im Kaleidoskop des Seins."

Diese letzten Berichte von Reisenden waren Beschreibungen der Erfahrungen nach dem grossen 9-stündigen Heilungsritual, das am Ende des zweiten Ausbildungsjahres durchgeführt wird (genaue Beschreibung: siehe „Der Liebe Sinn", Seite 207).

In einer anderen Fortgeschrittenengruppe wurde nach der Arbeit mit den Löchern (siehe *Almaas* 1987, S. 25) die spezielle Technik des dosierten Atems angewandt. Hier atmen die Teilnehmer nur so intensiv, dass sie zwar in einen tranceähnlichen Zustand kommen, aber dennoch sehr bewusst wach bleiben und ihre wesentlichen Kontrollfunktionen noch behalten können. Die Assistenten unterstützen die Teilnehmer dabei, hier in dieser Wirklichkeit zu bleiben und gleichzeitig ganz loszulassen in die Core-Erfahrung. Bei dieser Technik wird nur halblaute, etwas weniger evozierende Musik gespielt, und die Erinnerung an das Hierbleiben und die Kontrolle wird regelmäßig gegeben. Trotzdem ist eine sehr tiefe Erfahrung auf der Ebene VI möglich, wie die folgenden Berichte zeigen:

„Es war wie in der Gralslegende. Ich erlebte mich als Parzival auf dem Weg der Suche des Grals, und das Ankommen in meinem Innersten war wie ein Erkennen, dies ist mein innerstes Ewiges, der Gral. Ich war körperlos, mit allem im Netz verbunden. Konnte mich gleichzeitig abnabeln und von der Schlinge der Mutter befreien und in dieses helle Licht, in das Sein eintauchen. Ich hatte eine große Freude, dass da so Licht und Liebe ist, und ich spürte die Kraft, meine Seele zu heilen, ja ihr Heilsein zu empfinden. Diese Heilkraft ist das geistige Licht. Ich hatte einerseits eine starke Körperidentifikation und dennoch ein großes, lichtvolles Auflösen ganz ohne Körper. Diese Spannung schien mich zuerst fast zu zerreißen, aber im Einverstandensein war dann alles gut."

„Zuerst tauchte ich durch den endlosen Raum. Ich weitete mich aus und empfand mich dann ganz nur noch als Schwingung im Raum. Um diese Schwingung tiefer zu spüren, brauche ich die Raumerfahrung. In diesem Weitwerden konnte ich mir selber vergeben, und das Alleinsein war überhaupt nicht schrecklich, sondern gut."

„Ich sah ein inneres strahlendes Kind in mir und empfand ein tiefes Mitgefühl für dieses Kind. Das Kind ist der Schlüssel (Jesussymbol). In diesem inneren leuchtenden Vulkan werden die Reste des Alten und des Festhaltens weggeschmolzen. Ich konnte eine tiefe Gleichzeitigkeit von Leere und Fülle wahrnehmen, es war so schön, in diesem hellen Raum empfand ich tiefe Lust oder eher Lebenskraft. Diese Lust ist Anfang und Ende, es war wie eine Energiespirale, tiefer und tiefer. Es floss in mir wie geschmolzener Bernstein. Ich war ein Sandkorn, eine Auster und eine Perle zugleich. Ich spürte, dass das immer da ist, diese Essenz von leuchtendem Gelb, ein Lichtquell. Das bin ich, und das ist es, was ich in die Welt trage. Es nährt mich, und damit nähre ich die anderen."

„Ich habe mich überirdisch ganz gefühlt. Dieses in andere Welten hineingehen, zuerst verstümmelt werden und in den tiefen Urozean eintauchen und dann ganz oben auf dem Schneegipfel ankommen: dann kam die Erfahrung, ich war das Innere und das Äußere, und gleichzeitig war ich ein kleiner Lichtpunkt. Ich flog in einem Raumschiff violett mit weißer Aura, das leise auf dem Ton schwebt und sich ausdehnt. Ich war Ton, Licht und Schwingung und spürte, ich bin die absolute, sanfte Energie des Ich Bin. Alle Ängste und Verurteilungen schmolzen hinweg, und ich erkannte, wenn wir den Kern als außerhalb wahrnehmen, ist dies eine Projektion des Göttlichen. Ich konnte alles zutiefst nach innen nehmen."

„Ich spürte, da, wo wir herkommen, ist die Ganzheit. Dort, wo der Bereich um den Hinterkopf unser Zuhause ist. Löcher entstehen erst in der Menschenwelt. In mir ist ein lebendiger Embryo. Ein kleines Kind voll der Kraft. Ich habe diesen Schatz in mir, es ist eine totale Weite und Freiheit. Ein Zustand und Raum angenehmer Schutzlosigkeit. Ich sah den Übergang und die Transformation in den anderen Zustand und wusste, was bleibt, ist die Qualität dieser Kinderseele, sie ist unzerstörbar."

„Es gibt kein Alleinsein. Ich spürte diese Verdichtung von Materie und Energie in einem in mir und erlebte das Raum-Zeit-Kontinuum, das sich mit einer rasenden Geschwindigkeit im Raum bewegt. Nur das Einkapseln und Abspalten habe ich als Tod erlebt. Aber es ist noch nicht soweit, ich gehe zurück in die Geborgenheit. Dann gab ich mich hin in eine andere Ordnung, danach war Stille. Ich spürte, es ist wunderbar, es ist wunderbar, eine kleine Verdichtung zu sein im Netz des grossen Gewebes. Am Rande und innen, überall gleichzeitig und dennoch ein Punkt."

„Ich hörte den hohen Nada-Ton in mir, und ein hellblaues Lichtenergieei begleitete mich in meinem Innersten. Da ist etwas zutiefst Heilendes in mir. Da bin ich heilend, und ich war überrascht, wieviel da ist. Und ich war zutiefst erfreut, wie schön ich in meinem Innersten bin."

„Ich erlebte mein Innerstes wie einen Kern in einer Auster. Da drinnen ist etwas sehr Wertvolles, ein wunderschöner grosser Edelstein. Er wird von einer Person bewacht. Ich durfte ihn nur kurz anschauen und weiss, dass ich wiederkommen werde."

„Ich ging tiefer und tiefer bis zu dem Punkt, wo der Ton, der mich führte, nicht mehr zu hören ist, und ich wusste, ich bin an der Quelle. Es war eine sagenhafte Energie von Strom und Feuer. Alles blieb in diesem Moment stehen. Alles war miteinander verbunden. Es steht, und es fließt. Ich spürte die Paradoxie und eine einzigartige Präsenz. So ist es. So ist es."

„Das Nichts ist wie ein riesiges Meer, und ich strömte durch ein Tor hindurch zum ewigen Licht. Ich war selbst ein ewiges Licht, ein Wesen ohne Gestalt, und spürte die innere Schöpferkraft in mir."

„Ich spürte viele Phasen des Seins, das Wachsen, Werden, Fliessen, Loslassen und Vergehen. Insbesondere Stille, Ruhe und Sein. Ich war im Licht, ich bin das Licht. Mein Kern ist Licht. Und in diesem Krater von Feuer kann ich das Unten mit dem Oben verbinden. Ich sah deutlich, dass die Menschen Formen von Licht sind, und habe mich ohne Körper erlebt, als Schwingung, verbunden mit allem."

„Ich habe den Prozess des Inkarnatus, der Fleischwerdung und der Auflösung, das Resurrexit, deutlich gespürt. Zuerst wurde es tiefer und enger, dann war erst mal nichts. Dann bin ich in ein zartes, kraftvolles, selbstbewusstes, großes Herz in meinem Innersten gegangen. Dort wohne ich jetzt."

Literatur

Almaas, A.H.: *Essenz*, Oldenburg 1994

Almaas, A.H.: *Die Leere*, Oldenburg 1992

Almaas, A.H.: *The Point of Existence*, Berkeley, California 1996

Almaas, A.H.: *The Pearl Beyond Price*, Berkeley, California 1988

Almaas, A.H.: *Essentielle Verwirklichung*, Freiamt 1987

Amrito (Dr. Jan Foudraine): *Bhagwan, Krishnamurti, C.G. Jung und die Psychotherapie*, Essen 1983

Andreas, Connirae & Tamara: *Der Weg zur inneren Quelle*, Paderborn 1995

Aurobindo: *Das Göttliche Leben*, übersetzt v. Heinz Kappers, 3 Bde., Gladenbach o.J.

Assagioli, Roberto: *Die Schulung des Willens, Methoden der Psychotherapie und der Selbsttherapie*, Paderborn 1982

Assagioli, Roberto: *Psychosynthese*, Reinbek 1993

Assagioli, Roberto: *Psychosynthese und transpersonale Entwicklung*, Paderborn 1992

Bachmann, C.H.: *Kritik der Gruppendynamik, Grenzen und Möglichkeiten sozialen Lernens*, Frankfurt/Main 1982

Beloff, John: *Neue Wege der Parapsychologie*, Olten 1980

Bentov, Itzhak: *Auf der Spur des wilden Pendels, Abenteuer im Bewusstsein*, Reinbek 1985

Berne, Eric: *Transaktionsanalyse der Intuition. Ein Beitrag zur Ich-Psychologie*, Paderborn 1991

Bialy, Jeanette & Volk-von Bialy, Helmut: *Siebenmal Perls auf einen Streich. Die klassische Gestalttherapie im Überblick*, Paderborn 1998

Boadella, David: *Befreite Lebensenergie. Einführung in die Biosynthese*, München 1991

Bollnow, Otto Friedrich: *Vom Geist des Übens*, Stäfa 1991

Capra, Fritjof: *Wendezeit*, Bern, München, Wien 1989

Castaneda, Carlos: *Eine andere Wirklichkeit. Neue Gespräche mit Don Juan*, Frankfurt/Main 1971

de Chardin, Teilhard: *Auswahl aus dem Werk*, Olten und Freiburg 1964

Dropsy, Jacques: *Lebe in deinem Körper*, München 1982

Dürckheim, Karlfried Graf: *Hara. Die Erdmitte des Menschen*, Bern, München, Wien 1994

Dürckheim, Karlfried Graf: *Von der Erfahrung der Transzendenz*, Freiburg 1984

Dürckheim, Karlfried Graf: *Zen und wir*, Frankfurt 1974

Ernst, Heiko: *Innenwelten, Gespräche mit Psychologen*, München 1991

Frankl, Viktor, E.: *Ärztliche Seelsorge. Grundlagen der Logotherapie und Existenzanalyse*, Frankfurt/Main 1984

Fritz, Jürgen: *Emanzipatorische Gruppendynamik*, München 1974

Gadamer, H.-G.: *Wahrheit und Methode: Grundzüge einer philosophischen Hermeneutik*, Tübingen 1975

Graumann, Carl Friedrich (Hrsg.): *Denken*, Köln, Berlin 1969

Grof, Stanislav: *Das Abenteuer der Selbstentdeckung*, München 1987

Grof, Stanislav und Halifax, Joan: *Die Begegnung mit dem Tod*, Stuttgart 1977

Grof, Stanislav: *Kosmos und Psyche. An den Grenzen menschlichen Bewusstseins*, Reinbek 1997

Haag/Krüger/Schwärzel/Wildt: *Aktionsforschung*, München 1972

Habermas, Jürgen: *Erkenntnis und Interesse*, Frankfurt/Main 1968

Habermas, Jürgen: *Zur Logik der Sozialwissenschaften*, Hamburg, 1970

Harner, Michael: *Der Weg des Schamanen*, Reinbek 1986
Holzkamp, Klaus: *Wissenschaft als Handlung*, Berlin 1968
Houston, Jean: *Der mögliche Mensch*, Reinbek 1987
Husserl, Edmund: *Die Idee der Phänomenologie*, Hamburg 1986
Jahrsetz, Ingo Benjamin: *Holotropes Atmen – Psychotherapie und Spiritualität*, Stuttgart 1999
Jung, C.G.: *Zur Psychologie westlicher und östlicher Religionen*, Zürich 1963
Jung, C.G.: *Erinnerungen, Träume, Gedanken*, Zürich 1967
Jung, Emma und von Franz, M.-L.: *Die Gralslegende in psychologischer Sicht*, Olten 1980
Kornfield, Jack: *Frag den Buddha und geh den Weg des Herzens*, München 1995
Krishnamurti, Jiddu: *Einbruch in die Freiheit*, Frankfurt/Main 1969
Kurtz, Ron: *Körperzentrierte Psychotherapie – Die Hakomi Methode*, Essen 1985
Lexikon der Psychologie:
Lowen, Alexander: *Bioenergetik*, Reinbek 1979
Lucadou, Walter von: *Psyche und Chaos – Theorien der Parapsychologie*, Frankfurt/Main und Leipzig 1995
Lynch, Dudley und Kordis, Paul: *Delphin Strategien, Management Strategien in chaotischen Systemen*, Fulda 1992
Mack, Bernhard und Volk-von Bialy, Helmut: *Handlungsforschung in der Lehrerausbildung*, Weinheim 1975
Mack, Bernhard: *Der Liebe einen Sinn geben. Wege zur Liebe, Wege zum Kern*, Berlin 1996
Mack, Bernhard: *Rituale alltäglichen Glücks. Wege zu erfüllenden Liebesbeziehungen*, Paderborn 1997
Mack, Bernhard: *Kontakt, Intuition & Kreativität*, Paderborn 1999
Mack, Bernhard: *Führungsfaktor Menschenkenntnis, Mitarbeiter besser verstehen ...*, Landsberg 2000
May, Rollo: *Liebe und Wille*, Köln 1988
Moore, James: *Georg Iwanowitsch Gurdjieff*, 1991
Murphy, Michael: *Der Quantenmensch*, Wessobrunn 1994
Metzinger, Thomas: *Bewußtsein. Beiträge aus der Gegenwartsphilosophie*, Paderborn, München, Wien 1996
Naranjo, Claudio und Ornstein, Robert E.: *Psychologie der Meditation*, Frankfurt/Main 1976
Nickel, Horst: *Entwicklungspsychologie des Kindes- und Jugendalters*, Bern, Stuttgart, Wien 1975
O'Connor, Peter: *Innere Welten. C.G. Jung verstehen – sich selber verstehen*, Reinbek 1988
Oerter, Rolf: *Moderne Entwicklungspsychologie*, Donauwörth 1969
Parkin, Om C.: *Die Geburt des Löwen*, Freiburg 1998
Perls, Frederick S.: *Gestalt-Wahrnehmung*, Frankfurt/Main 1981
Petzold, Hilarion: *Die Mythen der Psychotherapie*, Paderborn 1999
Petzold, Hilarion: *Die neuen Körpertherapien*, Paderborn 1977
Petzold, Hilarion: *Die Wiederentdeckung des Gefühls*, Junfermann 1995
Petzold, Hilarion: *Methodenintegration in der Psychotherapie*, Junfermann 1982
Petzold, Hilarion: *Wege zum Menschen, Bd. 1*, Junfermann 1994
Petzold, Hilarion: *Wege zum Menschen, Bd. 2*, Junfermann 1994
Pierrakos, Eva: *Der Pfad der Wandlung*, Essen 1994
Pierrakos, Dr. John: *CORE Energetik*, Essen 1987
Pierrakos, Dr. John: *Eros, Liebe und Sexualität*, Essen 1998
Riemann, Fritz: *Grundformen der Angst*, München 1982

Rosenberg, Jack Lee: *Körper, Selbst & Seele*, Paderborn 1996
Russell, Peter: *Im Zeitstrudel. Die atemberaubende Erforschung unserer Zukunftschancen*, Wessobrunn 1994
Sabetti, Stefano: *Lebensenergie*, Bern, München, Wien 1985
Satprem: *Der Mensch hinter dem Menschen*, Bern, München 1981
Schorsch, Christof: *Die große Vernetzung, Wege zu einer ökologischen Philosophie*, Freiburg 1987
Schulz von Thun, Friedemann: *Miteinander reden, Störungen und Klärungen*, Reinbek 1981
Sheldrake, Rupert: *Die Wiedergeburt der Natur*, Bern, München, Wien 1993
Sheldrake, Rupert: *Das Gedächtnis der Natur*, Bern, München, Wien 1991
Stark, Heinz: *Die Rückkehr des Schamanen*, unveröffentlichtes Vortragsmanuskript, Bremen 1999
Stewart, Ian: *Transaktionsanalyse in der Beratung*, Paderborn 1993
Titze, Michael: *Die Heilende Kraft des Lachens*, München 1995
Tolle, Eckhart: *The Power of Now*, California 1997
Thomann, Christoph: *Klärungshilfe. Handbuch für Therapeuten, Gesprächshelfer und Moderatoren in schwierigen Gesprächen*, Reinbek 1988
Transpersonale Psychologie und Psychotherapie, Heft 2, Petersberg 1995
Uccusic, Paul: *Der Schamane in uns*, München 1993
Walsh, Roger N. und Vaughan, Frances: *Psychologie in der Wende*, Reinbek 1987
Waldrich, Hans-Peter: *Grenzgänger der Wissenschaft*, München 1993
Washburn, M.: *The ego and the dynamic ground*, Albany 1995
Wasson/Ruck/Hofmann: *Der Weg nach Eleusis*, Frankfurt 1990
Wellek, Albert: *Psychologie*, Bern 1963
Widmer, Samuel: *Ins Herz der Dinge lauschen*, Solothurn 1989
Wilber, Ken: *Wege zum Selbst*, München 1984
Wilber, Ken: *Halbzeit der Evolution*, Bern, München 1988
Wilber, Ken: *Das Spektrum des Bewußtseins. Eine Synthese östlicher und westlicher Psychologie*, Reinbek 1994
Wilber, Ken; Engler, Jack; Brown, Daniel P.: *Psychologie der Befreiung*, Bern, München, Wien 1988
Wilber, Ken: *Eros, Kosmos, Logos*, Frankfurt/Main 1996
Wilber, Ken: *Das Wahre, Schöne, Gute*, Frankfurt/Main 1999
Wolf, Fred Alan: *Die Physik der Träume. Von den Traumpfaden der Aborigines bis ins Herz der Materie*, München 1997
Yalom, Irving D.: *Existentielle Psychotherapie*, Köln 1989

2

Anwendungsmöglichkeiten in unterschiedlichen Praxisfeldern

2.1 Begleitung auf dem Weg – Überlegungen zur therapeutischen Beziehung in der CoreDynamik. Von *Astrid Gude*

CoreDynamik als eine Form transpersonaler Therapie und Trainings arbeitet mit den heilenden Kräften, die, so die Wortbedeutung, „jenseits des Personalen" angesiedelt sind, ohne den Wert und die Bedeutung individueller Einzigartigkeit zu vernachlässigen oder zu negieren.

Hintergrund der Entwicklung, die sich in den letzten Jahrzehnten in den wachstumsorientierten Therapien vollzogen hat, ist die Tatsache, dass jeder tiefere Prozess der Selbsterforschung zu der Beschäftigung mit existentiellen Themen und somit auch spirituellen Fragen führt. So hob *Maslow* hervor, dass der in all seinen Funktionen gesunde Mensch auch seine höheren Bedürfnisse nach Selbstverwirklichung und Selbsttranszendenz befriedigen muss. Viele spirituelle Schulen bieten Wege zu einer höheren Entwicklung des Bewusstseins an, und lange Zeit wurde angenommen, dass sich damit auch die Probleme auf den „niederen Ebenen" lösen würden. Dies ist nicht der Fall, wie man heute weiß. *Jack Kornfield* weist darauf hin, dass die verschiedenen Bereiche in unserem Geist und Körper nur halb durchlässig sind für die Bewusstheit, die das Ergebnis einer spirituellen Praxis sind. Er hebt hervor „Even the best meditators have old wounds to heal" und warnt vor den Gefahren, die darin bestehen, Meditation als eine Art „bypass" zu verwenden, um schmerzliche, nicht bearbeitete Bereiche des Lebens zu verbergen und zu vermeiden.

Psychotherapie und Spiritualität sind nicht identisch; sie völlig trennen zu wollen wäre jedoch reduktionistisch. Während früher von einem reinen Stufenmodell der Entwicklung ausgegangen wurde, in dem man annahm, dass der Prozess der Individuation abgeschlossen sein muss, bevor höhere Stufen der Integration und Transzendenz möglich sind, weiß man heute, dass das Bewusstsein sich spiralförmig entwickelt und psychisches und spirituelles Wachstum nicht in einer regelmäßigen, linearen Progression verlaufen, sondern die Arbeit auch auf mehreren Ebenen gleichzeitig voranschreiten kann.

CoreDynamik trägt diesen verschiedenen Aspekten Rechnung, in dem sie, aufbauend auf einem humanistisch-existentiellen Wachstumsmodell, mit den Tiefungsebenen V und VI die Bereiche des Überpersönlichen, der Transzendenz, der Heilung durch veränderte Bewusstseinszustände einlädt und öffnet, einen Weg entwickelt, der auf das Erleben und die Integration dieser außersinnlichen Wahrnehmungen vorbereitet und mit der Core-Spirale das Modell eines immer wieder zu durchlaufenden Prozesses anbietet, in dem Gleichzeitigkeiten und Sprünge möglich sind.

In nahezu allen therapeutischen Schulen gilt die therapeutische Beziehung als einer der wesentlichen Faktoren der Heilung. Sie wirkt nicht völlig losgelöst von den dem jeweiligen Ansatz entsprechenden Techniken und Methoden, aber wirkt weit über sie hinaus.

Wachstum und Heilung sind nur möglich in einem Feld von wohlwollender Achtsamkeit auf der Grundlage von Liebe und Respekt. Dies bedeutet zunächst die Schaffung einer Atmosphäre von Schutz und Vertrauen, in der der Klient/die Klientin sich auch dann noch gesehen und angenommen fühlt, wenn er/sie das Risiko eingegangen ist, die Verstellungen und Masken fallenzulassen. Es bedeutet, Gefühle einzuladen und nicht zwischen „guten" und „schlechten" Gefühlen zu unterscheiden. Es bedeutet, einen sicheren Ort zu schaffen, an dem die Wunden der Vergangenheit noch einmal angeschaut werden können, Verletzungen durchlebt und geheilt werden können. Und es bedeutet die Arbeit mit dem Körper: Körperbewusstsein, Körpererfahrung, auch Körperkontakt auf der Grundlage therapeutisch definierter Berührungsqualitäten. Für diese (hier nur in einzelnen Aspekten angedeutete) Arbeit auf den Tiefungsebenen I-IV, auf denen es in erster Linie um Persönlichkeitsintegration (d.h. vor allem die Erhaltung und Herstellung von Grundvertrauen und die Förderung von Identität) geht, greift die CoreDynamik weitgehend auf die Ansätze der Gestalttherapie und der Integrativen Therapie zurück.

Im Gegensatz zu der klassischen Gestalttherapie kommt jedoch in der CoreDynamik der Arbeit mit der Übertragung, die *Fritz Perls* in Ablehnung der psychoanalytischen Arbeitsweise kurzerhand zur Zeitverschwendung erklärte, eine besondere Bedeutung zu. In allen Bereichen der Begegnung mit Autoritäts- und möglichen Elternfiguren findet Übertragung statt, die eine Idealisierung oder Abwertung des Gegenübers zur Folge haben kann. Dies zu übersehen würde den therapeutischen Prozess behindern und dem Klienten einen wichtigen Lern- und Wachstumsschritt nehmen, der im Erleben, Erkennen und der schrittweisen Rücknahme dieser Projektion (und somit in wachsender Autonomie und Beziehungsfähigkeit) besteht.

Ebenso bedarf es eines Bewusstseins der Gegenübertragung, der Reaktion des Trainers oder Therapeuten auf das, was der Klient ihm vermittelt. Wenn der Therapeut über eine gründliche Kenntnis seiner eigenen Muster und Strukturen verfügt und ausschließen kann, dass es sich um eine durch sie bedingte Reaktion handelt, geben ihm die vom Klienten übermittelten Empfindungen und Schwingungen wichtige Aufschlüsse über den Prozess.

Abb. 9: Mind Map

Widerstand wird in seiner Schutzfunktion (sich wehren gegen eine noch nicht reife Veränderung der Identität) gesehen, geachtet und erfahrbar gemacht. Jede Form von Druck erhöht in der Regel den Widerstand, führt zu Verletzungen oder einem fruchtlosen Kampf gegen den Therapeuten. Im Vertrauen darauf, dass der Organismus zu mehr Gesundheit und Ganzheit strebt und dass schon die Wahrnehmung eines Phänomens Veränderungen herbeiführt, wird der Widerstand betrachtet und gewürdigt. „Don't push the river. It flows by itself" formuliert *Perls* als einen der Grundsätze.

Der Therapie- und Trainingsstil ist im wesentlichen durch partielle Selbstoffenbarung gekennzeichnet, d.h., der Therapeut oder Trainer bringt sich, wenn ein tragfähiges, von Vertrauen geprägtes Arbeitsbündnis besteht, auch persönlich ein, lässt eine emotionale Beteiligung spürbar werden, sofern es dem Prozess des Klienten oder Seminarteilnehmers dient. Dies kann und soll nur dosiert und kontrolliert geschehen, weil es sonst sehr schnell zu einer Überforderung des Klienten und einer Verwischung von Rollen und Grenzen kommt, die dem Klienten schadet. Ein ausschließlich abstinentes Verhalten auf der anderen Seite, wie es in den Anfängen der Psychoanalyse gang und gäbe war, verhindert authentische Begegnungen, die ein wesentliches Element jeder heilsamen Beziehung sind. Die Kunst besteht darin, von Erfahrung und Intuition gesteuert, sich jener feinen Linie zwischen Berührtsein und Verschmelzen gewahr zu sein, die dem jeweiligen Gegenüber und der jeweiligen Situation angemessen ist. Die Selbstoffenbarung ist besonders in der Schlussphase einer Therapie ein wirksames Mittel, um eine Ablösung vom Therapeuten zu erleichtern und reale Begegnungen zu ermöglichen.

Die Integrative Therapie ist gegründet auf Korrespondenz, eine Philosophie der Bezogenheit, und sieht die Bezogenheit als grundlegendes Lebens- und Organisationsprinzip. Es geht im integrativen Ansatz um die Restitution, Erhaltung und Entwicklung des Beziehungsgefüges zum Leib, zum anderen und zur Welt. Indem der Klient sich selbst, den anderen und die Welt erkennen und verstehen lernt, kommt er dazu, sich zu Hause zu fühlen. Wenngleich *Petzold* auch von einem Grundgefühl der Sicherheit und des Vertrauens spricht, welches aus dem Eingewurzeltsein in den Kosmos fließt, gehen transpersonale Elemente nicht in diesen Ansatz ein. Sinn entsteht durch Zugehörigkeit, wird als Konsens gewirkt, und Heilung geschieht durch Intersubjektivität, das Erleben von Mit-Sein, ein existentielles Sich-Einlassen.

Selbstverwirklichung und Sinn hängen eng zusammen. Mit ihrer Ausrichtung auf personale Autonomie und Integration, Authentizität und Selbstverwirklichung, Beschäftigung mit dem Sinn des Lebens, Ringen mit der persönlichen Sterblichkeit und Mut zum Sein angesichts des Todes befindet sich die humanistisch-existentielle Psychologie an der Schwelle zu transpersonalen Ebenen. Sie hat ein am Wesen (im Gegensatz zum Charakter) des Menschen orientiertes Menschenbild, und *Wolf Büntig* sagt: „In der Beziehung zu einer Person, die den Kontakt zum Wesen nie ganz verloren oder aber wiedergefunden hat und selbst beharrlich bemüht ist, die Tür offen zu halten, kann sich das Wesen in der Person zu wesentlichem Dasein entfalten."

CoreDynamik geht davon aus, dass Verbindung Sinn konstituiert, und meint damit ein gesteigertes Bewusstsein der Komplexität von Welt und der Komplexität von Vernetzung. Heilung wird verstanden als Erhöhung unserer Wahrnehmungs- und Erlebenskomplexität, als Integration von Bewusstseins- und Seinsebenen, die jenseits unserer Alltagswahrnehmung oder unseres durch den Verstand geprägten Erlebens liegen, und diese Heilung geschieht, wenn wir diese verschiedenen Bewusstseinsebenen erleben, indem wir veränderte Bewusstseinszustände einladen und zulassen. „Heilung entsteht nur aus dem, was den Patienten über sich selbst und über seine Verwicklung mit dem Ich hinausführt", sagt schon *C. G. Jung* (zitiert in: *Vaughan*, S. 69). Dies geschieht in der CoreDynamik auf den Tiefungsebenen V und VI und erfordert von beiden, dem Klienten und dem Therapeuten, ein Vertrauen in etwas in uns, das tiefer geht, in Bereiche jenseits des Ego. Es verlangt, gleichfalls von beiden, den Mut, alte Konzepte loszulassen und sich dem Unbekannten hinzugeben. Im wesentlichen geht es darum, nichts zu tun oder zu machen, sondern sich in eine rezeptive Haltung zu begeben und sich so dem freien

Fließen von Bewusstem und Unbewusstem, von Informationen über außersinnliche Kanäle zu öffnen. Wie tief die Arbeit dabei gehen kann, hängt davon ab, wie weit der Therapeut auf seinem eigenen Weg gegangen ist, von dem Grad seines emotionalen Wachstums und der Tiefe seines Verständnisses für diese inneren Räume, seiner Fähigkeit, zwischen diesen verschiedenen Räumen und Ebenen hin und her wechseln zu können. „Die Heilung auf einer bestimmten Bewusstseinsebene ist im allgemeinen in dem Maße wirksam, in dem der Heiler diese bestimmte Ebene bereits transzendiert hat" (*Vaughan*, S. 212). Er muss die Landkarte kennen und gleichzeitig die Bereitschaft haben, sie jederzeit loslassen zu können, um dem Klienten einerseits ein Gefühl von Sicherheit zu geben und ihn andererseits seinen eigenen Weg gehen zu lassen. Er schafft den Rahmen, in dem das Heilsame sich entfalten kann, gibt Orientierung auf dem Weg, ohne dem Klienten etwas aufzuzwingen oder aufzudrängen, und begleitet den Prozess der Integration. Dabei ist er frei von ich-bezogenen Zielen und in der Lage, beide als Teil eines größeren Geschehens zu sehen. Der Klient erlebt den Begleiter als Menschen, der ermöglicht und versteht; als jemanden, der gleichzeitig Kundiger und Suchender ist.

Literatur

Büntig, Wolf: *Wesen und Charakter* (überarbeitete und gekürzte Fassung eines Vortrags, gehalten im Oktober 1993 bei den Münchener Gestalttagen)

Kornfield, Jack: *Even the Best Meditators Have Old Wounds to Heal*, Fundstelle: http://www.buddhanet.net/psymed1.htm

Mack, Bernhard: *Der Liebe einen Sinn geben*, Berlin 1996

Petzold, Hilarion: *Die Rolle des Therapeuten und die Therapeutische Beziehung in der Integrativen Therapie*, in: Petzold, Hilarion (Hrsg.): Die Rolle des Therapeuten und die therapeutische Beziehung, Paderborn 1996

Vaughan, Frances: *Heilung aus dem Inneren*, Reinbek 1993

2.2 Wachstum und Kontakt – Gestaltarbeit in der CoreDynamik, aufgezeigt am Zusammenhang zwischen Kontaktzyklus und Kontaktfunktionen. Von *Jeanette von Bialy & Helmut Volk-von Bialy*

Ziel der Gestaltarbeit als ein zentrales methodisches Konzept der CoreDynamik ist es, die Menschen zu befähigen, im existentiellen Spannungsfeld von Freiheit und Geborgenheit, von Nähe und Distanz souveräner und situationsflexibel mutiger zu agieren und damit ihre Chancen zu erhöhen, zu befriedigenden Kontakterfahrungen zu gelangen.

Gestaltarbeit, so wie wir sie verstehen und praktizieren, ist ein Handlungskonzept, das die ersten vier Dimensionen des Erlebens (die sogenannten Tiefungsebenen I bis IV) permanent rückkoppelnd aufeinander bezieht. In unserer Gestaltarbeit beachten wir also immer zugleich

- den Prozess, in dem ein Mensch Verständigung und Befriedigung im Kontakt zu etwas oder jemandem im Hier und Jetzt (Ebene I) sucht,
- die bewertenden Gefühle, die das Kontakterleben begleiten (Ebene II),
- die biografischen Situationen, in denen sich bestimmte psychophysische Muster geformt haben (Ebene III), und
- den Körper, der sich während des Kontaktprozesses in annähernder, zurückziehender oder innehaltender Bewegung befindet (Ebene IV).

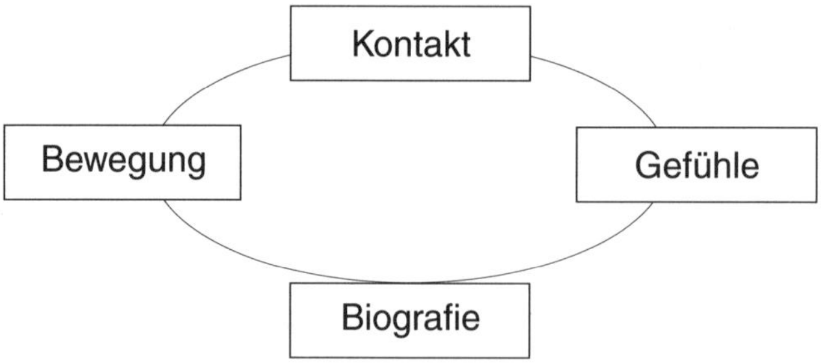

Abb. 10

Kontakt, Gefühle, Biografie und Bewegung sind also Aspekte eines einheitlichen Prozesses, kennzeichnen unterschiedliche Blickrichtungen auf einen Prozess, der mehr oder weniger erfolgreich zu Verständigung und Befriedigung führt. Diese Aspekte werden in der CoreDynamik speziell in den ersten Phasen eines Wachstumsprozesses thematisiert, ziehen sich jedoch auch durch alle anderen Phasen des Curriculums und haben auf jeder Ebene ihre spezielle Bedeutung.

Gliederung des Aufsatzes

1. Wenn wir im folgenden den ***Kontaktzyklus*** der klassischen Gestalttherapie darstellen, so tun wir dies, um herausarbeiten, in welcher besonderen Weise sich Kontakt, Gefühl, Biografieerfahrung und Bewegung in jeder Kontaktphase miteinander verschränken.
2. Ist der Kontaktzyklus beschrieben, so gehen wir auf die Erfahrung der für die Gestalttherapie zentralen ***Kontaktfunktionen*** ein. Wir werden beschreiben, welche Bedeutung Konfluenz, Introjektion, Projektion und Retroflexion im Kontaktprozess haben und wie man Unterbrechungen im Kontaktprozess bewusstmachen kann als Grundlage für die Entscheidung der Menschen, die man berät, diese Unterbrechung aufrechtzuerhalten oder durch eine experimentelle Handlung zu ersetzen.
3. Schließlich stellen wir dar, wie sich ***Kontaktfunktionen zu Phasen des Kontaktzyklus*** verhalten, welche Fragen sich auftun und welche Richtungen von freundlicher Aufmerksamkeit für sich selbst oder andere Beratende empfohlen werden können.

Der Kontaktzyklus

Im Mittelpunkt des gestalttherapeutischen Vorgehens steht die Idee, dass Menschen sich organisch entwickeln über Prozesse vollständigen Kontaktes und dass Menschen sich in ihrem Persönlichkeitswachstum behindern, wenn sie die für den vollständigen Kontakt erforderlichen Handlungen unvollzogen lassen, so dass eine sogenannte „ungeschlossene Gestalt“ nachbleibt. Unerledigte Kontaktgeschäfte blockieren den Wachstumsfluss, indem sie sich in neuen, dem irgendwann einmal unterbrochenen Kontaktzyklus ähnlichen Kontaktsituationen störend und hemmend auswirken.

Ein abgeschlossenes Kontakterleben vollzieht sich idealtypisch in vier Phasen:

Die erste Phase im Kontakterleben (der sogenannte ***Vorkontakt***) ist die der Ahnung, der vagen Anmutung eines wie auch immer gearteten Mangels oder Überschusses.

Entweder fehlt etwas oder jemand in unserem Körper, in unserer inneren Entwicklung, in unserer naturhaften oder kulturell-sozialen Umwelt. Dann durchzieht eine vorerst diffuse Sehnsucht den Leib, den ständigen Sitz von Körperempfindungen und Bedeutungszuteilungen. Sehnsucht erzeugt ein feines Bewegungsgefühl von Hin-zu und Hinein-mit, häufig passiv überformt durch das Schlaraffenland-Syndrom, erlebbar in dieser Phase als ein Hauch von Ärger, dass nichts und niemand – kein Objekt und Subjekt der Sehnsucht – sich nähert. Das Begleitgefühl ist saugender Mangel und diffuse Leere.

Umgekehrt kann es sein, dass etwas oder jemand zuviel ist in unserem Körper, in unserer inneren Entwicklung, in unserem naturhaften und soziokulturellen Lebensfeld. Ein vorerst noch diffus erlebter Überdruss macht Körper und Seele schwerfällig. Überdruss erzeugt ein feines Bewegungsgefühl von Weg-von und Hinaus-mit, häufig auch passiv überformt durch die Vorstellung, dass einem etwas oder jemand aufgezwungen wird. Das Begleitgefühl ist abstoßende Völle und diffuser Ekel.

Vorkontakt gelingt umso eher, je mehr wir bereit und in der Lage sind, die feinen Empfindungsandeutungen in unserem Körper zu registrieren und eine Spürbewusstheit für polar gerichtete Bewegungssignale des Zuviel oder Zuwenig zu entwickeln.

Die zweite Phase des Kontakterlebens (die sogenannte ***Kontaktanbahnung***) ist gekennzeichnet durch Aufladung von Mangel- und Überschuss-Empfinden mit Gefühlen. Gefühle sind Ausdruck unserer erlernten Bewertungsmuster zur Unterscheidung von gut und böse, von nützlich und schädlich in unserer Auseinandersetzung mit der Umwelt, die zum Teil – durch Einverleibung – auch zur Innenwelt geworden sein kann.

Gefühle raten uns, uns bestimmten Dingen oder Personen (bestimmten Räumen) anzunähern (vorwärts), uns von anderen fernzuhalten (seitlich) oder uns zurückzuziehen (rückwärts), wobei der Rückzug je nach der durch die Gefühle suggerierten Bedrohlichkeit durch Kehrtwendung oder durch Rückwärtsgehen erfolgt.

Gefühle signalisieren uns, ob wir besser angreifen oder lieber fliehen sollten.

Gefühle können sich irren. Gefühle werden zu schlechten Ratgebern, wenn Menschen verwirrt und verunsichert (neurotisiert) wurden durch zuwenig sichernde Geborgenheit bzw. zuviel Freiheit im Sinne von sozialer Vernachlässigung, umgekehrt durch zu geringen Handlungsspielraum bzw. zuviel Einschränkungen im Sinne von Überbehütung oder durch eine undurchschaubare Abfolge bzw. einen widersprüchlichen Ausdruck von Nähe- und Distanzangeboten.

Gefühle sind umso zuverlässiger, je mehr Menschen in einer ausdrucksstimmigen Atmosphäre von Geborgenheit in Freiheit, von ermöglichender Liebe sich erfahren können, während sie experimentell ihre gegenwärtigen Grenzen erforschen.

Die Kontaktanbahnung gelingt umso eher, je klarer wir aus einer Position engagierter Distanz heraus *alle* unsere Gefühle zulassen, je spürbewusster wir ihre Impulsrichtung erfassen (z.B. Nähe- oder Distanzwünsche, Sehnsucht nach Annäherung an andere oder nach Rückzug auf uns selbst, Wille nach Einverleibung oder zur Abstoßung von etwas) und je differenzierter wir ihre Qualität beurteilen (z.B. Echt- oder Ersatzgefühle, kreativ-freie oder fesselnd-einengende Gefühlsreaktionen).

Die dritte Phase des Kontakterlebens (der sogenannte ***Kontaktvollzug***) umfasst zwei psychomotorische Prozesse:

Zum einen erfordert Kontaktvollzug einen Prozess der Hinwendung zu etwas oder zu jemandem oder der Abwendung von etwas oder von jemandem. Dieser Jemand kann man auch selbst sein. Dieser Kontakt zu sich selbst wird in der Literatur zur Gestaltpsychotherapie zumeist mit dem missverständlichen Begriff des Rückzugs charakterisiert. Dieser Rückzug ist jedoch in Wirklichkeit Selbstkontakt.

Zum anderen erfordert Kontaktvollzug den Prozess der kreativen Zerstörung (der De-Konstruktion) der vorgefundenen Umwelt – ihrer naturhaften, kulturellen oder sozialen Strukturen.

- Indem ich einen Apfel zerbeiße oder ein Stück Schwarzbrot zermahle, zerstöre ich seine naturgegebene Struktur, dies als Voraussetzung für eine Einverleibung dieser Nahrungsmittel in meinen Organismus. Je vollständiger dabei diese De-Strukturierung erfolgt, desto größer wird die Chance einer heilsamen Assimilation seiner nährenden, meiner Entwicklung förderlichen Substanzen.

Übung: Zen des Kauens

Nehmen Sie sich einen Apfel und vollziehen Sie alle Schritte der De-Strukturierung so bewusst wie möglich. Wenn erforderlich, führen Sie alle Schritte langsam und zeremoniell durch. Nehmen Sie die Prozesse der Veränderung wahr – sowohl am Apfel als auch in ihrem Mund und in ihrem Verdauungstrakt.
Was geschieht mit der Struktur des Apfels?
Was geschieht in meinem Mund, wenn ich die Apfelstücke lange kaue?
Was geschieht beim Schlucken?
Was geschieht in mir – Sättigung, Gier, Völle ...?
Nehmen Sie sich danach ein Stück Schwarzbrot und wiederholen Sie das Kauritual.
Werten Sie auch diese Kauerfahrung aus und konzentrieren Sie sich dann auf die Unterschiede der zwei Erlebens-Situationen:
Was war anders beim Kauen des Apfels und des Brotes?
Welche Bereiche der Zähne wurden wann wie stärker oder schwächer genutzt?
Welche Art des Kauens oder welches Nahrungsmittel bereitete mir mehr Behagen? usw.

- Indem ich ein Fachbuch öffne und in das Buch, mit dessen Aussagen ich mich auseinandersetzen will, meine Kommentare hineinschreibe, mir Wichtiges unterstreiche, Zitate entnehme und an anderer Stelle einarbeite usw., verändere ich seine bisherige Struktur und zugleich auch meine Gehirnstruktur. Indem ich Worte und Sätze „herauslese", mir ihre Bedeutung vor dem Hintergrund meiner Erfahrungen erschließe, in einen virtuellen akzeptierenden oder ablehnenden inneren Dialog mit dem/der Autor(in) trete, schaffe ich in mir neue Sinnstrukturen, neue Bedeutungsweisen, neue Perspektiven zur Betrachtung meiner technischen, natürlichen, kulturellen und sozialen Umwelt, ich schaffe mir neue Kulturräume oder erhalte mir die alten.
- Indem ich mich anderen Menschen nähere, sie nach ihren Wünschen und Sehnsüchten frage, ihnen meine Hoffnungen und Ängste mitteile, sie berühre und mich von ihnen berühren lasse oder indem ich umgekehrt mich von bestimmten Personen entferne, sie weniger oder nicht mehr frage, mich seltener mitteile und seltener Situationen von Berührung zulasse, werden bisherige Bindungen oder Trennungen destruiert, erwachsen neue Möglichkeiten für Nähe und Distanz, werden also neue soziale Muster gewoben.

Der Kontaktvollzug wird umso wachstumsunterstützender, je vollständiger wir unseren wahrgenommenen Bewegungsimpulsen Ausdruck verleihen, ohne uns im eher passiven Wahrnehmen oder im eher aktiven Ausdrücken zu verlieren. Entscheidend für nährenden Kontaktvollzug ist es, in den labilen Gleichgewichtszustand aktiver Passivität oder passiver Aktivität zu gelangen und dort zu verweilen.

In diesen mittleren Modus bewegter Beobachtung gelangen wir umso leichter, je mehr wir uns so zeigen, wie wir unverstellt sind jenseits von Masken und Rollen, je vollständiger wir also die Welt der vorhergesicherten Bedeutungen, der Klischees zerstören oder hinter uns lassen. In diesem ängstlich-frohen Zustand des Sich-Überraschen-Lassens, des Sich-Bewegens und des Bewegt-Werdens durch andere und anderes wächst die Wahrscheinlichkeit, dass neue tiefe und tragende Beziehungen zur natürlichen, sozialen und kulturellen Umwelt entstehen.

Die vierte Phase des Kontakterlebens (der sogenannte ***Nachkontakt***) ist bestimmbar als ein Prozess der wertenden Einordnung des bisherigen Kontakterlebens, vor allem des Erlebens im Kontaktvollzug oder in der Vermeidung des Kontaktvollzuges.

Kennzeichnend für diese Phase sind die inneren Bewegungsdispositionen des Festhaltens oder des Loslassens.

Der Kontaktprozess bleibt unbefriedigend, wenn in dieser Phase nur die motorische Option des Festhaltens zur Verfügung steht. Festhalten kann situationsbeherrschend sein, wenn Angst vor dem möglich werdenden Neuen nach einem Prozess des loslassenden Abschiedes die Situation bestimmt oder wenn Gefühle der Trauer und Einsamkeit vermieden werden sollen.

Das Nicht-Akzeptieren-Wollen von Ende und Abschied entwertet oder verunmöglicht alle vorangehenden Kontaktprozesse, denn nur Zustände, die man kontrollieren kann, kann man auch beliebig verlängern. Da jedoch Kontrolle verhindert, dass man in einen befriedigenden mittleren Modus während des Kontaktvollzuges gelangt, wird durch die Vorwegnahme der Angst vor dem Loslassen eine wachstumsfördernde Kontakterfahrung insgesamt verhindert.

Gelingender Nachkontakt erfordert ein geistiges und körperliches Loslassen, erfordert die Anerkennung der inneren oder äußeren Tatsache, dass eine neue Situation entstanden ist, dass ein Zustand unwiederbringlich vorbei ist, dass Abschied genommen werden muss, dass Rückzug im Sinne des Neu-zu-sich-selbst-Findens, des sich Verändert-neu-Begegnens angesagt ist.

Geistiges und körperliches Loslassen als Bereitschaft der Kontaktaufnahme zur eigenen, nunmehr neu strukturierten Innenwelt ist eine notwendige, aber noch nicht hinreichende Voraussetzung für befriedigendes und nährendes Kontakterleben. Hinzukommen muss die innere Fähigkeit und Bereitschaft, dieses Loslassen mit würdigenden und abschließenden Gefühlen – wie z.B. Dankbarkeit, Anerkennung und Wertschätzung oder Vergeben und Verzeihen – zu begleiten.

Die Kontaktfunktionen

Menschen stehen bestimmte psychische und physische Funktionen zur Verfügung, mit deren Hilfe sie den oben skizzierten Kontaktzyklus wachstumsfördernd oder -behindernd beeinflussen können.

Diese psychomotorischen Funktionen können unterschiedlich entwickelt sein:

- Die Körperwahrnehmung als Organ- oder Bewegungssensitivität kann unterschiedlich ausgeprägt sein.
- Die Gefühlswahrnehmung kann unterschiedlich differenziert, vollständig und sicher sein.
- Bewegungen können unterschiedlich koordiniert, kraftvoll oder geschmeidig sein.
- Die Fähigkeiten zur intellektuellen und emotionalen Trennung von Beschreibung und Bewertung, von Realität und Phantasie, von singulärer Subjektivität und Intersubjektivität können sich erheblich unterscheiden.

Kontaktfunktionen, die in der Gestalttherapie-Theorie schwerpunktmäßig thematisiert werden, sind psychische Funktionen zur Konstruktion des Wirklichkeitsfeldes durch Grenzdefinitionen:

Konfluenz kennzeichnet den Zustand einer (zu) schwachen Grenze zwischen dem Individuum und seiner Umwelt, während hingegen ***Retroflexion*** eine (zu) starke Grenze beschreibt.

Introjektion kennzeichnet die Verlagerung der Organismus-Umwelt-Grenze in das Individuum hinein (etwas aus der Umwelt ist in der Innenwelt, gehört dort aber so nicht hin), während hingegen ***Projektion*** die Verschiebung der Grenze des Individuums in das Umwelt-Feld hinaus beschreibt (etwas, was eigentlich zur Innenwelt gehört, wird als in der Umwelt befindlich erlebt).

Konfluenz (Zusammenfließen) bezeichnet einerseits die Unfähigkeit, sich von jemandem und etwas zu unterscheiden. Das Gemeinsame, die Verstrickung mit den anderen durch Gleichschaltung von Gedanken und Gefühlen dominiert die Unterschiede:

Ich bin wie du, und du bist wie ich. Ich bin in der Umwelt, und die Umwelt ist in mir. Die Kontur der Grenze zwischen mir und dir, zwischen selbst und anderen, zwischen Individuum und Umwelt ist vage, unscharf, löchrig. Selbstreflexion als Fähigkeit, sich mit einem Teil seiner Persönlichkeit vom Geschehen zu distanzieren, fällt dem weitgehend in die Spontaneität des augenblicklichen Handelns, Denkens und Fühlens eingetauchten Menschen schwer.

Konfluenz bezeichnet andererseits die Fähigkeit, Unterschiede zurückstellen zu können, Verschmelzungen zuzulassen, zu einem Einheitsempfinden zu gelangen.

Retroflexion (Rückwendung) bezeichnet einerseits die Unfähigkeit, andere einzubeziehen, sich für Korrektur, Rückmeldung, Bestärkung und Unterstützung durch die Gemeinschaft zu öffnen. Man handelt für sich allein, vermeidet, andere zu berühren und sich berühren zu lassen. Die Innenwelt wird zur Dauerprobe-Bühne, auf der ein Ersatzleben inszeniert wird. Spontaneität als Lösung der Bremse der selbstkontrollierenden Reflexion fällt Menschen in Zuständen der Retroflexion schwer.

Retroflexion charakterisiert andererseits die Fähigkeit, unter besonderen Bedingungen aus dem Fluss spontaner Handlungsvollzüge herauszutreten und von einer distanzierteren Position her planend und Hindernisse beiseiteräumend im Kontaktprozess vorübergehend innezuhalten.

Retroflexion beschreibt Fähigkeit von Menschen, sich von anderem und anderen abgrenzen und für sich bleiben zu können. So gesehen ist Retroflexion eine Grundlage für den Widerstand gegen Vereinnahmung durch andere, durch Gemeinschaftsdruck und Ideologien.

Konfluenz und Retroflexion besetzen die Pole im existentiellen Konflikt zwischen dem Wunsch nach Nähe und dem Wunsch nach Distanz, zwischen Geborgenheits- und Freiheitssehnsüchten.

Introjektion (Einverleiben) bezeichnet einerseits die Unfähigkeit, Angebote aus der Umwelt – Nahrung, Normen und Ideen – den eigenen Bedürfnissen entsprechend auseinanderzunehmen (Differenzierung), das Heilsame und Nährende vom Feindlichen und Schädigenden zu trennen (Bewertung) und sich Nützliches und Schönes in individuell und situativ „verdaubarer" Form zu eigen zu machen (Integration). Besonders störend ist der Prozess der Introjektion dann, wenn ich mir zwangsläufig erlebtes Elend so zu eigen mache, dass ich diese Elendserfahrung ständig reproduzieren muss. Dass es so etwas häufig gibt, wird z.B. deutlich an den von *Freud* erkannten Phänomenen des Wiederholungszwangs und der Identifikation mit dem Aggressor. Indem ich andere in mich hineinlasse, die besser nicht zu mir gehören sollten, werde ich mehr. Introjektion ist also eine Plus-Funktion.

Introjektion charakterisiert andererseits die Fähigkeit, komplette Ideengebäude und komplexe Weltanschauungen gleichsam in einem Stück von Personen zu übernehmen, die im Leben eine Bedeutung erlangt haben, die geliebt und geachtet werden. Identifikationslernen ist die schnellste und gründlichste Form sozialen Lernens. *Fritz Perls* hat einmal sinngemäß behauptet: „Liebevolle Eltern kann man nicht introjizieren." Er wollte damit ausdrücken, dass Introjektion einen negativen Prozess charakterisiert. Wo bleibt man jedoch mit den positiven Identifikationen? Auch diese werden doch eingefleischt, nur dass sie nicht schädigen, sondern nützen. Derartige Hineinnahmen fremder Personen in die eigene Persönlichkeit werden nicht als Fremdkörper erlebt, weil sie sich organisch im Sinne einer Erweiterung der Entscheidungs- und Handlungsmöglichkeiten einfügen. Introjektion ist dies aber auch.

Projektion (Abspalten) ist einerseits Ausdruck für die Unfähigkeit, Eigenschaften bei sich selbst auszumachen, die man entweder als unangenehm (Schattenprojektion) oder als erstrebenswert (Wunschprojektion) eingestuft hat. Projektion in diesem einschränkenden, fixierenden Sinne ist ein Sich-Entfernen von den eigenen Möglichkeiten, stellt einen Prozess der Persönlichkeitseinengung dar. Ich nehme als negativ bewertete Eigenschaften bei anderen wahr und verteufele diese Personen für meine Wahrnehmung. Umgekehrt nehme ich als positiv bewertete Eigenschaften bei anderen wahr und idolisiere diese Personen. Indem ich anderen zuschreibe, was mir selbst zugehört, werde ich weniger. Projektion ist also eine Minus-Funktion.

Projektion ist andererseits die Grundlage der Fähigkeit, andere Menschen zu erkennen. Ich kann nur das bei anderen Menschen wahrnehmen, was ich als Möglichkeit in mir trage.

Projektion ist zudem Grundlage der Fähigkeit, zu anderen Menschen emotionalen Kontakt aufzunehmen. Indem du mich in Teilen an meine geliebte Mutter erinnerst, kann ich zu dir leicht Vertrauen fassen, kann ich mich auf dich einlassen, kann ich dich wertschätzen.

Projektion als Minus-Funktion aus Sicht des Individuums und Introjektion als entsprechende Plus-Funktion repräsentieren gegensätzliche Richtungen in der Verschiebung der Organismus-Umwelt-Grenze.

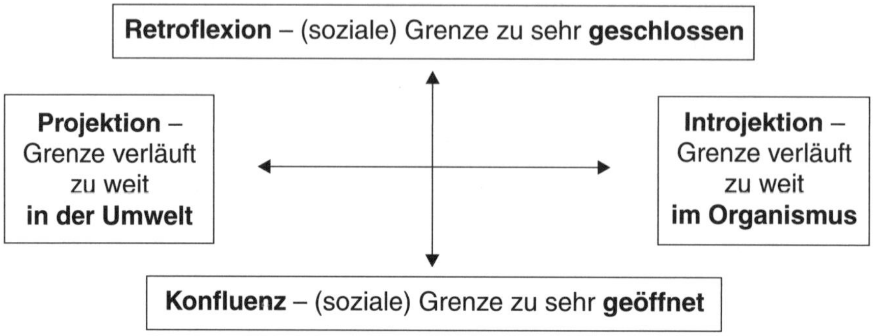

Abb. 11

Therapeutischer Umgang mit Kontaktfunktionen

In der therapeutischen Praxis oder in Trainings geht es zumeist um Wachstumsförderung. Persönlichkeitswachstum wird dadurch am ehesten gefördert, dass man Personen dabei unterstützt, die Kontaktfunktionen als Fähigkeiten zu nutzen und die Fixierung an den Part der Unfähigkeiten zu überwinden.

Aus letzterem Blickwinkel betrachtet, liegt es nahe, die vier zentralen Kontaktfunktionen in ihrer Wirkweise der Kontakterschwerung, der Fixierung auf alte Zustände zu betrachten. Dementsprechend wird in der Gestalttherapie-Theorie die Abfolge der Kontakterschwerung von Konfluenz über Introjektion und Projektion bis hin zur Retroflexion auch als Fixierungs-Sequenz bezeichnet.

Therapeutisches Prinzip der Gestalttherapie ist folglich die Umkehrung oder besser die Auflösung dieser Fixierungssequenz. Dies bedeutet konkret:

1. Arbeit an einschränkenden Aspekten der Retroflexion: Rückwendung wird experimentell in Hinwendung umgewandelt. Aus Selbstmordwünschen beispielsweise werden die Wünsche herausdestilliert, eine oder mehrere andere Personen zu vernichten. Retroflexion geht häufig einher mit der Angst vor Konfluenz, vor Abhängigkeit von anderen und selbstauflösender Verschmelzung mit anderen.

2. Arbeit an einschränkenden Aspekten der Projektion:
   Abgespaltenes wird wieder angeeignet. Psychotherapeuten sprechen in diesem Zusammenhang von der Arbeit – und ein hartes Stück Arbeit ist dies häufig – an der Rücknahme der Projektion.
3. Arbeit an einschränkenden Aspekten der Introjektion:
   Nicht-Zugehöriges wird an die Personen zurückgegeben. „Behalte deinen Hass auf Frauen bei dir, Vater, ich will ihn nicht haben." Die unverdaulichen Brocken werden symbolisch – manchmal auch real – wieder ausgekotzt. Eine Resensibilisierung für Ekel als „Introjektionssperre" wird eingeleitet.
4. Arbeit an einschränkenden Aspekten der Konfluenz:
   Konfluenz basiert auf Gleichheitsvermutungen. Arbeit an Konfluenz bedeutet immer Förderung der Unterscheidungsfähigkeit: Was ist anders bei dieser Person, in dieser Situation? Die Wiederherstellung der Differenzierungsfähigkeit ist ein mühseliger Prozess. Wachstum in der Differenzierung erfordert eine Entwicklung der Distanzierungsmöglichkeiten. Wenn ich in einen Raum zurückkomme, in dem geraucht wird, werde ich überschwemmt von einer Welle schlechter Luft. Für die Drinnengebliebenen jedoch ist die Luft erträglich.

Der Kontaktzyklus und die Kontaktfunktionen

Wie spielen jetzt die Kontaktphasen und die Kontaktfunktionen zusammen?

Welche Kontaktfunktionen sind in welcher Phase des Kontaktzyklus in welcher Weise stützend für den Wachstumsprozess, und welche erschweren ein vollständiges Kontakterleben?

Die folgende Matrix soll das Denken auf dieses Zusammenspiel lenken:

	Konfluenz	Retroflexion	Introjektion	Projektion
Vorkontakt				
Kontaktanbahnung				
Kontaktvollzug				
Nachkontakt				

Kontaktfunktionen im Vorkontakt

Selbsterfahrung in dieser Phase heißt Sensibilisierung. Sensibilisierung ist ein Prozess zunehmender Differenzierung. Differenzierung kennzeichnet den Weg hinaus aus konfluenter Fixierung. Je mehr Unterschiede ich in mir wahrnehmen kann

– besonders Feinheiten der Körperempfindungen und inneren Bewegungsimpulse – desto weniger gefährdet bin ich, mich mit anderen zu verwechseln, zu ihnen hinüberzuschwimmen, mich ihnen gleich zu machen. Wer gar nicht merkt, dass er nicht bei sich ist, sondern wer eher bei allen anderen ist, der kann auch schwerlich einen Mangel an Selbstkontakt spüren, kann gar nicht wissen, wann er oder sie sich zurückziehen sollte, um wieder bei sich anzukommen.

Sensibilität ist die Voraussetzung dafür, ein angemessenes Gespür für die eigenen Bedürfnisse zu entwickeln.

Hinzu kommen muss jedoch eine gehörige Portion Selbstakzeptanz: „Ich darf so sein, wie ich bin. Ich darf meine Bedürfnisse ernst nehmen. Ich darf anders sein als die anderen."

Selbstakzeptanz erfordert eine Lösung aus den Fesseln der Normen und Vorschriften, die nicht erfüllbar sind ohne Verleugnung von Gefühlen, Wünschen, Träumen, Talenten.

Sich selbst akzeptieren zu können, schützt vor Verleugnung der eigenen Bedürfnisse und Sehnsüchte. Kleine, giftige Introjekte – *Fritz Perls* nannte sie Dibbuks – können eine Entwicklung hin zur Selbstakzeptanz sabotieren: „Eigenlob stinkt! Nimm dich nicht so wichtig! Der kluge Mensch denkt an sich selbst zuletzt!"

Retroflexion verhindert das Berührt-Werden durch soziale Mängel. Wer andere gar nicht nötig hat, weil er möglichst viel in sich und mit sich ausmacht, der wird auch schwerlich seinen Mangel an sozialer Nähe spüren.

Projektion verhindert die Identifikation der Bedürfnisse – des Mangels oder des Überdrusses – in sich. Der oder die andere hat zu viel von etwas. Abgelenkt durch mein Mich-Verlieren im Du habe ich gar keine Gelegenheit, meinen eigenen Überschuss wahrzunehmen: „Was hast du, liebe Freundin, zugenommen. Aber was mich betrifft – ein Bauch ziert den Mann."

Kontaktfunktionen während der Kontaktanbahnung

Auch im Prozess der Kontaktanbahnung geht es wiederum um Sensibilisierung, diesmal schwerpunktmäßig um Unterscheidung von Gefühlen. Was fühle ich gerade jenseits der Vorgefühle von Ärger, Leere und Gleichgültigkeit? Welches Gefühl verhindert in mir gefühlsmäßige Klarheit? Welche Gefühle im bunten Spektrum erlebbarer Gefühlsnuancen stehen mir derzeit zur Verfügung?

Unterschieden werden müssen echte und unechte Gefühle. Fühle ich Wut anstelle von Traurigkeit, weil ich als Junge nicht traurig sein durfte? Um diese Unterschiede vollziehen zu können, muss man heran an die Introjekte zum Spektrum der Gefühle: Welche Gefühlsbereiche waren erlaubt, wurden gefördert, wurden gezeigt in der Ursprungsfamilie? Welche Gefühle wurden mir zugestanden? Welche Stimmungen, Regungen, Gemütsbewegungen wurden tabuisiert?

Unterschieden werden müssen Gefühle, die uns abhalten sollen, etwas zu unternehmen, und Gefühle, die uns dabei unterstützen, uns Personen oder Aufgaben anzunähern: Was zieht mich an? Was lässt mich zurückweichen?

Deutlich werden muss die Richtung des Bewegungsimpulses. Aber ist dem Impuls zu trauen? Kann es nicht auch sein, dass meine Situationsbewertung – hin zu oder weg von – eine Vermeidung ist? Was vermeide ich an Wichtigem, Aufregenden, Schönen und Neuem, indem ich gerade dies tue oder jenes unterlasse?

Ist der oder die andere wirklich so zurückweisend, wie ich ihn oder sie erlebe, oder projiziere ich meine Angst, von den anderen zurückgewiesen zu werden? Wer hat hier eigentlich Angst? Wer weist hier tatsächlich zurück? Wer drückt sich um Klärung herum?

Vorsicht: Im Zusammenhang mit Experimenten zur Durchleuchtung von Projektionen nicht moralisch werden, sondern offen, freundlich und zugewandt bleiben!

Spannend ist die Aufgabe: „Wie könntest du dich verhalten, damit der oder die andere sich genauso verhält, wie du denkst, dass diese Person sich ohnehin dir gegenüber verhalten würde?"

Wir kommen von der Projektion direkt zur Retroflexion: Wie hinderst du dich daran, auszuprobieren, was passiert, wenn du dieser Person weder mit der Erwartung einer Ablehnung und Zurückweisung noch mit der Erwartung von Nähe und Akzeptanz gegenübertrittst? Keine Erwartung – keine Ent-Täuschung, große Erwartungen – große Ent-Täuschungen.

Kontaktfunktionen während des Kontaktvollzuges

Wer hat dir gesagt, dass du nicht um Anerkennung bemüht sein darfst? Wie stehst du zu dem Spruch: Wer angibt, hat mehr vom Leben?

Wieder geht es um Introjekte. Bin ich wirklich frei, mich für Annäherung oder Rückzug zu entscheiden? Bin ich frei, zu zeigen, wer ich bin und was ich gern mit wem teilen möchte, oder schäme ich mich zu Tode? Bin ich umgekehrt möglicherweise nur deshalb so unverschämt und grenzmissachtend, weil ich den Kontakt zu meinem Schamgefühl, zu meiner Schüchternheit und Zartheit verloren habe?

Bekämpfe ich andere, die zart und schüchtern erscheinen, weil ich selbst nicht daran erinnert sein möchte? Hier geht es wiederum um die Arbeit mit Projektion.

Wie halte ich mich zurück, einer bestimmten anderen Person zu sagen, dass ich mich zu ihr hingezogen fühle, dass ich sie schön finde, erotisch, dass mich ihre Stimme, ihr Gang, ihr Lachen anmacht? Hier geht es um Retroflexion.

Wieso gelingt es mir nicht, in der Umarmung mit der anderen Person zu verschmelzen? Wieso bleibe ich so steif und innerlich unbeteiligt? Was löst angesichts dieser wunderschönen Nähe eine derartige Panik in mir aus? Hier geht es um konstruktive Konfluenz, um die Wiederentdeckung der Gabe zur Verschmelzung, zur Symbiose.

Kontaktfunktionen während des Nachkontaktes

Der Apfel ist verspeist, die Umarmung ist zu Ende – was ist nun?

Bleibt ein Gefühl von Leere und Gier, oder entsteht eine Stimmung von Genährt-Sein, Dankbarkeit und Zufriedenheit? Rede ich mir diese Gefühle ein, oder empfinde ich sie wirklich?

Von wem habe ich eigentlich lernen können, wie es sich anfühlt, dankbar, zufrieden, glücklich und gemocht zu sein – gemocht von sich selbst und von anderen? Welche Hindernisse wurden mir in den Weg gestellt, welche Bedingungen – erst wenn du ..., dann – musste ich erfüllen, welche Voraussetzungen mussten gegeben sein, damit ich mir Glück und Zufriedenheit zubilligen durfte? Waren meine Eltern eigentlich je glücklich und zufrieden? Es geht wiederum um Introjekte, um Heilsames und Unheilvolles, was mehr oder weniger ungeprüft übernommen wurde.

Kann ich Abschied nehmen und loslassen, oder klammere ich mich verzweifelt an die Situation oder Person an? Es geht um hinderliche Konfluenz, um eine unerfüllbare Verschmelzungssehnsucht, um die Programmierung von Frust durch lästiges Festhalten.

Sehe ich mich als gleichwertig an in der Partnerschaft, oder vergöttere oder verachte ich die andere oder den anderen? Was habe ich davon, dass ich die andere Person mir unter- oder überordne? Es geht wiederum um Projektion, deren Ergebnis eine narzisstische Persönlichkeitsstörung sein kann – Narzissmus von uns definiert als Unfähigkeit zur gleichberechtigten Partnerschaft in Liebe und Freiheit.

Wieso kann ich mit anderen meine Dankbarkeit, Freude und Zufriedenheit nicht teilen?

Hier geht es um Retroflexion, bei der selbst Schönes versickert im Sumpf chronisch zurückhaltender Selbstverlorenheit.

Fazit

Kontaktfunktionen wirken mit unterschiedlicher Gewichtung und unterschiedlicher Qualität in alle vier Phasen des Kontaktzyklus hinein.

Aufgabe der Beratenden, Coachs oder TherapeutInnen ist es, vor allem die konstruktiven Aspekte der Kontaktfunktionen herauszuarbeiten, die Ressourcen-Qualität der vier Kontaktfunktionen in den Vordergrund zu stellen und behutsam – mit viel Freundlichkeit und Humor – den Blick, das Gespür auch auf Dysfunktionalitäten der Kontaktfunktionen in bestimmten Stellen des Kontaktzyklusses zu lenken.

Diese Arbeit auf den Ebenen I bis IV des coredynamischen Prozesses ist beides zugleich: Sie ist Vorbereitung der weiteren Erfahrungen und ist gleichzeitig als bewusster Kontaktvollzug im Hier und Jetzt in sich gültig und vollständig. Jeder Schritt auf dem Weg ist gleich wichtig und gleich wertvoll und erhält seine Würde aus dem Gesamtkontext, in dem er steht. Jeder Schritt ist Teil des Ganzen und das Ganze zugleich.

Literatur

Bialy, Jeanette von & Volk-von Bialy, Helmut: *Siebenmal Perls auf einen Streich – Die klassische Gestalttherapie im Überblick*, Paderborn 1998

Dreitzel, Hans Peter: *Reflexive Sinnlichkeit – Mensch, Umwelt, Gestalttherapie*, Köln 1992

Fuhr, R. und Gremmler-Fuhr, M.: *Gestalt-Ansatz – Grundkonzepte und -modelle aus neuer Perspektive*, Köln 1995

Goodman, P./ Perls, F. S./ Hefferline, R. F.: *Gestalt-Therapie – Lebensfreude durch Persönlichkeitsentfaltung*, Stuttgart 1979a

Goodman, P./ Perls, F. S./ Hefferline, R. F.: *Gestalt-Therapie – Wiederbelebung des Selbst*, Stuttgart 1979b

Perls, F. S.: *Das Ich, der Hunger und die Aggression – Die Anfänge der Gestalttherapie*, Stuttgart 1978

Perls, F. S.: *Grundlagen der Gestalttherapie – Einführung und Sitzungsprotokolle*, München 1976

Perls, F. S.: *Gestalt-Therapie in Aktion*, Stuttgart 1974

Perls, F. S.: *Gestalt-Wahrnehmung – Verworfenes und Wiedergefundenes aus meiner Mülltonne*, Frankfurt/Main 1981

Perls, F.S.: *Gestalt – Wachstum – Integration*, Paderborn 1980

Perls, F./ Baumgardner, P.: *Das Vermächtnis der Gestalttherapie*, Stuttgart 1990

Perls, L.: *Leben an der Grenze. Essays und Anmerkungen zur Gestalttherapie*, Köln 1989

Wheeler, G.: *Kontakt und Widerstand – Ein neuer Zugang zur Gestalttherapie*, Köln 1993

2.3 Klänge und Rhythmuserfahrungen als Tore zur Intuition und Präsenz. Von *Karin Dittmer & Volkmar Dittmer*

In uns allen ruht ein unerschöpfliches Reservoir an Kreativität und gestalterischen, künstlerischen Möglichkeiten. Der Zugang hierzu ist jedoch in der Regel vergessen, in den Hintergrund verdrängt oder durch unser Alltagsleben, unsere frühen Erfahrungen überlagert. Oftmals haben wir intensives Zuhören, Nach-innen-Lauschen, „Geschehenlassen" verlernt oder noch nicht erfahren. Selbst wenn wir z.B. intensiv ein Instrument zu spielen erlernt haben, sind wir meist nicht mit dem Wesen der Musik und der Klänge vertraut.

Unser ganzes Leben ist Sound, ist Rhythmus, angefangen bei unserem Herzschlag und Atem, beim Klang unserer Stimme über alle Geräusche der natürlichen Umwelt wie dem Wind, dem Prasseln des Regens, dem Plätschern eines Baches, dem Singen der Vögel bis hin zu von uns Menschen mit unseren Maschinen, Werkzeugen und Instrumenten erzeugten akustischen und rhythmischen Ereignissen. Wir alle sind immer, Tag und Nacht, Teil dieser riesigen Symphonie.

Um näher an die Erfahrung dieser Grundklänge und -rhythmen heranzukommen, können wir uns fragen: Wie höre ich mich selbst, meine Stimme, meinen Atem, meine inneren Stimmen, meine Erinnerungen und Leitsätze?

Handelt es sich dabei um ein ständiges, nichtgeformtes Geräusch, ein Chaos, oder um geformten Klang und Harmonie? Wo bin ich in dieser Symphonie, und wie klinge ich?

Unseren eigenen Klang zu entdecken, den eigenen Platz zu finden in dieser Symphonie, in den unterschiedlichsten Formen bewusst und aktiv gestaltend mitzuwirken, eröffnet uns neue Wege zu Intuition und Präsenz. Wir haben zusammen mit *Bernhard Mack* einen speziellen Weg entwickelt, wie Menschen einen tieferen Zugang zu Klang- und Rhythmuserfahrungen gewinnen können. Dieser Weg ist Teil des umfassenden CoreDynamik-Konzepts. Musikerfahrungen ziehen sich durch den gesamten Lernprozess und haben am Ende des ersten Trainingsjahres einen besonderen Schwerpunkt als Musikwoche. Diese wollen wir im folgenden Aufsatz näher beschreiben.

Das Training beginnt mit dem Heraussuchen eines Instruments aus einem großen Angebot an Musikinstrumenten. Wir unterscheiden hier zwischen den sogenannten archaischen, den traditionellen und elektronischen Klangerzeugern.

- Zu den archaischen Instrumenten zählen wir diejenigen, auf denen sich direkt ohne tiefere musikalische Vorkenntnisse Rhythmen und Klänge erzeugen lassen, also Trommeln, Rasseln, Gongs, einfache Flöten, Rainsticks, Klanghölzer und weitere Percussionsinstrumente.

- Traditionelle Instrumente sind z.B. Gitarren, das Saxophon, die Steeldrum, die sich natürlich auch ohne musikalische Vorkenntnisse entdecken und bespielen lassen können.
- Als elektronische Klangerzeuger verwenden wir Synthesizer mit Hunderten von verschiedenen Klängen, von sanften Flächensounds bis hin zu bedrohlich aggressiven Klanggewittern.

Die TeilnehmerInnen werden zunächst mit viel Zeit auf die neuartige Begegnung mit den Instrumenten eingestimmt: Im Raum stehend, nehme ich mir Zeit, innerlich zu den Instrumenten zu horchen.

Will ich mir ein Instrument nehmen, d.h. **mache** ich etwas aktiv als Handelnder, oder lasse ich mich rufen von einem Instrument?
Wohin zieht es mich am stärksten?
Kann ich den Ruf, die Stimme des Instruments hören?
Stimmt der Ruf des Instruments überein mit meiner eigenen Wahl?
Welches ist meine erste Wahl, welches die zweite Wahl?
Vertraue ich meiner Intuition?

Die genaue Beobachtung meines Wegs zu den Instrumenten wird in den folgenden Trainingstagen ein wichtiger Begleiter und Lehrer sein. Die Seminarleiter unterstützen bei der Wahl, stellen die Instrumente vor, zeigen Spielweisen und demonstrieren wichtige Sounds der elektronischen Klangerzeuger. Sobald das für den jeweiligen Moment passende Instrument gefunden ist, begeben sich die TeilnehmerInnen in eine Meditation damit:

Wenn ich innerlich still werde, was sagt mir mein gewähltes Instrument?
Wenn ich darauf spiele, handele ich aktiv und **mache** ich absichtlich etwas, oder lasse ich mich von dem leiten, was spontan aus mir heraus spielen will?
Was denke ich, wenn ich spiele?
Was fühle ich jetzt?
Wie bin ich jetzt im Kontakt mit dem Instrument?
Welchen Unterschied erlebe ich zwischen Machen und Geschehen lassen?
Was alles kann ich gleichzeitig wahrnehmen?

Alle diese Fragen nehmen wir mit in den TaKeTiNa-Kreis. TaKeTiNa ist eine rhythmische Körperarbeit, die im Groben skizziert folgendermaßen abläuft:

Zum Ankommen und Einschwingen wird zunächst von den Anleitern mit Trommeln oder Gongs eine Entspannungsreise angeboten. Die TeilnehmerInnen liegen dabei auf dem Boden und kommen in ihrem Körper, bei ihrer Atmung, in der Ruhe an. Anschließend wird im Stehen mit Basisübungen für rhythmisches Gehen, Klatschen und Sprechen in das jeweilige, für diesen Tag gewählte rhythmische Thema eingeführt.

Der Rhythmuskreis wird um den Surdospieler in der Mitte gebildet. Die Surdo-Trommel ist eine große brasilianische Trommel, die die Gleichmäßigkeit der gemeinsamen Pulsation halten soll. Getragen vom Kreis werden die TeilnehmerInnen hier selbst zum Instrument und erfahren Rhythmus als direkte Kraft und Basis für jedes weitere Geschehen.

Getragen vom Klang der tiefen Surdotrommel, dem Berimbau (afro-brasilianisches Saiteninstrument) und der Kraft des Kreises, gehen wir mit den Füßen ein spezielles, sich ständig wiederholendes Schrittmuster (die Basis), klatschen dazu mit den Händen und singen rhythmische Phrasen und Mantren.

Im TaKeTiNa-Kreis erklingt als erstes unsere Stimme, sowohl gesprochen als auch gesungen. Unsere Stimme schafft die Verbindung und das Wechselspiel von innen nach außen oder umgekehrt und den Zugang zur inneren Musikalität. Die Teilnehmer erleben die Möglichkeit, rhythmische Naturphänomene wie Beat, Offbeat, Zyklus und Polyrhythmik im eigenen Körper zu spüren, und das unabhängig davon, ob vorher bei ihnen ein musikalisches Verständnis vorhanden war oder nicht. Sie erleben, dass dieser Zugang jedem allein über die Erfahrung des miteinander im Kreis stattfindenden spielerischen Tuns möglich ist. Das Erleben eines Miteinanderschwingens führt sie dahin, dass Neugier, Staunen und Faszination über die Welt der Rhythmen erwacht und das Zutrauen in die eigene Kreativität wächst.

Die TaKeTiNa-Übungen dienen somit als Schlüssel. Sie öffnen innere Themen: Boden, Präsenz, Gleichzeitigkeit, Raumöffnung, erweiterte Wahrnehmung werden erfahren, und eine Erfahrung und Beschreibung des eigenen Lernprozesses hinsichtlich dieser Themen wird ermöglicht.

Wir können erleben, wie der Rhythmus, der Klang und der Kreis uns tragen, können unsere Mitte ausloten zwischen Loslassen, Geschehenlassen und bewusstem Tun.

Die verschiedenen rhythmischen und körperlichen Ebenen sind in der Regel nicht durch unseren Verstand analytisch steuerbar, so dass wir in diesen Übungen direkt erleben können, wie wir entweder im Machen durch den Kontrollversuch aus der Pulsation herausfallen oder im Geschehenlassen mitschwingen in höchst komplexen Rhythmen, die wir noch vor wenigen Minuten niemals hätten klatschen, singen und gehen können und nach dieser kurzen Zeit auch niemals durch bewusste Anstrengung gestalten könnten.

Mit den Erfahrungen aus den TaKeTiNa-Sets und der Beschäftigung mit dem gewählten Instrument begeben wir uns in den nächsten Abschnitt. Mit der Aufgabe, ein Ein-Personen-Klangstück mit dem Titel „Mein Lied“ zu konzipieren, betreten wir das Feld des Arrangeurs. Aus all den millionenfachen Möglichkeiten in uns wählen wir ein Thema und bringen es in eine klangliche Form. Mögliche selbstgewählte Themen für die Aufgabe „Mein Lied“ können sein:

Wie fühlte ich als Kind?
Was wünsche ich mir vom Leben?
Wie trete ich auf die Bühne des Lebens?
Wie möchte ich gehört werden?
Was will sich durch mich ausdrücken?
Wie klingt meine Freude, Trauer, Angst, Wut, mein Mitgefühl?
Welches ist mein Ton, der Klang meines Körpers oder meiner Seele?

Ein Aspekt unseres allgemeinen Kunstbegriffs ist, dass Chaos, Ungeordnetes, Erahntes, Gefühltes, innerlich Gehörtes oder Gesehenes in eine darstellbare Form gebracht werden.

Rohes, Text- und Ton-Material wird geformt, arrangiert, transformiert und in der Musik in einen zeitlichen Rahmen gesetzt bzw. als Lied oder Song geschrieben. Für unsere Arbeit sind musik- oder kunstästhetische Normen zunächst einmal irrelevant, da es ja nicht um eine kommerzielle oder publikumswirksame Verwertung geht. So sind wir in jeder Weise frei, uns auszudrücken und die uns zur Verfügung stehende Zeit völlig frei zu gestalten. Jede der Darbietungen wird auf diese Art und Weise einzigartig.

In dem Moment, in dem wir Aspekte unseres Seins in einer Form bewusst „ordnen“ bzw. arrangieren, gewinnen wir Abstand zu ihnen und können das in uns brodelnde Untransformierte gestalten und anschauen und dadurch integrierbar machen.

Sobald das Thema für die Soloperformance gefunden ist, beginnt die Aufgabe des Arrangeurs:

Inneres Lauschen, „Kommenlassen“ – kann ich etwas hören davon, wie der Song meines fokussierten Themas klingt?
Will ich es (will es sich) mit meiner Stimme ausdrücken, vielleicht mit Text, instrumental oder beidem?
Welche Instrumentierung verwende ich?
Benutze ich nur das von mir gewählte Instrument?
Wähle ich mehrere aus dem großen Angebot?
Brauche ich MitspielerInnen, MitsängerInnen, elektronische Klänge?

Wir können zu unserem Song finden, indem wir vielleicht bei einem Spaziergang summen, pfeifen, brummen, klatschen, surren, gurren. Oder wir spielen, streichen, tasten auf unserem Instrument, probieren auch einmal ein anderes aus, schauen uns eine Blume an, kratzen an einem Baum, um nur einige aus einer unendlichen Reihe von Möglichkeiten zu benennen.

Irgendwann wird unser Song konkretere Formen annehmen und es beginnt die Phase der eigentlichen Probe, bevor es zur Performance kommt. Hier wird ausprobiert, gefeilt, geschliffen, wiederholt, gestrichen, verändert und schließlich geübt.

Und dann die Performance, der Auftritt. Die meisten von uns werden aufgeregt, bekommen nasse Hände, einen trockenen Hals, Herzrasen und vieles mehr, wenn es darum geht, etwas vor Publikum aufzuführen: das berühmte Lampenfieber.

Hier in unserer Arbeit betrachten wir Lampenfieber als einen höheren Energiezustand. Wir versuchen das, was in uns und mit uns geschieht, trotz aller Aufregung noch mit dem Abstand des Arrangeurs/Regisseurs zu betrachten. Die folgenden Fragen können dabei begleiten:

Wie hört sich mein Song an, wenn ich ihn aufführe?
Mache ich, oder lasse ich geschehen?
Will ich gefallen?
Was für Ebenen nehme ich gleichzeitig wahr, wie nehme ich mich selbst wahr, wie das Außen?
Lasse ich mich vielleicht sogar völlig fallen und bin einfach nur noch?
Bin ich ehrlich, oder mache ich eine Show?

In der Nachbesprechung mit der Gruppe, dem Publikum, ergibt sich die Möglichkeit, die Wirkung der Performance in diesem Rahmen zu erfahren und mit der eigenen Wahrnehmung zu vergleichen und in Beziehung zu setzen.

Wie geht es mir mit dieser Performance, meinem Song?
Was habe ich erlebt?
Was würde ich gegebenenfalls an dem Arrangement verändern, was auf jeden Fall beibehalten?
Wie sieht jetzt der Raum aus, aus dem heraus mein Song entstanden ist?
Was nehme ich mit von der Betrachtung durch das Publikum?

In den künstlerischen Darbietungsformen kommt nach dem Solo das Ensemble, in unserer Arbeit die Gruppe mit unterschiedlich vielen TeilnehmerInnen.

Mit den Erfahrungen als Arrangeur und Darsteller begeben sich die TeilnehmerInnen in eine Gruppe und setzen dort ein eigenes Thema in Beziehung mit denen der anderen und entwickeln einen gemeinsamen Song. Es gilt also hier, aus all den unzähligen Klang- und Ausdrucksmöglichkeiten der Einzelnen etwas zu finden, das zeitgleich aufführbar wird. Bei der Entwicklung der Gruppenproduktion gesellen sich zu den vorherigen Erfahrungen die Fragen:

Gibt es Gemeinsamkeiten, die sich ausdrücken wollen, oder gilt es, völlig Unterschiedliches in klanglich-musikalische Beziehung zu bringen?
Wie lässt sich als Gruppe eine gemeinsame Inspirationsebene finden (gemeinsames Tönen, Klatschen, Jaulen, Summen, Krachmachen, Stillsein usw.)?
Wie ist mein Klang, der meines Instruments in Beziehung zu den anderen?
Wenn ich meinen Part spiele, kann ich dann gleichzeitig etwas von den MitspielerInnen hören?
Wie erlebe ich mich in der Band oder im Orchester, wie meine MitspielerInnen?
Was ist der Unterschied zur Soloperformance auf der Ebene der inneren Bilder?

Der nächste Schritt nach der Auswertung der Gruppenarbeiten ist eine freie Improvisation mit der Gesamtgruppe. Noch davon ausgehend, dass hier das jeweilige zu Anfang des Trainings gewählte Instrument benutzt wird, begeben sich die TeilnehmerInnen miteinander in ein freies Spiel in einem festgelegten Zeitrahmen zwischen 45 und 60 Minuten. Im Vertrauen auf die eigene Intuition und auf das, was das Instrument sagen möchte, wird mit dem Spielen begonnen. Der innere Prozess kann wie folgt aussehen:

Vertraue ich meiner Intuition?
Bleibe ich in Kontakt mit dem, was sich durch das Instrument ausdrücken will?
Mache ich, oder lasse ich geschehen?
Wie hört sich das Außen an?
Wie nehme ich mich selbst wahr?
Spüre ich mich in meiner Präsenz, wenn ich spiele?
Empfinde ich in dem Gesamtklang nur Chaos, oder gibt es musikalische Ecken, zu denen ich mich hingezogen fühle?

Wir halten diesen Teil der Arbeit für sehr wichtig, da sich in einer freien Improvisation dieser Art in der Regel nach einer kurzen oder längeren Zeit des tonalen oder rhythmischen Chaos Momente von Synchronizität ergeben. So erwachsen Momente von rhythmischer oder tonaler Harmonie, Momente von Hingabe an Klang, einem „ausgewogenen“ Gruppenklang, Momente, die von den meisten als sehr tiefe Erfahrungen empfunden werden. Dies sind die Augenblicke, in denen wir einfach sind, in denen geschieht.

Den Abschluss des Trainings bildet die Atem-Klang-Reise. Grundlage dieser Arbeit ist im wesentlichen das Wissen traditioneller Welt-Musikkulturen, dass Gemeinschaften in körperlicher Bewegung (Tanz) auf der Grundlage von Rhythmus und Klang in tiefe Trance und Ekstase kommen können, was u.a. Reinigungsprozesse, Katharsis, Loslassen der inneren Dämonen, Erreichen höherer Energie- und Bewusstseinszustände bedeutet.

Wir ergänzen dies durch die Methoden von *Stanislav Grof*. Mit der Erhöhung der Atemfrequenz über einen längeren Zeitraum, dem sogenannten holotropen Atmen, werden unter therapeutischer Anleitung wichtige persönliche Erfahrungs- und Wachstumsprozesse in Gang gesetzt.

Die Atem-Klang-Reisen haben eine Länge von 60-90 Minuten und finden zunächst im Stehen statt. Die TeilnehmerInnen werden dabei begleitet von den zuvor gewählten Begleitern, den Leitern und den Teamern. Der Ablauf einer Atemreise wurde von *Bernhard Mack* in „Der Liebe Sinn", S. 195 ff, ausführlich beschrieben. Die Erfahrungen der TeilnehmerInnen können Sie in diesem Buch in Teil 3 nachlesen.

Die Musik- und Forschungsgruppe TranceZenDance (*K. und V. Dittmer, B. Mack*) hat ein musikalisches Konzept erarbeitet und erprobt, das für diese Reisen unterschiedliche Klangräume anbietet. Es ist in diesen Reisen wichtig, den klanglichen und rhythmischen Raum unterschiedlicher Kulturen, musikalischer Stilrichtungen und innerpsychischer und -körperlicher Ebenen zu begehen. Dazu ist es natürlich notwendig, dass die Musiker selbst diese Innenräume betreten, erfahren und ausgelotet haben, so dass sie wissen, wohin sie die Reisenden führen, wie sie sie tiefer in Erlebenswelten und auch wieder herausgeleiten können. Mit anderen Worten: Ein intensiver, verantwortlicher Selbsterfahrungsprozess der Musiker ist unumgänglich, damit sie sensibel auf die Prozessnotwendigkeiten in der Gruppe und bei jedem einzelnen Reisenden reagieren können.

Es wird von den Musikern nicht nach einem festen Konzept gespielt. Die Wahl der musikalischen Räume ergibt sich aus der spontanen Interaktion mit allen Teilnehmenden.

Das Spezielle einer mit Live-Musik begleiteten Atemreise mit Teilnehmern, die vorher über mehrere Tage durch eigenen Kontakt und Erfahrungen mit verschiedenen Klangmedien, Instrumenten und vor allem mit ihrer eigenen Stimme sensibilisiert worden sind, ist die vertiefte Möglichkeit von Synergie zwischen TeilnehmerInnen, Musikern und Prozessanleitung. Alle Beteiligten schwingen schon in einem gemeinsamen Energiefeld. Die Themen sind vorbereitet, gefühlt und partiell bearbeitet und integriert. Vorherige Ängste und Widerstände sind teilweise geschmolzen, die Stimmen und Körper sind geöffnet, Gleichzeitigkeitserfahrungen wurden genossen, die Musiker kennen die Themen und Energien der Teilnehmenden.

Nun, nachdem schon eine gewisse Integration von emotionalen, biografischen Themen gelungen ist, d.h. das gesamte Lernfeld schon einige Schritte auf der Core-Spirale vorangeschritten ist, wird in diese Integration hinein eine weitere Öffnung angeboten. Das entspricht dem Prinzip des schrittweisen Aufbaus von Erfahrungen. Alle vorherigen Erfahrungen sind gültig und wertvoll in sich, und gleichzeitig kulminieren sie nun in der gemeinsamen Ekstase der Atemreise. Die Teilnehmer spüren, dass die Musiker auf sie reagieren, die Musiker merken, was die Reisenden als Unterstützung (als Reiseproviant) benötigen, z.B. ob sie noch Zeit brauchen oder mitgehen können und sich rasch öffnen.

Eine gemeinsame Symphonie, in der zwar klar ist, dass die Leitung und die Musiker den Bodenkontakt und den Überblick in klarer Abgrenzung halten, und in der gleichzeitig die Grenzen zwischen Machen, Geschehenlassen und Sich-Hingeben an ein gemeinsames Geschehen sich auflösen.

Das Ergebnis ist die Öffnung in die tiefen und unbegrenzten Räume der Intuition, der Präsenz und schließlich des Core, das Ankommen im Immer-Schon des Zu-Hause. Die Schwingung von Klang wird als Brücke in die andere, die eine Welt und als Türöffner ins eigene Innerste erfahren.

Literatur:

Benenzon, Rolando O.: *Einführung in die Musiktherapie*, München 1983

Berendt, Joachim-Ernst: *Das Dritte Ohr*, Reinbek 1985

Berendt, Joachim-Ernst: *Nada Brahma. Die Welt ist Klang*, Frankfurt/Main 1985

Capra, Fritjof: *Der Kosmische Reigen*, Bern, München 1976

Cousto: *Die Kosmische Oktave. Der Weg zum universellen Einklang*, Essen 1984

Decker-Voigt, Hans-Helmut: *Aus der Seele gespielt. Eine Einführung in die Musiktherapie*, München 1991

Flatischler, Reinhard: *Die vergessene Macht des Rhythmus*, Essen 1984

Garfield, Laeh Maggie: *Der heilende Klang*, München 1988

Hart, Mickey: *Die magische Trommel*, München 1990

Halpern, Steven: *Klang als heilende Kraft*, Freiburg 1985

Hamel, Peter Michael: *Durch Musik zum Selbst*, München 1980

Leonard, George: *Der Rhythmus des Kosmos*, Reinbek 1986

Reimann, Michael: *Unendlicher Klang. Obertöne in Stimme und Instrument,* Norderstedt 1993

Sheldrake, Rupert: *Das schöpferische Universum*, München 1984

Timmermann, Tonius: *Die Musen der Musik – Stimmig werden mit sich selbst*, Zürich 1989

Tomatis, Alfred A.: *Der Klang des Lebens*, Reinbek 1987

2.4 Dramatherapie als Kreativitätstraining und Bewusstseinsklärung. Von *Doris Müller*

„Die ganze Welt ist Bühne
Und alle Frauen und Männer bloße Spieler.
Sie treten auf und gehen wieder ab,
Sein Leben lang spielt einer manche Rollen ...“
Shakespeare: Wie es Euch gefällt (Akt II, Szene 7)

Das Wort Drama stammt aus dem Griechischen und bedeutet im allgemeinen Sinne Handlung, Tat. Therapeutisches Theater, Drama- oder Theatertherapie befasst sich also mit Handlung: Gedachtes und gefühltes Inneres wird durch Handlung nach außen „auf die Bühne“ gebracht. Das Verkörpern auf der Bühne fordert und fördert unsere Ganzheit. Bewusstes (Absicht, Rolle, Handlung) und Unbewusstes (durch Tonfall, durch gestischen Ausdruck, durch Anlage der Szene) sind gleichzeitig miteinander im Spiel und teilen sich dem Spielenden und dem Zuschauer als Zeugen mit.

Die Bühne als magisch-heiliger Raum schafft Verdichtung von Energie und Konzentration. Die Bühne stellt die Herausforderung dar, sich sehen zu lassen, und ist Freiraum für Altes, Neues, Aktuelles und Zukünftiges. Obwohl es Spiel ist, ist dieses Spiel dem richtigen Leben ganz nahe, weil wir verkörpern, weil wir handeln, weil wir mit allen unseren Sinnen darin enthalten sind.

Durch das bewusste Auswählen und Gestalten einer Rolle und Handlung entsteht eine Distanzierung vom ganz Persönlichen; diese Distanzierung schafft Raum für Selbsterkenntnis, für kreative, spontane Einfälle, für Veränderungsideen und für Transformation. Die Rolle, ebenso wie die Maske, stellt dabei eine Möglichkeit dar, sich gleichzeitig zu schützen, zu verstecken und sich zu zeigen.

Therapeutisches Theater ist Gemeinschaftskunst: Durch das Miteinander im Zusammenspiel, im Feedback, im gemeinsamen Lachen und Weinen geschieht Resonanz, Öffnung der Seelen, Sich-Anvertrauen und Herzöffnung. Als besonders wird die Möglichkeit empfunden, sich auch ohne erklärende Worte mitzuteilen: „Hier wird nicht geredet, hier wird getan.“

Bei der Geburt und Taufe des therapeutischen Theaters/Dramatherapie haben viele verschiedene künstlerische und psychotherapeutische Disziplinen Pate gestanden. Vor allem sind zu nennen:

- *Stanislawskis* Schauspiellehre (*Peter Simhandl*, „Stanislawski-Lesebuch“, Berlin 1990)
- *Morenos* Psychodrama und sein Stegreiftheater (*Jacob Levi, Moreno*, „Gruppenpsychotherapie und Psychodrama“, Stuttgart 1959)

- Die freie Theater- und Tanzszene aus USA und Deutschland der 70er Jahre mit freiem Tanz, Maskenarbeit, Lehrtheater und Improvisationstheater
- Praktische Arbeit von Künstlern und Theatermachern in psychiatrischen Einrichtungen
- Die Gestalttherapie
- Die bioenergetische Körperarbeit
- Schamanistische Heilungsrituale
- Märchen, Mythen, griechische und englische Dramen und Komödien und die darin enthaltenen archetypischen Bilder (*C.G. Jung*)

Ein praktisches Beispiel der theatertherapeutischen Arbeitsweise zum Thema Paardynamiken und Beziehungsphantasien:

Die Ausgangsannahme ist: Beziehungsphantasien entsprechen unseren tiefsten Sehnsüchten, die sich, wenn wir sie nicht wahrnehmen, als Vorwürfe an den Partner äußern.

„In dieser Beziehungsphantasie werden aber nicht nur zwei einzelne Wesen gestalthaft gegenwärtig; die Phantasie rankt sich im wesentlichen um die Beziehung, die diese beiden miteinander haben, um ihren Umgangsstil, um die Freude und die Befriedigung, die daraus entstehen, um die Ängste, mit denen umgegangen werden muß. Ob zwei Menschen miteinander eine Beziehung eingehen, hängt wohl davon ab, ob ihre Beziehungsphantasien einander in etwa entsprechen.

... wenn er (der Partner) aber so darauf eingehen kann, dass er unsere Beziehungsphantasien mit seiner Phantasie noch bereichert, dann bekommen wir das Gefühl des Zusammenpassens, dann ereignet sich Liebe, dann ist auch Gelegenheit gegeben, dass wir miteinander Beziehungsräume gestalten können. Beziehungsräume und die Räume, in denen die Liebe sich immer wieder ereignen, sich immer wieder neu entzünden kann. Wenn wir aber lebendige Menschen sind, werden wir feststellen, dass diese Beziehungsphantasien sich im Laufe des Lebens immer wieder verändern“ (*Verena Kast*, *„Paare“*, S. 20).

Im Folgenden werde ich sieben Beziehungsideale vorstellen, die mit Bindungsverhalten, aber auch mit der Notwendigkeit der Trennung zu tun haben. Ich beziehe mich dabei auf die Beziehungsideale, wie sie bei *Verena Kast* („Paare“) erläutert werden, und habe sie um ein Paar (Tristan und Isolde) erweitert. Die Modelle stammen aus Mythen, denn Mythen sind kollektiv gültige Menschheitsgeschichten über das Leben und den Tod, sie helfen uns, unsere Sicht des Lebens zu begreifen und von anderen Perspektiven aus anzusehen.

Shiva und Shakti: Dieses Götterpaar stammt aus dem indischen Schöpfungsmythos. Shakti, die Frau, ist schon als kleines Kind auf Shiva bezogen, sieht nur ihn, träumt nur von ihm. Er seinerseits kommt durch sie aus den tiefsten Tiefen der meditativen Versenkung heraus, um sie zu lieben. Es ist das Beziehungsideal des einander ganz Gehörens. Darin lebt die Sehnsucht nach der sprachlosen Liebe, der Wunsch, dem anderen alles sein zu wollen. Der unversiegbare Strom seiner Leidenschaft nährt den Baum ihrer Liebe. Bei dieser Beziehungsdynamik stellt jede Trennung oder Abgrenzung und Grenze überhaupt eine Herausforderung dar.

Stichworte hier sind ständige Umarmung und Bezogensein, Aufheben des Getrenntseins, Verschmelzung und Konfluenz.

Tristan und Isolde: zwei Gestalten aus der keltischen Mythologie. Tristan, ein edler Ritter verliebt sich in die zukünftige Frau seines Königs, Isolde, und sie sich, durch einen Zaubertrank, auch in ihn, heiratet jedoch den König. Diese Beziehungskonstellation bleibt über Jahrhunderte Inbegriff der höfischen, romantischen, unerfüllten Liebe. Diese Geschichte erzählt von der schicksalshaften Liebe, gegen die man nichts machen kann.

Stichworte sind: Die Liebessehnsucht ist wichtiger als die Erfüllung, im Hintergrund lebt eine unstillbare Sehnsucht nach der eigenen Seele, und diese Sehnsucht führt zu Projektionen und Idealisierungen des Partners. Oft ist solchen Paaren die mystische Erfahrung ihrer Liebe wichtiger als das reale Leben mit dem Partner.

Pygmalion: griechische Mythologie. Pygmalion aus Cypern ist enttäuscht von den realen Frauen. So formt er sich aus Elfenbein ein Idealbild einer Frau und bewegt Aphrodite, sie ihm zum Leben zu erwecken. Diese Geschichte handelt von der weitverbreiteten Sehnsucht, sich einen Partner nach seinem Bilde zu formen.

Stichworte: Wir wollen aus dem anderen etwas machen, um ihn wirklich lieben zu können, oder wir wollen ihn retten oder kontrollieren, damit wir ihn lieben können. Liebende Phantasie und versteckte Machthaberei liegen hier ganz nahe beieinander; welches von beiden die Oberhand behält, hängt davon ab, ob wir wirklich lieben und ob wir dem Partner Autonomie zugestehen können. Das Musical „My Fair Lady“ behandelt denselben Stoff.

Ishtar und Tammuz: führen uns in die sumerische Frühgeschichte ca. 2800 v. Chr.; die Liebesgöttin und ihr jugendlicher Held. Ishtar feiert im Frühjahr, wenn das neue Gras sprießt, die heilige Hochzeit mit dem göttlichen Hirten Tammuz, ihrem Sohngeliebten. Diese Beziehungskonstellation zeigt sich oft als Übergangsdynamik, da das Ungleichgewicht zwischen den beiden sehr groß ist. Der junge Mann muss gehen, und die reife Frau muss ihn gehen lassen. Darin liegt eine starke Mutter-Sohn-Problematik. Beispiel in der Literatur: der Rosenkavalier.

Zeus und Hera: zwei Götter der griechischen Mythologie. Zeus, der Göttervater, ist ein Schürzenjäger, seine Frau Hera immer eifersüchtig. Das Beziehungsmuster ist Rivalität und Kampf, die Beziehungsidee ist das Dominierenwollen über den Partner. Das Ausdrucksmittel ist der Streit, bei dem man nie verlieren darf. Falls man doch verliert, bleibt einem die Rache. Man liefert sich Stichworte und erlebt im Streit gleichzeitig optimale Nähe und Distanz. Beispiel aus der Literatur: „Wer hat Angst vor Virginia Woolf?“ von *E. Albee.*

Merlin und Viviane: aus der englischen Heldendichtung, die *Artussage*, 13.Jh. Der alte Zauberer Merlin verliebt sich, wohlwissend um die Gefährlichkeit, in die junge Nymphe Viviane, die, ehrgeizig, sich von ihm all sein Wissen und seine Zauberkunst aneignen will. Mit Hilfe dieser Zauberkunst bannt sie ihn in einen Turm, in dem nur sie ihn besuchen kann. Er muss bleiben, sie hingegen kann kommen und gehen. Wir finden hier das Motiv der gegenseitigen Belebung. Er gibt ihr bewusst seine Zaubermacht und Weisheit und erhält dafür ihre Liebe, ihre Jugend, Sinnlichkeit und Geborgenheit. Sie erfährt durch ihn Kraftzuwachs, Liebe, Treue, Wertschätzung und Dankbarkeit. Obwohl er alt und sie jung ist, gründet ihre Beziehung auf einer tiefen Seelenverwandtschaft.

Salomo und Shulamit: aus dem hohen Lied der Liebe, 4. und 3. Jahrhundert v.Chr. Hier finden wir das Motiv der bezogenen Existenz. Die beiden Liebenden sprechen sich gegenseitig als Bruder und Schwester an und drücken damit die Gleichwertigkeit von Mann und Frau aus. Dieses Beziehungsgefüge ist geprägt von gegenseitiger Achtung und Wertschätzung, von Solidarität und der gemeinsamen Absicht, der Welt zugewandt durchs Leben zu gehen. Die Atmosphäre in einer solchen Verbindung vermittelt Sicherheit, Freude und Erotik an- und miteinander. Die Formulierung Bruder-Mann und Schwester-Frau sind dabei nicht zu verwechseln mit der unerotischen Brüderchen-und-Schwesterchen-Dynamik langjähriger Beziehungen.

Diese sieben Beziehungsideen überlagern sich und existieren in dieser Reinheit nicht. Sie finden innerpsychisch statt und zwischen den jeweilig Betroffenen und wandeln sich innerhalb einer Beziehung.

Der Prozess

Das Warming-Up beinhaltet Spiele, die den Körper der Beteiligten und ihren Energiefluss in Bewegung bringen können. Diese Spiele helfen, in Kontakt mit sich selber und untereinander zu kommen, Spielhemmungen abzubauen, Gefühle ins Spiel zu bringen und verschiedene Begegnungen miteinander auszuprobieren. Sind die TeilnehmerInnen dadurch vorbereitet, eingestimmt und angeregt, können wir in die konkrete theatertherapeutische Arbeit einsteigen.

Die einführende Annäherung an das Thema Beziehungsphantasien besteht in einer Phantasiereise zum eigenen inneren Mann (für die Frauen) und umgekehrt zur eigenen inneren Frau (für die Männer). In dieser Innenreise wird schon wichtig, zu der Qualität der Beziehung hinzuspüren, die man/frau zu diesem inneren gegengeschlechtlichen Teil in sich hat. Eine erste kleine Präsentation besteht darin, diesen inneren Anteil als Statue – mit Eigenschaften versehen – auf die Bühne zu bringen.

Die Einführung in die sieben Beziehungsmodelle geschieht als kleine Performance. Der ganze Raum ist in sieben Abteilungen aufgeteilt, in denen Utensilien, Kostüme und Gegenstände aufgebaut sind, die dem jeweiligen Beziehungsideal entsprechen. Beispiel: bei Shiva und Shakti Blumen, Tücher, Meditationskissen. In kleinen Handlungssequenzen, gespielt durch Teammitglieder, wird den Teilnehmern und Teilnehmerinnen jedes Ideal vorgestellt.

Im zweiten Schritt haben die Teilnehmerinnen und Teilnehmer Zeit, jeder für sich die sieben Räume zu durchwandern, um hinspürend zu entdecken, welches Beziehungsideal zur Zeit am aktivsten in ihnen wirkt oder welches Ideal sie noch einmal spielerisch durchleben möchten.

Manche Räume werden mit mehreren Teilnehmern belegt, manche gar nicht. In Zweierteams – in den Paarseminaren sind es die realen Beziehungspartner – wird nun eine Spielszene entworfen, die der jeweiligen Erfahrung und Phantasie bezüglich der gewählten Beziehungsdynamik entspricht. Man kann sich dabei entweder auf der mythischen Ebene bewegen, oder man aktualisiert die Beziehungsdynamik in einer alltäglichen Szene. Die mythische Ebene erzeugt jedoch mehr Größe im gestischen Ausdruck und mehr Tiefe im seelischen Eindruck und beflügelt die Phantasie mehr als ein reales Alltagsrollenspiel.

Zudem kann die Zusatzaufgabe, während des Spiels auftauchende Impulse zur Veränderung der Dynamik aufzunehmen, leichter umgesetzt werden, weil wir uns auf der Ebene der Phantasie bewegen, wo kreative Lösungen näherliegen.

Zum Beispiel merken Zeus- und Heradarsteller während des Probens plötzlich, dass der Wunsch auftaucht, mit dem Streiten aufzuhören, um sich lachend zu umarmen. Sie können diese und auch andere Wendungen direkt praktisch miteinander ausprobieren, dabei Vor- und Nachteile spielend erkunden. Sie können damit tätig werden im Sinne des Erlösens von einengenden Beziehungsmustern.

In einer anderen Kleingruppe, zu Ishtar und Tammuz, merkt z.B. der junge Mann-Darsteller, wie tatsächlich das Bild der Mutter und die damit verbundenen regressiven Wünsche zur Partnerin hin immer wieder auftauchen. Der Wunsch entsteht, das innere Bild der Mutter von dem der Geliebten trennen zu wollen. Auf der Seite der weiblichen Darstellerin wird der Impuls deutlich, sich von unausgesprochenen Mutter-Wunschbildern ihres Partners zu trennen.

Während dieser Erarbeitungsphase kommen wichtige Erkenntnisprozesse in Gang. Das einfache Reinszenieren und Spielen des Ist-Zustandes wirkt alleine schon sehr befreiend (s.o. Theaterspielen als Distanz schaffendes, erleichterndes und heilsames Moment).

Nachdem alle Gruppen ihre Szenen entwickelt haben, beginnt eine Art Theateraufführung, von der Atmosphäre und Konzentration her eher einer rituellen Handlung ähnlich.

Die Szene wird gespielt. Die Zuschauer-Zeugen geben als Antwort zum Schluss eine stimmliche Resonanz oder klatschen. Die Spieler setzen sich an den Bühnenrand und bekommen Raum, etwas aus dem direkten Erleben heraus zu sagen. Die Frage lautet: Womit bist du jetzt beschäftigt?

Einzelne Zuschauer-Zeugen sagen ihrerseits etwas als Sharing: Was hast du mit deinem Spiel in mir angerührt oder berührt?

Es geht darum, ein Feld des Miterlebens zu kreieren. Wichtig bei dieser Resonanz ist, dass nicht lange und nicht über die Dinge geredet wird.

Wenn alle Spiele durchgespielt und miterlebt worden sind, wird ein rituelles „Derolling" in der Gesamtgruppe vollzogen: Man legt einen Gegenstand oder Kostümteil der Rolle vor sich hin und verabschiedet ihn mit einem inneren Monolog. Man bedankt sich bei der Rolle und benennt, was man durch die Rolle für Erfahrungen machen konnte.

Da wir davon ausgehen können, dass wir alle sieben Beziehungsdynamiken mehr oder weniger stark wirkend in uns tragen, kann es sein, dass eine bestimmte Dynamik eines anderen Spiels uns nun zusätzlich sehr beschäftigt.

Die folgende (Klein-)Gruppenarbeit ist dazu gedacht, dass solche neu hinzugekommenen Dynamiken und offene Aspekte des eigenen Spiels Raum bekommen, um diese neuen Elemente je nachdem;

- in einem erneuten Rollenspiel auszuprobieren: Zum Beispiel möchten zwei andere Personen die Statue und Pygmalion ausprobieren, die Darstellerin der Statue möchte sich wehren und kommt vom Sockel. Zu einem späteren Zeitpunkt geht die reale Partnerin in die Rolle der Statue, worauf „Pygmalion" aufhört, an ihr herumzuformen, und ein klärendes Gespräch zwischen den beiden zum Thema: „Ich hätte dich gern anders und nehme dich jetzt so, wie du bist" kann sich anschließen;

- in einer Standortbestimmung eigene Prozesse zu benennen – zum Beispiel: Ich spüre in mir die Haltung von Isolde noch ab und zu als früheres Beziehungsideal wirken; da ich es als solches erkennen kann, muss ich es (hoffentlich) nicht mehr agieren;
- in einer gestalttherapeutischen Einzel- oder Paararbeit aufzuarbeiten;
- verbal zu integrieren. Zum Beispiel haben die beiden Darsteller der Pygmalion-und-Statuen-Szene ihre Szene umgewandelt in eine gleichberechtigte Bruder-Mann- und Schwester-Frau-Situation und möchten die Runde nutzen, um von ihren Erfahrungen auf dem Weg dorthin zu erzählen;
- nächste Schritte zu benennen bezüglich der realen Paarbeziehung, die auf Grund dieser Selbsterkenntnis-Reise deutlich geworden sind.

Die Erfahrung zeigt, dass diese spielerische Art der Auseinandersetzung mit Beziehungsmustern tief in die Seele hinein wirkt. Die Seele „denkt" in Bildern (wie wir aus den Träumen wissen). Die Seele labt sich an Bildern. Das Aufnehmen geschieht über das Bildhafte, über das Ganzheitliche und Mehrdeutige, über das Selber-Handeln und Verkörpern. Wir lernen, indem wir etwas selbständig erarbeiten und praktisch ausprobieren, wir energetisieren uns in der Aufregung bei der Präsentation.

Unsere Seele kommt da in Schwingung, wo die Sinne angesprochen werden, wo sie spielen darf und kreativ wird. Unsere Seele schwingt, wenn lebendige Bilder entstehen und sich Inneres im Außen verwirklicht. Die Türen zu den eigenen kreativen Potentialen sind geöffnet worden.

Therapeutisches Theater/Dramatherapie hat viele Facetten und Anwendungsgebiete sowohl in therapeutischen Zusammenhängen als willkommene Ergänzung der therapeutischen Verfahren als auch in der Einzelarbeit in Therapie und Coachingprozessen.

Ferner kann es genutzt werden in Managementseminaren und firmeninternen Weiterbildungen. In betriebsinternen Trainings geht es hauptsächlich darum, die „richtige" – sprich: passende – Geschichte für diesen Betrieb zu finden. Ein Szenario, das den Mitarbeitern ermöglicht, auf einer anderen Ebene (nämlich der Ebene der Phantasie und Kreativität) fern vom Alltagsbewusstsein Dinge mit sich und den anderen KollegInnen zu erproben. Auf der Bilderebene kommen beim Theaterspielen Bewusstes und Unbewusstes zusammen. So können die Kräfte geeint und Ziele und Visionen auf den Weg gebracht werden. Theater ist nicht nur Abbildung von Wirklichkeiten, sondern Theater schafft auch neue Wirklichkeiten.

Die theatertherapeutische Arbeit mit Mythen und Archetypen liegt auf der Tiefungsebene IVc der CoreDynamik. Wir führen sie ein nach der vorbereitenden Körperwahrnehmungsschulung, den Sensibilisierungsübungen und der Atemarbeit sowie nach der Maskenarbeit zu den vier Archetypen. Das Anwenden der theatertherapeutischen Arbeit in der CoreDynamik bildet die Brücke zur vertieften Beschäftigung mit den Paardynamiken der TeilnehmerInnen, die im folgenden Aufsatz beschrieben wird.

Literatur

Aissen-Crewett, Maike: *Dramatherapie*, Potsdam 1999, Universitätsbibliothek Bd. 1

Tanz-Theater-Therapie: *Szene und Bewegung in der Psychotherapie*, München/Basel 1998

Junker, Johannes und Cimmermaus, Gé: *Dramatherapie und Schizophrenie*, Ausgabe der Hochschule Arnhem und Nijmegen, NL 1998

Kast, Verena: *Paare*, Stuttgart 1984

2.5 Die Arbeit mit Paardynamiken. Von *Bernhard Mack*

Entsprechend dem Konzept der zunehmenden Komplexität folgt im coredynamischen Entwicklungsprozess nach der Arbeit am individuellen Prozess der Fokus auf den Menschen als Paarwesen.

Zuerst geht es auch hier um Diagnostik, und zwar um phänomenologische Diagnostik. Dies heißt im einzelnen: Was sehe ich? Was erscheint im Kontakt zwischen den beiden? Was wird durch bloßes Hinschauen offensichtlich? Als mögliche Hilfsmittel für die phänomenologische Diagnostik dient zum Beispiel die Arbeit mit den Identitäts-Supportsäulen, mit Bewegungen, dem Tanz und dem inneren Dialog der Teilpersönlichkeiten.

So ist z.B. ein möglicher Einstieg in die Paardiagnostik das Malen eines Bildes zum Thema „unsere Stützen" oder „die Stützen unserer Liebe". Im Gruppenprozess werden die acht Säulen der Identität (Körper, Gefühle etc.) genannt und erläutert. Währenddessen lässt jede und jeder Einzelne gleichzeitig ein Bild entstehen, indem sie und er – ohne zu denken – die Hände zu Farbstiften und diese dann übers Papier gleiten lässt. Es entstehen zwei meist sehr unterschiedliche Bilder der beiden Partner, die die jeweilige Perspektive der Wahrnehmung von der Beziehung ausdrücken. Diese Bilder und seine Besprechung können einen ersten Eindruck der Beziehungsgestalt vermitteln.

Eine andere Möglichkeit zum Einstieg bietet der Paartanz. Beide Partner haben eine Musik ausgewählt, nach der sie entweder einen choreographierten oder frei improvisierten Tanz tanzen. Durch Hinschauen werden wesentliche Strukturen der Beziehung deutlich, z.B.: Wie heißt das Thema dieses Paares? Wo sehen wir die Hauptkonflikte? Welche Begriffe und Symbole fallen uns ein: z.B. Kampf, Symbiose, einsam, auf der Suche?

Der Tanz oder das Bild von den Supportsystemen dienen zum gemeinsamen Gespräch der beiden. Der oder die Begleiter und die übrigen GruppenteilnehmerInnen hören einfach zu und versuchen, die Themen des Paares zu erfassen und zu verstehen: Was ist geschehen, und was ist jetzt? Dabei wird versucht, die Geschichte der Beziehung, die Story, ohne Vorwürfe zu **erzählen**. Die Story der Beziehung ist eine wesentliche Einflussgröße auf das jetzige Befinden der beiden. Es geht darum, prägnante Gestalten, Themen und Konflikte herauszuarbeiten. Insbesondere die Arbeit am Kontakt ist schon jetzt möglich. Ein wichtiges Diagnostikum ist auch die Szene des Kennenlernens mit den damaligen spontanen Projektionen. Daraus und aus der Analyse des Bildes oder des Tanzes kann die Analyse des Beziehungsvertrages geleistet werden: Wofür brauche ich dich? Wozu brauchst du mich?

Die Frage danach, welche inneren Löcher oder Konflikte oder Probleme der eine beim jeweils anderen füllen oder stopfen soll, ist ein wesentlicher Aspekt des Beziehungsvertrages. Ebenso werden die Stützen und Chancen, Gefährdungen und Konflikte sowie die Wünsche und das Unerfüllte in der Beziehung herausgearbeitet. Hilfreich ist es dabei, der Beziehung, dem Tanz, dem Bild einen Titel zu geben und eventuell einen Film oder ein Märchen oder einen Mythos als Charakterisierung dieser Beziehung zu finden.

Der Begleiter fragt sich: Was kann ich an Interaktionen beobachten?

Was ist versteckt und nicht gezeigt worden?

Wie unterschiedlich oder gleich sind die Energiebögen der Partner?

Was ist zu den jeweiligen Lebensentwürfen anhand der ersten Eindrücke zu sagen?

Jetzt schon kann vermittelt werden, dass es in jeder Story immer drei Geschichten gibt: Meine, deine und unsere, jede ist subjektiv und wahr. Die bisherigen Schritte auf der Tiefungsebene I geben Sicherheit und Vertrauen, weil sie eine strukturierte Landkarte über die Beziehungsthemen und Dynamiken vermitteln.

Im nächsten Schritt gehen wir auf die Tiefungsebene II, die Gefühle. Es kann für beide Partner heilsam und aufregend zugleich sein, den Partner durch den Gefühlsparcours hindurch zu begleiten. Beide Partner erleben dadurch, dass der andere ein großes Spektrum an Gefühlen hat und dass es völlig undramatisch sein kann, ihn darin zu begleiten, ohne sich selbst in die Gefühle des anderen hineinziehen zu lassen. Dies ist eine gute Übung darin, dass Partner sich gegenseitig im Gefühls- und Entwicklungsprozess respektieren und unterstützen. Es kann die Haltung entstehen: „Gefühle sind wichtig, sie wollen leben, und sie brauchen Raum zu ihrem ungehinderten Ausdruck." Danach entsteht meist eine befriedigende Entspannung und oft schon jetzt eine Versöhnung.

Durch den Gefühlsparcours kann biografisches Material hochkommen, was dann in der Paartherapie oder in der Paargruppe aufgearbeitet wird. Das Zeigen von Gefühlen und Kennenlernen wichtiger biografischer Szenen sowie die Begleitung in regressive Zustände (Ebene III) vertieft das gegenseitige Vertrauen und öffnet Türen. Die Erfahrung ist, dass es für Paare sehr heilsam ist, andere Paare in ihrer Arbeit zu begleiten. Das entlastende Moment ist meistens: „Es ist so gut, andere Paare in ihren Problemen zu sehen und dabei zu erfahren, dass wir nicht allein mit unseren Konflikten sind, sondern dass es sich hier um allgemein menschliche Themen bei den meisten anderen Paaren handelt."

Nun sind die Paare vorbereitet, auf eine weitere Tiefungsebene zu gehen, die Ebene des Körpers. Zunächst werden Körpersensibilisierungsübungen angeboten, die persönliche Geschichte in den einzelnen Körperteilen erinnert und mitgeteilt.

Wie die Beziehungsmuster durch Mythen oder Archetypen analysiert werden können, hat *Doris Müller* oben beschrieben, so dass hier nur darauf hingewiesen werden soll.

Dann begleiten die Partner sich gegenseitig in der vertieften Atemarbeit. Dies kann bei einigen Paaren zuerst Angst auslösen, sich dem Partner in solcher Offenheit und Intimität zu zeigen und umgekehrt den Partner in dieser Intensität zu erleben. Die Erfahrung mit Hunderten von Paaren zeigt jedoch, dass es sich ausnahmslos positiv auf die Paardynamik auswirkt, wenn man den Partner in intensiven Prozessen erlebt. Das Ausmaß der Freude, der Trauer, der Intensität von Bewegung und Tanz, von Stimme, Tönen und Selbstausdruck ist für manche Partner total neu und erhellend in Bezug auf das Verhaltensspektrum seines Partners. Diese neue Erfahrung wird zumeist mit Freude und vertiefter Liebe registriert. Auch bei Paaren, die vorher schon in Richtung Trennung gehen wollten, ist die gegenseitige Begleitung bei einer vertieften Atemarbeit oftmals die Möglichkeit eines Neubeginns für die Beziehung, weil sie neue Horizonte eröffnet: „So habe ich meine Frau ja noch nie erlebt. Dies gibt mir Hoffnung und Mut.“ Oder: „So spontan, erotisch und intensiv habe ich meinen Mann noch nie gesehen. Das zeigt uns neue Möglichkeiten.“

Neben der Erweiterung des Verhaltensspektrums kann die gemeinsame Eröffnung der Atemarbeit auch neue Sinnhorizonte, neue Themen und Energien für die Liebesbeziehung eröffnen. Damit kann ein wichtiger Schritt in konflikthaften Beziehungen gelingen: die Versöhnung. Spätestens jedoch mit dem folgenden Ritual wird Versöhnung und Neubeginn in einer Beziehung eingeleitet.

Es handelt sich um ein Ritual, das wesentliche Aspekte unserer Paararbeit zusammenfasst und entweder einmalig mit hoher Wirkung durchgeführt werden kann oder zur regelmäßigen Paarhygiene dient.

Zuerst bekommen die Paare den Prozessablauf des Rituals erläutert, sodann bereiten sie jeder für sich und auch gemeinsam die einzelnen Schritte vor und gestalten schließlich das Ritual in der Mitte der Gruppe oder vor dem Therapeuten. Das Ritual besteht aus acht Schritten:

1. Vorbereitung und Eröffnen des Rituals

Die Paare werden aufgefordert, den Raum für das Ritual herzurichten, ihre persönlichen Kraftsymbole bereitzustellen, wie z.B. eine Kerze, eine Blume, Steine, Figuren, und eine entsprechende Musik auszuwählen. Das Herrichten des Ritualraumes bringt zum Ausdruck: Wir machen hier etwas Besonderes. Wir öffnen einen speziellen Raum der Heilung und des Neubeginns.

Dabei können auch gute Kräfte oder andere Unterstützungsgeister eingeladen werden. Durch eine Bewegung, durch eine Geste gehen die beiden in das Ritual und eröffnen sich damit diesen speziellen heiligen Raum.

2. Würdigen, was ist

Die 2. Phase dient dem „Würdigen, was ist." Die Partner sitzen voreinander und sagen sich gegenseitig, was sie füreinander sind, d.h. welche Bedeutung sie füreinander haben und was sie aneinander schätzen. So z.B.:

„Ich würdige dich als meine Frau und Geliebte, und ich schätze oder respektiere besonders an dir ..."

„Ich würdige dich als meinen Mann, den Vater unserer Kinder und als meinen Geliebten und Freund und schätze und respektiere besonders an dir ..."

Die klare Form des Voreinander-Sitzens in einem geheiligten Ritualraum und die klaren Formulierungen ergeben in der Regel schon eine sehr feierliche und gefühlvolle Atmosphäre, in der die Widerstände gegen den Partner zu schmelzen beginnen. Wir arbeiten hier mit den positiven Ressourcen einer Beziehung. Manchmal werden hier Formulierungen zum allerersten Male gebraucht, die sich der/die gegenübersitzende Partner/in seit Jahren gewünscht oder ersehnt hat.

Zum besseren Verständnis der nächsten vier Ritual-Phasen ist die Lektüre des Aufsatzes „Wachstum und Kontakt" von *von Bialy* und *Volk-von Bialy* in diesem Buch zu empfehlen. Dort werden die im Folgenden genannten Kontaktunterbrechungen ausführlich beschrieben.

3. Rücknahme von Projektionen

Zu Beginn wird betont, dass wir Menschen alle projizieren. Projektionen sind Teil der Struktur unserer Wahrnehmungen. In der Projektion „schieben" wir eigene innere Bilder, Gedanken, Gefühle und Empfindungen dem Partner zu. Es erfordert ein hohes Maß an Bewusstheit, um zu erkennen, dass wir projizieren. Und es bedeutet Mut, die eigenen Projektionen und Bilder zu benennen und sie dann in die eigene Verantwortung zurückzunehmen. In diesem Ritual wird großer Wert auf die rituelle Formulierung dieser Sätze gelegt. So z.B.:

„Bisher habe ich auf dich meinen Vater und seine Unordentlichkeit projiziert – ich erkenne jetzt: Das ist mein Bild, und ich nehme es zurück zu mir in meine Verantwortung."

Oder: „Ich habe bisher auf dich projiziert, dass du ärgerlich, unzufrieden und unglücklich bist. Das sind meine Gefühle und meine inneren Zustände, und ich nehme sie zurück zu mir in meine Verantwortung."

Die Rücknahme von väterlichen und mütterlichen Bildern, von Aggressionen, Enttäuschungen und charakterlichen Zuschreibungen in die eigene Verantwortung ist ein wesentlicher Reinigungsprozess in der Arbeit mit Paaren und fördert die Übernahme von Verantwortung. Manchen Paaren gelingt es, ganze Listen von Projektionen zu benennen. Die Partner hören es meistens mit Rührung und großer Erleichterung, wenn etwas ausgesprochen wird, was beide wussten und trotzdem bisher in den Tabubereich verbannt hatten.

4. Rückgabe von Introjekten

Introjekte sind Aspekte, von den Zuschreibungen meines Partners mir gegenüber die ich in mich hineingefressen habe. Es ist heilsam, diese inneren Selbst-Festlegungen zu identifizieren, sie dann wieder herauszuholen und sie wieder zurückzugeben, nein zu sagen zu dem, was der andere mir aufdrücken möchte. Auch hier werden die Formulierungen genau eingehalten: „Bisher habe ich deine Zuschreibung in mich hineingefressen, dass ich faul und unordentlich sei. Das ist dein Bild, und ich gebe es dir zurück. Das bin ich nicht."

Oder: „Du sagst immer, dass ich lustlos und uninteressiert an Sexualität sei. Das ist deine Projektion. Ich habe es in mich hineingefressen. Ich gebe dir diese Introjektion jetzt zurück. Ich bin es nicht."

Auch die Rückgabe der Introjekte ist ein sehr heilsamer Reinigungsprozess, bei dem oftmals ganze Listen von inneren unverdauten Zuschreibungen und Gedankenmustern hochgeholt und zurückgegeben werden.

5. Auflösung von Symbiose und Konfluenz

Viele Paare leben in einer zu engen Verschmelzung, sodass sie nicht mehr wahrnehmen, wo der eine anfängt und die andere aufhört. Oftmals liegt ein tiefes Ähnlichkeits- oder Gleichheitsbedürfnis vor, das Individuiierung und Unterscheidung erschwert oder verunmöglicht. Beziehung ist jedoch nur in der Würdigung des Unterschieds zwischen zwei Partnern möglich. Deswegen erlauben wir in diesem Ritual explizit die Unterschiedlichkeit zweier Menschen und begrüßen sie sogar.

Beispielsweise könnten die Partner in ihren Worten etwas ähnliches sagen wie: „Bisher dachte ich, du müsstest genau so sein wie ich. Jetzt sehe und anerkenne ich, dass du anders bist als ich. Ich respektiere dein Anderssein und würdige diesen zusätzlichen Reichtum, der dadurch in mein Leben getreten ist.

Bisher dachte ich, dass wir möglichst viel zusammentun müssten, gleiche Gedanken und Bedürfnisse haben müssten, oft oder immer verschmolzen sein müssten. Jetzt sehe und anerkenne ich, dass wir unterschiedlich denken und fühlen und handeln dürfen.

Ich würdige, dass du ein eigenständiger Mensch bist und respektiere deine Bedürfnisse.

Ich löse meine Symbiosewünsche auf.

Ich akzeptiere, dass es eine Grenze zwischen uns gibt."

Wenn Partner sich gegenseitig diese Grenze und das Anderssein erlauben, entsteht in der Regel eine Entspannung, die auch nach schwierigen Phasen einen Neubeginn ermöglicht.

6. Vollendung des Kontakts, Wandlung von Nehmen und Geben

Eine heimtückische Kontaktunterbrechung ist die Nicht-Würdigung dessen, was alles gut ist in der Beziehung oder m.a.W., die Kontaktunterbrechung kurz vor der Vollendung des Kontakts, d.h. kurz vor der „Ernte". Das kann z.B. die Abwertung einer schönen Liebesnacht sein („Ach, so toll war es nun auch wieder nicht"), das kann das Abwenden mitten in einem guten Gespräch sein. Es ist wie geschichtslos sein und wirkt wie eine „Vernichtung" der real gelebten positiven wie schwierigen Begegnungen in der Beziehung.

Zuerst geht es hier um ein Bewusstsein dafür, dass es notwendig ist, jeden Kontaktzyklus wirklich abzurunden, ihn bis zum Ende zu erleben und zu würdigen (siehe *Bialy*). Mögliche Formulierungen könnten sein: „Ich habe bisher die vielen kleinen schönen Dinge unseres Alltags übersehen, ignoriert und nicht in ihrer Wichtigkeit akzeptiert. Ich würdige jetzt die kleinen Aufmerksamkeiten als wesentlich für die Liebe und die Erfüllung." – Oder: „In entscheidenden Momenten bin ich oft ausgewichen, habe mich versteckt. Ich werde von nun an klarer im Kontakt sein und dir mitteilen, wie ich unsere Begegnungen erlebe und dich und uns damit würdigen."

Oder: „Bisher bin ich auf der Türschwelle stehen geblieben, habe nicht gewagt, einen wirklichen Schritt in die Wirklichkeit der Verbindlichkeit zu gehen. Jetzt trete ich aus der Türfüllung heraus, auf dich zu und trete in einen neuen Raum der Verantwortung für mein Handeln."

Dieses wirkliche „Nehmen" der Begegnung ist letztlich auf einer tieferen Ebene ein Geben, ein Geben von Aufmerksamkeit und Anwesenheit. Dies scheint das Wichtigste in einer erfüllenden Beziehung zu sein. Damit kann das Geben in den Vordergrund treten.

Solange wir in einer Beziehung nur nehmen wollen und die eigene Bedürftigkeit in den Vordergrund stellen, sind wir abhängig von unseren Launen und unseren schnell wechselnden Gefühlen und denen unserer Partner. Alles ist ständig gefährdet, wenn wir hauptsächlich nehmen wollen, weil wir dann im „Kind" sind und unsere Gefühle und unsere Bedürftigkeiten das Regiment führen. Gefühle und Bedürfnisse können aber niemals wirklich vollständig befriedigt werden. Das ist die Natur von Gefühlen und Bedürfnissen. Achtsames Schenken ist das Einzige, was uns unabhängig macht vom Terror der Bedürftigkeit.

Geben braucht und gibt die Kraft der Beständigkeit. Das Wunder geschieht, wenn einer oder beide anfangen, zu geben.

Aber wie geht das, geben? Ist es Selbstlosigkeit? Nein, es ist ein Sich-Öffnen aus Selbstbewusstheit. Wenn wir im Kontakt mit dem Core erfahren, dass wir unendlich reich und beschenkt sind, können wir uns nichts mehr „vergeben", und die Energie der Liebe kommt ins Fließen.

Je nach Charaktermuster und Grenzproblematik sollten die Partner hier die angemessenen Formulierungen für eine Öffnung ins Geben finden. Es fühlt sich oft wie eine Erlösung an, dass dieses Thema nun enttabuisiert und auf den Weg gebracht ist.

7. Nullpunkt-Setzung

Dieser Punkt des Rituals ist oftmals besonders schwer, da er ein Verzeihen und eine Versöhnung voraussetzt. Die Nullpunktsetzung ist aber sehr zentral und unabdingbar, damit die Beziehung frei wird von alten Vorwürfen und den ewig sich im Kreise drehenden Beziehungsgesprächen: „Ich werfe dir vor, dass du damals vor 5 Jahren im Sommer an besagtem Abend mir nicht zugehört hast."

Paare können erkennen, dass ihre Beziehung in jedem Moment neu beginnen kann. Diese Erkenntnis ist äusserst schwierig und erfordert eine hohe Disziplin. Erfahrungsgemäß gelingt es im Alltag selten, diese Nullpunktsetzung durchzuhalten. Aber allein die Erklärung der Bereitschaft dazu kann ein großer Türöffner in Richtung auf eine neue Beziehungsebene sein: „Wir beginnen diese Beziehung jeden Tag neu. Wir brauchen damit unsere alten Verletzungen nicht zu verdrängen oder zu vergessen, aber wir hören auf, sie dem anderen weiterhin zum Vorwurf zu machen." Die Nullpunktsetzung als Geschenk an sich selber und an den geliebten Partner kann täglich wiederholt werden. Jeden Tag und in jedem Moment beginnt die Beziehung neu. „Dieser Moment ist der Punkt null unserer Beziehung." Diese Sätze werden in individuell formulierten Worten dem anderen mitgeteilt und in ritueller Form bekräftigt.

8. „Ich mache dir ein Geschenk"

Der Höhepunkt des Rituals ist die direkte Übergabe oder das rituelle Versprechen eines Geschenkes.

Jeder Partner entscheidet natürlich für sich selbst über die Größe und das Ausmaß des Geschenkes. Es wird aber angeregt, dass dieses Geschenk in diesem Ritualkontext zumindest einen kleinen Opfercharakter haben soll, also etwas, das ein wirkliches Hingeben darstellt. Das kann sein: das Loslassen alter Verhaltensmuster oder Vorwürfe. Das kann auch bedeuten: dem anderen lang gehegte tiefe Wünsche in der Freizeitgestaltung, der Sexualität oder bezüglich der Kinder zu erfüllen.

Das Ritual wird dann feierlich mit Verneigungen oder anderen rituellen Gesten beendet. Die übrigen GruppenteilnehmerInnen geben zuerst ein Sharing (berichten, welche Gefühle und Themen das Ritual bei ihnen ausgelöst hat) und dann ein Feedback (teilen mit, was sie gesehen haben und wie es bei ihnen ankam). Meist ist das Teilhaben an einem solchen Ritual sehr bewegend und löst auch bei den übrigen Paaren und Einzelwesen tiefgreifende Erkenntnisse und Horizonterweiterungen aus.

Es ist gut, gleich anschließend ein Protokoll zu verfertigen, um sich gegenseitig an die einzelnen wichtigen Schritte des Rituals erinnern zu können. Auch und gerade deswegen, weil eine Wiederholung der Schritte im Alltag eine stabilisierende Wirkung für die neue Ebene in der Beziehung haben kann.

Weitere Paar-Rituale habe ich in „*Der Liebe Sinn*“ und „*Rituale*“ ausführlich beschrieben.

Ich fasse die Prinzipien wirksamer Paartherapie zusammen:

Im Wesentlichen geht es um das Hier-und-Jetzt-Prinzip. Es ist immer am wirksamsten, direkt von dem beobachtbaren Verhalten der beiden auszugehen und am realen Kontaktprozess zu arbeiten. Wir können den Paaren dabei ihre Kontaktunterbrechungen bewusstmachen. Wir geben Erlaubnis, sich abzugrenzen, wir aktivieren die Körper, damit sie mehr Klarheit und Gefühl aktivieren können.

Wir üben den „*Flow of Consciousness*“ über die klassische Was-ist-jetzt-Übung: „Ich spüre jetzt ..., ich sehe jetzt ..., ich bin mir jetzt bewusst ..., ich will jetzt ....“ Dabei ist die Erfahrung der heilenden Kraft des *und* (ich bin stark *und* hilflos, zugewandt *und* ängstlich; ich liebe dich, *und* manchmal brauche ich einfach Abstand, ich habe Ängste, *und* ich werde bei dir bleiben; ich begehre dich, *und* manchmal habe ich keine Lust) für viele Paare eine revolutionäre Erkenntnis.

Bezüglich der Sexualität geht es bei vielen Paaren um das Üben von feinen Berührungen und um die Kunst der nicht-sexuellen Berührung. Begegnungsrituale und Wunschrituale sowie die Aktivierung der erwachsenen Potentiale der beiden Partner können hier Wunder wirken.

Bei der Arbeit mit Paaren ist die Stütze der einzelnen Partner durch gleichgeschlechtliche Supportgruppen von großer Bedeutung. Wir schaffen regelmäßig Räume dafür, dass Frauen und Männer sich untereinander begegnen können und sich Solidarität innerhalb der gleichgeschlechtlichen Gruppe entfalten kann. Es ist von großem Wert, von anderen Frauen oder Männern zu hören (ohne dass die andersgeschlechtlichen Partner anwesend sind), welche Probleme oder Schwierigkeiten die anderen Frauen oder Männer haben und wie sie damit umgehen. Frauensolidarität und Männersolidarität sind wichtige Bedingungen für das Gelingen gemischtgeschlechtlicher Paarbeziehungen.

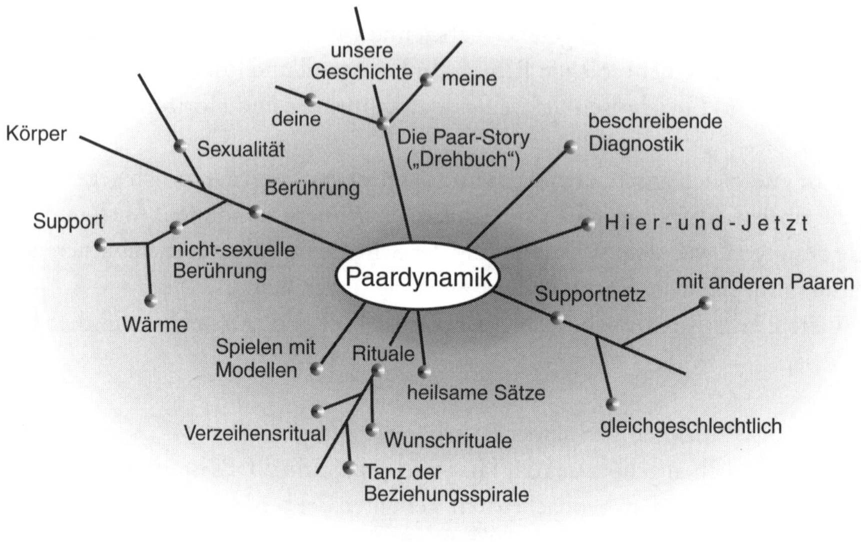

Abb. 12: Mind Map

Das Spezifische an unserem coredynamischen Ansatz ist das freie Spielen mit unterschiedlichen, teilweise auch scheinbar widersprüchlichen Modellen. Systemische, biologistische oder auch analytische Ansätze widersprechen sich meines Erachtens keineswegs. Ebenso können Verhaltenstherapie, Transaktionsanalyse und Hypnotherapie in einer effektiven Paararbeit sinnvoll kombiniert werden. Die unterschiedlichen Modelle thematisieren unterschiedliche Ebenen unseres Seins und deuten auf verschiedene Möglichkeiten, Wege zu öffnen oder Brücken zu bauen zwischen zwei schwingenden Universen, die beide Partner darstellen.

Abschließend sollen noch einige heilsame Sätze und versöhnliche Deutungen für die Partnerschaft angeboten werden:

1. Ich bin nicht wie du, und du bist nicht wie ich.
2. Ich und du können nicht hellsehen.

3. Ich teile meine Wünsche und Bedürfnisse deutlich mit.
4. Ich kann mir und dir verzeihen.
5. Ich zeige meine Ängste und nehme deine Ängste wahr.
6. Ich nehme mir Zeit für Nähe zu mir und dir.
7. Wo und wie verpassen wir uns gerade?
8. Wo und wie begegnen wir uns im Moment?
9. Was fühle ich jetzt?
10. Was sehe, höre, denke ich jetzt?
11. Wie wär's mit etwas Humor?

Die weiteren Schritte auf den Tiefungsebenen V und VI (Raum und Core) sind in meinen beiden Büchern zur Paartherapie ausführlich geschildert worden. Ebenso gibt hier unsere CD „*Vision – Wege zu erfüllenden Liebesbeziehungen*" eine gute Übungsanleitung zu einem gemeinsamen Weg zur Mitte, zum Zentrum, zum Core. Das Core ist das Zentrum, der Sinn, der Höhepunkt von Beziehungen sowie der Dreh- und Angelpunkt des gemeinsamen Heilungsprozesses.

Literatur

Cöllen, Michael: *Heilende Partnerschaft. Paartherapie als Seelendialog*, Reinbek 1993
Desjardins, Arnaud: *In Liebe gemeinsam wachsen*, Freiburg 1989
Fromm, Erich: *Die Kunst des Liebens*, Frankfurt/Main 1981
Johnson, Robert A.: *Traumvorstellung Liebe. Der Irrtum des Abendlandes*, Olten 1988
Mack, Bernhard: *Der Liebe einen Sinn geben*, Berlin 1996
Mack, Bernhard: *Rituale alltäglichen Glücks*, Paderborn 1997
Margo Anand: *Tantra oder Die Kunst der sexuellen Ekstase*
Pierrakos, John C.: *Eros, Liebe & Sexualität*, Essen 1998
Plesse, Sunito M. und St. Clair, Bijo: *Feuer der Sinnlichkeit*, Vaduz 1988
Willi, Jürg: *Die Zweierbeziehung*, Reinbek 1990
Willi, Jürg: *Was hält Paare zusammen?* Reinbek 1993
Wheeler, Gordon: *Gestalttherapie mit Paaren*, Wuppertal 1999

2.6 Aquatische Körperarbeit in der CoreDynamik. Von *Maria Roszkopf-Niel* & *Hubert Roszkopf*

Des Menschen Seele gleicht dem Wasser:
Vom Himmel kommt es, zum Himmel steigt es,
und wieder nieder zur Erde muss es,
ewig wechselnd.
Johann Wolfgang von Goethe

Aquatische Körpertherapie

In den letzten Jahren entstanden verschiedene Formen der Körperarbeit im Wasser. Wir beschreiben in diesem Aufsatz die Einsatzmöglichkeiten und Wirkungsweisen von Wassershiatsu und Wassertanzen im Kontext coredynamischer Prozessarbeit.

Was ist Wassershiatsu und Wassertanzen? Beim Wassershiatsu (WATSU) und Wassertanzen (WATA) wird der Klient in körperwarmem Wasser auf leichte und sanfte Weise in eine tief entspannende, meditative Schwerelosigkeit geführt und seine Lebensenergie zum Fließen und Pulsieren gebracht.

Zunächst erläutern wir einige Merkmale des Wassershiatsu. WATSU wurde begründet vom Zen-Shiatsumeister *Harald Dull.* Er integrierte verschiedene Techniken und brachte das Element Wasser hinzu, da die betreffenden Berührungen, Dehnungen und Bewegungen im Wasser noch wirkungsvoller sind als an Land.

Wirbelsäule und Gelenke werden mit Spiralen-, Bogen-, Halbmond-, Pendel-, Wellen- und Kreisbewegungen gelockert. Durch die Aktivierung der Akupressurpunkte und Meridiane wird die Durchblutung gefördert und die Atmung vertieft. Dies unterstützt den Abbau von Stress, Ängsten und Verspannungen. Gewohnte Halte- und Bewegungsmuster werden durch rhythmisch fließende Bewegungssequenzen aufgelöst und harmonisiert.

Physische und psychische Energiestaus verwandeln sich in Leichtigkeit, in Stille und nährende innere Ruhe. Körper, Geist und Seele kommen wieder ins Gleichgewicht. Auf Rücken- und Atembeschwerden, Konzentrations- und Schlafstörungen, Unruhegefühle, Überbelastung, Kopfschmerzen und Migräne wirkt sich diese Erfahrung positiv aus.

Im Wasser wird der Klient – auf seine Befindlichkeit methodisch abgestimmt – behutsam über und unter Wasser getragen und im Wellenrhythmus geschaukelt, gedehnt, gestreckt und massiert. Tai-Chi-ähnliche, fließende Bewegungsabläufe fördern das Wohlbefinden in Körper und Psyche. Ein neues, harmonisches Körperbewusstsein kann sich dadurch entfalten.

Beim **Wassertanzen (WATA)** kommt die Dimension des „unter Wasser“ verstärkt mit hinzu. WATA ist die Kunst der Langsamkeit über und unter Wasser. Begründet wurde dieses Vorgehen von *Arjana Brunschwiler* und *Aman Schröter*. In den langsam länger werdenden Bewegungsphasen unter Wasser zwischen Ein- und Ausatmen wird schwerelose Dreidimensionalität erfahrbar. Zeit- und Raumgefühl dehnen sich aus, Leben und Sein werden zum Fluss.

Wellenförmige Delfinbewegungen verbinden tiefe Entspannung mit Wachheit und Hingabe zu einer neuen Art von Lebensfreude und Lebenslust.

Die Einsatzmöglichkeiten von WATSU und WATA sind vielfältig und können folgenden Zielen dienen:

Entspannung
- Schwerelosigkeit
- Geborgenheit
- stille innere Freude
- Raum- und Zeitlosigkeit
- psychische Harmonisierung
- Freundschaft mit dem Wasser
- Geburtsvorbereitung und
- Regeneration nach der Geburt
- Lösen von Verspannungen
- Abbau von Ängsten
- Linderung von Depressionen
- Ausgleich zu allen Sportarten

Regeneration
- Rehabilitation nach Unfall, Verletzung, Operation
- Wirbelsäulen- und Gelenkmobilisation
- Kopfschmerz, Migräne
- Schlafstörungen
- Trauerarbeit
- Co-Therapie zu anderen Therapien
- Behindertenhilfe
- für heilbedürftige Kinder
- Körper-Geist-Vitalisierung
- für alte Menschen

CoreDynamik und Aquatische Körpertherapie

Im CoreDynamik-Prozess ist es möglich und zu speziellen Themen sinnvoll, die beschriebenen WATSU- und WATA-Techniken und deren Wirkungsweisen in die Gesamtstruktur eines Lernprozesses zu integrieren. Das Verständnis der Tiefungsebenen, der Grundüberzeugungen und der Kontaktdynamik sowie der Prozess- und Themenorientierung ermöglicht eine differenziertere Anwendung von WATSU und WATA. Umgekehrt wird durch das Medium des körperwarmen Wassers für die Prozessarbeit eine weitere Dimension eröffnet.

Körperwarmes Wasser spricht unsere körperliche und sinnliche Ebene an. Dies unterstützt unsere körpernahe und berührungsreiche Therapieform. Das größte Sinnesorgan des Menschen – die Haut – wird aktiviert. Die unmittelbare Wahrnehmung der Entspannungsimpulse des Wassers bringt die Aufmerksamkeit des Klienten sehr rasch in den Körper und lässt eine Tiefenwirkung des Erinnerns und Wohlbefindens entstehen.

Die Qualität dieser Therapie hängt mit der absichtslosen Körpernähe, mit der Stimmigkeit der Bewegungsabläufe über und unter Wasser sowie mit der liebe- und respektvollen Berührung zusammen. Der bewusste Kontakt in diesem Raum der Nähe, die Bewegung, die Berührung und das Element Wasser eröffnen eine neue Begegnungsqualität sowie therapeutisch wertvolle Erkenntnisse über Körper-Geist-Seele-Zusammenhänge.

Ein dem Prozessverlauf entsprechender Wechsel zwischen Begleitung am Lande oder im warmen Wasser trägt zu einer erweiterten und intensiveren Erfahrung bei. Durch das Spielen, Fühlen, Wahrnehmen, Beobachten, Forschen und Integrieren im Wasser wird die Wirksamkeit und Nachhaltigkeit des gesamten Therapie- und Erfahrungsverlaufes erhöht.

Der Einfluss des Tantra

Aus der Tradition des Tantra entlehnen wir für unsere Arbeit eine differenzierte Landkarte zur Förderung von Sinnlichkeit, Gefühlen, Lebenslust, Körperwahrnehmung, Sexualität und Spiritualität. Tantrische Lusterfahrungen sind frei von leistungsorientierten, technischen Vorstellungen. Im Tantra geht es um einen respektvollen, bewussten, offenen und kreativen Umgang mit unserem Körper. Eros und das sexuelle Wesen des Menschen werden im Tantra bewusst bejaht. Tantrische Methoden zielen darauf ab, die Trennung zwischen Sexualität und Herz aufzuheben.

Wir können lernen, die Vielfalt der möglichen Ausdrucksformen unserer sexuellen Energie zu erforschen, von meditativer Stille bis zur feurigen Lebendigkeit und Wildheit. Dies weist uns einen Weg zur neuen, tieferen und komplexeren Erlebniswelt für unsere Sinnlichkeit und Lebensfreude. Die dazu erforderliche Wachheit ist erlernbar und lässt uns die feinsten Bewegungen in unserem Körper als energetisches Pulsieren genussvoll entdecken. Wir können erfahren, welchen Gewinn es bedeutet, wenn wir mit dieser Energie verantwortlich, respektvoll, aufmerksam und kreativ jenseits von Verboten umgehen.

Prozessvorbereitung

Die Aquatische Körpertherapie ist eine nahe Körperarbeit. Die Grundberührungsqualität ist eine nährende und stützende, begleitet von einer diagnostischen Berührung, um spontan die richtige Wahl der Bewegungsabläufe treffen zu können.

Behutsam werden die Schritte der allmählichen Annäherung gewählt:

Eine einleitende Wassermeditation und die spielerische Art des Kennenlernens dieser Bewegungsarbeit schaffen Vertrauen und ermöglichen Annäherung. Durch die Einstimmung wird das Ankommen, das Entspannen und die Körperwahrnehmung gefördert. Die Atmosphäre der Geborgenheit gibt die Möglichkeit, den Herzbereich zu öffnen, lädt Erinnerungen und Gefühle ein. Eine innere Wandlung vom Tun zum Sein kann entstehen. Atembewusstsein nimmt zu. Entdeckungsfreude und Unmittelbarkeit können sich entfalten.

Während des Prozesses

Ein Aspekt des Prozesses ist die Bewusstwerdung des im Unbewussten gehaltenen und unterdrückten, nicht ausgedrückten Materials (Verhaltensprägungen, Konzepte). Das Unterdrückt-Unbewusste zu halten kostet Kraft und Anstrengung. Ständiges Ausagieren durch Zerstreuung, Muskelverspannung, Veränderungen der Körperposition, kleine unbewusste Bewegungen und Nervosität dienen dazu, das unterdrückte Material davon abzuhalten, in den Bereich der bewussten Wahrnehmung zu gelangen.

Durch unsere Verbindung von CoreDynamik und Aquatischer Körpertherapie wird ein Weg beschritten, durch den sich der gesamte Körper und auch die Psyche entspannen kann. In den Körperbereichen, in denen wir uns nicht entspannen, können wir unsere Art und Weise des Festhaltens deutlicher wahrnehmen.

Der Wassertherapeut schafft mit seiner entspannt-stabilisierenden inneren und äußeren Haltung eine Atmosphäre und einen Raum von Geborgenheit, Vertrauen und Schutz, in dem ein weiteres Entspannen möglich wird. Ein Verweilen in Hingabe und Offenheit wird initiiert. Dieser Zustand eröffnet die Chance, hochkommende Gedanken, Bilder und Gefühle zu empfinden und deutlicher wahrzunehmen. Mitgehen und Führen wechseln nach diagnostischer Einschätzung des Wassertherapeuten ab.

So entsteht die Möglichkeit, das Unbewusste und Verdrängte sanft und mühelos einzuladen und zu aktivieren. Dies geschieht dadurch, dass wir den wertfreien unmittelbaren Ausdruck unterstützen: Lachen, Seufzen, Weinen, verstärktes Atmen, Tönen, Plappern, Singen, sich spontan Bewegen, alles ist erlaubt. Parallel läuft die Erinnerung des Begleiters mit: „Was ist jetzt?"

Das mühelose Sein im warmen Wasser und das Eintauchen in den eigenen Prozess setzt kein Vorwissen und keine Leistung voraus und ist unabhängig von Alter und Vorerfahrung. Das Hier und Jetzt ist der Raum, in dem alles geschehen darf. Durch das warme Medium und die fließenden Bewegungsabläufe kann eine neue innere Landkarte des Seins entstehen.

Eines der Prinzipien der CoreDynamik ist der bewusste Wechsel der Tiefungsebenen und der Ausdrucksmedien. Unser Vorgehen fördert das Aufweichen von Blockaden und Zurückhaltung und führt zu einem entspannten Umgang mit dramatischen und anstrengenden Prozessinhalten. Das Akzeptieren und Verstehen dessen, was wirklich ist, nimmt zu. Das Raum-Zeit-Gefühl kann sich ausdehnen.

Das innere Kind mit seinen spielerischen Impulsen wird geweckt. Sich-Entspannen und Wachsam-Bleiben kann gleichzeitig erlebt werden. In der Hingabe an die Leichtigkeit, an die delfinische Bewegung kann sich der Prozess auf einer sinnlichen Ebene sanft fortsetzen. Die regenerative Qualität eines kurzen, tiefen Einschlafens während der Wasserbehandlung kann von heilender Wirkung sein.

Wir versuchen, das Körper- und Gefühlsbewusstsein zu aktivieren. Menschen, die sonst wenig oder schwer in Kontakt mit ihrem Körper und ihren Gefühlen kommen, sprechen auf eine behutsam gezielte Wasserbehandlung in der Regel gut an und genießen (oftmals zum ersten Mal) ihre eigene Körperlichkeit und sogar ihre Gefühle, die bisher als bedrohlich erlebt wurden.

Das zeit- und raumlose Schweben im Wasser ist der vorgeburtlichen Situation im Mutterleib sehr ähnlich. Vorgeburts- und Geburtserinnerungen werden möglich. Neben traumatischen und schmerzlichen Erfahrungen können die vielschichtigen ozeanischen Erfahrungen der Grenzenlosigkeit und des Aufgehobenseins aus dem Unbewussten in das Licht der bewussten Erfahrung gebracht werden. Darin liegt das Wesen des Heilungsprozesses.

Die Kombination der Arbeit im Wasser und am Land mobilisiert die inneren Heilungsressourcen. Das angenehme Sein im Wasser fördert die natürliche Verbindung zwischen Körper, Psyche und Geist. Die TeilnehmerInnen sind eingeladen, diese Aspekte des Menschen miteinander in stimmigen, genussvollen Kontakt zu bringen.

Die auf den „Landprozess" folgende „Wasserzeit" wirkt integrativ auf die Erfahrung an Land. Floaten und Bewegen im warmen Wasser unterstützt wirksam die Veränderung.

Die auf der körperlichen Ebene erfahrene Leichtigkeit, Schwerelosigkeit und das Loslassen darf und kann sich auf der psychischen Ebene fortsetzen (von außen nach innen). Das Akzeptieren und Loslassen ist zugleich Ausdruck der dem Core angeborenen Kreativität, die als sich entfaltendes Liebesgefühl erfahren wird. Die subjektive Erfahrung der Tiefenentspannung und des Bei-sich-angekommen-Seins im stillen inneren Prozess ist oft viel tiefer als äußerlich sichtbar. Es braucht Zeit und Raum, diese inneren Erfahrungen im Außen zu entfalten und auszudrücken.

Integration

Die Rückschau auf den Prozessverlauf, das Bewusstwerden des Themen-, Erfahrungs- und Energiebogens sowie das Sehen, Spüren und Wahrnehmen des „Wo befinde ich mich gerade jetzt?“ sind Bausteine der Integration. Das Verweilen und In-sich-Schauen dient der prozessbegleitenden Integration der einzelnen Stationen des Prozesses und geschieht fortlaufend, besonders jedoch in der Schlussphase.

Uns ist wichtig, zwischen Beurteilen und Bewerten zu unterscheiden.

B e u r t e i l e n , wie das Wort es schon andeutet, hat etwas mit Urteil zu tun. Wir verwenden lieber die urteilslosen Worte bewerten und annehmen.

Bewerten und annehmen in diesem Sinne bedeutet, jeder kleinsten Erfahrung, Bewegung, Wahrnehmung im Prozessverlauf einen Wert beizumessen. Diese innere, bewusst gewählte Betrachtungsrichtung meint, alles, was ist, liebevoll anzuschauen. Natürlich gelangen wir so auch zu einer persönlich oft sehr unterschiedlichen Gewichtung der einzelnen Erfahrungsaspekte. Doch auch ein noch so klein erscheinender Erfahrungswert hat im Prozessverlauf seinen Platz und seinen Wert. Es wird nichts entwertet, nichts abgewertet, nichts ausgeschlossen. Indem wir betrachten und bewerten, schenken wir Aufmerksamkeit. So wenden wir uns dem zu Bewertenden liebevoll und tolerant zu. Diese Integrationsbewegung lässt Freude, Zufriedenheit und Dankbarkeit entstehen.

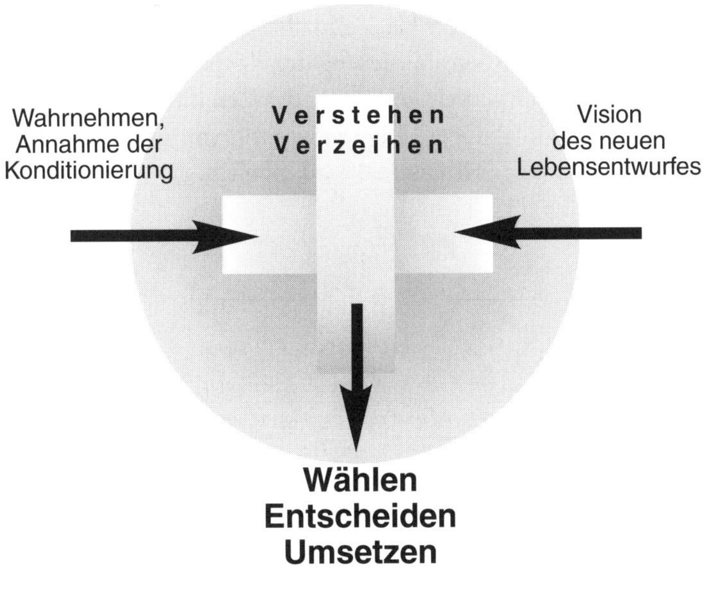

Abb. 13

Das Wasser im Flussbett beehrt unaufhaltsam und selbstverständlich auch das kleinste Sandkörnchen mit seiner umhüllenden „Aufmerksamkeit“. Dem Wasser ist es unmöglich, etwas auszuschließen und etwas nicht zu umspülen. Das Wasser ist das Element des Annehmens, das ist seine Schönheit und Weisheit. Weisheit erleichtert uns den Umgang mit Paradoxien. Sie lehrt uns, scheinbar Widersprüchliches und Unvereinbares nebeneinander anzunehmen.

Das Wesen dieser Weisheit ist die integrierende Qualität des UND. UND ist die Brücke des Verstehens und Verzeihens. UND vermittelt zwischen unseren Konditionierungen und der Vision des neuen Verhaltens und neuen Lebensentwurfes.

Die Wahl zwischen der Konditionierung (Vergangenheit) und dem neu erarbeiteten Entwurf (Vision) kann jetzt mit Kraft und Entschlossenheit getroffen werden. Die Entscheidung gibt der Umsetzung Kraft.

Um den Integrationsprozess wirksam zu unterstützen, geben wir Raum für das Nach-innen-Schauen. Wir üben, in Stille zu verweilen, und fördern im auswertenden Gespräch das Verstehen von Zusammenhängen und inneren Landkarten.

Wir erleben Möglichkeiten, zu verzeihen, sich zu versöhnen, zu vertrauen auf die innere Kraft. In der Auswertung sprechen wir mehrere Wahrnehmungsebenen gleichzeitig an und ermöglichen so ein tieferes Ankern von Affirmationen und Vorsätzen (ich erlaube mir, ich kann, darf wählen ...).

Abschließend fassen wir noch einmal zusammen:

CoreDynamik verbunden mit Aquatischer Körpertherapie wirkt primär über die breite Sinneserfahrung unserer Haut und über die langsamen und entspannten Bewegungsimpulse auf die Sensibilisierung des Körperbewusstseins. Diese Wirkung auf der Körperebene vertieft und weitet das Gesamtbewusstsein von körperlich-seelischen Zusammenhängen. Eine Bewegung von den Randschichten der Persönlichkeit zum Core des Menschen wird möglich.

Literatur

Dull, Harold: *WATSU – Freeing the Body in Water*, Middletown-CA 1993

Dull, Harold: *Bodywork Tantra on Land and in Water*, Middletown CA 1987

Plesse, Sunito und St. Clair, Bijo: *Feuer der Sinnlichkeit*, Vaduz 1988

Richardson, Diana: *The Love Keys, The Art of Ecstatic Sex*, Boston 1999

Schröter, Aman und Brunschwiler, Arjana: *Wassertanzen*, Braunschweig 1996

Schulz, Helene / IAKA – Institut für aquatische Arbeit, Freiburg

2.7 CoreDynamik im Coaching und Managementtraining. Von *Bernhard Mack*

Die coredynamische Vorgehensweise im Coaching und Management ist grundsätzlich vergleichbar mit dem allgemeinen Konzept, das ich im Einleitungskapitel dargestellt habe.

Auch hier gehen wir vorsichtig vor und bewegen uns meist auf den Tiefungsebenen I, II und IV. Das Setting, d.h. der äußere Rahmen der Arbeit, erlaubt naturgemäß zu Beginn der Maßnahmen keine tieferen Prozesse, da die Vorkenntnisse, der Zeitrahmen und der emotionale Lernbestand der Beteiligten (meist Führungskräfte) nur kleinschrittiges Vorgehen erlauben. Die Angst, der Widerstand und die Vorurteile gegenüber dem „Psychokram“ müssen erst langsam aufgeschmolzen werden. So sind Settings ideal, in denen wir über einen längeren Zeitraum, z.B. über ein Jahr verteilt auf drei mal drei Tage mit einem Kick-off-(Vorbereitungs-)Tag, arbeiten können.

In einem solchen Setting können wir schrittweise durch die Tiefungsebenen gehen und auch die organisatorischen und betrieblichen Zusammenhänge in Betracht ziehen.

Folgendes Modell soll die verschiedenen Zugangsweisen in der CoreDynamik erläutern. Anhand dieses Modells kann gewählt werden, welches Verfahren bei welchem Zeitrahmen und Kontext sinnvoll ist.

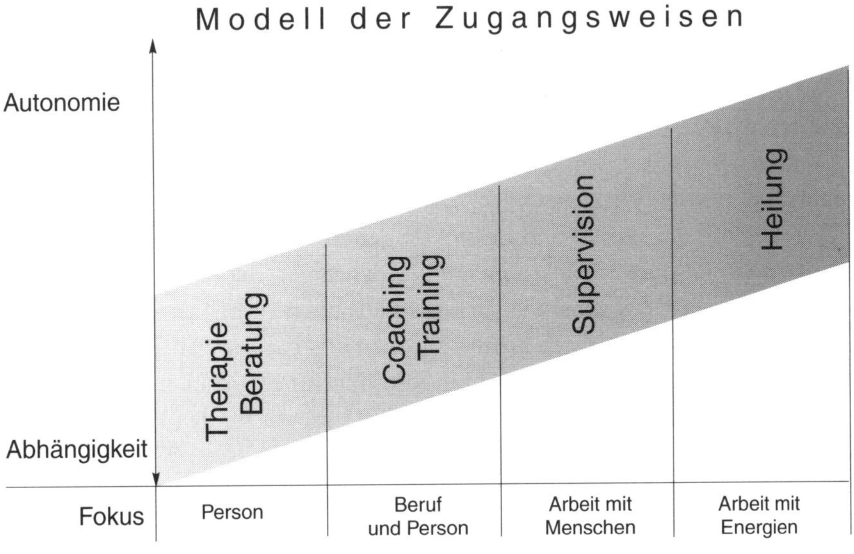

Abb. 14: Modell der Zugangsweisen

Die waagerechte Dimension beschreibt die Themenfelder und die resultierenden Methoden.

In diesem Modell gibt die senkrechte Achse das Ausmaß der Abhängigkeit oder, in umgekehrter Richtung, das Maß von Erwachsen-Sein an, das notwendig und auch gewünscht ist für die jeweilige Vorgehensweise. In jeder Trainingsmaßnahme, sei sie auch noch so kurz, finden Übertragungsprozesse statt.

Was sind Übertragungsprozesse?

Durch die vorgegebene Rolle des Trainers oder Beraters und seine nur partielle Selbstoffenbarung (es geht hier nicht um die Probleme und Schwierigkeiten des Trainers, sondern um die der Seminarteilnehmer oder Coachees) entsteht ein Phänomen, das die Psychoanalyse sehr genau erforscht hat: Die vorne stehende Person wird, aufgrund der Erwartung, dass man nun durch Information oder Entertainment genährt, geschützt oder verstanden und bestärkt wird, zur Projektionsfläche der inneren Elternbilder. Sind diese Bilder positiv besetzt, wird der/die SeminarleiterIn meist idealisiert, sind sie negativ, wird die Leitung abgewertet oder sonstwie negativ beurteilt bis bekämpft.

Dies hat oftmals wenig mit der realen Person zu tun, sondern ist eine „Übertragung", also das Draufpacken eines eigenen Wahrnehmungs- und Wertungsmusters auf die vorne stehende Person.

Wir arbeiten in unserem Konzept bewusst und gezielt damit, sind jedoch sehr vorsichtig im Ansprechen der Übertragungen, da deren Thematisierung zumindest zu Beginn als Verletzung oder Entlarvung aufgefasst werden könnte. Das Ansprechen von Übertragung muss auf einer mittleren Tiefungsebene gehalten werden, um nicht den Rahmen von Coaching und Managementrainig zu sprengen.

Zur Bewusstmachung der Übertragungsprozesse brauchen wir eine Sprache, brauchen wir Modelle. Als sinnvolle Modelle haben sich die Transaktionsanalyse (*„Kontakt, Intuition"*), das Archetypenmodell (*„Menschenkenntnis"*) und die Kenntnis der Grundüberzeugungen (*„Menschenkenntnis"*) erwiesen.

Wir sind uns als Trainer und Berater der jederzeit ablaufenden Übertragungsprozesse bewusst und haben so eine gute Möglichkeit, die Angriffe, die Zweifel, das Hinterfragen der Teilnehmer niemals persönlich zu nehmen, sondern diese Aktionen als deren ureigensten Prozess zu sehen und auch so zu behandeln. Damit haben wir eine Möglichkeit, uns nicht in Konflikte hineinziehen zu lassen, persönlich gelassen zu bleiben und mit Abstand das zu tun, was für den Prozess am sinnvollsten ist. Wir wissen: Persönlich wichtiges Lernen ist ohne Widerstand nicht möglich. Ja, der Widerstand zeigt sogar an, dass es sich hier um eine wichtige Lernsituation für einen Einzelnen oder eine Gruppe handelt. Deshalb schützen und stützen wir den Widerstand, wir respektieren ihn, wohlwissend, dass dies die beste Möglichkeit ist, ihn langsam aufzuschmelzen.

Die Übertragungen der Teilnehmer werden entweder direkt benannt oder erstmal innerlich gespeichert und zum geeigneten Zeitpunkt ausgedrückt und analysiert. Die Teilnehmer können dadurch viel über ihre Wahrnehmungs- und Reaktionsmuster lernen.

Dieser explizit tiefenpsychologische Ansatz unserer Coaching- und Trainingskonzeption geht damit über den Ansatz von Kommunikationspsychologie hinaus. Natürlich werden wir bei diesem Ansatz immer wieder mit den gängigen Vorurteilen „Psychologen durchschauen einen", „Psychokram" etc. konfrontiert.

Die Reaktion von Teilnehmern verändert sich jedoch meist nach kurzer Zeit: *„Es hat gar nicht so weh getan, sondern es macht mich bewusster, freier, und ich kann meine Führungshandlungen effektiver gestalten."* Ohne ein gewisses Risiko bei der Konfrontation mit neuen Informationen ist effektives, persönliches Lernen jedoch nicht möglich, und es ist verschenkte Zeit (für beide Beteiligten!!), wenn wir nur auf vertrautem und altbekanntem Terrain arbeiten.

Wir bewegen uns also im Training und Coaching im kurzen und schnellen Wechsel zwischen den ersten vier Tiefungsebenen hin und her. Kurze biografische Abstecher werden sofort wieder verlassen, wenn ihre Behandlung zu tief zu gehen droht, versöhnliche Deutungen dienen als Überleitungen zurück ins Hier und Jetzt. Diese Technik vermittelt den Teilnehmern Sicherheit, weil sie erfahren, dass „nicht gebohrt" wird, sondern nur soviel an Informationen herausgearbeitet wird, wie zum Verständnis der aktuellen Kontaktsituation benötigt wird.

Wir arbeiten im Training und Coaching mit einer geringen Abhängigkeit der Beteiligten vom Trainer oder Berater. Dies ermöglicht größere Abstände zwischen den Sitzungen.

Eine detaillierte Darstellung des CoreDynamik-Coaching-Ansatzes ist in *„Kontakt, Intuition"* im Kapitel: *Lernprozessorientiertes Coaching* (S. 70ff) gegeben worden.

Manchmal dauert es einige Zeit, bis SeminarteilnehmerInnen und Coachees das Vertrauen gewonnen haben, sich wirklich auf einen effektiveren Prozess einzulassen. Am Anfang stehen die Rollen, das Klischee-Verhalten. Probleme und Schwierigkeiten werden thematisiert, aber oftmals in der Haltung: „Wasch mich, aber mach mich nicht nass."

Eine weitverbreitete Grundhaltung ist die, dass die Umstände, die anderen oder die Struktur der Abteilung oder des Marktsegments daran schuld sind, dass gewisse Verhaltensweisen und Maßnahmen nicht möglich sind.

Der erfahrene Coach oder Trainer hält diese Erklärungsversuche eine Zeit lang aus, ohne die Ausweichmanöver sofort zu konfrontieren, und geht mit dem Coachee oder den Seminarteilnehmern auf die Suche nach Lösungsmöglichkeiten, wenn es denn so sein soll, dass die Umwelt und die anderen die eigentlichen Hinderungsfaktoren am erfolgreichen Umsetzen von Plänen sind.

Die anderen (Mitarbeiter, Chefs, Kunden) werden diagnostiziert („*Menschenkenntnis*"). Es wird in szenischen Dialogen geübt, wie man mit solch schwierigen Menschen umgehen kann und wie man sie zu mehr Engagement motivieren kann.

Dies sind sinnvolle erste Schritte. Hier baut sich Vertrauen auf, hier werden wesentliche Erfahrungen über alle beteiligten Personen und Analysen der Situationen gesammelt.

Irgendwann kommt ein Wendepunkt, wenn der Coachee (und das gilt auch für Trainings in Gruppen und Teams) erkennt, dass die Probleme nicht nur beim Gegenüber liegen, sondern dass diese ein Spiegel der eigenen unbewältigten Muster, Grundüberzeugungen und Verhaltensweisen sind.

Man kann diesen Wendepunkt in der Luft, in der Atmosphäre spüren. Plötzlich wird alles viel dichter, die Aufmerksamkeit steigt an, die Konzentration wird mühelos, es muss kein Kaffee mehr serviert werden.

Der Coachee oder die Seminarteilnehmer sind im Hier und Jetzt angekommen und übernehmen Verantwortung für ihre Gefühle, Denk- und Verhaltensmuster.

So finden wir bei Führungskräften oftmals ein Verbot oder eine Blockierung, wirklich führen zu dürfen. Irgendwo versteckt sich ein heimlicher Boykotteur, der die eigentliche Führungsaufgabe verhindern will. Suchen wir tiefer, finden wir oftmals einen biografischen Hintergrund dafür.

Der Vater oder die Mutter oder ein Großvater hat dem Sohn oder der Tochter eine Botschaft übermittelt (direkt oder nur atmosphärisch), dass er/sie wohl nicht zu einer Führungsperson tauge, oder umgekehrt, dass er/sie der oder die Beste sein müsse und alle anderen schlecht sind oder dass Führung überhaupt schlecht sei. Oder die Erziehenden haben ein heimliches Verbot bzgl. Erfolg übermittelt, weil der Sohn oder die Tochter ansonsten damit die Eltern überflügeln würde.

In solchen Konstellationen können wir manchmal paradoxe Botschaften finden: Auf einer verbalen Ebene haben die Eltern den Kindern vermittelt, dass sie auf der Karriereleiter aufsteigen sollen („Du sollst es mal besser haben als wir"), indirekt wurde aber zugleich vermittelt, dass der Sohn oder die Tochter auf keinen Fall die Eltern überflügeln solle („Du wirst schon sehen, welche Schwierigkeiten das Leben bietet, bleib lieber auf einem sicheren Platz auf den unteren Rängen").

Diese unterschiedlichen Stimmen im Coachee oder Trainingsteilnehmer (die Introjekte, das, was unverdaut nach innen geschluckt worden ist) werden im ersten

Schritt bewusstgemacht. Durch das Aussprechen dieser Stimmen auf verschiedenen Stühlen kann bewusst werden, was diese Stimmen sagen, wo sie herkommen und inwieweit sie zu eigenen inneren Anteilen geworden sind. Wenn hierfür Verantwortung übernommen werden kann, können die Stimmen wieder nach draußen gesetzt (die Introjekte werden „ausgespuckt“) bzw. in ihre angemessene Funktion eingesetzt werden, wobei die Führung über die inneren Stimmen an den Coachee selbst übergeht (als Leiter des inneren Teams).

Dann wird eine positive, klare und eindeutige Identifikationsperson in der Biografie gesucht. Dies kann auch eine imaginäre oder mythische Person sein. Immer aber brauchen wir zunächst ein Vorbild, das uns Erlaubnis gibt, Führungsverhalten oder ein anderes sinnvolles Set von Verhaltensweisen zu übernehmen.

Dies kann z.B. ein General sein, von dem der Junge schon von früh auf geträumt hat. „Ich wollte immer schon General werden, und eigentlich genieße ich die Macht und will die Macht haben.“

Das Akzeptieren des Macht- und Führungswunsches ist der erste Schritt, um mit Führungsverantwortung sinnvoll, kritisch und emanzipatorisch umzugehen. Nur was bewusst ist, kann gestaltet und transformiert werden.

Ähnlich wie mit dem Thema Macht kann auch mit den Themen Verantwortung, Leitung und Leistung, Disziplin und organisatorische Struktur gearbeitet werden. Dies sind in aller Regel im Bewusstsein von Führungskräften ambivalente Begriffe.

Effektivitätsblock Ambivalenz

Jedoch ist unbewusste Ambivalenz ein Effektivitätsblockierer höchsten Grades, nicht nur für Führungsverhalten, sondern in Teams generell und auch in Liebesbeziehungen und Freundschaften.

Ambivalenz kann sich auflösen, wenn sie erstens bewusstgemacht, zweitens erlaubt und drittens in ihren unterschiedlichen Anteilen gewürdigt und ausgelotet wird.

Damit sind wir auf der Tiefungsebene IIb: Polaritätenintegration. Es ist die Aufgabe eines Coachs, möglichst alle für die Führungsaufgabe relevanten Ambivalenzen ans Licht zu holen und die mit den Ambivalenzen verbunden Blockaden aufzulösen.

Die Arbeit an den Effektivitätsblockierungen kann und sollte zur Erfahrung und Benennung der Grundüberzeugungen der Beteiligten führen. Da wir im Coaching und im Managementtraining die Tiefung nur vorsichtig gestalten, gehen wir auf die Ebene der Grundüberzeugungen (IIIb), ohne vorher eine gründliche Aufarbeitung der wesentlichen biografischen Szenen durchgeführt zu haben (IIIa).

Erfahrungsgemäß ist das möglich, kann jedoch bei der Erarbeitung der Grundüberzeugungen erst einmal zu Verwirrung und Ungenauigkeiten führen. Verwirrung deshalb, weil die neun Themen der Grundüberzeugungen („*Menschenkenntnis*")

- Existenzunsicherheit
- Maßlosigkeit
- Rückzug
- Verführung
- Macht
- Schuld
- Verwirrung
- Leistung
- Integration und Angekommensein im Zentrum

für viele Führungskräfte anfangs eine völlig neue Denk- und Fühlwelt darstellen. Nach einiger Zeit des gründlichen Arbeitens mit diesen Überzeugungen kann jedoch das Wesentliche verstanden werden, ohne dass wir in eine tiefe biografische Aufarbeitung gehen müssen.

Es wird deutlich, dass der Weg im Training und Coachingprozess nicht linear ist. Oftmals müssen auf den nachfolgenden Stufen erst Erfahrungen gemacht werden, die dann für die vorgängigen Stufen eine Problemformulierung und ein Arbeitsbündnis erlauben. So z.B. thematisieren wir oft zuerst die Ambivalenz und die notwendige Polaritätenintegration, bis die Wichtigkeit von Gefühlen und von Gefühlsschulung erkannt und zugelassen wird.

Training und Coaching ist also ein permanentes Aushandeln von neuen Arbeitsverträgen zwischen Coach und TeilnehmerInnen. Allein das Aushandeln dessen, worum es eigentlich geht, ist schon ein wichtiger Lernprozess und Bedingung für die nächsten Schritte.

Denn nun kommen wir zu einer neuerlichen „Ungeheuerlichkeit": Zur Arbeit mit dem Körper – zur Wahrnehmung des Körpers, zur Haltung, zur Wirbelsäule, zum Bodenkontakt, zur Wahrnehmung von Innenräumen und der Themen, die im Körper abgespeichert sind. Körperfremdheit in den Führungsetagen und deren Bedeutung muss zuerst erfahren werden, bevor hier ein neuer Arbeitsvertrag geschlossen werden kann: „Ich will meinen Körper kennenlernen und als Führungs,- Denk- und Intuitionsinstrument entwickeln."

In vorsichtigen Schritten kommen wir so zu Ebene IVa. Zahlreiche Übungen hierzu sind in „*Kontakt, Intuition*" und „*Menschenkenntnis*" beschrieben worden.

Im weiteren Verlauf überspringen wir wiederum eine Ebene, nämlich die Ebene IVb (autonome Körperreaktionen). Es ist möglich, auf die Ebene der Archetypen

(IVc) zu gehen, ohne die Körperblockierungen, die wir auf Ebene IVb normalerweise erfahren, aufzulösen.

Die Ebene der Archetypen kann in einfachen inneren Dialogen mit den inneren Persönlichkeitsanteilen von Kind, Jüngling (Mädchen), Mann (Frau), Vater (Mutter) und Weiser (Weise) verstanden und erarbeitet werden.

Dann sind wir soweit, das interpersonale Geschehen, die Gruppen- und den Team- oder Abteilungsprozess in ihrer Struktur anzuschauen (Ebene IVd: der soziale Körper).

Auch die Bewusstmachung des interpersonellen Geschehens kann vorgezogen werden, ja, bei Teamentwicklungen ist die Arbeit an Teamprozessen oftmals der erste Schritt, der gleichsam in einem Vorgriff thematisiert wird.

Wenn wir mit der Analyse der Gruppenstruktur beginnen (was aus didaktischen Gründen sinnvoll sein kann), müssen wir uns klar sein, dass wir nur eine erste Oberflächenstruktur zu fassen bekommen, da die beteiligten Einzelwesen sich in ihren Mustern noch nicht erfahren haben und folglich anstatt der Wirklichkeit Projektion, Harmonisierungstendenzen oder der Wunsch, sich abzugrenzen, und Wunschdenken die Situationsanalyse bestimmen.

Wir befinden uns also in einem spiralischen Prozess: Die ersten Schritte sind zwar schon Analyse und wichtig, sie dienen jedoch im Grunde genommen dem Vertrauensaufbau und der Erarbeitung von Landkarten und einer Sprache, die eine Kommunikation über die tieferen Schritte vorbereitet.

Ist ein gewisses Körperempfinden geübt worden, können erste Erfahrungen mit dem Raum gemacht werden (Ebene Va: Raumöffnung). Die Richtungsarbeit (vorwärts etc.) zeigt uns Möglichkeiten, wie wir unsere Kraft nach vorne schicken können, und beginnende Raumorientierungen als Grundlage eines Komplexitätstrainings werden geübt (siehe „*Kontakt, Intuition*").

Schließlich steuern wir zu den „großen Fragen" des Lebens. Gerade im Coaching und im Managementtraining hat sich die Arbeit auf der Ebene Vb (Existentielle Ebene und Ritual) bewährt. Die Bearbeitung der großen Fragen des Lebens nach Sinn, Verantwortung, Tod und Wille entspricht einem starken Bedürfnis von Führungskräften oder Managern. Der extreme Stress im Alltag lässt ihnen oftmals zuwenig Zeit, über diese Lebensthemen zu reflektieren, und so erfahren sie es als eine Erleichterung und Befriedigung, wenn sie in Off-Site-Meetings die Erlaubnis bekommen und es sich selbst erlauben können, sich über diese grundlegenden Fragen Gedanken zu machen.

Die Reflexion der existentiellen Fragen ist auch eine gute Vorbereitung für das zentrale Element von Teamentwicklung und Managementtraining. Neben dem Üben von Feedbackprozessen, dem Ausdruck von Gefühlen und der Vereinbarung von „Kooperationsverträgen" („*Kontakt, Intuition*", S. 107) ist die Erarbeitung einer persönlichen Lebensvision (die Vision eines erfüllten Lebens) sowie einer gemeinsamen Vision das wesentliche Handwerkszeug für ein effektives Teambuilding.

Erfahrungsgemäß wird die Qualität der Vision bedeutender, wenn sie mit außergewöhnlichen Methoden, wie z.B. dem Intuitionsstorming (Ebene Vc) („*Kontakt, Intuition*" , S. 215) oder mit anderen tranceinduzierenden Methoden (ebd. S. 218) erarbeitet wird.

Hier wird die Arbeit in festen Teams in der Regel beendet. Transfertage sichern die Ergebnisse ab, und Rückmeldungen und Reflektionen über das Gelingen des Umsetzens in den Alltag sind wichtige Anker und Stützfaktoren im Prozess des Change Management.

In offenen Trainingsgruppen (also mit Managern, die nicht aus der gleichen Abteilung kommen) und generellen Führungskräftetrainings gehen wir an dieser Stelle noch einen Schritt weiter, auf die Ebene VI.

Energie- und Core-Erfahrungen sind erreichbar. Die Tiefe und Weite der Erfahrungen ist direkt proportional zum Ausmaß der Vorbereitung. Teilnehmer, die auf der Gefühls- und Körperebene nicht mitgehen konnten, erfahren die Atemarbeit als angenehm oder auch beglückend, sie haben jedoch in der Regel weniger Energie-Erlebnisse im Sinne von Ich-Auflösung und Einheits- und Lichterfahrungen.

Auch wenn die Atemarbeit für einige Teilnehmer eher „nur" diesseitige Informationen oder angenehme Glücks- und Entspannungserfahrungen an Information und Erkenntnis bringt, haben sie zumindest im Sharing von anderen gehört, welche neuen Fühl- und Erlebnisweisen für Menschen möglich sind. Die Neugier ist geweckt, und beim nächsten Mal sind die inneren Türen schon weiter geöffnet. Die Neugier wächst, bis beim übernächsten Versuch der Kontaktnahme mit dem Innersten starke, meist lebensverändernde Erfahrungen möglich werden.

Coaching und Training im Managementbereich vollziehen sich – das sollte deutlich werden – in vergleichbaren Schritten. Meiner Erfahrung nach ist die Arbeit in Gruppen effektiver und ökonomischer, da die Übertragungsmuster, das Üben von Feedback und die Mehrperspektivität durch andere Teilnehmer einen komplexeren Lernprozess ermöglichen als der One-to-one-Kontakt. In der Gruppe können einige Teilnehmer Vorbild oder Vorreiter für die anderen sein, indem sie Lernschritte vollziehen, die den anderen noch unmöglich scheinen. So zieht das Gruppen-Feld den Gesamtprozess voran.

Einige Erfahrungsberichte werden im folgenden Kapitel und in „*Kontakt, Intuition*", (S.236) gegeben.

Ich fasse die wesentlichen Wirkfaktoren unserer Arbeit in Coaching und Management zusammen:

1. Auch im Managementbereich ist die Didaktik der Core-Spirale sinnvoll und effektiv, d.h., wir arbeiten entlang der sechs Tiefungsebenen, jedoch vorrangig im Bereich der Ebenen I bis V.
2. Wie das Modell oben deutlich macht, arbeiten wir im Management mit geringerer Abhängigkeit und größerem Gewicht auf den Erwachsenen-Anteilen aller Beteiligten. Das verringert die Tiefe der Arbeit, ist jedoch alltagspraktischer und schneller umsetzbar.
3. Wesentliches Prozessmodell sind die Wachstumskurve oder die Phasen der Teamentwicklung.

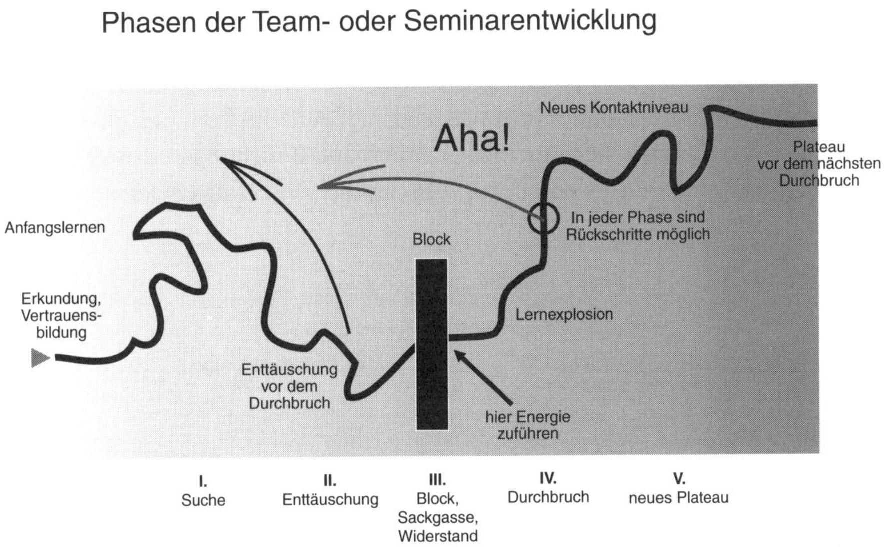

Abb. 15: Phasen der Teamentwicklung

Dieses Modell zeigt den grundsätzlichen Verlauf von Wachstumsprozessen. Es verdeutlicht, dass lineare oder gradlinig anwachsende Entwicklungsprozesse eine Illusion sind. Diese Information unterstützt Seminarteilnehmer und Coachees, wenn sie den oft zuerst schwierigen anfänglichen Suchprozess als lästig empfinden. Wir können sie dann mit dem Hinweis motivieren, dass dies ganz normal ist und eine wichtige, unumgängliche Etappe auf dem Weg zu besserer Kommunikation darstellt.

4. Der entscheidende Punkt im Trainerverhalten beim Umgang mit Widerständen und Ängsten der TeilnehmerInnen ist der selbstverständliche Umgang mit „diesen merkwürdigen neuen Anschauungen und Erfahrungen". Der selbstverständliche Umgang des Trainers oder Coachs mit ungewöhnlichen Erfahrungen vermittelt Sicherheit und Vertrauen und gibt Mut zu Experimenten. Ein Vertrauensnetz und der resultierende Mut zu Experimenten sind die Basis für Kreativität.
5. Als Trainer und Coach muss ich immer wissen, wo ich, der Prozess und die Teilnehmer jeweils sind. Ich kann und muss den Teilnehmern Landkarten vermitteln, damit auch sie wissen, wo sie sind. Die Wachstumskurve, das TA-Modell, die Archetypen, die Grundüberzeugungen, die Säulen der Identität und Rollenbeschreibungen sind hierfür geeignete Hilfsmittel.
6. Widerstände werden als Hinweis auf Blockierungen akzeptiert und „umtanzt" und das Aussprechen von Widerständen gewürdigt.
7. Wir beginnen mit den Inhalten (z.B. Planung von Teamaktivitäten, Vertriebsorganisation, Marketingstrategien), obwohl wir wissen, dass die Inhalte weniger wichtig sind als die Beziehungen. Doch es gibt Sicherheit, mit den Inhalten beginnen zu können und immer wieder darauf zurückzukommen. Ein pulsierender Wechsel zwischen inhaltlicher Arbeit und Beziehungsverbesserung hat sich als die effektivste Methode zu wirtschaftlichem Erfolg erwiesen.

Abb. 16

8. Es ist sinnvoll, für alle auftauchenden zwischenmenschlichen Phänomene Modelle der Erklärung anzubieten. Diese sind die Grundlage für eine (meist neue) gemeinsame Sprache. Sprache eröffnet meist zuallererst die Möglichkeit, Phänomene als solche wahrzunehmen und darüber zu kommunizieren. „Man sieht nur, was man weiß."
9. Wir müssen immer wieder zupacken mit ehrlichem Feedback, d.h., erforderlich ist klares Leading. Leading wechselt ständig mit einem einfühlsamen Pacing, das den vorhandenen Prozess aufnimmt und in eine effektivere Richtung führt.
10. Wir arbeiten aus der Intuition heraus und bieten Übungen und Experimente an, die über den Rahmen des bisher Gewussten und Bekannten hinausgehen. Dieses intuitiv-experimentelle Vorgehen gehört zum Grundhandwerk eines CoreDynamik-Trainers/einer CoreDynamik-Trainerin.
11. Es ist von zentraler Bedeutung, die wirklichen Bedürfnisse der TeilnehmerInnen anzusprechen. Dann brauchen wir manchmal nur zu warten, bis das Heilsame vorbeikommt (z.B. eine Öffnung von Teilnehmern geschieht), und sogleich zuzupacken. Mit anderen Worten: Wenn positive Prozesse aufleuchten, ist es Aufgabe des Trainers, sofort alle Ablenkungen zu unterbinden und mit aller Macht die Würdigung dieses neuen Prozesses zu ermöglichen.
12. Generell geht es darum, ein Energiefeld im Team oder der Seminargruppe aufzubauen, in dem leichter und tiefer gelernt und gearbeitet werden kann. D.h., der Trainer muss die enormen Energien, die in solchen Seminaren entstehen, halten und tragen können und einen Energiefeldmittelpunkt anbieten. Dazu muss der Trainer seine eigenen Energiezentren kennen und in der Lage sein, mit ihnen zu arbeiten.

So kann eine neue Kultur der Kommunikation entstehen. Diese neuen Kulturen bilden ein Feld von Kontakten, Werten, Vereinbarungen und Interaktionen, die wir als Energieverbindungen auffassen können. Neue Kulturen bilden ein Energiefeld, das sich selbst stabilisiert und neue Horizonte eröffnet.

Literatur

Bryner, Andy und Markova, Dawna: *Die lernende Intelligenz. Denken mit dem Körper*, Paderborn 1997

Gerken, Gerd: *Management by Love*, Düsseldorf, Wien 1993

Gerken, Gerd: *Der neue Manager,* Freiburg 1988

Gibson, Rowan (Hrsg.): *Rethinking the Future*, Landsberg 1997

Leonard, George: *Der längere Atem. Die Meisterung des Alltäglichen*, Wessobrunn 1994
Looss, Wolfgang: *Coaching für Manager*, Landsberg 1991
Mack, Bernhard: *Kontakt, Intuition & Kreativität*, Junfermann 1999
Mack, Bernhard: *Führungsfaktor Menschenkenntnis*, Landsberg 2000
Peters, Tom und Austin, Nancy: *Leistung aus Leidenschaft*, Hamburg 1993
Secretan, Lance H.K.: *Soul Management*, München 1997
Selby, John: *Arbeiten ohne auszubrennen*, München 1999
Sprenger, Reinhard K.: *Das Prinzip der Selbstverantwortung*, Frankfurt/New York 1988
Sprenger, Reinhard K.: *Mythos Motivation*, Frankfurt/New York 1998
Sprenger, Reinhard K.: *Die Entscheidung liegt bei dir!*, Frankfurt/Main 1997
Tracy, Brian: *High Performance Leadership. Der Schlüssel zu erfolgreicher Führung und Motivation*, Landsberg 1999
Walter, Henry: *Handbuch Führung. Der Werkzeugkasten für Vorgesetzte*, Frankfurt/New York 1999

2.8 Konfliktmanagement in sozialen Institutionen – Umgang mit Konflikten. Von *Michael Wilmes*

Konfliktfähigkeit ist vielen von uns nicht in die Wiege gelegt worden, sondern muss teilweise mühsam erlernt und erarbeitet werden. Die Grundfähigkeit, um in Konflikten bestehen zu können, ist die Fähigkeit, sich abzugrenzen." („*Kontakt, Intuition*", S. 103).

Einleitung

Wenn wir in diesem Kontext nicht über individuelle Fähigkeiten in Konflikten, sondern über theoretische Modelle und sich daraus ableitende Verfahren des Umgangs mit Konflikten sprechen, geschieht das vor dem Hintergrund, dass nur auf der Basis einer geklärten Theorie, „wie Menschen funktionieren", Handeln eine reale Chance auf Erfolg hat.

Für die Bearbeitung von Konflikten werden in der Literatur die unterschiedlichsten Vorgehensweisen, Taktiken, Strategien und Modelle empfohlen und diskutiert.

Sie lassen sich in zwei große Gruppen einteilen.

In der ersten Kategorie finden sich alle Vorgehensweisen, bei denen es darum geht, im Konflikt (in Verhandlungen, in Auseinandersetzungen) zu gewinnen.

Um dieses Ziel zu erreichen, werden verschiedene Wege, Mittel und Möglichkeiten beschrieben bzw. empfohlen: das geht von Bluffen und Täuschen über Tricksen, Blenden, Blamieren, Beschämen und weiter zu Drohen, Erpressen, Belügen, Verheimlichen usw.

In der Psycho-Sprache liest sich das natürlich alles viel eleganter und raffinierter; da ist dann von „Durchsetzungspotentiale erschließen" die Rede, von „selbstbewusster Autorität" oder von „Ehrgeiz als Energiespender".

Die auflagenstärksten Titel in den USA zu diesem Thema äußern sich in der Regel sehr unverblümt zum Thema „Macht" als Mittel, Konflikte zu lösen bzw. zu gewinnen.

So schreibt z.B. *Michael Korda* in seinem Buch „*Power! How to get it, how to use it*":

„Ein ganz zentraler Aspekt von Macht ist für mich das Ausmaß, in dem man andere auf sich warten lassen kann, statt selbst auf andere warten zu müssen."

Darin steckt die ganze Philosophie des Erreichens möglichst „überlegener Positionen". Diese wird tagtäglich vorgelebt in den Etagen der Macht und des Geldes.

In der zweiten Kategorie finden sich hingegen solche Vorgehensweisen, die im Interesse einer längerfristigen Zusammenarbeit der Konfliktgegner eindeutige Siege und Niederlagen vermeiden möchten. Ihre Zielsetzung geht also in der Regel über die aktuelle Situation hinaus und bedenkt auch mittel- bis langfristige Folgewirkungen.

Von einer Konfliktregelung sollen beide Parteien profitieren. Beide sollen gewinnen. Wenn möglich, sollte die Chance für fruchtbare Kooperation erarbeitet werden. Konfliktregelungen sind dann kaum noch lästige und unangenehme Vorhaben, sondern Etappen auf einem gemeinsamen Weg, der beiden Parteien Zufriedenheit und Nutzen bringen kann.

Daher lohnt es sich, Konfliktklärungen mit Sorgfalt, Klugheit und Geduld vorzunehmen. Schließlich handelt es sich nach diesem Verständnis um eine wertvolle Zukunftsinvestition.

Ich möchte allerdings an dieser Stelle unterscheiden zwischen Konfliktklärung und Konfrontation.

Im ersten Fall geht es darum, mit dem Einverständnis aller daran beteiligten Parteien eine für alle befriedigende Lösung zu finden.

Bei einer Konfrontation steht im Vordergrund das Ansprechen, Kritisieren und „Konsequenzen aufzeigen“ von nicht eingehaltenen Verabredungen durch eine der Parteien.

Hier geht es in erster Linie nicht um Verständnis und Klärung, sondern um die gefühlsmäßigen und sachlichen Konsequenzen, die aus der (einseitigen) Nichteinhaltung einer (beidseitig) getroffenen Verabredung resultieren. Konfrontation ist im wohlverstandenen Sinne einseitig, Konfliktklärung dagegen immer mehrseitig.

Konfliktklärung schließt das Bemühen ein, für den Konfliktgegner ein größeres Verständnis zu entwickeln und sich mit seinen Wünschen und Interessen ernsthaft zu befassen.

Es wird angenommen, dass dann Verhandlungen erfolgreicher verlaufen und Lösungswege leichter gefunden werden können, wenn bezüglich der beiderseitigen Interessen größtmögliche Transparenz besteht.

Während also die Vorgehensweisen der ersten Kategorie eine große Vielfalt aufzeigen, haben die Modelle der zweiten Kategorie alle eine sehr große Ähnlichkeit miteinander.

Sie alle beziehen sich auf Grundannahmen und Menschenbilder der Humanistischen Psychologie, aus deren Quelle sich auch die CoreDynamik speist.

Dieser Beitrag wird sich mit zwei Themen befassen, die aus meiner Sicht entscheidend für ein angemessenes Verständnis des Gegenstandes – nämlich von Konflikten – sind und die gleichzeitig günstige Verfahren aufzeigen, wie man zu „guten Lösungen“ kommen kann.

Über die praktische Relevanz von Menschenbildern

Im ersten Teil werde ich über die praktischen Konsequenzen geklärter und auch impliziter, ungeklärter Menschenbildannahmen sprechen, um im zweiten Teil ein angemessenes Verfahren auf der Basis einer klaren und praktisch nützlichen Theorie vorzustellen.

Diese Theorie gründet sich auf ein Verständnis, das phänomenologisch orientiert ist, das heißt, seinen Blick auf das richten, was sich zeigt und wie es sich zeigt, ohne den Anspruch auf eine alles erklärende Wahrheit zu erheben.

Ich beginne mit zwei Unterstellungen, bezogen auf unser Alltagsverständnis darüber, wie Menschen funktionieren und wie sie zu beeinflussen sind.

Diese Unterstellungen oder auch Annahmen begrenzen – wenn sie Maxime unseres Handelns werden – entscheidend unsere Möglichkeiten, Konflikte angemessen zu lösen.

Nach meiner Erfahrung klaffen die Erklärungsmuster, die wir uns und anderen anbieten, um uns bestimmte soziale Phänomene verständlich zu machen, und unser konkretes Handeln in unterschiedlichen Situationen oft weit auseinander.

Das gleiche gilt für verschiedene Werte, von deren Nutzen und Richtigkeit wir überzeugt sind und die wir vehement anderen gegenüber vertreten – um sie im eigenen Alltag immer wieder zu unterlaufen oder zu ignorieren.

Unsere Philosophie von gesunder Ernährung und unser konkretes Essverhalten, unsere pädagogische Position zum Fernsehen und die alltägliche TV-Routine, unsere Überzeugung, wie „man" für seine Gesundheit präventiv aktiv werden müsste und die vielen kleinen Entschuldigungsrituale, warum die Prävention uns (oft?) einfach nicht gelingt – all das sind Beispiele dafür, wie wenig oft gute Absicht mit unserem praktischen Handeln übereinstimmen.

Das Gleiche gilt für Werte, die sich auf gesellschaftliches Handeln beziehen.

Wie oft erklären wir doch uns und anderen, wie wichtig es ist, sich zu engagieren und Einfluss zu nehmen, und wie wenig entspricht diese Erklärung oft unserem realen Tun und Handeln, in dem wir uns selbst als ohnmächtig gegenüber politischer Macht definieren.

Was hindert uns immer wieder, eigene Überzeugung in angemessenes Handeln umzusetzen?

Bei dieser Frage geht es also um die Überprüfung von impliziten theoretischen Modellen, die unser Handeln so leiten, dass Ziel und Ergebnis – für uns oft sehr frustrierend – weit auseinanderfallen.

Meine Annahme lautet: Unserem Handeln liegt (unbewusst) ein behavioristisches Menschenbild zugrunde, auch wenn wir uns zutiefst überzeugt einem humanistischen Welt- und Menschenbild verpflichtet fühlen.

Die „Alltagskonsequenzen“, die sich daraus ergeben, spüren wir daran, dass wir anderen gegenüber Verhaltensmuster zeigen, denen oft sehr vereinfachte „Wenn-dann-Theorien“ zugrunde liegen; d.h., dass wir implizit davon ausgehen, dass ein Ereignis, eine Situation bei anderen (ungefähr) die gleichen Gefühle, Reaktionen hervorrufen müsse wie bei uns selbst („Siehst du denn nicht..?“ „Warum begreifst du nicht...?“ „Der will nicht einsehen, dass...“, „Das kann man doch nur so und so sehen...“ usw.).

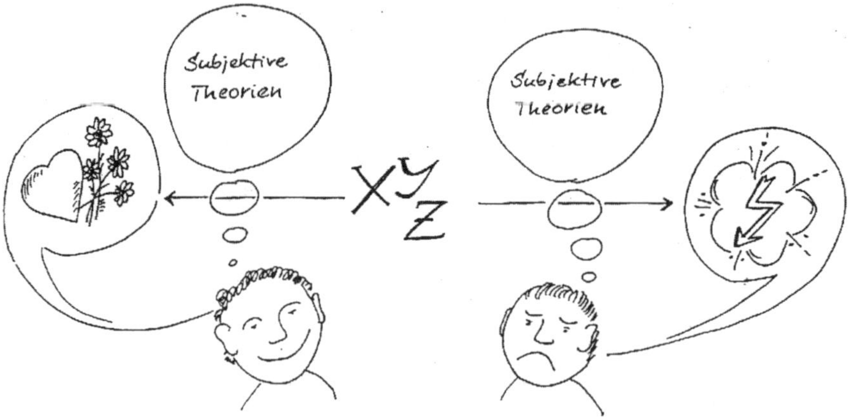

Abb. 17

Das entspricht der Annahme eines Reiz-Reaktions-Schemas, wonach ein Ereignis A automatisch oder durch Lernprozesse eine Reaktion B hervorruft oder doch hervorrufen sollte.

Durch derartige implizite Theorien über die menschliche Seele versuchen wir, die hohe Komplexität von Realität so zu vereinfachen, dass sie für uns verstehbar, nachvollziehbar wird.

Für diese Reduzierung zahlen wir allerdings einen hohen Preis. Der besteht in der Nicht(be)achtung unterschiedlicher – gleich wahrer – Sichtweisen in bezug auf ein und dasselbe Ereignis, die damit eben auch gleiche Berechtigung haben (können).

Das ist die entscheidende Quelle von Konflikten, weil sie von Kategorien wie richtig und falsch ausgeht (und dabei die eigene Position zum Maßstab für richtig nimmt!).

Statt von einer echten Subjekt-Subjekt-Beziehung gehen wir im normalen Leben von Subjekt-Objekt-Beziehungsmustern aus, d.h., wir erlauben uns z.B. den Glauben, es letztlich besser zu wissen, für andere denken, sie beeinflussen (in unserem wohlgemeinten Sinne, versteht sich!), durch Belehrung, Beratung, Druck direkt auf ihr Verhalten Einfluss nehmen zu können und zu dürfen.

Auch wenn wir theoretisch von ganz anderen Annahmen (z.B. der wissenschaftlichen Kommunikationspsychologie) ausgehen – unsere Alltagstheorien setzen sich stärker durch, als uns lieb ist.

Das geschieht in der Schule genauso wie in der Partnerschaft, im Krankenhaus ähnlich wie in der therapeutischen Wohngemeinschaft, und natürlich ist (fast) jeder Manager überzeugt, dass er seine Mitarbeiter motivieren, unter Druck setzen, dass er sie eben so oder so be-handeln kann.

Entsprechend dieser eher impliziten, meist nicht bewussten Überzeugung handeln wir (als Subjekte) und lassen uns behandeln (als Objekte).

Beides hat nicht zu unterschätzende Vorteile. Die Identifikation mit einer Subjektrolle in Beziehungen befriedigt meine Macht- und Kontrollbedürfnisse. In dieser Position kann ich Menschen führen, Regeln für Tun und Lassen definieren und deren Übertretung mit Konsequenzen ahnden.

Der Begriff der Führung impliziert ja, dass wenige (oder nur einer) wissen, wo's langgeht, und damit auch die Rolle des handelnden und denkenden Subjekts zugewiesen bekommen. Das hebt mein Selbstwertgefühl und meinen Rang in den Gemeinschaften, denen ich angehöre.

Als Objekt (oder auch als Opfer) kann ich mein Weltbild auf einfache Muster reduzieren und damit den hohen Grad an Komplexität „abwehren", der mich sonst verwirrt und überfordert. Opfer-Sein hilft mir in bestimmten Situationen, meinen Teil der Verantwortung zurückzuweisen oder ganz zu ignorieren.

Da gibt es klare Freund-Feind-Muster und damit wenig herausfordernde Verhaltensoptionen. Die Verwendung dieser Muster stärkt mein Bedürfnis nach Sicherheit und Kalkulierbarkeit in sozialen Kontexten.

Interessant dabei ist, dass ich mich in einer realen Objektrolle trotzdem wie ein Subjekt fühlen kann, das andere – dann für mich wieder Objekte – beeinflusst und indirekt auch beherrscht. (Da gibt es die Macht der Verweigerung oder auch den Dienst nach Vorschrift und andere wirksame subtile Boykottaktionen.)

In einer Subjekt-Objekt-Beziehung stabilisieren sich also ständig beide Positionen gegenseitig und tragen so zu ihrer Erhaltung bei.

Die Transaktionsanalyse hat diese Spiele von Opfern, Verfolgern und Rettern hervorragend mit dem Modell des Dramadreiecks von *Karpman* beschrieben.

Das diesem Verständnis und Handeln zugrunde liegende Menschenbild geht davon aus, dass menschliches Verhalten auf direktem Weg oder doch zumindest strategisch steuerbar ist und damit auch konditionierbar (wie bei den Ratten – aber so würde das natürlich niemand behaupten).

So kann es auch beim (Lippen-)Bekenntnis von Gleichberechtigung, von der Würde und Achtung vor dem Individuum bleiben, weil es darunter einen inoffiziellen Konsens gibt, der Herrschaft über andere für legitim und machbar hält und entsprechende Lösungen und Strategien entwirft und auch umsetzt.

Gerade in großen internationalen Konflikten, aber auch in den Beziehungen zwischen Männern und Frauen ist über alle Zeiten so verfahren worden, ohne dass unsere Zeit davon eine Ausnahme machen würde – wie z.B. der NATO-Einsatz in Jugoslawien zeigt oder die weiter existierenden Dogmen der Kirche zur Beschneidung des Selbstbestimmungsrechts der Frauen.

Oft sind unsere Antworten darauf Ohnmacht, Resignation oder kurzatmige Rebellion – so, als bliebe uns gar keine Wahl, diese Annahmen, „wie Menschen eben funktionieren", immer wieder auch zu bestätigen.

Ein Ausflug in die Transaktionsanalyse – die beiden Typen „Untersicher" und „Übersicher"

Fanita English, eine bedeutende TA-Theoretikerin, hat die auf diesen Menschenbild-Annahmen basierenden beiden unterschiedlichen Charaktertypen – wie sie es nennt – genauer analysiert und daraus interessante Schlussfolgerungen gezogen für Therapie und Beratung.

Ich beziehe mich hier nur kurz darauf und empfehle die entsprechenden Titel von ihr am Ende dieses Artikels.

Das, was ich oben als Subjekt-Objekt-Verhalten gekennzeichnet habe, also eine Position, die versucht, ihre eigene Unsicherheit eher durch „Stärke", durch festes Auftreten und den Hang, andere zu dominieren, zu behaupten, nennt sie Typ II, „Übersicher".

Die Tendenz, sich eher unterzuordnen, eher sich als Opfer zu fühlen, als zu kurz gekommen usw., um eine Art Erklärung für die oft erlebte eigene Ohnmacht zu finden, sieht sie im Typ I, „Untersicher", verkörpert.

Ihre These ist, dass wir alle seit unserer Kindheit uns einem Typ zuordnen lassen können, weil wir die meiste Zeit, also 60% und mehr, in diesem Modus verbringen.

Diese frühkindliche Entscheidung für einen Typ hat etwas mit der Situation zu tun, in der sich ein Kind zwischen 2 und 4 Jahren befindet.

Einerseits erlangt es in diesem Zeitraum eine relative Selbständigkeit; es erlebt sich als getrennt von der Mutter, es isst selbst, kann gehen und rennen und auch schon einige Worte oder sogar Sätze sprechen.

Andererseits ist es weiterhin auf den Schutz der Bezugspersonen angewiesen, und ein neues Schutzbedürfnis stellt sich ein: Der eigene Trieb der Neugier, der mit Wachsen und Lernen einhergeht, bringt ganz neue Gefahren und Risiken mit sich.

Soll das Kind selbständiger werden, braucht es Raum zum Experimentieren. Das allerdings geht auf Kosten der Bezugspersonen, denn das Kind lässt ihnen kaum noch Ruhe.

In diesem Kontext möchte das Kind herausfinden: Wer hat hier die Macht? Bin ich das, oder sind es meine Eltern? Wann habe ich wodurch Macht und wann nicht?

In dieser Phase entwickeln sich widerstreitende Gefühle im Kind:

Einerseits der Wunsch, sich beliebt zu machen bei den Eltern, um dadurch Schutz und Zugewandtheit zu bekommen.

Andrerseits der Wunsch, experimentieren zu wollen, auch wenn es weiß, dass bestimmte Dinge den Eltern nicht gefallen. Das Entscheidende dabei ist, dass sich dies Erkunden nicht nur auf die gegenständliche Umwelt erstreckt, sondern hauptsächlich ein psychologisches Experimentieren mit Verhaltensweisen gegenüber den Hauptbezugspersonen ist.

Was oft als „Trotzphase“ bezeichnet wird, ist nach Auffassung von *Fanita English* eher eine Phase des Experimentierens mit Macht.

Die in dieser Entwicklungsphase gesammelten Erfahrungen sind ausschlaggebend dafür, welche der beiden Abwehrpositionen bevorzugt werden, wenn uns existentielle Verzweiflung oder Daseinsangst zu überwältigen drohen.

„Wir haben uns in dieser frühkindlichen Phase für diejenige Abwehrposition entschieden, die uns den größten Gewinn in Form von Zuwendung oder Bestätigung durch unsere Hauptbezugsperson oder den besten Schutz versprach. Danach haben wir unsere Abwehrposition auch in bezug auf andere Personen verstärkt. So ist sie uns zur ‚zweiten Natur‘ geworden: Sie bestimmt, wie wir unsere dauerhaften Beziehungen einrichten, und bewahrt uns davor, dass Verzweiflungsgefühle uns überwältigen.“

F. English geht davon aus, dass die Typzugehörigkeit im Gegensatz zum Verhalten der Hauptbezugsperson – und das kann für die Zeit auch jemand anderes als die Mutter sein – steht. Es geht dabei um eine Art „Ergänzungsverhalten“.

So haben Typ-I-Menschen in dieser Zeit eine wichtige Bezugsperson gehabt, die sich ihnen gegenüber eher beherrschend, streng, zumindest aber fest und bestimmt verhalten hat.

Typ-II-Menschen dagegen hatten es in dieser Zeit eher mit jemand zu tun, der eher unsicher, nachlässig, überängstlich oder sehr nachgiebig und bewundernd mit ihnen umgegangen ist.

So kommt es, dass Menschen vom Typ I in ihrem späteren Leben dazu neigen, sich als hilflose Opfer zu betrachten, die sich in schwierigen Situationen aufraffen, andere um Hilfe zu bitten.

Typ-II-Menschen verlassen sich in ähnlichen Situationen später allein auf sich selbst. Manchmal spüren sie eine Art inneren Zwang, Retter zu sein und sich dabei aufzuopfern, allerdings ohne sich selbst dabei als Opfer zu erleben.

An dieser Stelle schließt sich der Kreis. Ich bin überzeugt, dass diese scheinbar so einfache Kategorisierung in Typen eine äußerst hilfreiche Konzeption darstellt, die Komplexität menschlicher Verhaltens- und Sichtweisen auf angemessene Weise so zu reduzieren, dass unsere Optionen gerade in Beratungs- und Konfliktkontexten deutlich wachsen.

Welche Konsequenzen sich daraus für die Beratungspraxis und den Umgang mit Konflikten ergeben, behandle ich im zweiten Abschnitt.

Meine zweite Annahme lautet:

Das oben beschriebene Menschenbild des Behaviorismus behindert fruchtbare Kooperation in allen sozialen Kontexten und erschwert die Lösung von Konflikten.

Trotz aller Versuche, Hierarchien „abzuflachen“, Verantwortung zu delegieren, das kreative Potential von Mitarbeitern zu wecken durch mehr Autonomie und Entscheidungsbefugnis – in der Realität wirtschaftlicher und sozialer Institutionen gilt immer noch das klassische „Subjekt-Objekt-Modell“ mit all seinen einschränkenden und blockierenden Mechanismen.

Unangetastet feiert das behavioristische Menschenbild weiterhin fröhliche Urständ und sichert so das einfache Schema von „oben und unten“.

Für viele Menschen bleibt es eben anstrengender, (selbst-)verantwortlich zu handeln und auch die Konsequenzen dafür mitzutragen, als die (vermeintlichen) Ursachen für Probleme vorwiegend der Umwelt – den Hierarchien, der Politik oder wem auch immer – zuzuschreiben.

(Übrigens gibt es auch in Lehrerkollegien immer wieder genügend Beispiele für die Macht dieser „Opfer-Mentalität“ und die entsprechenden Folgen für die Kultur einer Schule.)

Und das Dilemma der „mächtigen Subjekte" liegt darin, dass sie nicht wissen, wo sie bleiben, wenn sie ernsthaft auf ihre Macht verzichten und jede Art von Zwang oder subtiler Manipulation aus dem Köcher ihrer Führungsinstrumente verbannen.

Und so wird (mehr oder weniger billigend) in Kauf genommen, dass unter solchen Denk- und Verhaltensschemata die Menschen in der Regel weit unter ihren Möglichkeiten bleiben.

„Praktische Theorie" als Grundlage für sinnvolle Verfahren der Konfliktklärung

Das Modell des „subjektiven Theoretikers"

Die Frage ist, welches plausible theoretische Modell einen Verständnisrahmen dafür schaffen kann, wie denn Menschen wirklich funktionieren.

Ein Modell dafür bietet der Konstruktivismus, der davon ausgeht, dass es für uns Menschen keine objektive Wirklichkeit und damit Wahrheit gibt, sondern dass wir uns unsere Welt immer wieder neu konstruieren, indem wir das, was wir sehen oder wahrnehmen bzw. zu sehen oder wahrzunehmen glauben, mit Sinn und Bedeutung (für uns) versehen.

Danach gibt es so viele Wirklichkeiten, wie es Menschen gibt, und jede hat ihre eigene Wahrheit und natürlich auch Berechtigung.

Manche Wirklichkeitskonstruktionen sind dabei realitätsangemessener und sozial- und kulturangepasster als andere, und einige sind so, dass sie das eigene Überleben sogar gefährden können, und das gilt nicht nur für die Konstruktionen von kleinen Kindern und akut Suizid-Gefährdeten.

Wenn wir also eine (Qualitäts-)Unterscheidung treffen, was den Grad an Realitätsgehalt von Konstruktionen angeht, dann sprechen wir uns Menschen als Gattung auch das Potential für eine qualitativ angemessene Wirklichkeitskonstruktion zu.

Die Frage ist dann: Wie können wir die Qualität unserer Konstruktionen erhöhen und uns gleichzeitig mit dem ganzen Reichtum unserer Gefühle, mit unserem Kern, dem Core verbinden?

Und umgekehrt: Was hindert uns, unser Potential zur Reflexivität, zur Kommunikation, zur Autonomie und zur Spiritualität wirklich auszuschöpfen?

Offensichtlich gibt es innere wie äußere Rahmenbedingungen, die uns entweder eher einschränken oder die dazu beitragen, dass wir unser gesamtes Potential zur Entfaltung bringen können.

Unser Wissen über günstige oder ungünstige Rahmenbedingungen könnte also dazu führen, dass im Fokus unserer Aufmerksamkeit nicht mehr ein Verändern-Wollen von Menschen, die Suche nach Schuldigen oder Ursachen steht, sondern das sorgfältige Etablieren von Bedingungen für Einzelne und Gruppen, die kreatives Wachstum ermöglichen.

Was bedeutet das konkret?

Die Philosophie der CoreDynamik – und das hat sie gemein mit anderen Verfahren der Humanistischen Psychologie – geht davon aus, dass für jegliche Form menschlichen Wachstums zwei Bedingungen grundlegend sind:

Liebe und Herausforderung

Liebe meint hier im alltäglichen Kontext: ein Klima der Wertschätzung und Akzeptanz, aber auch von Transparenz und Vertrauen.

Nur das schafft das Maß an psychischer Sicherheit, wodurch Zutrauen in die eigenen Kräfte gestärkt wird.

Fehlt Wertschätzung in Beziehungen und Gruppen, so fehlt gleichzeitig die Basis für jegliche Form konstruktiver und menschengemäßer Entwicklung.

Überall, selbst in militärisch organisierten Kontexten, führt die Missachtung dieser Grundbedingung zu zum Teil schwer zu bewältigenden Konflikten oder zur Illoyalität, ob sichtbar oder unsichtbar, ist dabei unerheblich.

So klar diese Grundbedingung das Fundament für gelingende Kommunikation darstellt – sie ist notwendige, aber nicht hinreichende Grundlage für Fortschritt und Entwicklung zwischen Einzelnen, Gruppen und Organisationen.

Fehlt das angemessene Maß an Konfrontation, an Herausforderung, an Kritik, so mag es viel Schutz, Wärme und Geborgenheit geben, aber eben zuwenig Un-Gewöhnliches, In-Frage-Stellendes, zu wenig Verunsicherung und keine Wagnisse, durch die Neues entsteht.

In der Verabsolutierung einer der beiden Grundbedingungen liegt das größte Hemmnis für Entwicklung und Fortschritt.

Ein System, das überwiegend durch harmonisches Miteinander-Umgehen gekennzeichnet ist und in dem Kritik und das Aussprechen von Ärger und Enttäuschung tabuisiert ist um des lieben Friedens willen, entmündigt auf Dauer seine Mitglieder.

Wo überwiegend Herausforderung, ständig neue Anforderungen verbunden mit persönlicher Kritik vorherrscht, ohne dass sich die Menschen genügend geschätzt fühlen, kommt es schnell zu innerer Kündigung und illoyalem Verhalten.

Das Entstehen von Konflikten ist in der Regel zurückführbar auf das Fehlen oder die ungenügende Berücksichtigung von Wertschätzung und Akzeptanz oder von Konfrontation und Herausforderung. Das zu wissen ist noch nicht die Lösung, aber eine bessere Basis zum Verständnis vieler Probleme. Genau das ermöglicht uns auch ein anderes Herangehen an Konflikte:

In einem zwischenmenschlichen Konflikt streiten sich die Kontrahenten meist gegenseitig die Berechtigung zu einer anderen Sicht-, Interpretations- und Handlungsweise ab. Gerade dadurch wird aber das Beharren auf dem eigenen Standpunkt, d.h. das Festhalten an der eigenen subjektiven Theorie gefördert.

Es fehlt die Basis für Verständigung, das Akzeptieren einer anderen Sichtweise als (zunächst) ebenso berechtigt wie die eigene.

Dadurch, dass die jeweils anderen Sicht- und Bewertungsweisen angegriffen werden, wird nämlich nicht ihre Aufgabe, sondern unwillentlich ihre Festigung erreicht. In vielen Fällen werden durch Angriffe auf den eigenen Standpunkt zusätzliche Stützargumentationen und Rationalisierungen provoziert.

Durch Anteilnahme und Verständnis für die andere subjektive Sichtweise wird deren Verteidigung überflüssig. Wirkliches Zuhören und Verstehen-Wollen fördern eine Explikation der subjektiven Hintergründe und Prämissen.

Mein Bedürfnis nach psychischer Sicherheit wird anerkannt und befriedigt.

Das, was vorher als unverständlich, fremd, als gar nicht nachvollziehbar gesehen wurde, bekommt nun die Chance, besser verstanden zu werden. So können die (jeweils unterschiedlichen) Bezugspunkte und Ableitungen deutlicher und nachvollziehbarer werden.

Erst dann ist es in der Regel möglich, sich auf neue Sichtweisen bzw. subjektive Theorien einzulassen und deren Erprobung zu riskieren.

Dies theoretische Modell setzt eine prinzipielle Gleichheit der Kontrahenten im Sinne gleicher Rechte und des gleichen Anspruchs auf Respekt und Verständnis voraus.

Sie bricht mit allen Überlegungen und theoretischen Konzeptionen, die meist sehr verdeckt und subtil den Glauben an eine irgendwie geartete objektive Wahrheit vertreten, auf deren Basis dann entschieden werden könnte, wer mehr und wer evtl. eben weniger Recht hat.

Statt sich täuschen zu lassen von scheinbaren Fakten, die die eine oder andere Position ins Feld führt, um ihren Anspruch auf Objektivität zu untermauern, fragt sie nach dahinterliegenden Wünschen und Interessen, nach Sorgen und Befürchtungen, um die subjektiven Wahrheiten ans Licht zu bringen. Dann erst gilt es zu prüfen, welche Schritte aufeinander zu als realistisch und kooperationsfördernd angesehen werden können.

Um auf der Ebene des Gesamtverlaufs einer Konfliktmoderation diese Prinzipien sichtbar zu machen, stelle ich jetzt die Phasen vor, die von einer professionellen Klärung des Auftrags bis hin zu einer von allen Seiten gebilligten Lösung gelten.

Ich orientiere mich dabei an *Alexander Redlich*, der die fünf Phasen der Konfliktmoderation mittels einer bildhaften Sprache veranschaulicht, die mir gut geeignet scheint, ein konkretes, plastisches Verständnis für die nötigen Schritte zu entwickeln.

Abb. 18: Dickicht der Argumente

Auch seine Konzeption orientiert sich – wenn auch nicht explizit – am Modell der subjektiven Theorien, das ich oben vorgestellt habe.

Redlich stellt sich die Konfliktmoderation in sozialen Institutionen wie einen Gang oder eine Expedition durch schwieriges Gelände vor, in dem fünf Gefahren lauern.

Das Handlungskonzept von Beratung sollte sich also auf die Bewältigung dieser Gefahren konzentrieren.

1. Dabei geht es in der ersten Phase darum, Mittel und Wege zu finden, um den Nebel falscher Vorstellungen durch Auftrags- und Rollenklärung zu lichten.
2. In der zweiten Phase begegnen wir dann meist der Wüste der Fassaden, und hier gilt es, auf eine Weise Kontakt zu stiften, die Angst und Abwehr der Teilnehmer reduziert und Transparenz der Wünsche und Interessen ohne Kommuniqué-Formulierungen ermöglicht.
3. Der Sumpf der Ziellosigkeit wiederum ist nur dadurch trockenzulegen, dass klare Prioritäten herausgearbeitet werden und vor allem die wirklich brisanten Themen möglichst schnell auf die Tagesordnung kommen.
4. Angekommen beim Dickicht der Argumente gilt es hier, elegante Umgehungsmanöver zu initiieren, bei denen unterschiedliche Sichtweisen auseinandergesetzt und getrennt geklärt werden, ähnlich wie das oben schon von mir beschrieben wurde. Das ist sicher das Kernstück jeder Konfliktmoderation, denn hier entscheidet sich, ob es zu einer wirklich niederlagelosen Lösung kommt oder der Konflikt in eine neue Phase tritt. Empathie, strikte Neutralität und hohe Qualität beim Übersetzen in eine Sprache der Annahme sind hier besonders gefragt.
5. Um dann auch noch das Gebirge der Sturheit wirklich überwinden zu können, ist die Fähigkeit vonnöten, Bedingungen für das Aushandeln kreativer Lösungen zu schaffen. Kompromissbereitschaft und das Denken in anderen Mustern sind gefragt und natürlich auch Methoden, die das erleichtern oder überhaupt erst ermöglichen.

Ich werde nun die Aufgaben und Schwierigkeiten der ersten drei Phasen besprechen und auf eher verdeckte Stolpersteine aufmerksam machen. Die Grundstrategie der vierten Phase habe ich bereits oben entwickelt; sie bleibt das Kernstück jeder Konfliktlösung.

Der Erfolg der fünften Phase ist von der Qualität der vorhergehenden Phasen soweit abhängig, dass ich ihr keine Eigenständigkeit zuschreibe; in der Regel sind die Wege nun wirklich begehbar und frei.

Erste Phase: Den Nebel lichten

Angenommen, Sie werden als Berater von einem Krankenhaus gebeten, in einer Konfliktsache zwischen Pflegepersonal und Ärzten tätig zu werden. So können schon beim ersten Kontakt Fallen entstehen, in die Sie hineintappen können, wodurch Ihre mögliche spätere Arbeit deutlich erschwert und manchmal auch unmöglich gemacht werden kann. Deshalb ist es so entscheidend für den weiteren Prozess, für eine von den Beteiligten mitverantwortete Auftragsklärung zu sorgen.

Wenn wir an dieser Stelle wieder an das Konzept der subjektiven Theorien erinnern, wird klar, dass es wahrscheinlich genauso viele Auffassungen zu diesem Konflikt gibt wie Beteiligte.

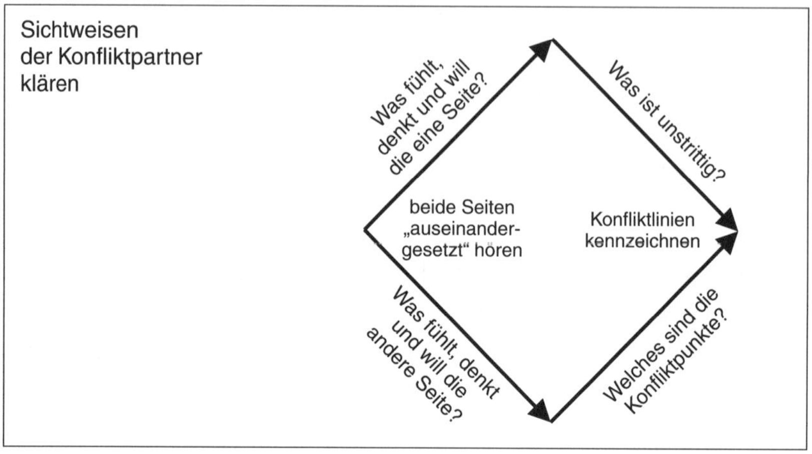
Sichtweisen
der Konfliktpartner
klären
Was fühlt, denkt und will die eine Seite?
Was ist unstrittig?
beide Seiten „auseinandergesetzt" hören
Konfliktlinien kennzeichnen
Was fühlt, denkt und will die andere Seite?
Welches sind die Konfliktpunkte?

Abb. 19

Möglicherweise sieht auch nur der Auftraggeber, der Sie bezahlt, in der Sache ein Problem.

Wenn Sie, um den Auftrag zu bekommen, seine Deutung sozusagen blind annehmen, werden Sie es schnell mit Reaktionen zu tun bekommen, die vorschnell als Widerstand gedeutet werden können, aber nichts weiter sind als verständliche Abwehrreaktionen gegenüber Intransparenz und vermuteter Fremdbestimmung.

Ein braves Akzeptieren solchen Vorgehens wäre eher Zeichen für Ängste, die sich als Überangepasstheit oder Desinteresse äußern können – beides wenig produktive Haltungen zur Lösung von Konflikten.

Zu prüfen ist also zunächst mit dem Auftraggeber und zumindest Vertretern der Beteiligten, und das kann durchaus getrennt geschehen, um was es genau geht, wer in welcher Rolle agiert und welche Erwartungen mit ihrer Tätigkeit verbunden sind.

Die beiden größten Gefahren, die Ihnen jetzt drohen, sind einmal, übertriebene Hoffnungen in Ihre „magischen Kräfte" nicht zu konfrontieren und zu entmystifizieren, und zum anderen, einen Auftrag anzunehmen, bei dem Sie deutlich in eine verdeckte hierarchische Position geraten und Ihre Neutralität und damit Wirksamkeit verlieren.

Das findet sich oft in Sätzen wie: „Eigentlich ist ... untragbar, aber wenn Sie meinen ...“

Sie sollen Entscheidungen gegenüber Personen rechtfertigen oder vorbereiten helfen, ohne dass Ihnen das hierarchisch zusteht.

In der Literatur zum Thema Auftragsklärung werden Sie viel darüber lesen, wie Ziele definiert sein müssen, damit es möglichst handfeste Erfolgskriterien gibt. Ich glaube, dass dieser Punkt deshalb überschätzt wird, weil mit ihm die Erwartung verbunden ist, es gäbe wirklich objektive Kriterien, was Ziele sind – ich glaube dagegen, dass auch Ziele sehr subjektiven Sichtweisen unterworfen sind und sich nur bedingt verifizieren lassen.

Meine Position ist, dass Sie vor allem bei den Punkten „magische Erwartungen“ und „verdeckte hierarchische Aufträge“ klar sein sollten, um auf der Basis geklärter Kontexte mit der Arbeit beginnen zu können.

Zum Lichten des Nebels hätten Sie dann wirksam beigetragen.

Zweite Phase: Die Wüste der Fassaden durchqueren

Hier geht es darum, auf eine Weise Kontakt zu stiften, die es allen Beteiligten ermöglicht, sich auch ohne den Schutz einer Fassade zu zeigen und ihre Interessen und Wünsche zu artikulieren.

Mir hilft in dieser Phase, mich an die drei menschlichen Grundbedürfnisse zu erinnern und sie für das Stiften von Kontakt zu nutzen.

- Das erste Bedürfnis ist, in seiner Kompetenz (zunächst vorbehaltlos) anerkannt zu werden. Alle frühen Angriffe auf unsere fachliche und auch menschliche Kompetenz führen zu mehr und nicht weniger Fassade (gerade auch dann, wenn sie vorgeblich das Ziel eines Abbaus von Fassaden verfolgen!!).
- Das zweite Grundbedürfnis ist, wirklich dazuzugehören. Wer uns unseren Platz in der (jeweiligen) Gemeinschaft streitig macht, unsere Rolle und Funktion in Frage stellt, dem begegnen wir eher mit geschlossenem Visier als mit Offenheit.
- Das tiefste Bedürfnis ist, um unserer selbst willen anerkannt und gemocht zu werden, ohne dafür etwas leisten zu müssen. Hier geht es um den Faktor der Dünnhäutigkeit, der Verletzlichkeit, mit der wir einander begegnen, wo Fassaden eben ein geeignetes Mittel sind, uns zu schützen und uns nötigenfalls auch unserer Haut zu erwehren.

Alles, was dazu beiträgt, diese Grundbedürfnisse zu respektieren und einen Kontext von psychischer Sicherheit für alle zu schaffen, wirkt sich positiv aus in der Anbahnung möglichst „fassadenfreier“ Kontakte.

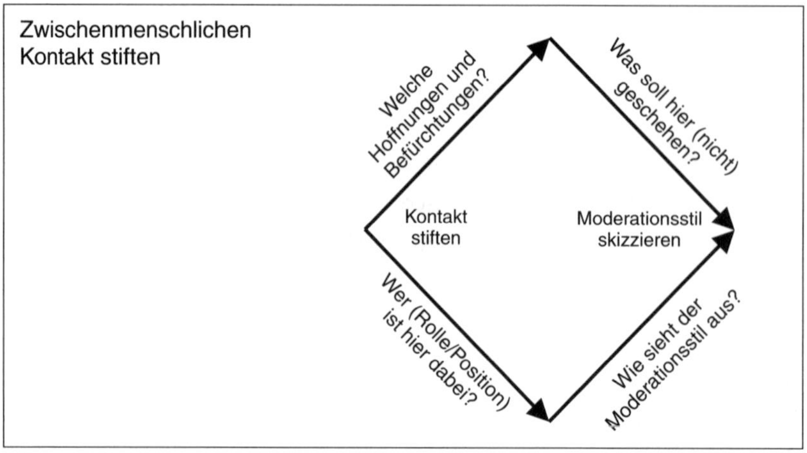

Abb. 20

Hier eignen sich Verfahren, die (über das Malen von Bildern, das Aufstellen von Gegenständen/Personen zur Erläuterung des Kontextes etc.) auch Symbole und nicht-verbale Informationen generieren, um die Komplexität der Problemsituationen abzubilden und auch kreative Zugänge zu ermöglichen, die über Sprache allein nicht möglich werden.

Transparenz, das einfühlsame Nachfragen und Übersetzen in eine Sprache der Annahme sind die Schlüssel, um wirklichen Kontakt zu ermöglichen und die Wüste der Fassaden erfolgreich durchqueren zu können.

Dritte Phase: Den Sumpf der Ziellosigkeit überwinden

An dieser Stelle ist die Fähigkeit gefragt, Wichtiges von weniger Wichtigem zu trennen, um sich bei der Bearbeitung des Konflikts auf das zu konzentrieren, was den Kern, die Wurzel des Problems angeht und lösen hilft.

Die Gefahr, sich zu verlieren in all den vielen Einzelheiten, Seitenpfaden und Nebenkriegsschauplätzen, ist hier besonders groß und führt bald zu einem spürbaren Energieverlust aller Beteiligten. Lösungen rücken dann in weite Ferne.

Gefragt sind hier transparente, durch den Konfliktmoderator eingeleitete Entscheidungen, was im Zentrum der Klärung stehen soll und was nicht.

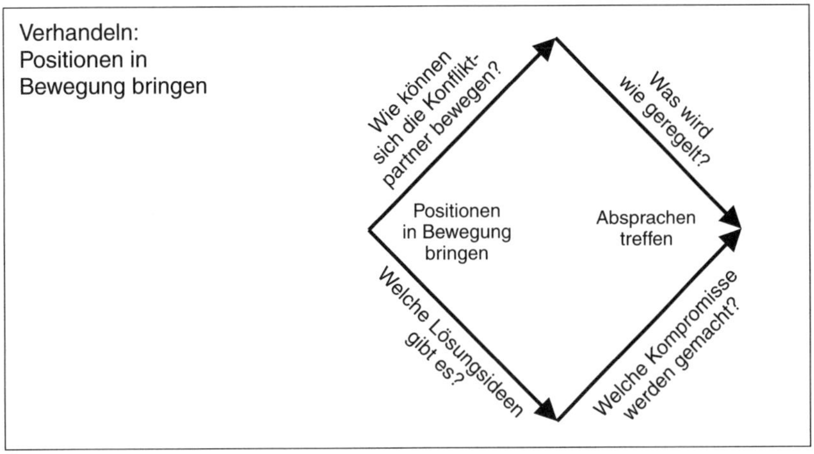

Abb. 21

Die einfache Grundregel an dieser Stelle heißt: Immer dann, wenn (heftige) Emotionen mit im Spiel sind und die Konflikt-Energie zunimmt, ist zu prüfen, auf welche Ausgangsszene das zurückgeht und welche Kränkungsdynamik damit in Gang gesetzt worden ist. Meist sind es wenige, manchmal nur eine einzige Szene(n), die sich als Quelle von Enttäuschung und Ärger identifizieren lässt.

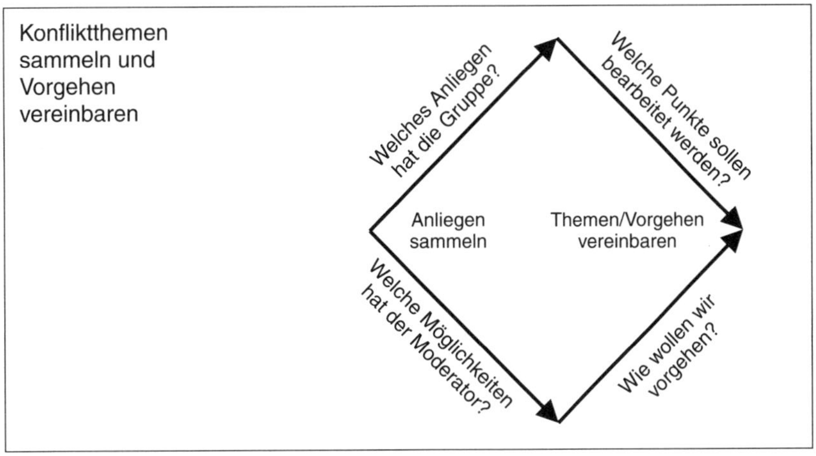

Abb. 22

Es geht dann um das gemeinsame Überprüfen, ob mit der Bearbeitung dieser Situation und den gravierendsten Folgen eine gemeinsame Klärung möglich scheint.

Weniger ist hier mehr!

Abschließend soll noch die Frage gestellt werden: Was ist an diesem Modell für Konfliktlösungen spezifisch coredynamisch? Die Antwort lautet: Natürlich können die vorgeschlagenen Wege auch in jedem anderen Kontext nutzbringend angewendet werden und werden es auch. Das Spezifische ist die Stellung im Gesamtkonzept: Mit welcher inneren Haltung gehe ich Konflikte an und löse sie? Sehe ich Konflikte als Störungen oder als Schritte zu neuen, anderen Formen von Kooperation? Wie bereite ich mich als Berater und die Betroffenen auf eine Konfliktlösung vor? Was sind meine ethischen Grundannahmen, welche Vorstellung von Lernprozessen habe ich? Welchen Stellenwert hat eine Konfliktlösung im Gesamtlernprozess eines Systems? Welche Rolle spielt dabei der Umgang mit Gefühlen, welche Chance bekommen die Teilnehmer, etwas über Ihre persönlichen Muster und Ihr „Lebensskript" zu erfahren?

Je nachdem wie komplex der Kontext, wie umfangreich die Veränderungsmaßnahmen und wie bewusst Trainer und Teilnehmer sind, kann das vorgestellte Handwerkszeug unterschiedliche Reichweiten haben. Die innere Motivation prägt die Auswirkung jeder Methodik. Auf dem Weg zum Kern, zur Wesenskraft eines Teams oder Systems kann dieses Handlungsmodell Barrieren zur Seite räumen und dabei für das Bewusstsein wesentliche Zusammenhänge öffnen. Bearbeitung von zwischenmenschlichen Konflikten ist e i n wichtiger Schritt auf dem Weg zum Kern.

Literatur

Die Grundgedanken zum Thema „subjektive Theorien" stammen von *Prof. Joerg Schlee* aus Oldenburg und wurden in verschiedenen Aufsätzen und Manuskripten von ihm veröffentlicht.

English, Fanita: *Wenn Verzweiflung zur Gewalt wird*, Paderborn 1992

English, Fanita: *Es ging doch gut / was ging denn schief, Beziehungen in Partnerschaft, Familie und Beruf*, Chr. Kaiser, Gütersloh o.J.

Karpmann: *Fairy Tale and Script Drama Analysis*, New York 1968

Redlich, A.: *Konfliktmoderation*, Windmühle Verlag o.J.

Redlich, A.: *Potential: Konflikte*, Windmühle Verlag (alle Zeichnungen stammen aus diesen Büchern)

Steiner, Claude M.: *Macht ohne Ausbeutung*, Paderborn 1991

2.9 Gruppendynamik und systemische Familienrekonstruktionen in der CoreDynamik. Von *Bernhard Mack*

Die Arbeit mit Gruppen ist die nächste Komplexitätsstufe im Lernprozess. Es ist ein bewusstes Ändern des Fokus von der Einzelperson über das Paar zur Gruppenstruktur als System, als Energiefeld. Auch hier durchlaufen wir die Tiefungsebenen I bis VI in der bekannten Weise.

Es gibt zahlreiche Möglichkeiten, mit Gruppendynamiken zu arbeiten. Ich umreiße im folgenden einige Aspekte unseres Verständnisses von Gruppenarbeit und skizziere unsere Methode, das Gruppensystem in Zusammenhang mit dem Familiensystem der einzelnen Gruppenmitglieder durch das sog. Familienstellen zu bringen.

Klassische Gruppendynamik:

Der klassische gruppendynamische Einstieg mit totalem Rückzug und Schweigen der Gruppenleiter ist grundsätzlich abzulehnen und nur für Ausbildungszwecke für sehr kurze Phasen erlaubt. Durch den radikalen Entzug der Leitung entstehen Hilflosigkeit und Orientierungslosigkeit bei den Teilnehmern. Diese Zustände führen in der Regel zur Regression und zu einem destruktiven Prozess.

Nährende Gruppenarbeit:

Erst nach einer guten Vorbereitung der Gruppe kann die Leitung schrittweise zurückgenommen werden. Das coredynamische Konzept der Gruppenarbeit ist also ein therapeutisches: Wir beginnen nährend und machen Angebote, schaffen Strukturen, die Überblick ermöglichen und Angst reduzieren, und wechseln von Stabilisierung über Labilisierung zurück zur Stabilisierung, von Individuumzentriertheit zur Gruppenorientierung.

Wir bauen in kleinen Schritten Komplexität auf und wechseln leichte, humorvolle und schwere, tiefgehende Prozesse ab. Auch der Wechsel zwischen Eingreifen und Fließenlassen, Themen-Eingeben und Themen-Aufgreifen gehört zur Kunst des Gruppenleiters.

Wichtiges Ziel der Gruppenarbeit ist es, ins Jetzt zu kommen. Die Stellung innerhalb der Gruppe in Bezug zum Gruppensystem und zur eigenen Persönlichkeit zu verstehen und zu analysieren ist ein weiteres Ziel. Der jeweilige Platz der Einzelwesen im Gruppengefüge und die Gruppe als Gesamtorganismus schaffen eine sehr hohe Komplexität, die allein mit dem Verstand nicht mehr nachzuvollziehen ist. Hier hat Intuition als ganzheitliche Situationserfassung ihre Funktion für die Leitenden und mitleitenden GruppenteilnehmerInnen.

Beziehungsklärung:

Für Beziehungsklärung ist eine Haltung von Demut und die Einsicht in die Nichtmachbarkeit von Beziehungen hilfreich. Die Beziehung sollte gewürdigt werden, Gefühle, Bilder und Projektionen ausgedrückt und eine Atmosphäre von hohem Schutz für den Gefühlsausdruck geschaffen sowie die Erlaubnis von Grenze und Abgrenzung gegeben werden.

Gruppenanalyse:

Wir beginnen die Gruppenanalyse mit den klassischen Übungen der Gruppendynamik, die ich in *„Kontakt, Intuition"* beschrieben habe:

- Rollenanalyse (z.B. „Rollen auf dem Schiff") und symbolische Rollenzuschreibungen
- Skulpturen, Pantomimen
- Theaterstück (unsere Gruppe gestern, heute und morgen)
- Soziogramm
- Gruppenspiele

Durch das Benennen der Rollen und Strukturen innerhalb der Gruppe werden schon Veränderungen möglich (Tiefungsebene I). Der Ausdruck und das Bearbeiten der damit verbundenen Gefühle (Tiefungsebene II) ermöglicht eine weitere Transformation der Verhaltensmuster. Der Vergleich der Stellung in der Gruppe und der in der Ursprungsfamilie ist der wirksamste Schritt, dysfunktionale Rollen und Muster in Richtung mehr Kontakt und Erfüllung aufzulösen. Dies gelingt jedoch nur, wenn durch Nacherleben alter, ungelöster Szenen (Tiefungsebene III) und durch die Erfahrung des Energiefeldes des „seelischen Organismus Familie" Gefühls- und Energieblockaden gelöst werden.

Die Erfahrung einzelner Aspekte des Energiefeldes der Ursprungsfamilie ist durch das sogenannte Familienstellen möglich. Wir haben eine spezielle Form des Familienstellens entwickelt und grenzen uns hierbei bewusst von einigen Methoden anderer systemischer Familientherapieschulen, wie z.B. der von *Bert Hellinger*, ab.

*Hellinger*s Arbeit mit dem „wissenden Feld" hat einen wichtigen positiven Einfluss auf die Therapieweiterentwicklung gehabt und übt ihn weiterhin aus. Ich habe das in *„Der Liebe Sinn"* gewürdigt.

Im Interesse einer emanzipatorischen Therapeut-Klient-Beziehung und eines wacheren, kritisch-selbstreflexiven Umgangs des Klienten mit seinem Familiensystem gehen wir in einigen Punkten bewusst anders vor.

Wiederum ist die intensive Vorbereitung des Prozesses, das Anwärmen bestimmter Wahrnehmungsorgane und das Lernen einer Sprache wichtig.

1. Die Magie des Platzes
Für alles, was wir zum Thema Gruppe tun, ist die Grundlage der Körper, die Selbstwahrnehmung und die Fähigkeit, bei sich zu bleiben und wahrzunehmen, wenn wir projizieren. Zunächst werden die verschiedenen Spürorgane – Brust, Schulter, Bauch, Becken, Arme, Augen etc. – wachgemacht und sensibilisiert. Dann erleben wir unterschiedliche Qualitäten von Plätzen im Raum.

Übung: Die Magie des Platzes

Suche dir einen Platz, ohne zu wissen, wofür. Wenn du dort angekommen bist, spüre, welche Qualitäten der Platz hat, den du dir gesucht hast. Ist er gefährlich, heimelig, zum Ausruhen, stressig, angenehm, vertraut oder sonstwie? Ist er mittendrin oder am Rand? Sprich diese Qualitäten aus, verabschiede dich von diesem Platz und suche dir einen neuen Platz. Auch hier wiederum spüre die spezifischen Qualitäten dieses Platzes innerhalb des Raumes. Blende vorerst die anderen Gruppenmitglieder aus und spüre dich ganz alleine an diesem Platz. Mache dir durch das Herumgehen zu neuen Plätzen und deren Qualitäten spürend bewusst, dass bestimmte Plätze eine unterschiedliche Qualität haben.

Du kannst diese Qualität in dir spüren, *und* sie hat etwas mit dem Platz zu tun, an dem du stehst, und mit deinem inneren Prozess.

Jeder Platz hat seine eigene Magie, seine Themen, seine Geschichte.

Lass dir Zeit, die Qualitäten des Raumes zu erforschen, den Raum auszuloten. Jeder Platz scheint Einfluss auf deine Stimmung zu haben.

Manchmal ist es nicht klar, ob die Stimmung von innen oder von außen kommt. Gehe weiter und bleibe bei deinen eigenen Empfindungen.

Nach einer Weile:

Spüre zunächst die Qualität eines neuen Platzes. Stelle dir dann auf diesem Platz eine Person aus dieser Gruppe vor. Was passiert nun? Welche Empfindung kommt jetzt? Drücke das mit dem Körper aus und spüre die dazugehörigen Qualitäten und Worte.

Versuche, die Qualität des Platzes von deiner Empfindung zu dieser Person zu trennen und wieder zu verbinden. Was ist der Einfluss des Platzes im Raum auf dich, und wie wirkt die Vorstellung der Person auf dich, und drittens: Was scheint aus deiner eigenen persönlichen Tiefe hochzukommen? Spiele damit, diese drei Aspekte zu verbinden, zu trennen und wieder zu verbinden.

Suche dir einen neuen Platz mit einer neuen vorgestellten Person und bringe deine Gefühle zum Ausdruck. Wichtig ist es, zuerst mit dem Auswählen des Platzes anzufangen, dann dein Inneres zu spüren und dann dein Gefühl zum Gegenüber auszudrücken. Vielleicht wird dir über diesen Ausdruck zum ersten Mal deutlich, welche Beziehung du zu dieser Person hast. Was tut dein Körper, wenn du diese Person vor dir stehen hast? Wo kannst du noch deutlicher werden? Den Atem, den Bodenkontakt als Hilfestellung nehmen.
Es ist dein Ausdruck. Bemerke, dass deine Gefühle auch etwas mit dir zu tun haben.

Das ist ganz normal. Stelle dir vor, dass dein Gegenüber in der Lage ist, bei sich zu bleiben und sich von deinen Gefühlen abzugrenzen.

Nach einer Weile suche dir ein reales Gegenüber in der Gruppe: Wenn dein Ausdruck wirklich wach geworden ist, dann gehe auf eine reale Person in dieser Gruppe zu, kläre deine Beziehung durch Ausdruck. Komme mit möglichst wenigen Worten aus und mache dir klar: Es ist deine Beziehung, und versuche wiederum, die drei Aspekte auseinanderzuhalten: mein Platz im Raum, mein Gegenüber und das, was ich selbst in diesen Kontakt hineinbringe, mein eigener Anteil. Während du ausatmest, trenne und verbinde diese drei Aspekte des Kontaktgeschehens. Spüre die relative Perspektivität deiner Wahrnehmungen. Teile alle drei Aspekte deinem Gegenüber mit.

In der kritischen Reflexion dieser Übung kann herausgearbeitet werden, dass das sogenannte wissende Feld eine Verbindung der jeweiligen Qualitäten eines Platzes, der inneren Befindlichkeit der Person, die an diesem Platz verweilt, sowie der gegenüberstehenden Personen und des weiteren der jeweiligen im Raum stehenden Themenstellungen sind. Gefühle, Bilder und Ausdruck werden also immer mindestens von diesen vier Aspekten geprägt. Aus diesem Grunde ist es wichtig, bei Familienaufstellungen den jeweiligen Äußerungen von Gruppenteilnehmern und Leitern kritisch gegenüberzustehen und sie nicht (wie bei *Hellinger*) als naturgesetzliche spontane Wahrheit, die aus dem Innersten kommt, anzusehen.

Das heißt unter anderem, dass es vor der Familienaufstellung wichtig ist, die Beziehungen innerhalb der Gruppe zu klären, damit Konflikte nicht nachher als Projektionen in der Familienaufstellung „dem anderen um die Ohren gehauen" werden. Es geht mir also um ein kritisches Bewusstsein der Gruppenstrukturen und der Magie des Platzes. Ein anderer Platz ändert das Gefühl. Dieses Gefühl wird zwar wesentlich von der jeweiligen Story eines Familiensystems geprägt, hat aber auch eine spezifische Eigengesetzlichkeit, die man beachten muss.

Bei Familienaufstellungen in der CoreDynamik wird auf die Klientenintuition vertraut. Deswegen sind die Interventionen des Therapeuten Angebote statt Wissen. Dadurch, dass wir dem Klienten erlauben, eigenen Sätze zu formulieren, ist eine tiefere emotionale Involvierung möglich. Damit werden die Projektionen der anderen Teilnehmer und des Leiters reduziert bzw. zurückgenommen. Deswegen halte ich Familienaufstellungen nur dann für legitim, wenn sie im Kontext gründlicher Vor- und Nachbereitungen durchgeführt werden, wenn die Teilnehmer sich also kennen und ihre gegenseitigen Projektionen angeschaut haben. Der Klient hat dabei immer die Führung.

Schritte des Familienstellens in der CoreDynamik

Zuerst wird noch einmal die Stellung eines Teilnehmers hier in dieser Gruppe benannt und in Bezug zur Stellung in der Ursprungsfamilie gesetzt.

1. Das Thema benennen: Meine Stellung hier ist .... und damit geht es mir .... und das bewirkt in meinem Leben .... Daraus ergibt sich für mich folgende Fragestellung ....
2. Der Klient stellt seine Familie, d.h. er/sie positioniert einzelne Gruppenmitglieder als Stellvertreter(innen) für seine Familienmitglieder so im Raum, wie er oder sie ihre Stellung und Beziehung untereinander empfindet. Er lässt sich dabei von seiner spontanen Intuition und von seinen Impulsen leiten. Hinwendung/Abwendung, oben/unten, innen/außen, Abstand und Nähe und weiteres mehr spielen dabei eine Rolle. Er nimmt sich dafür sehr viel Zeit, nimmt den ganzen Körper dazu. Die einzelnen Rollenträger drücken die eingenommenen Positionen durch Gestik, Mimik und Körperhaltung verstärkt aus.
3. A) Die aufstellende Person findet Haltungen, Bewegungen und Sätze für die einzelnen Rollenträger.
   B) Sie gibt sie den Rollenträgern und beschreibt sehr genau, wie die Sätze klingen sollen. Sie macht sie so lange vor, bis sie stimmig wiederholt werden.
4. Die aufstellende Person hört die einzelnen Sätze im Wechsel und spürt, was sie bei ihr auslösen. Eventuell sind noch Veränderungen möglich, um die Prägnanz der Aussagen zu verdeutlichen. Dabei ist es wichtig, dem Klienten ausreichend Zeit für seinen eigenen Prozess zu lassen, damit er die eigenen Gefühle bei den einzelnen Sätzen deutlich spüren kann.
5. Nun erst kommen Vorschläge vom Gruppenleiter oder auch von den Rollenträgern zur Verdeutlichung der Sätze und Haltungen oder auch ganz neue Sätze.
6. In einer Gestalt- oder Körperarbeit wird an den konfliktbeladenen Punkten so lange gearbeitet, bis etwas klarer geworden ist oder sich etwas gelöst hat. Wir können dabei nicht alle Aspekte eines Familiensystems klären, nur einige wichtige Aspekte, die eine Lösung darstellen könnten.
7. Der Klient stellt in Zusammenarbeit mit dem Gruppenleiter das Lösungssystem auf, wie die neue Struktur für ihn eine stimmige Lösung wäre. Zuerst lässt er nur die Aufstellung als solche wirken.
8. Dann gibt er den einzelnen Rollenträgern die Sätze, die er als heilsam hören möchte (*Pesso*-Arbeit) und lässt sich Zeit, die Begegnungen zu gestalten und zu genießen, die für ihn eine gute Lösung innerhalb des Familiensystems fühlbar machen können. Wie bei allen anderen Phasen ist Zeit hier ein wichtiger Heilungsfaktor.

9. Abschluss-Sharing: Zuerst sagt der Aufstellende selbst, wie es ihm jetzt geht, was er mitnimmt und was für ihn wichtig ist. Dann sprechen die Rollenträger über ihre Gefühle und wie sie den Prozess erlebt haben. Schließlich werden die Rollenträger aus ihrer Rolle entlassen.
10. In den nächsten Tagen wird die Aufmerksamkeit darauf gerichtet, wie nach der Familienrekonstruktion sich das Befinden und Verhalten sowie die Stellung innerhalb der Gruppe verändert. Es ist wichtig, das Lösungsbild häufig zu erinnern und durch Medien (Bilder, Gedichte, Beschreibungen, Körpergesten) zu ankern.

Erfahrungen mit diesem Vorgehen werden in den Auswertungskapiteln genannt.

Die Gruppe als lebendiger Organismus ist einerseits ein wissendes Feld, das durch intuitive Erkenntnisse zur Auflösung und Heilung alter Muster beitragen kann. Weder die Gruppe noch die Gruppenleiter sind jedoch allwissend, und alle intuitiven Impulse müssen einer kritischen Prüfung unterzogen werden.

Nehmen wir die Relativität von Wahrnehmung und den Respekt vor dem Innersten eines Gegenübers ernst, kommen wir auch hier zu unserer Grundhaltung: „Der/die KlientIn hat immer recht."

Diese Haltung fördert am ehesten das persönliche Wachstum.

2.10 Gesprächsmuster und Gruppendynamik – Wege zur Dialogfähigkeit in Lern- und Arbeitsteams. Von *Helmut Volk-von Bialy*

Bei der Förderung von Lern- und Kooperationsfähigkeit im Gruppenzusammenhang kann man vom Modell eines „harmonischen Gruppenverlaufes" ausgehen:

„Was sollten Lehrende und Leitende auf jeden Fall beachten, was thematisieren, bestärken und fördern oder einschränken, damit Störungen in den Lernbeziehungen der GruppenteilnehmerInnen vermieden oder bearbeitet werden können?"

Es geht also um die Berücksichtigung von Annahmen zu konstruktiven Gruppenverläufen, von sogenannten „Gesetzen" der Gruppendynamik.

1. Ein Zwei-Phasen-Modell des Gruppenprozesses

Im Verlauf eines Gruppenprozesses kommt es immer wieder zu vielerlei schwierigen Situationen: zu Konflikten, Vertrauenskrisen, Umbrüchen, Koalitionsbildungen, Abgrenzungen, Macht- und Positionskämpfen und sehr häufig zu Missverständnissen.

Gewisse Krisen treten nahezu gesetzmäßig auf. Manche Gruppendynamiktheoretiker vergleichen die gruppendynamische Entwicklung mit den Stufen der Reifung von abhängigen Kindern zu mündigen Erwachsenen.

Wenn ein Gruppenprozess „gut" verläuft, durchlebt die Gruppe im wesentlichen zwei Phasen bis zur gemeinsamen Lern- und Arbeitsfähigkeit:

A. Die Phase der Abhängigkeit oder die Schonphase

Hauptkennzeichen dieser Phase im Gruppenprozess ist die Überbetonung der Gemeinsamkeiten oder die Nicht-Beachtung der Unterschiede zwischen den GruppenteilnehmerInnen sowie die starke Verschmelzung (Symbiose, Konfluenz) wünschende oder rebellische Ausrichtung an den offiziellen und heimlichen LeiterInnen.

Entweder wird – um in die Sprache der Transaktionsanalyse zu gehen – die Ausprägung hin zum angepassten Kind-Ich verstärkt, oder das rebellische Kind-Ich holt sich Nahrung aus der Vielfalt der Prozessaspekte.

Diese Phase ist gekennzeichnet durch skeptisch-abwartende Zurückhaltung (Schweigen) der einen, durch scheinbar sachlich gemeinte Orientierungsfragen der anderen und durch bewundernd-aufmerksamen Zuspruch der dritten.

Im Hintergrund dieser Verhaltensmuster geht es darum, Beziehungsunsicherheiten gegenüber fremden Personen abzubauen, durch Einnahme einer bestimmten, zum Sozialtyp passenden Position in der Gruppe Sicherheit zu gewinnen und Vertrauen zu entwickeln. Es geht einerseits um die Seite der Geborgenheit im existentiellen Grundkonflikt des Menschen zwischen dem Wunsch nach Geborgenheit und dem nach Freiheit („Wieviel Sicherheit geben mir Leitende und Gruppe?"), andererseits um experimentelles Austesten der Freiheitsräume („Wieviel Handlungsspielraum geben mir Leitende und Gruppe?").

Im folgenden 4-Phasen-Modell zum Gruppenprozess wird diese Phase ausdifferenziert in die Phasen von Identität und Kohäsion.

Werden diese Bedürfnisse von allen Seiten anerkannt und berücksichtigt, z.B. durch vermehrte wechselnde Kleingruppenarbeit mit Themen zum Kennenlernen in der Anfangsphase, so bildet sich ein „Gruppen-Urvertrauen" als Grundlage für ein gutes, wenig ängstigendes Lernklima.

Werden diese Bedürfnisse jedoch von irgendeiner Seite geleugnet und nicht beachtet, dann entwickeln sich Beziehungsängste, Misstrauen und Resignation. Dies drückt sich aus in Cliquenbildungen, Dauerrebellion, Verweigerung, Vereinzelungen, beharrlichem Schweigen oder Dauerreden.

B. Die Phase von Kampf und Flucht (fight and flight) oder die Auseinandersetzungsphase

Hauptkennzeichen dieser Phase ist eine Überbetonung der Unterschiede, die noch nicht produktiv für gemeinsames Lernen genutzt werden können, sondern zumeist als Verlust von Gemeinsamkeit erlebt werden.

Diese Phase erkennt man daran, dass kleine Scharmützel ausgetragen werden, dass relativ starre und überzogene Standpunkte eingenommen werden, Flagge gezeigt wird, Unterschiede, Andersartigkeiten, Individualität betont werden.

Im Hintergrund geht es darum, dass jede(r) in der Gruppe für sich klärt: „Werde ich von den anderen wirklich akzeptiert, d.h., wie ich unverstellt mit meinen Besonderheiten bin?" Manchmal wird aus Selbstunsicherheit in dieser Phase auch provoziert: „Mal sehen, ob die anderen mich auch dann noch aushalten, wenn ich mich von meiner schlechtesten Seite zeige." „Ich zeige euch allen ganz deutlich, dass ich anders bin als ihr, dass ich etwas Besonderes bin!"

Es geht bei alledem um die Seite der Freiheit im existentiellen Grundkonflikt des Menschen zwischen Wünschen nach Freiheit und Geborgenheit, um die Phasen der Identität und Distanz im folgenden 4-Phasen-Modell.

Wird dies Bedürfnis nach Autonomie, nach freier Entscheidung ernst genommen und wird ihm durch Wahl der Sozialformen (Rückzug in der Einzelarbeit, Intimität in der Partnerarbeit, feste Kleingruppen mit Funktionswechsel oder festen Funktionen zur Bearbeitung von Projekten, wechselnde Kleingruppen zum gegenseitigen Beschnuppern, Halbgruppen und Plenum zur Ergebnispräsentation) und Themen Raum gegeben, dann kann die Gruppe zur Arbeitsfähigkeit finden.

Günstig sind in dieser Phase wechselnde Kleingruppen (3 bis 6 Personen) und größere, jedoch nicht zu große Untergruppen (Drittelgruppen, Halbgruppen – 6 bis 12 Personen) und Themen, welche die Bedeutung der individuellen Verantwortung und die Akzeptierung von Unterschieden *und* Gemeinsamkeiten herausstreichen.

Wird dieses Bedürfnis, die Einzigartigkeit der Person hervorzuheben und in Grenzen auszuleben, ignoriert, dann kommt es zu Querulantentum, zu Intrigen oder zu Kumpeleien, in denen die produktiven Unterschiedlichkeiten nivelliert werden.

An die Stelle der notwendigen lebendigen Auseinandersetzung, an die Stelle der nach vorn weisenden Differenzierung der Standpunkte, der Umsichtsförderung durch Vervielfältigung der Perspektiven treten Vermeidungshaltungen, Abwehr von Neuem und Widerstand gegen Lern- und Beziehungsangebote in allen ihren Formen, in deren Gefolge ein Lernklima lähmend und voll unterschwelliger Aggressivität, also schlicht ätzend, werden kann.

Nicht jede unterlassene Auseinandersetzung ist jedoch gleich eine Vermeidung: Sie kann auch eine sinnvolle Schonung einer durch Unterscheidungskonflikte überstrapazierten Gruppe bedeuten.

Eine Konfliktvermeidung kann sich ebenso nachteilig auf den Gruppenprozess auswirken wie eine Harmonievermeidung.

2. Ein Vier-Phasen-Modell des Gruppenprozesses – vier Qualitätsbereiche für Teamdialoge

Folgender Vier-Phasen-Prozess geht bei jedem Zusammentreffen einer Gruppe – nur jeweils auf anderen Ebenen – von vorn los. Die systematische Beachtung und Förderung dieser Phasen, insbesondere die Ermöglichung der Identitätsfindung der Einzelnen (Phase 1), schafft bessere Lern- und Arbeitsbedingungen in der Gruppe.

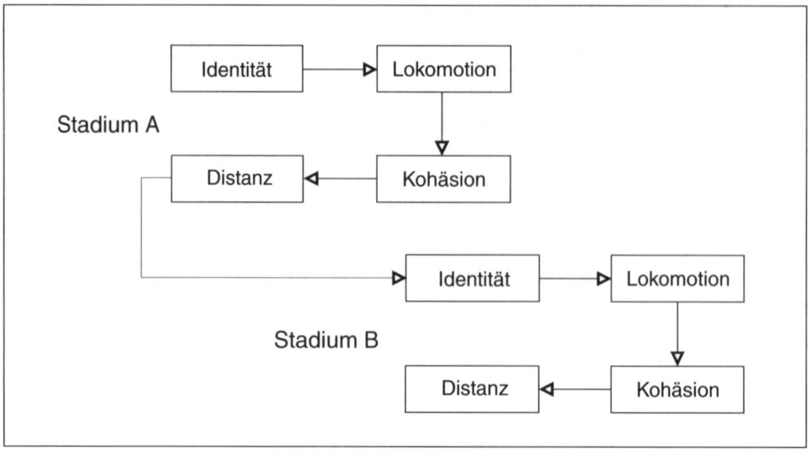

Abb. 23: Vier Aspekte von Kooperationsförderung in unterschiedlichen Stadien der Gruppenentwicklung

A. Identität, der Ich-Aspekt oder: „Den Kontakt zu sich und anderen fördern"

Eine befriedigende vorläufige Antwort jedes und jeder Einzelnen auf die Frage: „Wer bin *ich* für mich und für euch?" ist eine notwendige Voraussetzung dafür, dass aus einer Ansammlung von Menschen ein Team wird.

Wenn irgend etwas in der Kooperation schiefläuft, ist mit hoher Wahrscheinlichkeit versäumt worden, Identitätsbildung und Kontakt im Team zu fördern.

In dem TZI-Dreieck von Ich-Wir-Es blieb der Ich-Aspekt unbalanciert.

Bevor die Einzelnen sich auf das Risiko des Gruppenprozesses einlassen, müssen sie auf ihrem Stuhl abgesichert sein: „*Ich* möchte als der oder die wahrgenommen und als gleichberechtigt respektiert werden! *Ich* habe mich dargestellt, und du hast/ihr habt mich wahrgenommen."

Denn Lernen als Prozess der Verunsicherung durch Neues ist nur auf der Basis persönlicher Sicherheit möglich. Besonders wichtig sind in diesem Zusammenhang Aussagen der TeilnehmerInnen zu Wünschen und positiven Erwartungen in Kombination mit ihren Katastrophenphantasien über das Lernen und Arbeiten des Teams: „Was muss auf dieser Sitzung geschehen, was sollte auf keinen Fall geschehen, damit ich sagen kann, sie hat mir etwas gebracht? Wie kann ich darauf achten?" „Wie könnte ich dazu beitragen, dass unsere Teamarbeit misslingt?"

Identitätsstiftende Maßnahmen erfordern den Austausch. Identität bildet sich an den Konturen, die man sich gibt, die andere einem geben. Deshalb sollten alle Teammitglieder dafür sorgen,

- dass das Team sich genügend Zeit nimmt, diesen Qualitätsbereich zu entwickeln,
- dass jede und jeder in jeder Zusammenkunft deutlich und gleichberechtigt beachtet wird,
- dass Neugierde in Bezug auf andere und Selbstdarstellungswünsche befriedigt werden.

B. Lokomotion, der Es-Aspekt oder: „Verantwortlich und initiativ kooperieren"

Das Team bestimmt den Ausgangspunkt seiner Arbeit (locus), beschreibt in einer Ist-Analyse die gegenwärtige Wirklichkeit und erarbeitet sich unter Beachtung und Präzisierung verbindlicher Qualitätsvorgaben und der gemeinsamen Zielsetzungen und persönlichen Wünsche und Visionen eine Bewegungsrichtung (motio), eine Zielvereinbarung oder einen Soll-Zustand.

Die Teammitglieder legen Themen, Ziele (Es-Aspekt der TZI) und Projekte fest, die gemeinsam bearbeitet werden sollen, und die Formen und die Zeit, in der die Aufgaben zu bearbeiten sind. Alle Teammitglieder achten darauf, dass sich Ziel und Weg, Zweck und Mittel entsprechen, damit der gemeinsame Arbeits- und Lernprozess stimmig verlaufen kann.

Inhalte können nur produktiv erarbeitet werden, wenn die Beziehung der Teammitglieder zueinander beachtet wird. Stimmige, vertrauensschaffende, wahrhaftige Beziehungen bilden das emotionale Fundament für gemeinsames Handeln.

Lokomotion zusammen mit dem dritten Qualitätsbereich Kohäsion sind notwendige Voraussetzungen für Kooperation.

C. Kohäsion, der Wir-Aspekt oder: „Zu einer kooperativen, partnerschaftlichen Gesprächshaltung (Dialog) kommen"

Kohäsion (Zusammenhalt) beschreibt:

- den Pol der Verbundenheit, der Gemeinsamkeit, der Nähe, der Qualität des Aufeinander-abgestimmt-Seins, die Dialogfähigkeit der Teammitglieder;
- inwieweit aus dem Ich-Du durch dialogische Abstimmung ein Wir (TZI) geworden ist;
- die normativen Strukturen einer Gruppe, deren Gesprächs- und Entscheidungsregeln und anerkannten Werte, deren „Moral", deren „Kooperationskultur" und Arbeitsklima.

Kohäsion wächst, wenn alle Teammitglieder die Verantwortung dafür tragen, dass die verborgenen (impliziten) Wert- und Qualitätsentscheidungen zunehmend bewusster (explizit) werden, im Hinblick auf ihren Nutzen und ihre Bedeutung für den Teamarbeitsprozess besprochen und den situativen, persönlichen und institutionellen Erfordernissen flexibel angepasst werden.

Kohäsion zusammen mit dem vierten Qualitätsbereich Distanz kennzeichnet die vorläufige Beziehungsstruktur der Gruppe, unter anderem aufzuhellen durch soziometrische (Messung der Beziehungssituation in der Gruppe) Momentaufnahmen: „Wer steht wem wie nah und wie fern?" „Wer kann gegenwärtig mit wem wozu wie gut zusammenarbeiten?" usw.

D. Distanz, der Ich-Aspekt oder: „Die Realität präzisieren und Unterschiede nutzen"

Die Qualität des gruppendynamischen Prozesses lässt sich auch daran ablesen, wieviel Individualität sich die Einzelnen erlauben und zugestanden bekommen: Wieviel Distanz, wieviel Raum, wieviel Unterschiedlichkeit wird den Einzelnen (den Ichs im Wir) ermöglicht? Wie flexibel sind die Gruppennormen? Wie deutlich wird die Wirklichkeit innerhalb und außerhalb des Teams wahrgenommen? Nur wo Wahrnehmungs- und Meinungsunterschiede einbezogen, aktiv und kreativ werden, kann sich ein tiefgehender und tragfähiger Konsens entwickeln.

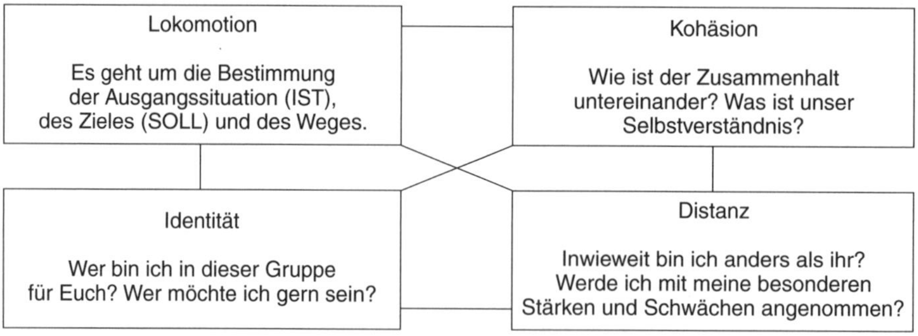

Lokomotion
Es geht um die Bestimmung der Ausgangssituation (IST), des Zieles (SOLL) und des Weges.
Kohäsion
Wie ist der Zusammenhalt untereinander? Was ist unser Selbstverständnis?
Identität
Wer bin ich in dieser Gruppe für Euch? Wer möchte ich gern sein?
Distanz
Inwieweit bin ich anders als ihr? Werde ich mit meine besonderen Stärken und Schwächen angenommen?

Abb. 24: Vier Qualitätsbereiche für Teamdialoge

Diese vier Qualitätsbereiche für Teamdialoge sind, abgesehen von der besonderen Bedeutung der Identitätsfindung in der Anfangsphase der Kooperation, gleichgewichtig im Prozess (dynamische Balance von Ich-Wir-Es) zu beachten:

- Gruppenkohäsion, also Gemeinsamkeit, wird zu Gruppenbrei, wenn die Besonderheiten der Gruppenmitglieder nicht gesehen (Identität) und nicht genutzt (Distanz) werden.
- Standortbestimmung, Zielsetzung und Zielverfolgung (Lokomotion) wird kaum zum Zusammenhalt (Kohäsion) der Gruppe führen, wenn die am Prozess Beteiligten nicht ausreichend beachtet werden (Identität)
- Wird die Einzelperson (Identität) und deren Unterschiedlichkeit im Verhältnis zu den anderen Gruppenmitgliedern (Distanz) überbetont, ohne dass die Gemeinschaft gefördert wird (Kohäsion) und gemeinsame Themen, Ziele und Vorgehensweisen erarbeitet werden (Lokomotion), so entsteht kein Team, oder es zerfällt.

Eine englischsprachige Variante der Gruppendynamik-Phasen besteht in einem 4-Phasen-Modell, bei dem Elemente aus dem ersten und dem zweiten Modell kombiniert werden:

1. warming: die Aufwärmphase, vergleichbar mit der Abhängigkeits- und Schonphase;
2. storming: die Sturmphase, vergleichbar mit der Kampf- und Fluchtphase;
3. norming: die Normierungsphase, vergleichbar mit der Lokomotions- und Kohäsionsphase;
4. performing: die Zusammenarbeitsphase.

3. Gruppendynamik und Kommunikationspraxis

Durch Kombination der förderlichen gruppendynamischen und kommunikationspraktischen Prinzipien erarbeitete ich folgende Checkliste für förderliche Teamdialoge, die man im Sinne einer Lernförderdiagnostik (Theragnostik) in Gruppenzusammenhängen zur Selbst- und Gruppenprozesserkundung einsetzen kann.

Sie fördern den Erfolg der Teamarbeit, wenn Sie

1. *den Kontakt zu sich und anderen fördern (Selbstkundgabe, Identität),*
2. *verantwortlich und initiativ kooperieren (Kohärenz),*
3. *zu einer kooperativen, demokratisch-partnerschaftlichen Gesprächshaltung finden (Dialog) sowie*
4. *Ihre Realitätssicht und Ziele präzisieren und Unterschiede nutzen (Lokomotion, Distanz, Perspektivenvielfalt).*

Auf kommunikationspraktischer Ebene ermöglicht die Verwirklichung folgender Prinzipien ein entwicklungsförderndes Kommunikationsklima:

entwicklungsförderndes Kommunikationsklima		
klärende, integrierende, verbindende und heilende Sprachwahl	*statt*	unklare, abspaltende, trennende und verletzende Sprachwahl
positive Formulierungen	*statt*	negative Formulierungen
Verantwortung und Eigeninitiative – mit Bereitschaft zur Kooperation	*statt*	Allmacht und Zwang oder Ohnmacht und Resignation – mit Tendenz zur Isolation
Differenzierung	*statt*	Pauschalisierung
unterschiedliche Sichtweisen beachten und nutzen	*statt*	Unterschiede nivellieren und verdammen
rückmelden und konkretes augenblickliches Verhalten beschreiben	*statt*	verurteilen und allgemeine Charaktereigenschaften beurteilen
Teufelskreise aufdecken und gemeinsam Verstrickungen lösen	*statt*	Verantwortung von sich abwälzen und anderen Schuld zuweisen
flexible Annahmen und hoffnungsvoll-experimentelle Neugier	*statt*	starre Feststellungen und Behauptungen und resignativ-dogmatische Abwehr von Neuem
kooperative, demokratisch-partnerschaftliche Gesprächshaltung wechselseitiger Achtung und Anerkennung (Dialog)	*statt*	rivalisierende, hierarchisch-autoritäre Gesprächshaltung, verbunden mit Missachtung und Abwertung (Kampfdiskussion und Monolog)

Merkmale eines entwicklungsfördernden Kommunikationsklimas

Die folgende Checkliste für förderliche Gesprächsführung zur gemeinsamen Veränderung der Lern- und Arbeitssituation verbindet Erkenntnisse aus der Gruppendynamik mit Erkenntnissen aus Kommunikationspsychologie und Kommunikationspädagogik.

Prüfen Sie bitte von Situation zu Situation im Gruppenprozess, ob Sie als mitleitende Lernende und als mitlernende Leitende Ihre Gesprächsmuster aus der rechten Spalte durch entsprechende aus der linken ersetzen können.

A. Wenn Sie den Kontakt zu sich und anderen fördern wollen:

a)	**offen und neugierig in Bezug auf die anderen sein:** „Wer seid ihr?" „Wie denkt ihr?" „Wie fühlt ihr?"	*statt*	**sich hellseherisch in Bezug auf die anderen geben:** „Ich weiß schon, was du sagen willst!" „Du kannst mir nichts vormachen!" „Ich kenne solche Leute wie Sie!"
b)	**positive Formulierungen:** „Das gefällt mir daran ..." „So stelle ich es mir vor ..." „Für ..." und „Her mit ..." „Ich bin traurig." „Das hat mir gefallen."	*statt*	**negativer Formulierungen:** „Das gefällt mir daran nicht ..." „So stelle ich es mir nicht vor ..." „Gegen ..." und „Weg mit ..." „Ich bin nicht glücklich ..." „Das fand ich nicht unschön."
c)	**flexibel Blickkontakt halten**	*statt*	**wegsehen oder anstarren**
d)	**auch die Atem- und Bewegungsrhythmen der anderen aufnehmen**	*statt*	**die anderen nur auf der Argumentationsebene begleiten**
e)	**zugewandt, offen und aufmerksam den anderen zuhören:** „Ich bin gespannt, wie die anderen die Situation sehen und einschätzen."	*statt*	**in seiner eigenen Gedankenwelt Wortpläne und Entgegnungen schmieden:** „Gleich werde ich den anderen sagen, dass ..."
f)	**sich in die Erlebenswelt der anderen hineinversetzen:** „Wie erlebst du diese Situation?" „Ich möchte deine Sicht auf die Situation nachvollziehen können."	*statt*	**seine eigene Erlebensweise absolut setzen:** „So wie ich denkt und fühlt man normalerweise." „Wie kann man so denken, fühlen und sprechen wie du?!" „Ich erwarte, dass du mich verstehst."
g)	**seine eigene Körpersprache und Körperempfindungen während des Gesprächs beachten:** „Wie sitze ich?" „Wie ist meine Mimik?" „Wie gestikuliere ich?" „Wo verspanne ich mich?"	*statt*	**sich unempfindlich und gleichgültig gegenüber den eigenen inneren und äußeren Körpersignalen während des Gesprächs machen:** „Je weniger ich von mir mitbekomme, desto weniger irritiert mich das."

h)	**Sprache des Seins mit prozesshaften Verben:** „Ich verspanne meine Rückenmuskulatur." „Ich kränke mich."	*statt*	**Sprache des Habens mit prozesslosen Nomen:** „Ich habe eine Verspannung am Rücken." „Ich habe eine Krankheit."
i)	**subjektiv (persönlich) und situativ beschreiben:** „So geht es mir damit ..." „So sehe/fühle/höre ich es in dieser Situation."	*statt*	**objektiv (unpersönlich) und situationsunabhängig bewerten:** „Dies ist gut oder schlecht." „So ist es richtig."
j)	**die eigenen Stimmungen/ Gefühlsregungen beachten:** „Vorhin war ich noch guten Mutes, und jetzt ist meine Stimmung umgeschlagen in Resignation." „Ich werde gerade ganz sauer!"	*statt*	**die eigenen Stimmungen/ Gefühlsregungen wegdrängen und verleugnen:** „Mir geht es eigentlich recht gut bis auf meine dauernden Kopfschmerzen."
k)	**den anderen mitteilen, wenn man sich in seine Innenwelt zurückzieht:** „Ich brauche ein wenig Zeit, um darüber nachzudenken." „Im Augenblick möchte ich dir nicht mehr zuhören, weil ich erst einmal prüfen will, was in mir vorgeht."	*statt*	**die anderen weiterreden lassen, obwohl man nicht mehr bei der Sache oder der Person ist, sondern seinen eigenen Gedanken und Gefühlen nachhängt:** „Rede ruhig weiter, ich höre dir schon irgendwie zu." „Du kannst soviel reden, wie du willst, ich habe sowieso schon lange abgeschaltet."
l)	**Teufelskreise aufdecken und gemeinsam Verstrickungen lösen:** „Wie machen wir es, dass ...?" „Wie kam es dazu, dass wir ...?"	*statt*	**Verantwortung von sich abwälzen und anderen Schuld zuweisen:** „Du bist Schuld, dass ...!" „Ich kann schließlich nichts dafür, dass du ...."
m)	**mit jemandem reden (direkter Kontakt):** „Sie/du ..."	*statt*	**über jemanden reden (indirekter Kontakt):** „Er oder sie, der da oder die da ..."
n)	**etwas erleben und das Erlebte besprechen oder etwas besprechen und eine entsprechende Handlungssituation verabreden**	*statt*	**etwas besprechen ohne Erlebnis-Hintergrund oder etwas erleben, ohne es mitzuteilen**

o)	**die Sinnesbereiche (Repräsentationssysteme) der anderen beachten:** „Wie siehst du und welche Bedeutung haben für dich Bilder und andere Visualisierungen?" „Wie hörst du zu und welche Bedeutung haben für dich Worte und Töne?" „Wie empfindest du und welche Bedeutung haben für dich Bewegungen, Handlungen und Berührungen?"	*statt*	**seine eigene bevorzugte Art wahrzunehmen bei den anderen voraussetzen:** „Vermutlich siehst, hörst und empfindest du so ähnlich wie ich." „Normalerweise lernt, denkt und fühlt man so wie ich."
p)	**die eigene Charakterstruktur (Deutungsmuster) und die der anderen beachten und gleichwertig behandeln:** „Ich bin o.k., und du bist o.k.!"	*statt*	**seine eigene Charakterstruktur oder die anderer ignorieren oder abwerten:** „Ich bin o.k., und du bist nicht o.k.!" „Du bist o.k., und ich bin nicht o.k.!"

B. Wenn Sie verantwortlich und initiativ kooperieren wollen:

a)	**Herausforderungen annehmen:** „Was können wir aus dieser ungeklärten, schwierigen Situation lernen?"	*statt*	**Probleme beiseiteschieben:** „Wie können wir dieses Problem vermeiden?"
b)	**Neues und Gutes heraushören:** „Was ist mir/uns in letzter Zeit an Neuem und Gutem gelungen."	*statt*	**Altes und Schlechtes bestätigen:** „Was hat alles in letzter Zeit nicht geklappt, was haben wir nicht geschafft, was ist noch immer so wie früher?"
c)	**die zeitliche Gültigkeit einer Entscheidung oder Gewohnheit begrenzen:** „Bis jetzt ..." oder „Bisher noch nicht, aber ab heute ...!"	*statt*	**unbegrenzte Gültigkeit einer Entscheidung oder Gewohnheit:** „Immer ...!" oder „Nie ...!"
d)	**Alternativen erforschen:** „Wie ginge es sonst noch?"	*statt*	**Alternativen nicht zulassen:** „Es geht nur so!"

e)	**vermuten:** „Wahrscheinlich ist es so, dass..." „Ist es möglich, dass ...?"	*statt*	**behaupten:** „Bestimmt ist es so, dass ..." „Ich gehe davon aus, dass ..."
f)	**die Muster aufspüren, die bestimmte Einzelsituationen miteinander verbinden:** „Wie sind wir miteinander verbunden? Was denken und wissen wir voneinander und was nicht? Wie reagieren wir aufeinander? Welche Handlungen von mir lösen bei dir welche Handlungen aus?"	*statt*	**die Abfolge der Ereignisse, der Einzelsituationen überbetonen:** „Und dann habe ich dies gemacht, danach jenes und so weiter und so fort..."
g)	**die symptomproduzierenden Wirkkräfte beeinflussen:** „Auf welche Weise verspanne ich mich in welchen Situationen so, dass mein Kopf schmerzt? Was kann ich in solchen Situationen künftig ändern?" „Zensuren und Fremdkontrolle vereinbaren sich nicht mit selbstgesteuertem Lernen und müssen durch Formen der qualitätsgeleiteten Selbstkontrolle ersetzt werden."	*statt*	**die Symptome abschwächen oder vermeiden:** „Wer Kopfschmerzen hat, muss eben eine Tablette nehmen." „Ich gebe Ihnen nur noch gute Zensuren, damit sich keiner beschweren kann."
h)	**Bedingungen variieren:** „Was müsste geschehen, damit es geht...?" „Noch funktioniert es nicht, jedoch wenn ..., dann ..."	*statt*	**Bedingungen als unveränderbar hinnehmen:** „Es geht unter keinen Umständen, dass ..." „Das funktioniert nie und nimmer!"
i)	**Lösungen suchen:** „Wie könnte es möglicherweise gehen?"	*statt*	**Ausreden für Untätigkeit suchen:** „Es wird sowieso nichts, weil ..."
j)	**selbst initiativ werden und die Initiative anderer unterstützen:** „Ich versuche es auf eine bisher noch nicht erprobte Weise." „Ich möchte gern an der Verwirklichung deiner Idee mitarbeiten, und zwar stelle ich mir vor ... Was hältst du davon?"	*statt*	**Initiative anderer diffamieren und als nutzlos darstellen:** „Das lohnt sich gar nicht, das zu versuchen." „Wer das versucht, zeigt nur, wie naiv er/ sie ist."

k)	**„Dies ist meine Entscheidung"** „Ich will." „Ich will nicht." „Ich darf es tun." „Ich möchte es tun."	*statt*	**„Dies liegt außerhalb meiner Entscheidungsmöglichkeiten"** „Ich kann nicht." „Man darf doch nicht einfach." „Ich soll/muss es tun."
l)	**Aktiv-Formulierungen verwenden:** „Ich mache es" oder: „Du machst es."	*statt*	**Passiv-Formulierungen verwenden:** „Es wird sich schon erledigen."
m)	**sich und andere einbeziehen und aktivieren:** „Ich übernehme konkret… " „Was konkret übernimmst du?"	*statt*	**sich ausklammern und auf Aktivität anderer hoffen:** „Man sollte eigentlich …" „Es wäre ganz gut, wenn man …"
n)	**den eigenen Beitrag zu einer gemeinsamen Arbeit realistisch begrenzen:** „Ich übernehme diese Teilaufgabe." „Ich kann das und das bis dann und dann erledigen."	*statt*	**den eigenen Beitrag zu einer gemeinsamen Arbeit unrealistisch ausweiten:** „Ich übernehme alles." „Irgendwie und irgendwann kriege ich das schon hin."
o)	**die Betroffenen beteiligen:** „Wir zusammen …"	*statt*	**für die Betroffenen handeln:** „Ich allein mache das für euch …"
p)	**die Betroffenen in die Entwicklung und Verwirklichung der Qualitäts-Kriterien einbeziehen:** „Was denken Sie über die wünschenswerte Qualität dieser Dienstleistung/dieses Produktes?" „Wie gedenken Sie diese Qualität zu verwirklichen?"	*statt*	**die Betroffenen anhand fremdbestimmter Qualitäts-Kriterien kontrollieren:** „Inwieweit haben Sie meine Qualitätsvorstellungen erfüllt oder nicht?"
q)	**in ungeklärten Situationen ohne Konsens eine Einzelposition beziehen:** „Ich sehe es so …"	*statt*	**sich in ungeklärten Situationen ohne Konsens hinter einer Gruppenmeinung verstecken:** „Wir sehen es so …"
r)	**konstruktive Beschreibung der eigenen Kompetenzgrenzen:** „Das ist mir – noch – zu schwer." „Bevor ich diese Aufgabe übernehme, will ich noch das und das lernen."	*statt*	**destruktive Beschreibung der eigenen Kompetenzgrenzen:** „Ich kann sowieso nichts" oder: „Das wird sowieso nichts, wenn ich es mache."

C. Wenn Sie zu einer kooperativen, demokratisch-partnerschaftlichen Gesprächshaltung finden wollen:

a)	**Schlussfolgerungen herleiten und überprüfen:** „Aus den und den Fakten und Überlegungen heraus bin ich dazu gekommen, dass ... Was meint ihr dazu?"	*statt*	**Schlussfolgerungen ohne Herleitung verkünden:** „Wir machen es in Zukunft so." „So denke ich mir es, und so machen wir es."
b)	**Handlungen in ihrer Entstehung und Auswirkung nachvollziehen wollen und mitdenken können:** „Wie ist es dazu gekommen?" „Wie hängen die Sachen miteinander zusammen?" „Wie wird es sich vermutlich auswirken, wenn ...?" „Welche Qualität brauchen wir?"	*statt*	**Handlungen nach festem Schema ausführen und gehorchen müssen:** „Was habe ich zu tun?" „Was soll ich Ihrer/ deiner Meinung nach als nächstes machen?" „Wie hättest du/hätten Sie es gern?"
c)	**beteiligen:** „Was ist deine/Ihre Vorstellung, wie Sie an die Aufgabe so herangehen könnten, dass ... (Qualitäts-Kriterien)?" „Wie können wir Sie im Rahmen unserer Möglichkeiten bei der Qualitäts-Sicherung unterstützen?"	*statt*	**anweisen:** „Sie machen es bitte dann und dann so und so." „Machen Sie es bitte genau so, wie ich es Ihnen vorgemacht habe." „Arbeiten Sie genau nach dem Anweisungshandbuch."
d)	**gemeinsam nacheinander die verschiedenen Sichtweisen einnehmen (Dialog):** „Lasst uns zusammen die Situation erst aus KundInnen-Sicht, dann aus Sicht der MitarbeiterInnen und schließlich aus Sicht des Gesamtunternehmens betrachten!"	*statt*	**unterschiedliche Sichtweisen gegeneinander stellen (Diskussion):** „Aus unserer Sicht als MitarbeiterInnen stellt sich die Situation grundsätzlich anders dar als für die KundInnen." „Unsere unterschiedlichen Standpunkte lassen sich prinzipiell nicht vereinbaren."

e)	**Bereitschaft zur Partnerschaft signalisieren und Bedingungen für Gleichberechtigung herstellen:** „Wie können wir die MitarbeiterInnen so informieren/einbeziehen, dass Sie sich engagieren, mitentscheiden und mitgestalten wollen und können?“	*statt*	**Unterschiede im Kompetenzgefüge hervorheben und durch Statussymbole und Rituale absichern:** „Wie können wir den MitarbeiterInnen deutlich machen, dass sie es mit jemand Besonderen zu tun haben?“ „Es wird immer eine Führungs-Elite mit besonderer Kreativität, besonderem Engagement und besonderer Weit- und Übersicht geben.“
f)	**Kommunikation als Chance zur Begegnung:** „KundInnen sind unsere PartnerInnen.“ „Verständigung ist möglich, wenn alle Beteiligten bereit sind, ihre Schlussfolgerungen und den Prozess dahin offenzulegen und selbstkritisch in Frage zu stellen.“	*statt*	**Kommunikation als Kampf:** „KundInnen sind unsere GegnerInnen.“ „Verständigung ist zumeist nicht möglich, deshalb muss ich manipulieren: überreden, drohen, betteln, weinen, rhetorische Tricks und Oberhand-Techniken anwenden.“
g)	**alle Aspekte einer Botschaft beachten:** „Was (Inhalt) sagt die Person wie (Form) und wozu (Absicht) zu mir vor welchem Beziehungshintergrund?“	*statt*	**Aspekte der Botschaft verleugnen oder sich auf einen vermeintlichen Hauptaspekt beschränken:** „Nur auf den Inhalt kommt es an. Bleiben Sie sachlich!“ „Nur auf die Form kommt es an. So sagt man das nicht.“ „Nur auf die Absicht kommt es an. Es war gut gemeint.“ „Wie wir zueinander stehen, spielt hier keine Rolle.“
h)	**die Seiten einer Botschaft trennen:** „Ich stimme mit dir in der Sache überein. Von der Form her gefällt mir deine Aussage nicht. Was können wir tun, damit die unpassende Form nicht die passende Sache zunichte macht?“	*statt*	**die Seiten einer Botschaft vermischen:** „Was du sagst, leuchtet mir zwar ein, aber wie du es sagst, irritiert mich so, dass ich die Sache ablehne.“
i)	**eindeutige Botschaften** (Worte, Stimme und Körpersprache passen zusammen)	*statt*	**Doppelbotschaften und Ironie** (Worte, Stimme und Körpersprache drücken Unterschiedliches aus)

j)	**eindeutige Entscheidungen:** „Nein" oder „Ja"	*statt*	**uneindeutige Entscheidungen:** „Ja ... aber ..." oder „Eigentlich ..." oder „Vielleicht ..."
k)	**das Gemeinte herausfiltern:** „Wie meinst du das?" „Habe ich Sie richtig verstanden, dass ..."	*statt*	**jemanden auf das Gesagte festlegen:** „Du hast/Sie haben aber schließlich eben gesagt, dass ...!"
l)	**von sich etwas mitteilen:** „Ich habe dazu folgende Erfahrung/ Meinung, dass ..."	*statt*	**die anderen ausfragen:** „Wie stehen Sie zu der Sache?"
m)	**die eigenen Fragen nach dem Zweck der Handlungen anderer begründen:** „Ich möchte von Ihnen gerne wissen, was Sie damit bezwecken, weil ...„	*statt*	**von anderen begründende und rechtfertigende Antworten verlangen:** „Warum haben Sie das getan?"
n)	**Reden und Handeln bilden tendenziell eine Einheit (Kongruenz):** „Bitte machen Sie mich darauf aufmerksam, wenn ich den von mir gestellten Ansprüchen nicht genüge." „Es gibt nichts Gutes, außer man tut es."	*statt*	**Reden und Handeln sind prinzipiell zweierlei (Inkongruenz):** „Was interessieren mich meine Worte von vorhin?" „Worte sind das eine, Taten sind das andere."
o)	**Sprachdefizite bei sich und anderen hinnehmen:** „Ich weiß, dass ich (dass du) folgende Schwierigkeiten in der Wortwahl, der Grammatik oder der Artikulation habe (hast). Wie können wir dennoch die Gesprächs-Situation konstruktiv gestalten?"	*statt*	**Sprachdefizite in den Vordergrund stellen:** „Solange du dich nicht sprachlich korrekt und verständlich artikulierst, bin ich nicht bereit, dir zuzuhören oder dich ernst zu nehmen."

D. Wenn Sie Ihre Realitätssicht und Ziele präzisieren und Unterschiede nutzen wollen:

a)	**Alternativen nebeneinanderstellen und einbeziehen:** „Und ..." „Sowohl ... als auch ..."	*statt*	**Alternativen ausschließen:** „Oder ..." „Entweder ... oder ..."
b)	**Sichtweisen, Meinungen, Urteile nebeneinander stellen und einbeziehen:** „Und ..."	*statt*	**ausschließen und entgegenstellen:** „Aber ..."
c)	**Werte und Qualitätsmaßstäbe offenlegen und Unterschiede zulassen:** „Für mich gilt ..." „Ich brauche/erwarte aus den und den Gründen und für den und den Zweck folgende Qualität von Ihnen."	*statt*	**Wert- und Qualitätsübereinstimmung voraussetzen und die eigenen Kritikmaßstäbe verbergen:** „Für dich hat selbstverständlich zu gelten ..." gesagt: „Mach es, wie du es dir denkst." ungesagt: „Ich erwarte, dass du weißt, welche Qualität ich für erforderlich halte."
d)	**die Qualitätskriterien situationsbezogen präzisieren:** „Dieses Arbeits-Ergebnis/dieser Arbeits-Prozess soll genau folgenden Anforderungen genügen, und zwar ..." „In folgenden Bereichen und Situationen ist aus den und den Gründen eine Verbesserung erforderlich/wünschenswert."	*statt*	**die Qualitätskriterien pauschal halten:** „Ich erwarte eine gute Arbeit." „Das taugt ganz und gar nichts." „Man macht das schließlich so und so." „So geht das aber nicht."
e)	**die Realität erforschen:** „Was geschieht hier wie? Wie ist es dazu gekommen, und welche Wirkung wird es vermutlich haben?"	*statt*	**die Realität behaupten:** „Es ist ganz offensichtlich nur so, dass ..." „Es ist doch klar, dass ..."
f)	**konkretisierend nachfragen:** „Wer genau ...?" „Wie genau ...?" „Wozu genau ...?" „Wann genau ...?" „Wo genau ...?"	*statt*	**verallgemeinernd behaupten:** „Irgendwer ...!" „Irgendwie ...!" Schulterzucken „Irgendwann ...!" „Irgendwo ...!"

g)	**Tatsachen anerkennen:** „Im Augenblick erscheint es mir so, dass ....“	*statt*	**Tatsachen leugnen:** „Es kann doch nicht sein, dass ....“
h)	**Misserfolge, Fehler und Mängel benennen:** „Ich erkenne gegenwärtig folgende Fehler und Mängel, unter dem Anspruch, dass ...“	*statt*	**Misserfolge, Fehler und Mängel schönreden:** „Es ist doch halb so schlimm, dass ...“ „Schließlich ist es uns parallel dazu gelungen, dass ...“
i)	**Erfolge benennen:** „Uns ist im letzten Monat gelungen, folgende Ideen in die Tat umzusetzen, und zwar ...“	*statt*	**Erfolg versprechende Ansätze schlechtmachen:** „Es ist zu schön, um wahr zu sein.“ „Verglichen mit unseren hohen Zielen haben wir eigentlich noch gar nichts erreicht.“
j)	**Entscheidungsprozesse wahrheitsgemäß etikettieren:** „Hierzu habe ich mich in folgender Weise entschieden.“ „Dies ist im Augenblick nur so eine Idee.“	*statt*	**Entscheidungen scheinbar zur Diskussion stellen:** „Ich bin zwar schon entschieden, aber wir können ja noch einmal darüber reden.“
k)	**meine augenblickliche Wirkung erfragen:** „Wie wirke ich auf dich/euch/Sie?“	*statt*	**eine Beurteilung meines Charakters einfordern:** „Wer bin ich für dich/euch/ Sie?“
l)	**die augenblickliche Wirkung mitteilen:** „So wirkt dein Verhalten im Augenblick auf mich.“	*statt*	**eine generelle Wertung abgeben:** „So bist du überhaupt und immer.“
m)	**Schwierigkeiten in der Zusammenarbeit konkret benennen:** „Konkret mit diesem Verhalten in dieser Situation habe ich jetzt Schwierigkeiten.“	*statt*	**aus Schwierigkeiten eine generelle Abwertung der anderen Person ableiten:** „Du bist und bleibst ein schwieriger Mensch.“
n)	**die anderen in ihrem Sosein respektieren:** „Du hast dich bei deinen Lebensentscheidungen immer um die für dich erkennbar beste Lösung bemüht.“ „Wie kommst du zu dieser Entscheidung/Meinung?“	*statt*	**die anderen in ihrem Anderssein abwerten:** „Wie kann man nur solche Entscheidungen treffen?“ „Das sieht doch jeder, dass das eine krasse Fehlentscheidung von dir ist.“

o)	**Meinungs- und Sichtunterschiede aufzeigen:** „Mir stellt sich die Sache anders dar, nämlich ..." „Im Unterschied zu Ihnen bewerte ich die Situation gegenwärtig so, dass ..."	*statt*	**Meinungs- und Sichtunterschiede ausgleichen:** „Im Prinzip sind wir doch alle der Meinung, dass ..." „Sie sind doch sicher mit mir der Meinung, dass ..." „So sehr unterscheidet sich ihre Sichtweise nicht von der meinen, als dass man ..."
p)	**Sichtweisen klären wollen und Unterschiede gleichberechtigt nebeneinander stehenlassen:** „Wie siehst du es im Unterschied zu mir?" „Ich sehe das anders." „Wie du es siehst, ist eine Art, die Situation zu betrachten!"	*statt*	**Recht haben müssen und unterschiedliche Positionen anderer abwerten:** „Du siehst es falsch!" „Ich weiß es besser." „So kann man das nicht sehen!"
q)	**über Abweichungen zwischen Anspruch/Theorie und Wirklichkeit/Praxis offen reden:** „Das eine, was ich will und weiß, das andere, was ich kann und tue."		**Abweichungen von Anspruch/ Theorie und Wirklichkeit/ Praxis vertuschen:** „Ich will und weiß jederzeit, was ich tue. Ich tue und kann alles, was ich will und weiß."
r)	**verbindlich und präzise verabreden:** „Wer tut was bis wann, wo, wie und wozu genau?" „Wer trifft sich wann mit wem wo und wozu?"	*statt*	**unverbindlich und ungenau verabreden:** „Die Arbeit muss erledigt werden." „Wir sehen uns!"

4. Szenisch-dialogische Konzepte als Trainingsbasis

Die oben beschriebenen derzeit 67 konkreten Vorschläge zur Ausweitung der Kommunikationsmöglichkeiten mit dem Ziel, durch besondere Beachtung der linken Spalte zur Dialogfähigkeit zu gelangen, sollten nicht nur gedanklich aufgenommen, sondern unter geschützten Bedingungen eingeübt und Schritt für Schritt in den Alltag integriert werden.

Als Methode, diese neuen Wege einzuüben, wie man neu miteinander umgehen kann, hat sich das Konzept einer szenisch-dialogischen Bildung bewährt, das ich in mehreren Aufsätzen (siehe Literaturliste) beschrieben habe.

Literatur

Bandler, R./Grinder, J.: *Metasprache und Psychotherapie – Die Struktur der Magie I*, Paderborn 1985

Buber, M.: *Das dialogische Prinzip*, Gerlingen 1994/7

Büttner, H./Volk-von Bialy, H.: *Teamorientierte Kommunikation – Was ist Teamfähigkeit, woran erkennt man sie, und wie kann man sie fördern?* in: Beiler, J./Lumpe, A./Reetz, L. (Hg.): *It's time for team – Dokumentation des Symposions in Hamburg am 14./15.9.1995*, Hamburg (Feldhaus) 1997

Cohn, R. C.: *Von der Psychoanalyse zur Themenzentrierten Interaktion*, Stuttgart 1975

Gruppenarbeit: themenzentriert – Entwicklungsgeschichte, Kritik und Methodenreflexion, Mainz 1987

Gührs, M./Nowak, C.: *Das konstruktive Gespräch – Ein Leitfaden für Beratung, Unterricht und Mitarbeiterführung mit Konzepten der Transaktionsanalyse*, Meezen 1991

Kirsten, R. E./Müller-Schwarz, J.: *Gruppentraining*, Reinbek bei Hamburg 1976

Mävers, W./Volk-von Bialy, H.: *Rollenspielpädagogik – Entwicklungsperspektiven für ein erlebensgegründetes Lehr-Lern-Verfahren*, in: Materialien des Arbeitskreises Pädagogisches Rollenspiel (APR), Heft 29/30, 1995

Mävers, W./Volk-von Bialy, H.: *Vom Pädagogischen Rollenspiel zur Rollenspielpädagogik*, in: Burbach, Christiane/Merkel, Ernst Christoph (Hrsg.): *Aufbruch zum Diesseits-Festschrift für Wilhelm Fahlbusch*, Evangelische Fachhochschule Hannover 1995

Meyer, E. (Hg.): *Handbuch Gruppenpädagogik – Gruppendynamik*, Heidelberg 1977

Schulz von Thun, F.: *Miteinander reden 1, Störungen und Klärungen, allgemeine Psychologie der Kommunikation*, Reinbek bei Hamburg 1981

Schulz von Thun, F.: *Miteinander reden 2, Stile, Werte und Persönlichkeitsentwicklung, differentielle Psychologie der Kommunikation*, Reinbek bei Hamburg 1989

Schulz von Thun, F./Thomann, C.: *Klärungshilfe. Handbuch für Therapeuten, Gesprächshelfer und Moderatoren in schwierigen Gesprächen*, Reinbek bei Hamburg (Rowohlt) 1988

Volk-von Bialy, H.: *Das pädagogische Rollenspiel als Lehr-Lern-Verfahren in einer neubestimmten Unterrichtswirklichkeit*, Teile 1 und 2 in: Themenzentrierte Interaktion, Heft 2/94, Teil 3 in: Themenzentrierte Interaktion, Heft 1/95

Volk-von Bialy, H.: *Pädagogisches Rollenspiel – Erleben um zu verstehen* in: Buddrus, V (Hg.): *Humanistische Pädagogik – Eine Einführung in Ansätze integrativen und personenzentrierten Lehrens und Lernens*, Bad Heilbrunn 1995

Volk-von Bialy, H.: *Lernen in Inszenierungen – Szenisch-dialogische Bildung und Rollenspiel*, in: Wiechmann, Jürgen (Hg.): *Zwölf Unterrichtsmethoden – Vielfalt für die Praxis*, Beltz, Weinheim und Basel 1999

2.11 Komplexitätstraining in der Personalentwicklung und in Organisationen. Von *Helmut Volk-von Bialy*

Ein Chancenwürfel mit 288 Denkräumen

Ziel meines nachfolgend dargestellten didaktischen Modells oder Portfolios ist es, Menschen in Organisationen/Unternehmen dabei zu unterstützen, ihre Denkräume systematisch zu erweitern. Diese Erweiterung soll erfolgen in möglichst enger Verbindung mit konkreten Experimenten und Ritualen zur emotionalen, sozialen, leibbezogenen und spirituellen Entwicklung, wie sie für das Konzept der CoreDynamik grundlegend sind.

Der im folgenden skizzierte Chancenwürfel ist gedacht als Orientierungshilfe im Dschungel der Konzepte reflexiven Bewusstseins. Mit seiner Hilfe können 8 Aspekte des Handelns auf 6 sozialen Handlungsebenen und in 6 Zeiträumen untersucht werden. Wenn diese drei Entwicklungs-Dimensionen in ihren Zusammenhängen beachtet werden, können 8 x 6 x 6 = 288 Entwicklungschancen systematisch erkundet werden.

DOKEPIRA, der Handlungs-Zauberer

Die 8 Aspekte, die zusammengenommen eine vollständige Entwicklungshandlung charakterisieren sollen, sind

- **D**enken – Wie entwickle ich (entwickeln wir) Konzepte von dieser Welt?
- **O**rientieren – Wie gebrauche ich meine (wir unsere) Sinne?
- **K**ommunizieren – Wie verständige ich mich (wir uns) mit anderen?
- **E**ntscheiden – Wie komme ich (kommen wir) zu verbindlichen Vereinbarungen?
- **P**robehandeln – Wie schaffe ich mir (schaffen wir uns) neue Möglichkeiten?
- **I**mplementieren – Welche Rahmenbedingungen muss ich (müssen wir) schaffen?
- **R**outinehandeln – Wie bewältige ich (bewältigen wir), was täglich zu tun ist?
- **A**uswerten – Wie gestalte ich (gestalten wir) Controlling-Prozesse sinnvoll?

Ziel der Beschäftigung mit diesen Aspekten ist die Förderung eines tieferen Verständnisses für eine vollständige Handlung, für einen Entwicklungs-Gesamtprozess, verbunden mit einer Erhöhung der Handlungsbeweglichkeit, des von mir so genannten *task-flow.*

Der Meister sagte: Um neun Dinge macht sich der edle Mensch ernsthaft Gedanken: Beim Sehen denkt er an Klarheit, beim Hören an Deutlichkeit, im Ausdruck seiner Miene an Freundlichkeit, in seinem Verhalten an Zuvorkommenheit, in seinen Worten an Aufrichtigkeit, in seinen Taten an ehrfurchtsvolle Gewissenhaftigkeit, in seinen Zweifeln an die Möglichkeiten, die Wahrheit zu erkunden, in seinen Zorneswallungen an die Schwierigkeiten, die er sich damit und anderen bereiten könnte, beim Anblick von Gewinn an die Verpflichtungen eines rechtschaffenen Menschen.

Kung Fu-Dse (Konfuzius) 551-479 v. Chr.

Handeln als reflektiertes Unternehmen oder Unterlassen entwickelt sich zur Meisterschaft durch ständige Anreicherung jedes der 8 Handlungsaspekte – von der Planung über die Durchführung bis hin zur Kontrolle – mit hellwacher Bewusstheit und kritischem Bewusstsein. Handlungsbeweglichkeit ist dann erreicht, wenn Sie in jeder Phase der Handlung alle 8 Aspekte der vollständigen Entwicklungshandlung synchron mitbedenken können.

In Prozessen des **E**ntscheidens beispielsweise überprüfen Sie (**A**uswertungen) Ihre individuellen und gemeinschaftlichen **D**enkstrukturen (Haben wir auch keinen Denkfehler begangen?), Sie überprüfen die Vollständigkeit und Angemessenheit ihrer **O**rientierungen (Haben wir ausreichend recherchiert und an alles Wesentliche gedacht? Sind wir keinen Einseitigkeiten und Wahrnehmungsverzerrungen aufgesessen?), und Sie fragen sich, ob die **K**ommunikation über die anstehende Entscheidung angemessen war (Ist mit den Beteiligten und Betroffenen hinreichend und verständlich kommuniziert worden? Wissen alle, was wir wollen und was sie zum Gelingen beitragen müssen?).

Sie achten ebenfalls im Prozess des **E**ntscheidens auf die Umsetzungsschritte, also auf die Gestaltung möglicher **P**robehandlungs-Situationen (Was müssen wir experimentell klären, bevor wir diese Neuerung als Regelmaßnahme in die Unternehmenspraxis einführen?), auf die Implementations-Schritte (Welche Kompetenzen müssen die MitarbeiterInnen erwerben, um dieses neue Produkt oder diese neue Dienstleistung qualitativ hochwertig zu entwickeln und erfolgreich zu vertreiben? Welche infrastrukturellen und arbeitsorganisatorischen Bedingungen sind für diese Neuerungen zu schaffen?) und auf das anschließende **R**outinehandeln (Wie schaffen und erhalten wir die Bereitschaft der MitarbeiterInnen für dauerhafte Leistung und Qualität?), verbunden mit der Installation angemessener **A**uswertungs-Maßnahmen zu einer auf Optimierung zielenden Reflexion jedes Aspektes eines vollständigen Handlungsprozesses (Mit welchen Verfahren der Beobachtung, Analyse, Qualitätsbeurteilung und Rückmeldung verbessern wir unsere **D**enk-, **O**rientierungs-, **K**ommunikations-, **E**ntscheidungs-, **P**robehandlungs-, **I**mplementations-, **R**outinehandlungs- und **A**uswertungsprozesse?).

IKPURG oder GRUPKI, die Top-down- und Bottom-up-Zwerge

Soziale Entwicklung findet immer statt im Spannungsfeld von Individualität und Globalität. Diese Tatsache soll durch eine grobe Vorstrukturierung von Unternehmensaspekten in 6 soziale Handlungsfelder verdeutlicht werden. Die 6 sozialen Handlungsebenen, die zusammengenommen ein Modell bedeutsamer Entwicklungsebenen für Unternehmen abgeben, sind:

- **I**ndividualität – Wie denkt, fühlt, handelt jede(r) Einzelne – MitarbeiterInnen wie Bezugspersonen?
- **K**ooperation – Wie lernen und arbeiten die Einzelnen zusammen – untereinander in Unternehmen und mit den Bezugsgruppen?
- **P**ersonal – Was tut das Unternehmen für das Personal, und was tut das Personal für das Unternehmen?
- **U**nternehmen – Wie organisiert sich das Unternehmen nach innen, und wie profiliert es sich auf dem Markt bzw. gegenüber seinen Bezugspersonen?
- **R**egionalität – Wie ist die Organisation (das Unternehmen) in seiner Region, an seinem Standort verankert?
- **G**lobalität – Wie werden die globalen Entwicklungen und die Auswirkungen der Unternehmensaktivitäten auf globale Entwicklungen einbezogen?

Es geht um das Verständnis, wie holarchisch organisierte Felder oder Systeme im Unternehmen und auf das Unternehmen wirken.

Es geht um die Entscheidung, welche Handlungskonsequenzen zu ziehen sind für die Gestaltung von Unternehmensprozessen aus dieser Verschränkung von

- Unternehmensstrukturen – als prozessbestimmende Kontexte oder Hintergründe einer Organisation – und
- Verhaltensweisen der Mitarbeiter und Bezugspersonen des Unternehmens – als beobachtbare Realität oder Vordergrund einer Organisation.

Angestrebt wird eine schrittweise Erhöhung der Ebenenbeweglichkeit – von mir *level-flow* genannt – top-down (GRUPKI) und bottom-up (IKPURG). Ebenenbeweglichkeit ist dann erreicht, wenn Sie bei jeder Handlung gleichsam selbstverständlich die Auswirkungen in allen 5 anderen Dimensionen sozialen Handelns mitreflektieren.

> Die Beobachtung der Normen durch den König beeinflusst das Jahr, die Beobachtung der Normen durch den höchsten Würdenträger beeinflusst die Monate, die Beobachtung der Normen durch die zweitrangigen Hofbeamten beeinflusst die Tage.
>
> *Altchinesische Weisheit im Buch der Dokumente,* I. Hälfte des I. Jahrtausend v. Chr.

Wenn Sie zum Beispiel Unternehmensentscheidungen treffen, so reflektieren Sie gleichsam synchron bottom-up mögliche Auswirkungen auf die Region, z. B. auf Ihre Stakeholder-Situation, und auf globale Verhältnisse und top-down notwendige Anforderungen im Hinblick auf Personalentwicklung, Kooperationserfordernisse und die innere und äußere Situation einzelner betroffener MitarbeiterInnen.

TElkumila, die Zeitraum-Fee

Die 6 Zeiträume, die bei der Analyse und Gestaltung von Veränderungsprozessen besonders beachtet werden, sind:

- **T**raditionsanalyse – Woraus bestehen die Wurzeln des Unternehmens?
- **E**ntwicklungsanalyse – Wie hat sich das Unternehmen bisher verändert?
- **I**st-Analyse – Wie steht das Unternehmen gegenwärtig da mit Risiken und Chancen?
- **ku**rzfristige Planung – Was kann und soll sich morgen ändern?
- **mi**ttelfristige Planung – Welche Voraussetzungen für Veränderung sind zu schaffen?
- **la**ngfristige Planung – Wohin zielen unsere Visionen?

In dieser Dimension geht es um die Entwicklung eines tieferen Verständnisses von objektiver und subjektiver Zeit, von Prozessen des Wandels, an denen Menschen in Organisationen beteiligt sind.

Wer mit Kopf (Verstand), Herz (Gefühl) und Hand (Verhalten) erfahren hat, dass nur der gegenwärtige Prozess „wirk"-lich ist, in den erinnerte Erfahrungen und geschaffene Zivilisation der Vergangenheit ebenso hinein-„wirken" wie versinnbildlichte Erwartungen an die Zukunft, der wird mit größerer Wahrscheinlichkeit entwicklungsbereit und handlungsfähig sein.

Ziel einer intensiven Beschäftigung mit den 6 Aspekten der Dimension Zeit ist die Erhöhung der Phasenbeweglichkeit, des von mir sogenannten *dynamic flow.* Phasenbeweglichkeit ist dann erreicht, wenn Sie bei jeder Entscheidung und Handlung sich die 6 Aspekte der Zeitdimensionen vor Augen führen können.

Vorteilhafter Gebrauch der Dinge und Wahrung des Lebens dienen dazu, die Seelenkräfte zu erhöhen. Was darüber hinausgehen mag, kann niemand wissen. Doch gründlich in den Geist der Dinge einzudringen und ihre Wandlungen zu erkennen, bringt die Seelenkräfte zu höchster Wirksamkeit.

Altchinesische Weisheit im Buch der Wandlungen, I. Jahrtausend v. Chr.

Beschäftigt man sich beispielsweise mit langfristiger Unternehmensplanung, so geht man von Krisenszenarien, die es zu meistern gilt, oder wünschenswerten Visionen, die angestrebt werden sollen, in der Zeit rückwärts zu den mittelfristigen Planungen und weiter zurück zu den ersten konkreten Handlungsschritten, wobei wie selbstverständlich an dieser Stelle die Ist-Situations-Analyse einbezogen wird, die nur dann angemessen interpretiert werden kann, wenn man sich die Tradition und Entwicklung des Unternehmens in Bezug auf den in Frage kommenden Handlungsschritt bis zum heutigen Zeitpunkt mit vergegenwärtigen kann.

Zusammenhänge

Handlungen – idealtypisch als geplantes und reflektiertes Unternehmen oder Unterlassen definiert – finden statt in den Kontexten

- von Zeit (Vergangenheit, Gegenwart und Zukunft) und
- Raum (mini, meso, makro – hier: Individualität bis Globalität).

Für die Qualität einer Handlung ist entscheidend, welche Kontextaspekte von Raum und Zeit in welcher Weise bei der Planung, Durchführung und Kontrolle von Handlungen einbezogen werden.

IKPURG als Holarchie-Struktur von sozialen Räumen – von der individuellen bis zur globalen Betrachtungsweise von Handlungen und ihren Auswirkungen – beschreibt die Höhendimension des Chancenwürfels als Komplexitätsbereiche,
TEIkumila als Betrachtung der Zeit, der Evolution oder Dynamik beschreibt die Breitendimension des Würfels,
DOKEPIRA als Handlungsmodell beschreibt die Interdependenz und Koevolution in sozialen Systemen und von sozialen Systemen, hier dargestellt als Tiefendimension.

Abb. 25

Die Arbeit mit dem durch den Würfel symbolisierten didaktischen System erleichtert eine systemdynamische Sichtweise auf die Wirklichkeit. Das einzelne – die Handlung, der Mensch, das Team, die Situation, das Unternehmen – kann so in bedeutsamen Kontexten gesehen und verstanden werden.

Alle unsere Handlungen vorwegnehmenden Bilder, alle vorbereitenden Planungen, begleitenden Vorstellungen und nachbereitenden Kontrollen sind gedankliche Strukturen, die immer im Begriffsgerüst von Beziehungen in Raum und Zeit aufgebaut werden.

Jede Beziehung, jede Verbindung von einem Punkt zum anderen, ist das Ergebnis einer mentalen Operation und kann darum nur von einem denkenden Wesen erdacht werden. Wir selbst setzen also die Sachverhalte unserer Erlebenswelt zueinander in Beziehung, konstruieren so uns selbst die Qualität unserer Wirklichkeitswahrnehmung.

Raum und Zeit, so

- wie jeder Einzelne sie begreift (subjektive Raum-Zeit-Wahrnehmung) und
- wie wir sie mehrheitlich begreifen und messen (intersubjektiv-technische Raum-Zeit-Wahrnehmung),

gehören nicht der Welt als solcher an, sondern immer unserem – zum Teil technisch verlängerten – „Erkenntnisapparat".

Ziel dieses didaktischen Entwurfes insgesamt ist es, den Handlungs- und Reflexionsrahmen im Unternehmen so zu gestalten, dass alle Beteiligten zu differenziert-mehrdimensionalem und zugleich integrativ-ganzheitlichem Planen, Entscheiden und Handeln befähigt und ermächtigt werden.

Kombination von Zeit- (TEIkumila) und Raumaspekten (IKPURG)

Zur Vertiefung des Verständnisses der inneren Zusammenhänge in diesem dreidimensionalen Erkenntnisraum stelle ich als erstes ein Entwicklungs-Portfolio aus 6 Zeitabschnitten (**TEIkumila**) und 6 Holarchieebenen sozialer Komplexität (**IKPURG**) dar.

	Transaktions-Analyse	Entwicklungs-Analyse	Ist-Analyse	kurzfristige-Planung	mittelfristige-Planung	langfristige-Planung
Individualität	I/T					
Kooperation		K/E				
Personal einer Organisation			P/I			
Unternehmen/Organisation				U/ku		
Regionalität					R/mi	
Globalität						Gla

Exemplarisch greife ich sechs Felder heraus, um daran einige Fragestellungen zu den 36 Reflexionsräumen dieser Matrix zu verdeutlichen.

I/T: Worin besteht meine/deine individuelle Tradition?
Was weiß ich über mich und meine Herkunft?
In welcher (familiären) Tradition stehe ich?

K/E: Wie hat sich unsere Zusammenarbeit von den Anfängen bis heute entwickelt?
Wo gab es Entwicklungssprünge, Krisen, Stagnationen, Rückschritte usw.?
Wie sind wir mit solchen Situationen umgegangen, und was haben wir daraus gelernt?

P/I: Wie könnte man die gegenwärtige Situation des Personals in dieser Organisation beschreiben?
Wie steht es um die Motivation, die Leistungsfähigkeit, die Kompetenzen, die Gesundheit, die Zufriedenheit usw.?
Ist genügend qualifizierter und engagierter Nachwuchs da?
Was geschieht mit den Erfahrungen der Personen, die bald ausscheiden?

U/ku: Welche Ziele setzt sich das Unternehmen für das nächste Jahr?
Was sind derzeit die dringendsten und wichtigsten Vorhaben?
Welche nächsten Schritte in welchen Bereichen müssen wie koordiniert werden?

R/mi: Wie wird und soll sich die Region, in der unser Unternehmen seinen Standort hat, in den nächsten 3 bis 5 Jahren entwickeln?
Womit ist zu rechnen in den Bereichen der Bildungsentwicklung, der Infrastrukturveränderung, der Wirtschaftsansiedlung usw.?

G/la: Wie wird sich die Lage in der Welt in den nächsten 10 bis 100 Jahren verändern?
Welche Szenarien wirtschaftlichen, gesellschaftlichen, kulturellen, technologischen und ökologischen Wandels sind unter welchen Veränderungsbedingungen wahrscheinlich?

Kombination von Zeit- (TEIkumila) und Handlungsaspekten (DOKEPIRA)

Kombiniert man die Zeitaspekte (TEIkumila) und die Aspekte einer vollständigen Entwicklungshandlung (DOKEPIRA), so kommt man zu anderen Fragestellungen in den nunmehr 48 Erkenntnis-„Räumen" des Lernsystems 288.

	Transaktions-Analyse	**E**ntwicklungs-Analyse	**I**st-Analyse	**ku**rzfristige-Planung	**mi**ttelfristige-Planung	**la**ngfristige-Planung
Denken	D/T	D/E	D/I	D/ku	D/mi	D/la
Orientieren						
Kommunizieren						
Entscheiden						
Probehandeln						
Implementieren						
Routinehandeln						
Auswerten						

Auch hier greife ich wieder exemplarisch 6 Erkenntnis-„Räume" heraus, um daran die erkenntniserzeugende (heuristische) Funktion dieses Portfolios zu verdeutlichen:

D/T: Von welchen kulturellen Traditionen ist mein Denken beeinflusst?
Welche Denkweisen stehen den Menschen in der westlichen Kulturtradition zur Verfügung und welche eher nicht?
Welche Formen des Denkens habe ich übernommen von meinen Eltern, Lehrern, HochschuldozentInnen?

D/E: Wie hat sich mein Denken entwickelt?
Was weiß ich über die Entwicklungspsychologie der kognitiven Funktionen?Welche Entwicklungszusammenhänge (Koevolution) gibt es vermutlich zwischen körperlicher, gefühlsbezogener und geistiger Entwicklung?

D/I: Wie steht es derzeit um meine Denkfähigkeiten in den Bereichen des logisch-analytischen Denkens und des kreativ-synthetischen Denkens?
Wie würde ich den Stand meiner Begabungen und Entwicklungsmöglichkeiten beschreiben: Welche Art des Denkens liegt mir besonders? Wo unterlaufen mir des öfteren Denkfehler?

D/ku: Welche Denkfehler möchte ich in nächster Zeit wie vermeiden?
Was kann ich konkret als nächstes tun, um klarer, sicherer, leichter, schneller usw. zu denken?
Welche neuen Methoden des Denkens möchte ich mir erarbeiten?

D/mi: Welche inneren und äußeren Voraussetzungen muss ich mir schaffen, um diese neuen Denkwege erfolgreich erschließen zu können?
Wer kann mich auf meinem Entwicklungsweg unterstützen? Welche Weiterbildungen sollte ich besuchen, und welche Bücher sollte ich wie lesen?

D/la: Welche Visionen/Vorbilder beeinflussen den Weg meiner Denkentwicklung?
Welche Attraktoren ziehen mich in meiner Denkentwicklung vorwärts?

Lernsystem 48

Weil mir gegenwärtig das Modell mit den 288 Räumen zu komplex erscheint, um daraus eine überschaubare Themenstruktur zu erstellen, fasse ich zur Vereinfachung des Entwicklungsmodells die Aspekte der zeitlichen Veränderung und der sozialen Komplexität zusammen und komme so zu 6 Entwicklungsaspekten:

Individual-Entwicklung
Kooperations-Entwicklung
Personal-Entwicklung
Unternehmens-Entwicklung
Regional-Entwicklung
Global-Entwicklung

Diese sechs Entwicklungsbereiche setze ich zu den 8 Aspekten einer vollständigen Entwicklungshandlung (**DOKEPIRA**) in Beziehung:

	Individual-Entwicklung	Kooperations-Entwicklung	Personal-Entwicklung	Unternehmens-Enwicklung	Regional-Entwicklung	Global-Entwicklung
Denken	D/I					
Orientieren		O/K				
Kommunizieren			K/P			
Entscheiden				E/U		
Probehandeln					P/R	
Implementieren						I/G
Routinehandeln	R/I					
Auswerten		A/K				

Auch hier greife ich zur Verdeutlichung einige Felder heraus und formuliere erkenntnisstiftende Fragen:

D/I: Welche Denkstrategien können und sollten unterschieden werden?
Wie denke ich gleich mit dir und unterschiedlich zu dir, zu anderen?
Wovon ist meine Art zu denken eigentlich geprägt?
Denke ich eher in Einzelheiten und Details, oder neige ich dazu, Zusammenhänge und Übersichten in den Vordergrund zu stellen?
Denke ich eher systematisch oder assoziativ?

O/K: Woran kann man Kooperationsentwicklung wahrnehmen?
Wie kann man Fortschritte, Stagnationen oder Rückschritte im Kooperationsprozess erkennen?

K/P: Welche Formen der Kommunikation – unmittelbar oder über Medien – müssen im Zusammenhang mit Personalentwicklung aufgebaut werden?
Wie organisiert man einen Erfahrungsaustausch über erfolgreiche und mangelhafte Prozesse?
Welche Strategien des Wissensmanagement passen zu dem Personal in dieser Organisation?

E/U: Wie kommt man in diesem Unternehmen zu Entscheidungen?
Nach welchen expliziten (transparenten) oder impliziten (intransparenten) Kriterien wird entschieden?
Wer entscheidet – wer wird in den Prozess wie einbezogen, und wer wird wie ausgeschlossen?

P/R: Welche Vorhaben mit unklarer Wirkung auf die Zukunft der Region, z.B. Modellprojekte oder soziale Experimente, werden durchgeführt und von wem wie unterstützt?
Welche Konzepte zur Regionalförderung sind im Kontext welcher Szenarien entwickelt worden?

I/G: Welche philosophischen, technologischen, machtstrategischen, wirtschaftlichen, politischen usw. Strömungen und Entwicklungen verändern gegenwärtig die Welt?
Welche Strukturen werden beabsichtigt und welche unbeabsichtigt wirksam?
Was muss sich an den Rahmenbedingungen (Institutionen, Infrastrukturen, Gesetze usw.) menschlichen Zusammenlebens ändern, damit wahrscheinliche Menschheitskatastrophen abgewandt werden können?
Was und wie sollten Menschen miteinander und voneinander lernen, um eine lebenswerte Zukunft für alle gestalten zu können?

R/I: Wie sehen deine/meine Gewohnheiten aus?
In welchen Bereichen bin ich (bist du) Experte?
Was erfordert es an täglichem Lernen und Üben, Experte in meinem Bereich zu werden und zu bleiben?
Wodurch ist Könnerschaft im Zusammenhang mit meiner derzeitigen Aufgabe zu charakterisieren?

A/K: Wie werten wir aus, ob wir uns in unserer Kooperationsfähigkeit miteinander positiv entwickelt haben oder nicht?
Welche Personen, Methoden und Kriterien setzen wir ein, um den Kooperationsprozess auszuwerten?
Durch welche Auswertungsergebnisse definieren wir Erfolg oder Misserfolg?

Aufforderung zum Gemeinschaftstanz in den Ballräumen der Erkenntnis

Ich arbeite seit Jahren daran, die 288 Räume dieses didaktischen Systems mit Ideen und Konzepten zu beleben. Je mehr ich mich mit dieser umfassenden Programmatik beschäftige, desto mehr spüre ich die Vergeblichkeit des Bemühens, als Einzelner dieses Vorhaben realisieren zu können.

Ich brauche MitdenkerInnen und MitschreiberInnen, die diese Räume mit mir zusammen zu Ballräumen ausgestalten, in denen die Gedanken frei tanzen können in einer Vielzahl von Möglichkeiten, Komplexität, Dynamik und Interdependenz geistig zu verarbeiten.

Ich stelle mir konkret vor:

Wir bilden eine Internet-Community von Menschen, die an der Erweiterung ihrer geistigen Möglichkeiten durch gezielte Auswahl nützlichen und in gewisser Weise stimmigen Wissens interessiert sind.

Dazu bringt das CoreDynamik-Netzwerk in einem ersten Schritt unter ihrer Homepage den Erkenntniswürfel heraus.

Man kann

- sich leicht in die 288 Räume hineinklicken und dort stöbern,
- Querverbindungen zwischen den Räumen surfend erobern,
- sich von den Räumen aus auf befreundete und interessante Homepages bewegen.

Wer Ideen, Konzepte, Anregungen, Texte hat, stellt sie zur Verfügung. Eine Redaktionsgruppe überarbeitet die Entwürfe und stellt sie in die in Frage kommenden Räume, allen Interessierten zur Verfügung.

2.12 Der Zusatzknochen – CoreDynamik zwischen Schamanismus und traditionellen Ansätzen der Psychotherapie. Von *Gerhard Mayer*

„Vermutlich wird die SPT *(Schamanistische Psychotherapie – G.M.)* als Therapie der Extreme ein Weg für einzelne bleiben, gelehrt von einzelnen, wenn es nicht gelingt, (1) eine umfassende theoretische Begründung und Theorie zu entwerfen und (2) einen für europäische Maßstäbe vernünftigen Mittelweg in der Praxis zu finden."
Holger Kalweit[9]

H*olger Kalweit*, Psychotherapeut, Ethnologe und Kenner des Schamanismus, sieht im Finden eines „mittleren Weges" den Schlüssel für die Übertragbarkeit schamanistischer Einsichten und Techniken in die Lebensumstände unserer Kultur.

Bisher wurden Elemente des Schamanismus im Rahmen der in den 70er Jahren beginnenden und in der Folge stark anschwellenden Esoterik-Welle eher oberflächlich in unsere Kultur übernommen. Zwei Formen bzw. Methoden sind hier hervorzuheben: *Schwitzhütte* und *Feuerlauf*. Beide dienen vor allem der „psychischen Reinigung" der Teilnehmenden. Stellen diese Methoden in schamanistischen Traditionen nur Teilelemente eines gesamten kulturellen und weltanschaulichen Zusammenhangs dar, so werden sie in der Übertragung in unsere Kultur häufig ohne eine entsprechende Einbindung isoliert angeboten, z.B. in Form von Wochenendseminaren. Für manch einen mögen sie einfach Teil einer sich immer weiter ausprägenden Event-Kultur sein und eine Art „psychisches Jogging" oder „Sensation Seeking" darstellen. Bei anderen mag die Teilnahme durchaus einem echten spirituellen Bedürfnis entspringen und bei eigener psychischer Stabilität und einem erfahrenen Leiter zu einer gewinnbringenden Erfahrung werden.

Kalweit selbst hat einen Therapieansatz entwickelt, den er Schamanistische Psychotherapie (SPT) nennt. In diesem Ansatz versucht er die Übernahme schamanischer Elemente in eine neuzeitliche Therapieform. Obgleich diese Elemente eine gewisse Anpassung an unsere kulturellen Verhältnisse erfahren haben, bleibt die SPT eine „Therapie der Extreme", die nur wenigen besonders motivierten und – im Sinne von persönlicher Offenheit und psychischer Verfassung –, geeigneten' Menschen anzuraten ist.

Wie ist in diesem Zusammenhang die CoreDynamik zu sehen? Stellt sie möglicherweise einen , mittleren Weg' dar?

---

9 *Kalweit*, 1989, S. 161.

Um diese Frage zu beantworten, komme ich nicht umhin, einige Grundannahmen bzw. Charakteristika des schamanistischen Weltbildes wie auch der schamanistischen Krankheits- und Heilungskonzepte vorzustellen. Dies kann an dieser Stelle allerdings nur ausschnitthaft und grob skizzierend geschehen. Bei einem weitergehenden Interesse möchte ich auf die einschlägige Literatur verweisen[10].

Grundlegend für die schamanistische Kosmologie ist der Glaube an andere Wirklichkeiten, an andere Welten, welche die uns direkt im alltäglichen Wachbewusstsein zugängliche materielle und kausale Existenz durchdringen. Der Zugang zu diesen anderen Bereichen ist dem Menschen jedoch nicht prinzipiell verschlossen, und die Schamanen bzw. Schamaninnen[11] sind Spezialisten in der Kontaktaufnahme mit diesen anderen Sphären. Der Schlüssel dazu liegt in der Modulation des Bewusstseins, also im Herbeiführen von veränderten Bewusstseinszuständen, wofür ein reichhaltiges Methodenarsenal entwickelt wurde. Es handelt sich dabei vor allem um verschiedenste Methoden zur Herbeiführung von Trance-Zuständen.

Nach den Vorstellungen im Schamanismus setzt sich der Mensch aus verschiedenen „Schichten" oder „Elementen" zusammen, nämlich aus fünf Daseinsebenen: Der „Name" beinhaltet die sozialen Aspekte und die kulturelle Einbindung. Die „Psyche" betrifft die Aspekte des Verhaltens, der Persönlichkeit und der Individuation. Neben dem physischen „Körper" gibt es als vierte Daseinsebene den „Bioplasmaleib", dem in unterschiedlichen Kulturen verschiedene Bezeichnungen gegeben werden: Atem, Schatten, Hauch, Aura. Darunter ist eine Art Energiematrix zu verstehen, die zum Aufbau und für den Erhalt des physischen Körpers notwendig ist. Die fünfte Daseinsebene umfasst den „Bewusstseinskörper". Der Bewusstseinskörper – man kann ihn auch „reines Bewusstsein" nennen – ist im alltäglichen Wachbewusstseinszustand an die anderen vier Daseinsebenen gekoppelt, kann sich aber in veränderten Bewusstseinszuständen (z.B. Trance-induziert, aber auch im Schlaf) davon lösen und „überlebt" als einzige der fünf Modalitäten den physischen Tod.

Der Mensch wird in seiner Gesamtheit als ein sich selbst regulierender Organismus verstanden, als eine Einheit. Krankheit bedeutet immer ein Ungleichgewicht, welches sich in diesem Organismus eingestellt hat. Die Krankheit wird als ein Symptom gesehen, als Ausdruck einer Kraft, die selbst auch die Heilung bewirken

---

10 Z.B. *Harner*, 1986; *Eliade*, 1980; *Kalweit*, 1984; *Kalweit*, 1987; *Anonymous*. 1989.

11 In der Folge werde ich zugunsten der Lesbarkeit die maskuline Form verwenden. Es sind natürlich immer die VertreterInnen beider Geschlechter gemeint.

kann. Mit anderen Worten: Krankheit und Heilkraft sind zwei Aspekte einer eigentlich unteilbaren Kraft.

Damit ist gleichzeitig angedeutet, dass das schamanistische Heilungskonzept in erster Linie ein Selbstheilungskonzept ist. Das Ungleichgewicht, welches die Krankheit bewirkt, kann prinzipiell auf allen Daseinsebenen bestehen. Häufig ist es im Krankheitsfall auf der 4. Ebene, die den „Bioplasmaleib" betrifft, festzustellen, so dass auch die Heilung auf der Ebene der Energiematrix stattfindet.

Wie auch immer die Heilung eines Kranken im einzelnen aussehen mag, welche Methoden oder Mittel seitens des Schamanen zum Einsatz kommen mögen, ein Aspekt ist auf jeden Fall hervorzuheben: Der Krankheit wird eine *Bedeutung* zugesprochen. Der Mensch lebt nach schamanistischen Vorstellungen nicht in einer leidenschaftslosen, mechanischen, sondern in einer beseelten Welt. Dementsprechend werden die Ursachen von Krankheiten nicht einfach nur auf der materiellen Ebene gesucht. Für die Diagnostik versucht der Schamane entsprechend alle Ebenen zu berücksichtigen, denn es geht für ihn darum, den Sinnzusammenhang, in dem das die Krankheit bedingende Ungleichgewicht entstanden ist, zu verstehen und dem Kranken zu vermitteln. Das Verständnis der Krankheit in seiner Bedeutung für den komplexen Lebenszusammenhang des Patienten vermag diesem Einsichten zu vermitteln, die ihn die Dinge klarer sehen lassen und ein Auflösen überholter Verhaltensmuster und Konzepte zugunsten neuer bewirken mögen.

Im schamanistischen Heilungsprozess spielt die Person des Schamanen und sein innerer Zustand eine entscheidende Rolle. Nur wenn er selbst ein spirituell weit entwickelter Mensch ist, kann ihm die Diagnose der z.T. verborgenen Zusammenhänge gelingen. Sie lässt sich nicht allein mit intellektuellem Wissen durchführen, denn neben der körperlichen, psychischen und sozialen Ebene müssen auch die Ebenen des „Bioplasmaleibes" und des Bewusstseinskörpers und ihre Einbettung in den „energetischen Kontext" berücksichtigt werden.

Dazu begibt sich der Schamane in andere Bewusstseinszustände und „reist in andere Wirklichkeiten", in denen das dem normalen Bewusstsein wenig zugängliche Sinngefüge, der geheime Zusammenhang aller Ereignisse und Dinge, offenbar wird. *Larry Dossey*, der sich ausführlich mit dem Themenkomplex „Bewusstsein und Gesundheit" auseinandergesetzt hat, schreibt dazu: „In der Tradition des Schamanismus wäre es undenkbar, dass ein Heiler einen Patienten behandelt, ohne zuvor einen hohen spirituellen Bewusstseinsgrad erreicht zu haben ..."[12].

So wird verständlich, dass, um Schamane zu werden, ein langer Weg gegangen werden muss. Erlangen von Wissen und Erfahrungen auf intellektuellem Wege

---

12 *Dossey*, 1989, S.136.

reicht dafür nicht aus. Spirituelles Wissen und spirituelle Erfahrungen sind für das Schamanisieren unabdingbar. Hinzu kommt, dass die Rolle bzw. der Beruf des Schamanen nicht selbst und nach einer freien Willensentscheidung gewählt wird. Man muss „berufen“ sein, um Schamane werden zu können. Zwar gibt es in den verschiedenen Kulturen durchaus Unterschiede, doch meistens zeichnet sich ein zukünftiger Schamane durch mehr oder weniger auffällige Besonderheiten aus. Dies verdeutlicht der Bericht eines sibirischen Schamanen, der die initiatorische Zerstückelung vieler Schamanen betrifft:

> „Der Kandidat verliert das Bewusstsein, während er krank ist. In dieser Zeit stellt er sich dem Schamanen-Vorfahren des Klans vor. Wenn er dort ankommt, suchen sie nach seinem Zusatzknochen. Sie zerschneiden seinen ganzen Körper in Stücke, nehmen Herz und Lunge heraus und untersuchen jeden Teil bei Tageslicht. Unterdessen sieht er bei seiner Zerschneidung zu und wie sie seinen ganzen Körper und seine Eingeweide begutachten, während sie nach dem Zusatzknochen schauen ...
>
> Sie zerhackten mich, warfen mich in den Kessel, kochten mich. Einige Männer waren anwesend: zwei schwarze und zwei hellhäutige. Ihr Anführer war ebenfalls da. Er gab die mich betreffenden Befehle. All das konnte ich sehen. Während die Stücke meines Körpers kochten, entdeckten sie bei den Rippen einen Knochen, der in der Mitte ein Loch aufwies. Das war der Zusatzknochen. Er bewirkte, dass ich ein Schamane wurde. Denn nur jene können Schamanen werden, in deren Körper sich so ein Knochen finden lässt. Man schaut durch das Loch in dem Knochen und sieht alles, weiß alles und wird daraufhin ein Schamane... Als ich aus diesem Zustand wieder zu mir kam, erwachte ich. Das hieß, meine Seele war zurückgekehrt. Dann erklärten mir die Schamanen: ‚Du bist der richtige Mann, um ein Schamane zu werden. Du sollst ein Schamane werden, du musst anfangen zu schamanisieren!‘“
>
> (*Sunchugasev* aus Sibirien, zitiert in *Kalweit*, S. 115)

Hier spielt der „Zusatzknochen“ eine wichtige Rolle. In der Physis selbst also wird die Berufung zum Schamanen offenbar.

Häufig wird die sog. Schamanenkrankheit als ein solches physisches Zeichen angesehen. In ihr gerät der zukünftige Schamane in eine tiefe existentielle Krise, die mit Trance, bedeutungsvollen Träumen und Visionen, epilepsieähnlichen Anfällen und Nahtoderlebnissen einhergehen kann. Ein solches Geschehen ist kulturell eingebettet. Der Respekt und das soziale Wissen darum verhindern eine vorschnelle Pathologisierung. Dennoch wird genau geprüft, ob es sich um eine „echte“ Schamanenkrankheit oder um einen psychotischen Schub handelt.

In welchen Punkten berühren Konzepte der CoreDynamik schamanistische Vorstellungen und Methoden, und wo lassen sich bedeutsame Unterschiede feststellen?

Dem schamanistischen Persönlichkeitsmodell vergleichbar umfasst das Modell der CoreDynamik verschiedene Schichten, die den Daseinsebenen des Schamanismus ähneln. Der „Bioplasmaleib“ und der „Bewusstseinskörper“ greifen ebenso wie die Schichten des „Intuitiven Gewahrseins“ und des „Core“ über die materialistisch-physischen Bereiche hinaus. Die Existenz anderer Wirklichkeitsebenen und deren prinzipielle Zugänglichkeit wird angenommen.

Wie im schamanistischen Weltbild wird in der CoreDynamik der einzelne Mensch nicht isoliert und als getrenntes Wesen betrachtet, sondern in einem komplexen Vernetzungszusammenhang gesehen, der immer mit berücksichtigt werden muss. Der Therapeut/Schamane selbst sieht sich als Teil des Vernetzungsgesamts, des Systems. Daraus folgt eine Haltung des Respekts vor dem individuellen Gegenüber (Patient, Klient), aber auch vor dem Gesamt (Natur, kulturelles und soziales System).

Sowohl in der CoreDynamik als auch im Schamanismus spielen transpersonale Erfahrungen für den Heilungsprozess eine wichtige Rolle: Der Schamane findet die richtige Diagnose während seiner Reise in andere Wirklichkeiten (d.h. im Modus eines außergewöhnlichen Bewusstseinszustandes), und dort auch leitet er therapeutische Maßnahmen ein. Nach Auffassung der CoreDynamik findet Heilung (letztlich) in transpersonalen Erfahrungen statt[13]. In ihnen kann der Mensch als sinnsuchendes Wesen Erfüllung und eine Aussöhnung mit dem individuellen persönlichen Leid finden.

Hier wird allerdings auch ein markanter Unterschied zwischen coredynamischem und schamanistischem Vorgehen sichtbar (der im Übrigen auch für die SPT von *Kalweit* festzustellen ist): Während der Schamane selbst „auf Reisen geht“, um dort als Handelnder den Zustand der „Dinge“ zu diagnostizieren und den Heilprozess in Gang zu bringen, bleibt der Patient mehr oder weniger im „normalen“ Wachbewusstseinszustand – von kollektiven Trance-Effekten, die sich bei einer „Geisterbeschwörung“ durch den Schamanen einstellen können, mal abgesehen. Der Patient bleibt also im Großen und Ganzen passiv, gibt sich vertrauensvoll dem Geschehen hin und empfängt die Anweisungen bzw. die Behandlung durch den Schamanen, dem die große Einsicht in die „Natur der Dinge“ vorbehalten bleibt.

---

13 Das bedeutet nicht, dass herkömmliche Heilungsfaktoren (wie z.B. Biographiearbeit) in der CoreDynamik für unwirksam angesehen würden.

In der CoreDynamik sieht sich der Therapeut vor allem als Begleiter eines Prozesses, den der Klient/Patient erlebt und auch bestimmt. Dieser soll nämlich die transpersonale Erfahrung selbst machen, um eigene spirituelle und damit therapeutisch wirksame Einsichten zu bekommen. Im mit der Heilung erreichten neuen Gleichgewichtszustand sieht der Klient/Patient die Dinge klarer und integrierter als vorher. Durch den Prozess des Aufbrechens alter, nicht mehr adäquater Muster und Konzepte und durch die Öffnung für eine neue Wahrnehmung der Dinge erreicht seine Weltsicht, sein „Weltmodell" eine höhere Stufe der Komplexität, die die tatsächliche Wirklichkeit genauer abbildet als das vorherige.

Während also bei dem Klienten außergewöhnliche Bewusstseinszustände gezielt herbeigeführt werden, bleibt der Therapeut im Zustand des normalen Wachbewusstseins[14], d.h., er hat ständig Realitätskontakt und sorgt für den geschützten Rahmen, in dem sich der „Reisende" vertrauensvoll seinem Prozess hingeben kann. Dazu muss der Therapeut allerdings solche Prozesse selbst durchlaufen und eine spirituelle Entwicklung durchgemacht haben. Die gleiche Forderung wird an den Schamanen gestellt.

Ein weiterer wichtiger Unterschied, der schon zu Beginn genannt wurde, ist die Einbettung des traditionellen Schamanismus in einen kulturellen Zusammenhang, in dem transpersonale Erfahrungen im Allgemeinen und bestimmte Rituale und Methoden zur Erzeugung von veränderten Bewusstseinszuständen im besonderen einen selbstverständlichen und nicht hinterfragten Bestandteil bilden. Eine solche Einbettung ist in den säkularisierten westlich-industrialisierten Kulturen nicht mehr möglich. Der entsprechende Rahmen, ohne den die gezielte Herbeiführung und die fruchtbare Integration transpersonaler Erfahrungen nur in Einzelfällen möglich ist, muss also „künstlich" geschaffen werden: eine nicht leicht zu bewältigende Gratwanderung zwischen lächerlicher Banalität und gekünsteltem Pathos.

Gelingen kann diese Gratwanderung dann, wenn langsam, schrittweise und didaktisch sinnvoll ein „Feld" aufgebaut wird, in dem transpersonale Erfahrungen ohne Angst vor Pathologisierung gemacht werden können. In einem solchen Feld ist Raum für selbstgeschaffene Rituale, Visionen und archetypische Erfahrungen, die hilfreich für das Verständnis der ablaufenden Prozesse sind. Hier ist eine Externalisierung solcher Bilder oder Visionen als „Dämonen", „Hilfsgeister" oder

14 Natürlich müsste man diese Aussage relativieren, denn es ist klar, dass der begleitende Therapeut vom Geschehen nicht unberührt bleibt. Es ist ja auch eine grobe Vereinfachung, nur von zwei verschiedenen Bewusstseinszuständen zu sprechen.

„Leitfiguren“ erlaubt, ohne dass dabei prinzipiell der Realitätsbezug aufgegeben werden muss.

Mit gründlicher Selbsterforschung, dem systematischen Erlernen psychischer Techniken, dem langsamen Herbeiführen transpersonaler Erfahrungen und deren fortwährender umsichtiger Integration in den Lebensalltag ist ein möglicher Weg aufgezeigt.

Das sind die Grundprinzipien des CoreDynamischen Ansatzes, symbolisiert auch in der Arbeit von außen nach innen, von den Randschichten der Persönlichkeit zum Core. Hierin unterscheidet sich die CoreDynamik auch von anderen transpersonalen Ansätzen in der Psychotherapie, die zwar die Bedeutung transpersonaler Erfahrungen für die Entwicklung und den therapeutischen Erfolg genügend würdigen, aber den Fragen nach der kulturellen Integration zuwenig Gewicht beimessen.

Die CoreDynamik kann man mit Recht als einen mittleren Weg bezeichnen, der einerseits auf die Erkenntnisse und Methoden traditioneller Ansätze der Psychotherapie (v.a.: Analytische Therapie nach *C.G. Jung*, Gestalttherapie, Humanistische Therapie, Integrative Therapie nach *Petzold*) zurückgreift, andererseits aber ganz gezielt und theoretisch begründet schamanistische Vorstellungen und Methoden in die Arbeit integriert, die einem erweiterten Heilungskonzept und einem Weltmodell Rechnung tragen, die die transpersonalen Bereiche nicht ausgrenzen. Es ist ein Weg nicht nur für Einzelne und „Auserwählte“, die den interkulturellen Spagat (mit möglicherweise mächtigen Bauchschmerzen) bewältigen können, sondern für all diejenigen, die sich offenen Geistes den verschiedenen Möglichkeiten, die Welt zu verstehen und zu erfahren, nicht verschließen, ohne dabei die eigenen kulturellen Wurzeln zu vergessen.

Literatur

Doore, G. (Eds.): *Opfer und Ekstase. Wege der neuen Schamanen*, Freiburg 1989

Dossey, L.: *Das Innenleben des Heilers – Die Bedeutung des Schamanismus im modernen Medizinbetrieb*, in: G. Doore (Eds.), Opfer und Ekstase. *Wege der neuen Schamanen* (pp. 131-146), Freiburg 1989

Eliade, M: *Schamanismus und archaische Ekstasetechnik*, Frankfurt/Main 1980

Harner, M.: *Der Weg des Schamanen. Ein praktischer Führer zu innerer Heilkraft*, Reinbek 1986

Kalweit, H.: *Traumzeit und innerer Raum. Die Welt der Schamanen*, Bern 1984

Kalweit, H.: *Urheiler, Medizinleute und Schamanen*. München 1987

Kalweit, H.: *Schamanische Psychotherapie*, in: E. Zundel & B. Fittkau (Eds.): *Spirituelle Wege und Transpersonale Psychotherapie* (pp. 145-161), Paderborn 1989

2.13 Alltagsbewältigung nach inneren Wandlungsprozessen oder: Von der Schwierigkeit, Himmel und Erde zusammenzubringen. Von *Yvonne Ats*

Der momentane Seelenzustand vieler Menschen wurde vom Schriftsteller *R.W. Emerson* einmal folgenderweise beschrieben: „Wir stehen immer kurz davor, zu leben, aber wir leben nie."

Die verbreitete Unzufriedenheit mit dem eigenen Leben entwickelt zunehmend das Bedürfnis nach einer Veränderung dieser Misere, und die Suche nach Lösungsmöglichkeiten wird für den Einzelnen oft zum Beginn eines persönlichen Wandlungsprozesses. Fragen nach der eigenen Person („Wer bin ich eigentlich"?) und der Richtung, die das eigene Leben nehmen soll („Wo will ich hin in meinem Leben?") treten bewusster in den Vordergrund und leiten einen Prozess der Klärung, Selbsterkenntnis und Individuation ein. Dies bedeutet oft einen möglichen Wendepunkt im eigenen Leben, der sich ausdrückt in einer veränderten Blickrichtung – nach innen.

Der Wunsch, den persönlichen Problemen auf den Grund zu gehen, die Auslöser dafür zu verstehen und Veränderungsmöglichkeiten für das eigene Leben zu erkennen und umzusetzen, führt vermehrt zu einer intensiveren Auseinandersetzung mit sich selbst und zu einer Bestandsaufnahme des bisherigen Lebens.

Das Angebot der einzelnen Therapieschulen bietet unterschiedliche Möglichkeiten, diesen Weg eigener Neuorientierung zu unterstützen. Die Vielfältigkeit der angebotenen Therapieansätze ermöglicht ein Herantasten an das eigene Ich auf verschiedenste Weise, vergleichbar mit einer Betrachtung aus unterschiedlichen Perspektiven. In den Überschneidungen oder in der Kombination von unterschiedlichen Ansätzen sieht die CoreDynamik eine wesentlich größere Chance für den Einzelnen, sich und das eigene Leben in seiner Vielschichtigkeit zu erfassen und tiefgreifendere Lösungsmöglichkeiten für die bekannten Schwierigkeiten im Lebensalltag zu entdecken. In der Ergänzung von unterschiedlichen Arbeits- oder Therapiemethoden wird in dieser Hinsicht die Vielgestalt oder Komplexität des Lebens als Ganzes repräsentiert und dadurch deutlicher und lebensnaher für den Einzelnen erfahrbar und verstehbar.

Am Ende einer solchen Auseinandersetzung mit sich selbst steht jede und jeder vor dem mehr oder weniger schwierigen Moment des Wiedereintretens in das eigene Leben mit dem unveränderten Alltag. Die Integration des Erlebten und die Umsetzung in der eigenen kleinen Welt ist von wichtiger Bedeutung und gleichzeitig sehr empfindlich. Dieses Heraustreten aus dem geschützten Feld, wo eigene

Entwicklungsschritte hin zu einer verbesserten Lebensgestaltung möglich wurden, in die eigene gewohnte Umgebung (back home) verlangt auf der einen Seite einen absolut verantwortungsbewusst gestalteten, rückführenden Weg durch den Lehrer, Trainer o.ä. Auf der anderen Seite wird es zur mehr oder weniger schwierigen Aufgabe jedes Einzelnen, diesen Übergang für sich unter Berücksichtigung der neu gewonnenen Erfahrungen zu vollziehen. Dieser Schritt wird oft als schwierig beschrieben, vergleichbar mit der Situation eines jungen Vogels, der aus dem Nest gefallen ist.

Aufmerksamkeit

Die Basis, auf der jede tiefere Bewusstseinsarbeit aufbaut, ist die Schulung von Aufmerksamkeit. Sie wird zu einem wichtigen Instrument, um die bisherige Lebensgeschichte zu beleuchten und in einen Kontext zum augenblicklichen Lebenszustand zu setzen. Aufmerksamkeit wird im Wesentlichen geschult durch die Frage: „Was ist jetzt?“ Sie verbindet damals und morgen in der Gegenwart. So wird die Frage: „Was ist jetzt?“ zu einer wesentlichen Brücke zwischen Seminarsituation und Alltagspraxis.

Es ist wichtig, diese innere Ressource auch im Anschluss zu nutzen, um die Momente im Leben (in der Partnerschaft, im Beruf, im sozialen Umfeld etc.), welche eine höhere Aufmerksamkeit benötigen, zu erkennen und die eigene Konzentration willentlich so lange darauf zu richten, bis die Aufgabe oder das Problem erledigt ist – aber auch nicht länger. Dies klingt einfacher, als es ist. Es ist jedoch die zentrale Methode der Veränderung: Aufmerksamkeit auf das, was ist.

Geschütztes Setting

Der ideale Rahmen, in dem sich die persönliche Weiterentwicklung vollziehen kann, zeichnet sich durch besondere Bedingungen aus, die es erlauben, diesen vielleicht bislang ungewohnten oder unbekannten Weg ins eigene Innere zu wagen. Wichtig ist ein geschütztes Setting, gestützt von einer kompetenten Führung und im Prozessverlauf getragen von der sich entfaltenden speziellen Energie, die solcher Prozessarbeit eigen ist. Auf hilfreichen Seminaren, Gruppenwochenenden und Trainings wirken verschiedene entwicklungsfördernde Kräfte zusammen, die den Einzelnen auf diesem inneren Weg begleiten. Hier wird im Unterschied zu einer Einzeltherapie oder Einzelsupervision durch das Aufeinandertreffen von verschiedenen Einzelwesen in einem Gruppengeschehen ausschnitthaft die Dynamik von Leben repräsentiert. Dieses Vorgehen intensiviert die mögliche Erfahrungsbreite.

Die Erfahrung und Fähigkeit der Leitung legt die Grenzen und Weiträume der individuell möglichen Erfahrungen fest. Ferner stecken die vorhandenen oder im

Verlauf erworbenen Fähigkeiten (wie Offenheit, Neugier, Klarheit, Mut, Empathie usw.) das individuelle Lernfeld ab. Die Fähigkeit, das neu erlernte Wissen konkret in den eigenen Lebensalltag zu übertragen und diesen zu bewältigen, ist unmittelbar mit den vorher genannten Lernfaktoren verknüpft.

Darüber hinaus wirkt sich die Tiefe einer jeweiligen inneren Arbeit darauf aus, wie schwierig dieser Schritt in den Alltag vom Einzelnen empfunden wird. Für die eigentliche Umsetzung wird es also wichtig, diese Unterschiede in den Wirkungstiefen zu berücksichtigen. Methoden, die auf der personalen Ebene arbeiten (z.B. Kommunikationstraining, Rollenspielpädagogik, Gruppendynamik) verlangen andere Integrationsmöglichkeiten als Methoden, welche die transpersonale Ebene mit einbeziehen (z.B. Holotropes Atmen, CoreDynamik).

So sollte die Dauer und Gründlichkeit der Back-Home-Arbeit der Tiefe der vorhergehenden Erfahrungen entsprechen. D.h., je tiefer der Erfahrungsprozess ist, desto länger sollte die „Phase des Wiederauftauchens“ und der Antizipation des Lebens zu Hause gestaltet werden. Die im Tiefenprozess gemachten Erfahrungen müssen möglichst umfangreich verbalisiert, im sozialen Kontakt mitgeteilt und im dialogischen Prozess gedeutet werden. Auch hier gilt das grundsätzliche Prinzip: Selbstdeutung geht vor Fremddeutung.

Verstehen

Zunächst setzt gelungene Integration ein Verstehen des Erlernten voraus. Erst im Anschluss an echtes Verstehen können Verbindungen mit der eigenen Lebensumgebung erkannt werden und die persönliche Lebensgestaltung und -qualität verbessert werden. Verstehen heißt, Verbindungen zwischen Erfahrungen herzustellen, ihnen einen Sinn zu geben und sie so lange selbst zu deuten, bis sie eine Bedeutung für einen selbst haben.

Anker

Es gibt methodenübergreifende Hilfsmittel, die unterstützend wirken, um das neu erworbene Wissen direkt im Alltag einzusetzen. Zum einen sind da die „Erinnerungsstützen“: Neue Erfahrungen lassen sich gut in Form von sog. „Ankern“ mit in das eigene Leben nach Hause nehmen. Über Mitschriften, Tagebücher, Traumbücher, eigene gemalte Bilder, gesammelte Erinnerungstücke, innere Mantren, ausgesprochene Commitments (persönliche Vereinbarungen) oder Rituale lassen sich vollzogene Lernschritte in Erinnerung rufen. Es wird auf diese Art ein Teil der Erfahrung aus dem geschützten Rahmen direkt in den bestehenden Alltag gebracht.

Wiederholung und Transfer

Wichtig ist ferner die Kraft der Wiederholung: Zunächst müssen neue Erfahrungen und Erkenntnisse schon im Seminar mehrmals wiederholt werden. Das Aussprechen von Erkenntnissen vor einem Publikum, das symbolisch für „Welt" steht, ist hierbei von großer Bedeutung. Ferner ist das konkrete Umsetzen dessen, was in Übungssituationen z.B. hinsichtlich gelungener Kommunikation erlernt wurde, wiederum als Wiederholung zu verstehen und hilft dadurch bei der Verinnerlichung des Neuen. Über die Beschäftigung mit verwandten Themen in Form von Literatur, Körperübungen etc. lassen sich die gewonnenen Erkenntnisse vertiefen.

Integration von Himmel und Hölle

Methoden, die noch tiefgreifender arbeiten, erweitern den eigenen Erfahrungsraum durch die Arbeit mit dem Transpersonalen. Die Erforschung des Ich bleibt in diesem Fall nicht auf der Persönlichkeitsebene („Wer bin ich als Persönlichkeit?"), sondern bezieht die transpersonale Ebene („Wer bin ich in meinem Wesen, in meiner Seele?") mit ein. Das hat zum einen Auswirkungen auf die Qualität der hier wieder entdeckbaren, konstanten inneren Harmonie und zum anderen auf die anschließende Einordnung einer solchen Erfahrung im Lebensalltag.

Die Integration von tieferen inneren Wandlungsprozessen verlangt eine noch feinere Rückführung, heißt dies doch oft für den Betroffenen, himmlische Erfahrungen auf den Boden des eigenen Lebens zu bringen.

Der Schlüssel für eine gelungene Integration liegt in dem Erkennen, dass sich all das, was sich während tiefgreifender innerer Bewusstseinsarbeit vollzieht, übertragen lässt auf das, was sich naturgemäß im Außen, im Leben vollzieht, mit anderen Worten, dass auch die tiefsten und merkwürdigsten und ungewöhnlichsten Erfahrungen in den transpersonalen Erfahrungen „ganz normal" sind, dass sie besprochen und auch von den anderen Seminarteilnehmern geteilt und verstanden werden können.

Der Vergleich mit Mythen, Märchen, Träumen, Dichtung und sog. „wissenschaftlichen Erkenntnissen" kann hilfreich sein, die zunächst unfasslichen transpersonalen Erfahrungen in den gewohnten Wirklichkeitsrahmen zu bringen. Besonders wirksam ist das „Gestalten", das Ausdrücken der Erfahrungen in verschiedenen Formen, sei es als Bild, als Tanz, als Bewegungschoreografie, in einem Gedicht oder Lied oder einem Ritual.

Generell geht es um die unterschiedlichsten Formen des Tuns. Alles, was schon im Seminar handelnd vollzogen wird, kann leichter in den Alltag umgesetzt werden. Die Beobachtung und Auswertung der Erfahrungen mit der coredynamischen Methode unterstützen diese Sichtweise (siehe Erfahrungsberichte).

Üben

Auch und gerade für die Übertragung der transpersonalen Erfahrungen in den Alltag braucht es zunächst Übersetzung und dann Übung. Die „Gipfelerfahrungen" müssen zuerst im Dialog verstanden und dann häufig im Bewusstsein wachgerufen werden. Übung verlangt Regelmäßigkeit und Genauigkeit. Je genauer wir die zukünftigen Situationen antizipieren, umso handlungsrelevanter wird die Übung.

Die Leitfragen oder Handwerksfragen dabei sind :

- Wie hast du es erlebt?
- Was bedeutet es für dich?
- Was willst du von dem Alten loslassen?
- Was nimmst du vom Neuen mit in den Alltag?
- Wie wirst du es üben?
- Wie kannst du Spaß und Freude in die Übung bringen?
- Wie wird es sich anfühlen, wenn du es umsetzt?
- Was wirst du dabei tun, sagen, fühlen, denken, riechen?
- Wie wirst du mit den eigenen Ängsten und Widerständen umgehen ?
- Wie wirst du mit den Ängsten und den Widerständen der betroffenen Menschen umgehen?

Unsere Erfahrung zeigt, dass allein schon das Benennen der Angst, das Annehmen des Widerstandes gegen Entwicklung und die Betrachtung des Gewinns dabei, wenn sich nichts ändert, sehr hilfreich sind.

Insbesondere die in „*Menschenkenntnis*" beschriebene Entscheidungsübung an verschiedenen Plätzen im Raum hat sich hier als gute Vorbereitung auf den Alltag bewährt.

Wichtig ist, dass wir von der verhaltenstherapeutischen Illusion Abschied nehmen, Veränderung sei durch geschickte Lernprogramme machbar, herstellbar. Dazu ist menschliches Lernen zu komplex. Widerstände, Angst, Symptomgewinn, Umgebung und unsere jahrtausendealten Muster sind Bremsen für Lernprozesse. Wir sind also Langsamlerner, aber auch Sprünge sind möglich.

Und wir können diese Bremsen mit wacher Aufmerksamkeit beobachten, wirklich ausloten und würdigen. Dann zeigt sich die Wirklichkeit eines zentralen Lehrsatzes der CoreDynamik:

Wir können uns nicht ändern, wir können nur sehr genau beschreiben, wie wir sind, und dann ändern wir uns.

Für die Selbstbeschreibung steht uns das ausführliche Diagnostik-Inventar der CoreDynamik (siehe „*Menschenkenntnis*") zur Verfügung.

Wandlung als Krise und Pulsation

Die Qualität dieses inneren Wandlungsvorgangs wird oft mit einem Geburtsprozess verglichen, der es im Anschluss möglich macht, Sinnzusammenhänge zu erkennen.

D.h., jede Entwicklung ist eine Krise, also eine Entwicklung, die zunächst an Grenzen stößt und dann nach einem Durchbruch ein neues Handlungsniveau erlaubt. Die Eigenartigkeit, wie die Kontaktnahme mit dem eigenen, tiefer verborgenen Wissensschatz erlebt wurde, spiegelt in seiner Dynamik bekannte natürliche Phänomene wie Polarität, Bewegung, Rhythmus und Pulsation wieder. Detaillierter betrachtet wechseln sich scheinbare Phasen der Ruhe mit Phasen zunehmender Erregung ab, Momente des eigenen Zutuns mit Momenten des Beobachtens, Struktur mit Chaos, Gelassenheit mit Anstrengung, Halten mit Loslassen, vergleichbar dem Wechsel von Einatmen und Ausatmen. Der innere Reifungsvorgang ist vergleichbar mit dem, was man im äußeren Leben allgemein an Lebensvorgängen beobachten kann.

Dieser innere Vorgang wiederholt sich in der beschriebenen Dynamik, dabei immer feinstofflicher wahrnehmbar werdend, eventuell bis zu einem innersten Bereich, vergleichbar mit einer Art Urgrund, dem transpersonalen Bereich, wo sich die bislang vertraute Dualität zwischen dem Ich und der Welt aufzuheben scheint. Das Empfinden von innerer Harmonie wird hier als Kontakt mit der innewohnenden Seele erfahren, als ein Überschreiten der bisher wahrgenommenen Grenzen der eigenen Persönlichkeit und als ein Aufgehobensein im Ganzen, im Gefüge der Welt.

Um die wiedergefundene eigene Zufriedenheit nach einem persönlichen Wandlungsprozess, nach stückweiser Selbstbegegnung und Neuorientierung aufrechterhalten oder immer wieder erneut anzapfen zu können, wird vom Alltagsmenschen eine Art Übersetzungsleistung gefordert. Es wird notwendig, in der alltäglichen Umgebung das wieder zu erkennen, an dem sich das neu Vertrautgemachte zeigt. Die Möglichkeiten des Wiedererkennens sind vielfältig. Die Natur bietet sich selbst an, das heißt in erster Linie die eigene Person, die Menschen des Lebensumfeldes (der Umgang mit Kindern, Freunden, Kollegen), Pflanzen (die Arbeit im eigenen Garten, Sein in der freien Natur) sowie Kontakt mit vom Menschen kultivierten Formen von Natur, wie Musik, Malerei, Tanz, Dichtung, Kampfsport, Yoga, Religion, um nur einige Integrationsfelder zu nennen.

Umgang mit der Natur als Transferraum

Als mögliches Beispiel soll hier als ein idealer Raum für Integration das Sein oder die Arbeit in der Natur angeführt werden, um im eigenen Alltag eine Verbindung herzustellen zwischen den neugewonnenen Erkenntnissen im eigenen Inneren und dem bekannten Leben im Außen. Die Beschäftigung mit Natur, z.B. in der Pflege eines Gartens, bietet direkte Übergänge an, um den Weg der eigenen Entwicklung auch im Alltäglichen weiterzugehen. Der hohe integrative Wert von Gartenarbeit ist darin zu sehen, dass dort die Dynamik der inneren Reifungsprozesse direkt im Außen beobachtbar sind. Der bekannte Schlüssel zu dieser Erkenntnis liegt erneut in der Schulung und Beibehaltung von eigener Aufmerksamkeit.

Gärten sind ein Mikrokosmos von natürlichen Prozessen, sie sind kleine Welten, eingebettet im Gesamten. Sie spiegeln in dieser Hinsicht in Miniaturform die Dynamik des Lebens und die Zusammenhänge in der Welt wider.

Die Deutlichkeit, mit der sich dort das Leben als Prozess zeigt, macht es vergleichsweise einfach, Zusammenhänge zum innerlich Erlebten herzustellen. Allein durch reine Beobachtung tauchen bekannte innere Themen, u.a. Grundbedingungen von Leben (Licht und Schatten, Boden, Nährstoffe, Anpassung an Lebensbedingungen), Rhythmus (Jahreszeiten, Wachstumsperioden, Ruhephasen), Prozesscharakter von Leben (Stagnation und Durchbruch, Geburt, Keimen, Reifen, Ernte, Tod), wieder auf.

Ein bewusstes Sich-Einlassen auf dieses Naturgeschehen durch geistiges und körperliches Gestalten lässt die Dynamik von Wachstum in einem verwandten Bereich, dem Pflanzenreich, wiederholt sichtbar werden und die persönliche Erfahrung dadurch möglicherweise vertiefen. Inwieweit für den Einzelnen durch Beschäftigung mit Gartenarbeit eine Möglichkeit zur Integration von tieferen Bewusstseinserfahrungen möglich ist, hängt mit der persönlichen Resonanz für diesen Bereich zusammen. Eine vorhandene Resonanz ermöglicht in der Regel eine tiefere Beschäftigung und ein feineres Verstehen. Die Beschäftigung mit einem anderen Teilbereich des Lebens, in diesem Beispiel die Pflanzenwelt, verlangt in gewisser Weise, die Sprache von Natur, so wie sie sich hier zeigt, zu erlernen und sie ins eigene Leben zu übersetzen.

Im Fall der Gartenarbeit lassen sich die notwendigen Handlungen, um den Garten zur Reife zu führen, vergleichen mit den Handlungen, die notwendig waren, um die eigenen Reifungsprozesse einzuleiten. Grob skizziert erinnern die Arbeitsschritte bei der Gestaltung von Außenräumen an die Vorgehensweise bei der eigenen inneren Raumarbeit: das notwendige „Aufräumen“ zu Beginn, das Entfernen von Überwuchertem und Abfall, das Sich-Kümmern um Vernachlässigtes, vor der eigentlichen, gewünschten Gestaltung von Neuland. Was möchte herausgenommen werden, was behalten werden? Mit welchen grundsätzlichen Bedingungen des Gartens muss ich mich auseinandersetzen? Wie groß sind die Licht- und Schattenanteile? Wie ist die Substanz und der vorhandene Nährstoffanteil des Bodens? Welche Anteile anderer Generationen wollen respektiert oder entfernt werden?

Im Verlauf kann das Graben mit den eigenen Händen, in die Tiefe der Erde, an das Erforschen der eigenen inneren Tiefenräume erinnern. Die anschließende gewünschte Gestaltung ermöglicht vielleicht das Anlegen von Kraftplätzen innerhalb des Gartens, in denen Raum für Stille oder für das Nachvollziehen erlernter Rituale geschaffen wird.

Eingebettet in den Zyklus eines Gartenjahres können alle Handlungen in diesem Naturbereich bekannte entwicklungsfördernde Themen wie Beobachtung, Wiederholung, Geduld, Warten, Ruhe, Kraft, Hingabe usw. anschwingen und auf dem Weg der eigenen Verinnerlichung wertvoll werden. Wie schwierig diese Verinnerlichung für den Einzelnen ist, mag damit zusammenhängen, wie weit er sich insgesamt von sich und seinem Potential im Laufe des Lebens entfernt und seiner eigentlichen Natur entfremdet hat. Es bedeutet für den Einzelnen ein Stück Re-Kultivierung, im Sinne von Kultivierung des Gehalts eigener Erfahrungen.

Neben dieser ganzheitlichen Umsetzung von Erfahrungen z.B. in der Gartenarbeit formulieren wir für die konkrete Umsetzung einzelner Ziele einen praktischen Fünf-Schritte-Plan:

1. Klare persönliche Ziele, die in kleine umsetzbare Schritte zerlegt werden, werden als Entscheidung formuliert (Commitment) und als Ritual gestaltet. Wesentlich ist dabei, die angestrebten Schritte in körperlich und sinnlich erfahrbarer Weise zu ankern, z.B. durch spezifische Bewegungen, Bilder und Erlebnisse. So dient z.B. die o.g. Frage : „Was wirst du spüren, sehen, sagen und tun, wenn du das angestrebte Ziel erreicht hast?“ zu einer notwendigen Konkretisierung. Abstrakt formulierte Ziele haben wenig Umsetzungsenergie.
2. Diskussion der Umsetzbarkeit von kleinen Schritten mit Freunden, Partnern, Teammitgliedern und Kollegen (Realitätsprüfung).
3. Persönlich-relevante Belohnungssysteme für das Erreichen kleiner Lernschritte (individuell und von den Bezugspersonen unterstützt – Feedback).
4. Aufbau eines Netzwerks wohlwollender Menschen, die den Umsetzungsprozess begleitend unterstützen (Support durch Vernetzung – ein wesentlicher Aspekt in der CoreDynamik).
5. Neuformulierung von Zielen und Schritten (Entwicklungsspirale von außen nach innen).

Diese oder ähnliche der Situation angepasste Schrittfolgen haben sich bewährt. Gleichwohl ist das Bewusstsein notwendig, dass wir Entwicklungen nicht „machen" können. Die Bewusstheit der Komplexität der Wirk-Bedingungen ist jedoch ein wichtiger Schritt zur Umsetzungsfähigkeit.

Die enorme Differenzierung des menschlichen Bewusstseins gibt der Menschheit eine Sonderstellung im Lebenssystem. Komplexität besteht aber nicht nur aus Differenzierung, sondern auch aus Integration. Es bleibt die Aufgabe, die Einseitigkeit der bisherigen Entwicklung zu erkennen. Dies kann zu wirklicher Integration und Individuation führen. Die eigene Selbstentdeckung ist ein Abenteuer, die das ganze Leben lang andauern kann. Auch hier ist der Weg das Ziel.

Literatur

Almaas, A.H.: *Essentielle Verwirklichung*, Freiamt 1998

Barrett, Marilyn: *Ein Garten für die Seele. Der Garten als heilender Ort*, Bern/München/Wien 1998

Csikzentmihalyi, Mihaly: *Flow. Das Geheimnis des Glücks*, Stuttgart 1992

Grof, Stan: *Das Abenteuer der Selbstentdeckung*, München 1987

Jordan, Harold: *Räume der Kraft schaffen. Der westliche Weg ganzheitlichen Wohnens und Bauens*, Freiburg 1997

Jung, C.G.: *Erinnerungen, Träume, Gedanken*, Zürich/Stuttgart 1967

3

Auswertung von Erfahrungen

3.1 Erfahrungsberichte von Führungskräfte-Trainings, Teamentwicklungen, Einzelcoachings und aus dem Konfliktmanagement. Von *Bernhard Mack*

Grundlage unserer Prozessauswertungen ist der Ansatz der Handlungsforschung oder Action Research. Dieser Ansatz erlaubt und fordert wissenschaftliche Prozessanalyse dadurch, dass die Beteiligten möglichst wörtlich und umfangreich zu Wort kommen und die Auswertung nicht auf der Ebene von Kreuzchenmachen und Fliegenbeinzählen geschieht, sondern durch die Wiedergabe möglichst umfangreicher Berichte der Beteiligten am Prozess. Im Folgenden werden die Berichte von Teilnehmern aus unseren Seminaren unter vier Themengesichtspunkten zusammengefasst. Es handelt sich meistens um wörtliche Mitschriften von persönlichen Aussagen während der Auswertungstage oder um Tonbandaufnahmen von Abschlussinterviews sowie um Protokolle von Telefongesprächen zur Evaluation von Trainingsmaßnahmen.

Wir befragen die Teilnehmer nicht nur nach ihrer Meinung, sondern wir beobachten auch die Anwendung der von ihnen gelernten Einsichten und Verhaltensmöglichkeiten in ihrer beruflichen Alltagspraxis als Führungskraft oder Teammitglied.

Wir befragen auch Personalleiter, Vorgesetzte oder Kollegen über die Effekte unserer Trainings. Bei intensiveren Trainingsmaßnahmen fragen wir in mehreren Etappen kurz nach dem Training, nach einem halben Jahr und dann wiederum nach einem ganzen Jahr, welche Ergebnisse die Maßnahmen gezeigt haben.

Folgende Berichte stammen von Führungskräften und Mitarbeitern von IT-Firmen, Großbanken, Computervertriebsorganisationen, Softwarehäusern, Kliniken und Pharmakonzernen. Sie kommen ebenso von Firmen mit einem sehr komplexen Produktionsangebot, wie z.B. Siemens, und aus Seminaren für das schweizerische Zentrum für Unternehmensführung, das nach den Seminaren ausführliche Check-ups durch die jeweiligen Projektleiter durchführen läßt.

Aufgrund langjähriger Berufserfahrung bin ich mir bewusst, dass die begeisterten Feedbacks am Ende eines Seminars nicht unbedingt ein Beweis für die Wirksamkeit des Gelernten und dessen langfristige Wirkung sind. Deswegen bevorzugen wir Follow-up-Untersuchungen nach einigen Monaten. Ganz besonders bevorzugen wir curricular geplante Seminareinheiten, in denen wir die Seminarteilnehmer nach mehreren Monaten wiedersehen, um dann an den Themen weiterarbeiten zu können. Durch den direkten und augenscheinlichen Beobachtungsvorgang können die Lernprozesse evaluiert und überprüft werden.

Erfahrungsberichte von Führungskräfte-Trainings

Das Interesse an fundiert aufgebauten Führungskräfte-Trainings wächst zunehmend. Erfahrene Führungskräfte wissen inzwischen, dass es für die Probleme von Führung, Mitarbeitermotivation sowie Leitung und Strukturierung von Abteilungen und ganzen Organisationen keine einfachen Lösungen gibt. „Die Zeit der Tricks ist vorbei."

Die Personalleiterin eines süddeutschen Pharmakonzerns berichtet: „Was mir wichtig war im Führungskräfte-Training, war die konkrete Fallarbeit zum situativen Führen. Keine allgemeinen Methoden, Kochrezepte, sondern sehr konkrete Diagnostik anhand praktischer Landkarten und Modelle. Für meine Merkfähigkeit war es wichtig, mit der Raumarbeit der CoreDynamik zu arbeiten. Wir haben zuerst verschiedene Themen im Außenraum lokalisiert, dort wahrgenommen, gespürt und in Bewegungen ausgedrückt und dann durch die langsame Beschleunigung unserer Bewegungen immer mehr in den Innenraum unseres Organismus geholt. Auch wenn ich mir anfänglich nicht vorstellen konnte, dass dies möglich ist, so habe ich mich dennoch nach kurzer Zeit wie eine Flugkapitänin gefühlt, die in der Lage ist, aus einer großen Menge von Erkenntnissen und Techniken für jede Situation das Richtige auszuwählen."

Der Leiter einer Softwarevertriebsorganisation aus Norddeutschland fasst seine Lernerfahrungen zusammen: „Bisher hatte ich immer geglaubt, ich könnte durch mehr Arbeit, mehr Anstrengung, mehr Disziplin erfolgreich sein. Ich habe durch das Seminar erkannt, dass dies nicht möglich ist. Die verstandesmäßige Konfrontation mit der Chaos-Theorie und deren reale Erfahrung in den Körperübungen, insbesondere der Atemarbeit, hat mich in tiefe Räume meines Bewusstseins geführt, und ich habe erkannt, dass stabile Systeme sich verhärten und aussterben müssen. Ich habe mich damit konfrontiert, dass jedes Unternehmen und auch meine Abteilung als ein offenes und dynamisches System begriffen und gestaltet werden muss. Damit war es mir möglich, Bewegungen und Veränderungen als permanentes Prinzip in mein Leben zu integrieren. Ich kann inzwischen Instabilität genießen und verstehe meine intrapsychische und die organisatorische Innovation als etwas Notwendiges für meinen Organismus und den Organismus der Organisation. Nicht-lineare Prozesse kann ich inzwischen klarer erfassen. Die in den Seminaren entwickelten und erfahrenen Netzwerkmodelle erlaubten mir parallele Lösungsansätze und ein integrales Denken.

Durch die zahlreichen Feedback-Übungen, Energieerfahrungen und die Arbeit mit außergewöhnlichen Bewusstseinsprozessen ist meine Intuition sehr gefördert worden. Ich verlasse mich inzwischen mehr auf meine Intuition, und ich kann nun das Prozessdenken vor meinem alten Zieldenken rangieren lassen. Dadurch ist meine Selbstverantwortung und die meiner Mitarbeiter deutlich gestiegen. Meine Abteilung und ich, wir können nun die notwendige permanente Reorganisation akzeptieren, unterstützen und mit dem Fluss mitgehen. Dies ist ein ganz neues Lebensgefühl."

Die Abteilungsleiterin einer Großbank fasste ihren Prozess zusammen: „Früher konnte ich schlecht nein sagen, und es war sehr anstrengend, das Gleichgewicht in der Abteilung als große Mama zu halten. Das Neinsagen habe ich jetzt gelernt, und dadurch hat meine Kraft zum Ja auch eine größere Wirksamkeit bekommen. Ich kann die Aufgaben nun besser verteilen, und ich bestehe darauf, Zeit zum Nachdenken zu haben. Dadurch kann ich die Prozesse deutlicher optimieren und muss nicht mehr hinterherlaufen, wie ich es früher getan habe.

Durch die Rollenspiele und Übungen im Perspektivwechsel bin ich nun eher in der Lage, mich in die Situation der anderen zu versetzen. Durch die Arbeit mit dem Raum und im Intuitionstraining habe ich gelernt, stressfrei parallel verschiedene Arbeiten gleichzeitig zu machen, ohne, wie ich es früher oft tat, Dinge doppelt und ineffektiv zu erarbeiten. Ich habe meine Leitung der Meetings wesentlich verbessert und kann Prioritäten setzen, und vor allem: Ich kann mich verständlich machen."

Der Geschäftsführer einer Softwarefirma: „Vor dem Training haben meine Kollegen und ich Hierarchie vermeiden wollen. Auch hatten wir eine heimliche Vermeidung von Ergebnisorientierung. Nun haben wir gelernt, dass Führung erlaubt ist und dass wir Verantwortung als Führungskräfte übernehmen müssen. Dadurch gelingt uns eine klarere Prioritätensetzung, Zuständigkeitsdelegation und prägnantere Zielorientierung. Vor allem habe ich den Mut entwickelt, eine größere Transparenz herzustellen und damit konkret und praktisch projektbezogen zu arbeiten. Ich habe den komplexen Ansatz der CoreDynamik zu Anfang als etwas schwierig empfunden, konnte mich dann aber einlassen auf die zahlreichen Übungen, die mich immer mehr zu mir selbst geführt haben. Nun handele ich aus dem Bauch heraus und habe mehr Kraft und Energie als zuvor."

Ein Mitglied eines Teams von Marketing-Direktoren berichtet 6 Monate nach einem Führungskräfte-Training:

„In meiner Abteilung gab es vor dem CoreDynamik-Training weder Steuermann noch Kapitän. Nur unklare Offiziere und eine Mannschaft, die sich alle ihrer Rollen nicht bewusst waren und ihre Aufgaben nicht kannten. Durch dieses Führungskräfte-Training hat alles ein Gefüge bekommen, der Kapitän hat jetzt eine klare Struktur und mehr Kraft. Er kann das Schiff bei vollem Sturm lenken und auch die Mannschaft in chaotischen Situationen zur Prägnanz führen. Früher wurden Aggressionen und Ärger durch Humor und Verdrängen weggemacht. Dadurch gab es heimliche Opfer und Täter. Es herrschte eine große Hilflosigkeit. Durch dieses Training können wir unsere Energie bündeln und haben Ordnung reingebracht. Die Dauermeetings sind verschwunden. Früher gab es fast null Feedback und schon gar kein positives. Inzwischen beziehen wir uns sehr klar aufeinander, klären die Beziehungen und sehen den Menschen und den Mitarbeiter im anderen. Leistungen und tiefe Begegnungen untereinander widersprechen sich nicht, sondern ergänzen sich."

Ein Abteilungsleiter eines Pharma-Vertriebs:

„Früher fühlte ich mich nur als Büttel des Vorstands. Jetzt habe ich meine Führungskraft wirklich in die eigenen Hände genommen. Ich achte mehr auf meine Zeit, strukturiere meinen Tag und helfe meinen Mitarbeitern dabei, ihre Tage gut zu strukturieren. So haben wir zwar ständig auch mit Konflikten zu tun, aber ich bin da ganz klar geworden in den Anforderungen von Strukturen, die wir brauchen, um wirklich effektiv zu arbeiten. Dies hat mir vor allem die Arbeit mit meinen Gefühlen und mit den Kontaktunterbrechungen gebracht. Hinzu kamen die Übungen, die mich in Kontakt mit meiner inneren Kraft und mit meinem Wesen gebracht haben."

Teamentwicklungen

Ein Teammitglied einer Genossenschaftsbank:

„Ich habe erkannt, dass die Komplexität unserer Aufgabenstellungen nur in einem guten Team lösbar sind. Früher waren wir eine nette Gruppe von Einzelkämpfern mit der Haupttechnik der Konfliktvermeidung. Jetzt bringen wir uns selber ein und sind feedback-bereit. Wir haben eine Streitkultur entwickelt und sind für persönliche Begegnungen bereit. Auch wenn es unangenehm ist, dass einige Mitarbeiter gelernt haben, nein zu sagen, ist dennoch ein größeres Commitment da, gemeinsam erfolgreich sein zu wollen. Wir können uns jetzt auf Teilziele einigen und haben eine gemeinsame große Vision. Wir haben durch diese tiefen Erfahrungen eine Gemeinsamkeit erreicht, die uns auf einer Energieebene verbindet. Wir haben ein Bewusstsein für unser Teamfeld entwickelt, das uns trägt und voranbringt."

Aus einem Team eines Telekommunikationskonzerns:

„Früher war unser Team zu sehr sachorientiert. Das hat paradoxerweise die Effizienz total gelähmt. Wir hatten dann eine Phase, wo die Beziehungen sehr im Vordergrund standen. Nun können wir beides ausgeglichen handhaben. Wir haben gelernt, innezuhalten und nachzudenken und nicht nur auf das Tagesgeschäft zu reagieren in der Hektik von ‚Alles ist wichtig'. Durch die Raum- und Gleichzeitigkeitsübungen habe ich gelernt, Dinge gleichzeitig zu bewältigen, ohne dadurch wie früher in eine innere Spannung zu kommen. Ich bin inzwischen praktischer und strukturierter geworden. Die frühere Frage: ‚Wollen wir wirklich ein Team?' ist inzwischen keine Frage mehr. Wir sind ein Team geworden, das auch einen gemeinsamen Boden, eine Heimat und eine gemeinsame Seele hat."

Nach einer Teamentwicklung in einer Computerfirma:

„Was ich früher nie für möglich gehalten habe, ist jetzt Wirklichkeit geworden: Wir können Strukturen setzen, aufeinander Bezug nehmen, zuhören und haben ein gemeinsames Ziel in unserer Arbeit: hohe Prägnanz und gleichzeitig eine seelische Befriedigung für alle. Wir haben einen Prozesscoach eingeführt, der unsere Meetings energetisch hält; die Redundanz hat abgenommen und die Effektivität und damit die Befriedigung haben zugenommen. Dies war kurz nach dem Training natürlich noch viel deutlicher zu spüren und hat nun nach einigen Monaten etwas abgenommen. Aber wir sind nie mehr dorthin zurückgefallen, wo wir vorher waren. Wir haben im Sitzungszimmer einen großen Plastikdelfin zur Erinnerung daran aufgehängt, dass jederzeit ein Sprung in eine neue Dimension des Denkens und Visionierens möglich ist."

Ein anderer Mitarbeiter aus der gleichen Firma:

„Was wir dazugewonnen haben ist: Lernbereitschaft, Ehrlichkeit, Humor und Kreativität. Die Cliquenbildung ist durch offene Kommunikation ausgeschaltet. Unser gegenseitiges Vertrauen ist gewachsen, weil wir die anderen in sehr tiefen Prozessen und auch in persönlicher Öffnung tief erlebt haben. Das hat uns einander näher gebracht."

Konfliktmanagement

Nach einem Konflikttraining in einer Versicherungsgesellschaft:

„Zuerst war ich skeptisch, dass dieses langsame und vorsichtige Vorgehen uns in unseren Konflikten weiterbringt. In der nächsten Phase habe ich mich durch die dichte Energie etwas überfordert gefühlt, und dann konnte ich aufmachen. Ich habe gelernt, die Spannung zu halten und Spannung zu genießen. Neu für mich waren die Modelle für den Konfliktverlauf, so dass es notwendig ist, dass zumindest immer einer die Energie hält und fokussiert."

Ein Chefarzt in einem Führungstraining einer Klinik:

„Dass Konflikte etwas mit Körperspannungen, Körperhaltungen, Körperausdruck und Atmung zu tun haben, konnte ich mir vorher nicht vorstellen. Konfliktbewältigung ist jedoch offensichtlich sehr stark von diesen Faktoren abhängig, davon, wie ich mich ausdrücke, wie mein Bodenkontakt ist und wie ich mich selbst stabilisieren kann in meiner Wirbelsäule. Dies sind völlig neue Erfahrungsdimensionen für mich: Wirbelsäule, Füße, Boden, Atmung und Augenkontakt. Das möchte ich nicht mehr missen."

Ein Systemingenieur sechs Monate nach einem Persönlichkeitstraining:

„Nein-Sagen ist für mich zu einem Genuss geworden. Mein Ja hat eine völlig neue Qualität bekommen. Ich entscheide jetzt und bin nicht mehr Opfer. Ich übernehme Führungsverantwortung in jedem Konflikt und sehe meine Anteile an den Auseinandersetzungen."

Einzel-Coaching

Die Erfahrungen aus vielen tausend Coaching-Sitzungen würden allein schon ein ganzes Buch füllen. Hier soll nur eine einzige schriftliche Auswertung ein Jahr nach Beendigung eines Coaching-Prozesses, der über neun Monate mit einer dreistündigen Sitzung pro Monat und zwei fünftägigen Intensivtrainings lief, wiedergegeben werden.

Ein Produktmanager einer IT-Firma schickt uns nach einem Jahr folgende schriftliche Aufzeichnung: „Ich möchte meine Lernerfahrungen im Coaching in zehn Punkten zusammenfassen:

1. Ich bin nicht egoistisch, wenn ich mir der Wichtigste bin. Ich habe aufgehört, nur für andere da zu sein, und kann nun in einem ausgewogenen Verhältnis für mich, meine Mitarbeiter und meine Familie sorgen.
2. Mein Körper ist mein Grundsupport, d.h., alle Stabilität, alle Leistung, alle Freude, alle Kontakte beginnen in meinem Körper und werden von dort unterstützt, vor allem durch eine bewusste Atmung und Bewegung. Das habe ich im Coaching gelernt und übe es nun täglich.
3. Ich darf nein sagen, ich darf mich abgrenzen und mir meinen Raum nehmen. Das fördert meine Führungskompetenz. Meine Mitarbeiter, meine Frau und meine Kinder wissen klarer, woran sie mit mir sind.
4. Das Glück ist im Jetzt. Ich habe gelernt, weniger in der Vergangenheit zu hängen und die Zukunft nur zum Visionieren und zum Planen in Anspruch zu nehmen. Ich habe gelernt, mich im Jetzt zu fühlen, zu spüren und glücklich zu sein.

5. Ins Jetzt komme ich nur durch Aufmerksamkeit. Mein größtes Problem war meine mangelnde Konzentrationsfähigkleit. Aufmerksamkeit war ein Fremdwort. Jetzt weiß ich Aufmerksamkeit im Sinne von Wachheit, bewusster Wahrnehmung und Präsenz verschiedener Phänomene gleichzeitig sehr zu schätzen. Mir gelingt es jetzt, verschiedene Bewusstseinsebenen gleichzeitig zu halten.
6. Aufmerksamkeit muss geübt werden. Wenn ich vor schwierigen Aufgaben stehe oder wenn ich abschalten will, mache ich die Raumübungen der CoreDynamik und komme dabei leicht in eine Gleichzeitigkeitstrance, die mir einen breiten Wahrnehmungshorizont für die nächsten Schritte ermöglicht. Dennoch bin ich dabei voll im Jetzt und nehme meinen Körper in all seinen Facetten wahr. Dies hat auch meine sexuelle Erlebnisfähigkeit deutlich erhöht. Aufmerksamkeit kommt also allem zugute.
7. Ich habe erfahren: Jeder Moment bietet die Möglichkeit, Aufmerksamkeit zu üben. Ich übe Aufmerksamkeit beim Teekochen, in den Meetings, wenn ich auf die Toilette gehe und wenn ich in Stresssituationen meine Atmung festhalte oder sonstwie nicht gut für mich sorge. Gleichzeitig nehme ich mir jeden Tag 15 Minuten Zeit, um zu üben, mich zu konzentrieren. Man kann dies auch Meditation nennen.
8. Dadurch ist mein Selbstbewusstsein und Selbstvertrauen sehr gewachsen. Ich bin mir meines Wertes bewusst, insbesondere meiner seelischen Qualitäten hinter meiner Persönlichkeitsstruktur.
9. Ich habe gelernt, meine Angst anzunehmen und Mut zu entwickeln. Wenn ich Angst spüre, gehe ich hindurch und brauche sie nicht mehr wegzumachen. Durch den GefühlsParcours und die anderen Übungen, bewusst in meine Gefühle, unter anderem die Angst, hineinzugehen, bin ich nicht mehr das Opfer meiner Gefühle. Ich habe Kraft.
10. Ich habe tief in mein innerstes Wesen hineingeschaut und meine Seele, mein Wesen gespürt, geahnt, gesehen. Auch in schwierigen Alltagssituationen bin ich nun oftmals in Kontakt mit meinem Kern."

3.2 Exemplarische Lernprozessbeschreibung von CoreDynamik-Ausbildungsteilnehmern. Von *Barbara Moos, Gisela Leiter, Rutger von Bothmer*

Einleitung

Eine dreijährige neue Ausbildung im Bereich Prozessbegleitung ist ein Experiment. Wir – die AutorInnen dieses Artikels – haben als TeamerInnen und interne ProzessbegleiterInnen an den ersten beiden CoreDynamik-Ausbildungsgruppen mit insgesamt 42 Teilnehmern partizipiert, indem wir Einzelarbeiten begleitet, Gruppenprozesse strukturiert und angeleitet, individuelle Projekte supervidiert und uns selbst parallel fortgebildet haben. Immer begleitet von den Fragen: Wie wirksam ist das, was wir hier vermitteln? Ist es möglich, Selbsterfahrung und berufliche Fortbildung so eng miteinander zu verzahnen, noch dazu mit einem Menschenbild, das so etwas Unmessbares wie den Kern oder das Wesen, das Core eines Menschen als zentrales Element enthält? Gerade vor dem Hintergrund einer Lernprozessorientierung, der Vermittlung eines fundierten „Handwerkkastens" und eines Landkartenbewusstseins geht es nicht in erster Linie um die Ausbildung von perfekten Kommunikatoren, sondern darum, individuelle Wege und die Wege von Firmen oder Projekten seelenvoller und gleichzeitig effektiver zu gestalten.

Woran lässt sich eigentlich der Erfolg messen? Was war wirksam in dieser Ausbildung?

Um diese Fragen zu beantworten, haben wir vom ersten Ausbildungstag an Aktionsforschung betrieben: Materialien gesammelt, um Mitschriften der TeilnehmerInnen gebeten, selbst Protokolle verfasst, eigene Notizen gemacht, Schaubilder gemalt, fotografiert, Video- und Tonbandaufzeichnungen erstellt. Uns war und ist dabei selbstverständlich bewusst gewesen, wie subjektiv unsere Wahrnehmungen sind. Der Begriff der „Theragnose", also der Verzahnung von Therapie und Diagnose oder auch von Beratungsprozessen und Diagnose, also das immer wieder neue Hinschauen und Diagnostizieren, das Feinheiten-Herausarbeiten und Neuorientierung-Initiieren sind jedoch ohnehin Grundbestandteile unserer Arbeit. Wir sind im Prozess als Beteiligte, treten heraus, erlauben uns eine neue Sichtweise, überdenken und experimentieren.

Ein intensives Screening der Wachstums- und Lernprozesse als Zäsur für alle am Ausbildungsprozess Beteiligten gibt es am Ende des zweiten Ausbildungsjahres. Die Reflexion dessen, was geschieht, betrifft natürlich nicht nur die Einzelnen, sondern auch den Gruppenprozess und den Lernprozess der Gruppe.

„Kurskorrekturen" und kleine Veränderungen des Curriculums sind daher ein vertrauter und notwendiger Bestandteil der Fortentwicklung und Optimierung unserer Arbeit gewesen.

Was wir schreiben und beschreiben, ist daher natürlich kein objektiver Bericht. Es ist die Auswertung unserer Materialsammlung zu individuellen und kollektiven Wachstums- und Lernprozessen, die wir selbst mit initiiert und begleitet haben. Sie ist nicht unkritisch, aber in den meisten Fällen von unserer Liebe für diese Arbeit und für die einzelnen Personen, die als TeilnehmerInnen dabei waren, getragen, natürlich aber auch von Kritik, Konflikten, Streit und Fehlern begleitet, aus denen wir so manches gelernt haben und noch immer lernen können.

Wie wirksam, wie erfolgreich war und ist dieses Projekt? Vielleicht ist diese Frage noch nicht abschließend zu beantworten, aber den Versuch wagen wir gerne.

Die Daten und Berichte stammen aus der ersten und zweiten CoreDynamik-Ausbildungsgruppe (1997–2000). Selbstverständlich wurden alle TeilnehmerInnen befragt, ob wir die Berichte verwenden dürfen. Wir haben versucht, Rückschlüsse auf einzelne Teilnehmende zu verhindern.

Die Ausbildung ist insgesamt lernprozessorientiert, d.h., Erfahrungen, Übungen und die dazugehörigen Theorie-Inputs haben einen in sich logischen Aufbau, den *Bernhard Mack* oben erläutert hat.

Eine Teilnehmerin schreibt dazu in ihrer Auswertung der drei Ausbildungsjahre:

„Während des Durchlaufens der 3 Jahre Ausbildung konnte ich mehr und mehr die darin enthaltene Dynamik erkennen und Zusammenhänge feststellen. In gewisser Weise handelt es sich dabei um eine Art Wieder-Erkennen."

Wir werden an vier Themenkomplexen, die uns als besonders wertvoll im Rahmen dieser Ausbildung erscheinen, die Ziele, einige ausgewählte dazugehörige Übungen und persönliche Wege in Schlaglichtern und Impressionen beleuchten.

Diese vier Schwerpunkte

- Kontaktfähigkeit und Konfliktbewältigung
- Wahrnehmungsschulung auf allen Ebenen
- Komplexitätsbewusstsein
- Heilungsmöglichkeiten jenseits des biografischen Kontextes

beschreiben Felder des individuellen Wachstums und der Persönlichkeitsentwicklung, die Grundlagen für eine professionelle Prozessbegleitung sind. Erst wenn ich die Höhen und Tiefen des Menschseins, die eigene Wachstumsfähigkeit und die Auseinandersetzung mit den eigenen Grenzen und Potentialen und denen des Systems, in dem ich arbeite und lebe, erfahren habe, ist eine professionelle Begleitung von Wachstumsprozessen anderer möglich.

1. Kontaktfähigkeit und Konfliktbewältigung

Der Kontaktbegriff *Fritz Perls'* und die Gestaltarbeit sind, wie *B. Mack* schon oben erläutert hat, Basisbausteine der CoreDynamik-Ausbildung. Es ist ein Ziel der Ausbildung, in einer sehr engen Theorie/Praxisverzahnung das Feld „Kontakt" zu erforschen und um individuelle und professionelle Handlungsoptionen zu erweitern.

Kontakt, oder anders ausgedrückt: „In-Beziehung-Sein", geschieht an der Grenze. Die Wahrnehmung dieser eigenen Grenze zwischen Umwelt und dem Individuum, zwischen dem Ich und dem Du kann nicht nur theoretisch erlernt werden. Es bedarf vielfacher unterschiedlichster Übungen, in denen u.a. die eigenen Kontaktunterbrechungen, also der eigene Umgang mit der Grenze, gespürt und verstanden und – in einem weiteren Schritt – auch beim Gegenüber erkannt werden können. Wo ist die Grenze zu starr, so dass Impulse nicht nach außen dringen können? Wo wurden und werden die Glaubenssätze anderer durch die persönliche Grenze hindurchgelassen, ohne sie zu prüfen, und wo sind sie nun unverdaut? Ist die Grenze spürbar, oder verschwimme ich mit meiner Umwelt und kann eigene Impulse in diesem Nebel nicht wahrnehmen? Wo werden eigene Bilder und Gefühle auf andere projiziert, so dass ich sie nicht als meine eigenen erkennen muss?

Die Bewusstheit des eigenen Verhältnisses zu diesen Grundfragen um das Kontaktgeschehen ist Voraussetzung für die individuelle Fähigkeit, Konflikte produktiv und würdevoll lösen zu lernen. Die Fähigkeit, das eigene Bedürfnis zu spüren und auszudrücken, und die Fähigkeit, ja und nein zu sagen, kann erlernt werden. Hierzu ist häufig Erlaubnis nötig und Raum zur Übung. Dabei können das Bewusstsein und die im Gruppenkontext erworbenen Erfahrungen der eigenen Kontaktvermeidungsstrukturen eine gute Stütze sein.

Es geht immer wieder um die grundsätzliche Frage: „Was ist jetzt?" Das Sich-Einlassen auf die Gegenwart ist vielleicht die schwerste aller Übungen, denn sie bedeutet, sich dem stellen zu müssen, was in diesem Augenblick des Kontaktes geschieht, und sie erfordert ein hohes Maß an Wachheit und Bewusstheit.

Die „Hier und Jetzt"-Schulung und damit die Verbesserung der Kontaktfähigkeit wird in der CoreDynamik zusätzlich durch das Verständnis und die Anwendung von Modellen der Beschreibung von Menschen unterstützt. Hintergrund sind die Körpertypen des Hakomi, die Typologie *Fritz Riemanns*, die Archetypen *C.G. Jungs* und die erweiterten Säulen der Identität nach *Petzold*.

Am Ende der dreijährigen Ausbildung soll ein differenziertes Instrumentarium zur Selbst- und Fremddiagnose zur Verfügung stehen. Dies kann im persönlichen wie professionellen Kontaktgeschehen neue Handlungsoptionen eröffnen. Ein tieferes Begreifen von und der Umgang mit konträren oder scheinbar unüberwindbaren Positionen kann so ermöglicht werden.

Wolf Büntig beschreibt reifen Kontakt als über eine Grenze hinweg geschehend. *„Er ist gekennzeichnet durch Nichteinheit, Spannung, Intensität, Tiefe; ist zeitlich begrenzt und riskant, hat Rhythmus und Polarität, braucht ein Du und ein Ich, Individualität und Dualität"* (vgl.: Die Gestalttherapie *Fritz Perls*, S. 12).

Kontaktfähigkeit und Verständnis in diesem Sinne sind die notwendigen Grundlagen für die Fähigkeit, Prozesse zu steuern und Menschen, Teams und Organisationen in ihren Wachstumsbestrebungen zu unterstützen.

Ein Ziel des ersten Ausbildungsjahres ist, dieses Thema in Theorie und Praxis zu durchleuchten und zu erforschen, sowohl im individuellen Prozess als auch in der Begleitung anderer Einzelpersonen. In der Auswertung eines Teilnehmers heißt es: *„Im ersten Jahr der Ausbildung konnte ich meine Verhaltensmuster erkennen und habe die Ursache und die Wirkung in der Gruppe und anschließend im heimischen Umfeld, in der Firma, mit den Mitarbeitern und Kunden erproben können. Ein leichterer Umgang mit meinen Mitmenschen ist das Ergebnis."*

Eine der grundlegenden Einstiegsübungen im ersten Jahr ist der Bau des eigenen Kontaktvermeidungsturmes. Viel Material wie Decken, Kissen etc. werden im Raum verteilt, und die TeilnehmerInnen werden aufgefordert, sich daraus ihren Turm der Kontaktvermeidung zu errichten und jedem einzelnen Baustein einen Namen zu geben. In diesen Turm eingemauert, können sie die Qualität des sich Abtrennens deutlich erfahren und dann mit der Kontaktaufnahme experimentieren.

Eine Teilnehmerin setzte sich als Kontaktvermeider einen blauen Plastikeimer auf den Kopf und kommentierte später lachend: *„Wenn ich mich nicht sehe, dann sieht mich auch niemand. Ich hatte den Eimer richtig lieb. Er war auch der Vermeider, mit dem ich losgehe, der Clown."*

Eine andere Teilnehmerin beschreibt ihre Erfahrungen: *„Eine Matratze stellt meine Angst, durchschaut zu werden, dar. Eine weitere war die Angst, verletzt zu werden. Andere Requisiten dienten dazu, meine Geschäftigkeit, Überlegenheit, Arroganz und Scham darzustellen. Für die Scham gab es die Wolldecke, für die Geschäftigkeit eine Aktentasche und einen Kugelschreiber, für die Erhabenheit und Überlegenheit einen Schemel und ein dickes Buch.*

Ich war traurig und unglücklich in meiner Burg. Habe geweint. Ich habe mich zusammengekauert und bitterlich geweint. Es war sehr schmerzhaft. Ich fühlte mich einsam, es tat weh. Ich dachte, jeder, der sich mir nähert, will mir weh tun. Ich will gar nicht raus. Dann ging es doch, gewappnet mit meiner Aktentasche, dem dicken Buch und einem Kugelschreiber. Gewappnet mit meiner Geschäftigkeit, Erhabenheit und Überlegenheit. Das jedoch verschaffte mir keine große Sicherheit. Ich wollte diesen ‚Schutz' nicht mehr mit mir herumschleppen. So ging ich zurück zur Burg und ließ die Requisiten zurück, legte den Schutz ab und begab mich auf Kontaktreise. Im Rahmen eines Kontaktes rutschte mir der Satz heraus: Ich habe Angst, dass ich die nächste Verletzung nicht überlebe."

Knapp 3 Jahre später schreibt dieselbe Person: *„Ich brauche den Schutz. Und ich brauche ihn auch noch heute. Nur gehe ich bewusster damit um und schaue vorher genau hin, was ich brauche (...), und wenn ich feststelle, dass ich hier oder da Schutz brauche, dann gebe ich ihn mir. Es geht nicht darum, sich durch Schutz zu isolieren und somit dauerhaft in die Kontaktvermeidung zu gehen, sondern sich selber eine Form von Schutz zu geben oder auch zu holen, um Kontakt möglich zu machen."*

In Übungen zur Prozesssteuerung im Coaching-, Therapie- oder Beratungskontext, wie z.B. beim Erlernen von Pacing (Mitgehen) und Leading (Führen), wurden schon in den ersten Ausbildungsabschnitten eigene Strategien, Stärken und Schwächen deutlich. Ein Teilnehmer schreibt: *„Mein Oberkörperkreisen ist die Bewegung der Konfluenz. 30, 40, 50 Jahre lang. Damit ist keine Entwicklung möglich... Entwicklung geht nur mit Richtung, Gestaltbildung, Entscheidung. Und nur damit geht auch Befriedigung... Vor lauter Hintergrundsumpf hebt sich keine Gestalt ab."*

Eine andere Teilnehmerin hatte ähnliche Erfahrungen: *„Ich spürte immer wieder den Sog, mich an den Partner anzugleichen und ab einem unmerklichen Moment nur wenig bewussten Einfluss auf unser gemeinsames Kontaktgeschehen zu nehmen."*

Kontakt und Konflikt, die Fähigkeit zur Auseinandersetzung und zum Ja- und Nein-Sagen wird durch verschiedenste Übungen geschult: Ausdrücken von Wut, Arbeit mit dem Stock zum Thema Richtung, Setzen der Grenze durch ein symbolisches Seil. *„Was ich gelernt habe, ist Abgrenzung, freundliche Abgrenzung; bei mir bleiben. Der Satz dazu: Nein danke – ich glaube, ich möchte jetzt lieber nicht."*

Prozessorientiert wird dieser Themenkomplex immer wieder aufgegriffen und bearbeitet. Eine Teilnehmerin beschreibt ihre Erfahrungen nach dem Vorwurf an den Ausbildungsleiter, nicht wahrgenommen zu werden und in Prozessen abgeschnitten zu werden. Sie kämpfte mit ihm einen sicheren, aber sehr herausfordernden Kampf, körperlich wie verbal. *„Meine Kraft und Stärke ist ein zentrales Thema für mich, das spürte ich ganz stark im Kampf mit B. Mack. Es war toll, dass ich diese Chance bekam und annahm, die körperliche Kraft zum Ausdruck zu bringen und so den Zugang zu meiner inneren Kraft zu finden. Nichts kann mir passieren, ich habe alles bei mir! Ich hatte dann dieses Bild am anderen Morgen beim Aufwachen. Ich sah mich am Bahnhof meiner Heimatstadt aussteigen, und links und rechts von mir hatte ich je einen Bodyguard, die waren nicht da, um mich zu beschützen, sondern sie repräsentierten meine Kraft und Stärke. Und als ich so den Bahnsteig hinunterschritt, fielen die Leute rechts und links wie die Dominosteine um. Es war nicht, weil sie Angst hatten, es war einfach diese Stärke, die ich ausstrahlte. Die beiden bekamen mit der Zeit Namen: Auf der einen Seite Intuition und Weisheit und auf der anderen Seite die Re-*

bellion, und in der Mitte bin ich, das Kraftzentrum, mein Ich. Manchmal begleiten mich auch nur die Weisheit und die Intuition links und rechts. Es sind meine Begleiter und meine Schutzengel, und ich rufe sie um Hilfe und Verstärkung an."

Auch im Rahmen der Ritual- und Atemarbeit des zweiten Jahres wird das Thema Kontakt immer wieder neu bedeutungsvoll. Die Kenntnis eigener Mechanismen der Kontaktunterbrechung, wie z.B. Projektion oder Konfluenz, sind gerade bei der Erfahrung von außergewöhnlichen Bewusstseinszuständen oder der Intuitionsschulung unabdingbar. Je bewusster die eigenen Wahrnehmungs- und Verarbeitungsstrukturen sind, desto tiefer ist das Annehmen, Verstehen und Integrieren dieses Erfahrungsbereiches möglich. Die Kunst des Unterscheidens zwischen Projektion und Intuition setzt die Fähigkeit voraus, zu erkennen, wie ich mich verhalte, wenn ich projiziere, und wie es sich ganz genau anfühlt.

Auf der anderen Seite gilt es, verinnerlichte kulturelle oder familiäre Botschaften (Introjekte) wie: „So etwas wie einen sechsten Sinn gibt es doch gar nicht" oder: „Es ist nur real, was messbar ist" oder: „Was bildest du dir eigentlich ein, dass du glaubst, du könntest so etwas spüren?" loslassen zu können, um der eigenen erweiterten Wahrnehmung zu vertrauen.

Im dritten Jahr werden schließlich die Erfahrungen auf die eigenen Prozesssteuerungsfähigkeit übertragen und geübt. Für nicht wenige TeilnehmerInnen war diese Übung nicht ganz einfach:

„Der Übergang vom zweiten ins dritte Jahr war für mich nicht frei von Ängsten. Im wesentlichen bestanden sie in der Befürchtung, dass es jetzt, wo es sich um das Erwachsen-in-die-Welt-Treten dreht, nur noch ums Machen, um das Sich-in-der Welt-Behaupten, um Schnelligkeit und Effektivität ginge. Die Tendenzen waren da, manchmal auch bei mir, aber sie gewannen nie die Überhand."

Dieser Übergang von Selbsterfahrung mit Theorieanteil hin zum praktischen, supervidierten Trainings- und Beratungsalltag war eine große Herausforderung für viele. Trotz einiger Hürden und eines reellen Praxisschocks konnten viele Erfahrungen der ersten beiden Jahre übertragen werden. Die Bewusstheit von Kontakt und größere Handlungsfähigkeit im Kontakt der Teilnehmer ist festzustellen.

Ihre gewachsenen Fähigkeiten beschreibt eine Teilnehmerin:

„Über längere Zeit konnte ich erleben, wie ich mich um dieses Thema drückte (das Thema Leading). Es war für mich hier schwieriger, eine innere Tür zu öffnen, eine Antwort zu finden darauf, warum ich ungern führe (im Kontaktgeschehen, in der Gruppe ...). Im dritten Jahr konnte ich zunehmend eine sich anbahnende Entwicklung spüren, hin zu mehr innerem Gefühl und Bedürfnis für Leading und entsprechend sicherer Prozessführung mit meinem Partner."

Ein anderer Teilnehmer beschreibt seine Erfahrungen:

„Ich habe in den drei Jahren viel darüber gelernt, was Kontakt heißt. Ich kann jetzt viel mehr spüren, wann ich im Kontakt bin und wann nicht. (...) Ich habe gelernt, dass ich Kontakt suchen kann, der mir guttut, dass ich nicht alles alleine machen muss. Aber es fällt mir schwer, Beziehungen zu gestalten. Vielleicht hat das zu tun mit meiner Schwierigkeit, Führung zu übernehmen, im Gegensatz zu meiner Stärke im Pacing und Einlassen."

Und schließlich schreibt eine andere:

„Ein großes und permanent begleitendes Thema in dieser Ausbildung ist Kontakt. Kontakt geschieht an der Grenze. Lange Zeit konnte ich damit gar nichts so recht anfangen. Ich glaube, ich hatte nie wirklich verstanden, worum es tatsächlich dabei geht, was gemeint war. Kontakt, in Berührung gehen, Synapse. Heute dient mir dieses Wort als Anker. In meinem ganzen Tun findet mehr oder weniger immer eine Überprüfung statt, ob ich jetzt im Kontakt bin. Mit mir und meinem Gegenüber."

2. Wahrnehmungsschulung auf allen Ebenen

Wir werden in unserer abendländischen Kultur im allgemeinen nicht dazu angehalten, auf unsere Körperwahrnehmungen zu achten; wir lernen eher, sowohl Körper- als auch Gefühlsausdruck zurückzunehmen.

Auch wenn sich im Laufe der letzten Jahrzehnte eine Wandlung vollzogen hat, bleibt der Körper eher ein Gegenstand; er ist Leistungsträger, muss funktionieren; mehr noch, er ist narzisstisches Kultobjekt geworden.

Viele Menschen haben keine Verbindung zu ihrem Körper, sie spüren ihre Körperempfindungen nicht, fühlen ihre Gefühle nicht. Gleichzeitig ist seit Jahrzehnten erforscht und bewiesen, dass Gefühle unsere Handlungsimpulse steuern. Sie bestimmen Kontakt, Kommunikation und Beziehungsaufbau, unabhängig davon, ob sie bewusst erlebt und ausgedrückt werden.

Ausdruck von Körperempfindungen und Gefühlen ist Grundlage, ist wesentliche Ausdrucks- und Orientierungsform unseres Organismus; sie geben unseren Gedanken und Ideen Richtung.

Der Körper ist Gefäß, ist Medium; der Körper ist Gedächtnis, Sitz der Identität, ist grundlegende Stütze und Seinsform unseres Organismus.

Die CoreDynamik-Ausbildung beschäftigt sich zu einem wesentlichen Teil mit der Wahrnehmungsschulung. In allen drei Ausbildungsjahren werden immer wieder Übungen dazu angeboten.

Wahrnehmungsschulung auf allen Ebenen bedeutet:

- Bewusstheit über die Körperempfindungen zu bekommen und zu lernen, ihnen Ausdruck zu verleihen.

- Eine Gefühlslandkarte zu entwickeln, d.h. Bewusstheit über die Entfaltung und Bewegungsrichtung der Gefühle und deren Ausdruck zu bekommen.
- Die körperlichen und emotionalen Ausdrucksfähigkeiten mit den geistigen Potentialen in Kontakt zu bringen und die Intuition zu schulen. Dies bedeutet, Körperwahrnehmungen und Gefühlsqualitäten in Entscheidungsprozesse einzubeziehen und aus der Tiefe des Spürbewusstseins heraus Ideen zu entwickeln.
- Wahrnehmung und Erfahrung unseres Wesenskerns, des Core, und damit die Erfahrung des Eingebundenseins in ein großes Ganzes, die Erfahrung der spirituellen Dimension alles Lebendigen.

Grundlage dieser Arbeit ist die Entwicklung von Bewusstheit (Awareness) über die Zusammenhänge von Bewegung, Körperhaltung und seelischen Prozessen. Ebenso ist die Entwicklung von Bewusstheit hinsichtlich der räumlichen Dimensionen von großer Bedeutung, denn sowohl die körperliche als auch die seelisch-geistige Entwicklung des Menschen vollzieht sich in räumlichen Dimensionen.

Zu Beginn der Ausbildung werden Übungen angeboten, die die Aufmerksamkeit auf den Körper im Raum lenken. So wird beispielsweise beim Umhergehen im Raum der Boden gespürt, die eigene Geschwindigkeit, der Abstand zu den anderen TeilnehmerInnen wahrgenommen, mit geschlossenen Augen die unterschiedlichen Qualitäten des Vorwärts-, Rückwärts- und Seitwärts-Gehens und der verschiedenen Tempi ausprobiert. Es wird erfahren, wie sich das Gehen ändert, wenn der Körper verschlossen oder geöffnet ist. Welche Haltung wird eingenommen, wenn es ein Gegenüber im Raum gibt, und wie es ist, wenn es niemanden gibt?

Die TeilnehmerInnen machen dabei unterschiedliche Erfahrungen:

„Der Boden gab mir Halt, ich war völlig entspannt. Das Sitzen fiel mir schwer, mein Körper war angespannt, ich fühlte, wie meine Muskeln sich einzogen. Das Stehen fiel mir schwer, es ist schwer, standfest zu sein... dann Angst, nach vorne zu gehen: Was ist da? Beim Gehen wurde es leichter, ich bekam Raumgefühl und stieß nirgends an. Beim Schritt zurück spürte ich, nein, nicht mehr zurück. Dennoch ging ich ihn und ... es machte Spaß, ich konnte mich drehen und nach allen Seiten öffnen, in alle Richtungen bewegen, sowohl offen als auch geschlossen. Ich spürte genug Raum, und ich spürte Versöhnung mit dem, was hinter mir lag."

„Wir liegen flach auf dem Boden. Ein gutes Gefühl, entspannt alle Auflagepunkte zu spüren. Dann die Vorstellung, ins Sitzen zu kommen, das Aufsetzen. Ich genieße die Senkrechte, die Bewusstheit, die damit verbunden ist, und merke dabei wieder einmal, dass Liegen eine Art Regression bedeutet."

„Ich habe Schwierigkeiten, stillzustehen, da ist das Gefühl, ich kann nicht stehen, ich falle auf den Boden."

„Es war schwer, auf die Füße zu kommen, habe mich lange dagegen gesträubt, mich aufzurichten. Jetzt spüre ich, ich will. Es ist Energie frei geworden, und ich spüre Kraft im Bauch."

Die Ausbildung wird von einer systematischen Körperwahrnehmungsschulung begleitet. Dabei werden einzelne Körperregionen erspürt: „Füße/Beine" heißt eine Übung, „Becken/Bauch" oder „Schulter/Arme/Kopf" eine andere.

Exemplarisch soll an dieser Stelle die Übung „Füße/Beine" vorgestellt werden:

Übung:

Auf einer Decke einen Platz im Raum nehmen und sich den Füßen zuwenden. Sie anfassen, kneten, streicheln, die Augen geöffnet und im Wechsel geschlossen. Kontakt aufnehmen, einen inneren Dialog beginnen: „Hey, ihr Füße, was möchte ich euch sagen?"

Wahrnehmen, was die Hände spüren, vielleicht einzelne Muskeln oder Knochen.

Welche Stimmung entsteht in mir, wenn ich meine Füße berühre?

Zwänge ich sie enges Schuhwerk, gebe ich ihnen Raum, Pflege?

Was antworten die Füße – Einlassen auf einen Dialog.

Welche Bilder entstehen, wenn ich an die Füße meiner Eltern denke, was wurde zuhause gesagt über Füße?

Dann der Übergang zu den Beinen: die Knöchel. Wieder berühren, streicheln, erkunden, Schienbeine, Kniekehlen, Hüftgelenke.

Wie sind meine Beine berührt worden in meinem Leben?

Werde ich hart oder weich, wenn ich sie spüre?

Und wieder der Dialog, direkte Ansprache: „Hey, ihr Beine..."

Kontaktaufnahme mit den anderen im Raum. Die TeilnehmerInnen robben zu einem Kreis zusammen, auf dem Boden liegend berühren sich die Füße und Beine, sie tanzen, sie spielen zusammen.

Langsam und im Bewusstsein der anderen löst sich der Kontakt, und jede/r kehrt zur eigenen Wahrnehmung zurück, erinnert die Aufgabe der Füße und Beine, das Stehen, das Gehen, und richtet sich langsam und bewusst auf.

Wie ist es, zu stehen, die Fußsohlen richtig in den Boden hineinzudrücken, die Knie weich nach vorne, die Wirbelsäule aufgerichtet?

Zeit nehmen zum Stehen, die Energie fließen lassen, der Mund geöffnet, der Kiefer gelöst, Töne bilden.

Stehen, im Leben stehen, wofür stehe ich?

Das Spüren der Wirbelsäule, des Würde-Organs, das Wahrnehmen einer würdevollen Aufrichtung.

Die Atmung wahrnehmen, den ganzen Körper wahrnehmen. Was empfinde ich, wo fließt etwas, wo stockt es, wo ist es leicht, wo schwierig?

Zum Schluss die Empfindung des Stehens mit einem Satz, einem Wort oder einem Symbol ankern.

„Meine Füße und Hände sind stark, aber dazwischen ist es schwammig. Es ist schwer, den ersten Schritt zu tun, vielleicht bin ich zu verwurzelt?"

„Es war ungewohnt, ruhig und ohne Bewegung zu stehen. Meine Füße haben sich bedankt, weil ich sie seit vier Wochen pflege."

„Ich wollte nicht auf die Beine kommen, habe noch keinen sicheren Stand. Ich stehe noch nicht im Leben."

„Ich stehe wie ein Betonpfeiler. Da kam Trauer. Ich wollte stehen wie ein Baum, das ist Freude. Beim Spüren der Trauer habe ich bewusst die Bewegung des Baumes versucht."

Dieser Prozess der Wahrnehmungsschulung beginnt mit kleinschrittigen Anfangsübungen und orientiert sich am Lernprozess, d.h., Bewegungsübungen wechseln sich ab mit Kontakt- und Grenzübungen, Richtungs- und Raumwahrnehmungsübungen.

Das Malen des eigenen Körperbildes erschließt eine weitere Wahrnehmungsebene. Dazu wird zu Beginn des Tages der Körperumriss auf ein großes Papier gezeichnet. Es schließen sich Bewegungsübungen und eine angeleitete innere Reise durch den Körper an. Dann wird mit Pinsel und Farbe die Wahrnehmung des eigenen Körpers aufs Papier gebracht:

„Ich habe gemerkt, dass ich meine Extremitäten zum Arbeiten benutze; die anderen Teile kenne ich gar nicht, Oberkörper und Rumpf."

„Mir fehlen die Konturen, durch das riesige Gewicht, das ich im Kopf habe."

„Ich habe einen lebendigen Körper, viel Erregung. Ich habe manchmal das Gefühl, zu verbrennen, weil da Gefühle in mir sind, die nicht rauskönnen. Es sind Angst und Trauer."

„Ich habe Boden, habe Sinne und viel Sinnlichkeit. Ich fühle mich wohl im Körper. Aber der Mund, es kommt nichts raus, ich habe ein Gitter vor den Mund gemalt. Ich halte meinen Ausdruck zurück."

„Im Herzen ist Druck und Beklemmung, beim Hals heißt es: Sei leise, red' nicht so laut. Die Schwäche in den Beinen bedeutet auch, leise sein zu müssen. Aber mein Grundgefühl jetzt ist anders, es ging mir lange nicht so gut wie jetzt, beim Malen gab es eine Wandlung."

Immer wieder kommen Übungen zur Erfahrung der Raumdimensionen hinzu, die „Magie des Platzes" wird erforscht, und regelmäßig wird die innere Achtsamkeit durch das „Nach-Innen-Spüren" über die Atmung und Meditation und durch Wahrnehmungsübungen innerer Räume (Körper als Gefäß, Atemraum, Vokalräume) geschult.

Übungen zu Kontakt und Grenzziehung bilden zusammen mit dem Komplex des Erlernens von Gefühlsausdruck und dem Navigieren mit der eigenen Gefühlslandkarte und den Grundstrukturen einen weiteren Teil der Wahrnehmungsschulung.

Beim Anlegen einer persönlichen Gefühlslandkarte geht es zunächst darum, die verschiedenen Gefühlsqualitäten und deren Bewegungsrichtungen kennen und wahrnehmen zu lernen.

Eine wichtige Übung ist der „GefühlsParcours":

In einem Raum werden verschiedene Stationen eingerichtet, die ein bestimmtes Gefühl repräsentieren. So gibt es eine Ecke, in der die Trauer ihren Platz hat, in einer anderen Ecke die Wut, die Freude, die Angst, das Mitgefühl. Es gibt einen Platz der Stille/Meditation und einen des Trotzes. Je nach Raumkapazität und Gruppensituation können Plätze für das Lachen, die Stimme, das Tönen und Singen und eine Kuschelecke hinzugenommen werden.

Die Teilnehmer gehen im Raum umher und begeben sich an den einzelnen Orten willentlich in das jeweilige Gefühl. Wenn nötig, bekommen sie Anleitung, durch welche Körperhaltung und/oder stimmlichen Ausdruck die entsprechenden Gefühle induziert werden können. Wer den Ort wieder verlässt, lässt auch das Gefühl hinter sich. Ganz bewusst wird jede Station mindestens einmal besucht.

Durch diese Übung wird zum einen die Erfahrung gemacht, wie Gefühle entstehen, wo sie im Körper angesiedelt sind, und zum anderen, dass es möglich ist, Gefühle zu steuern: „Ich bin mehr als meine Gefühle." Die Erfahrung, den Gefühlen nicht vollständig ausgeliefert zu sein, hilft im Alltag, Gefühle zulassen zu können.

„Es war eine neue Erfahrung für mich, dass ich innerhalb einer Stunde durch eine entsprechende Körperhaltung und Stimme in die unterschiedlichen Gefühle gehen konnte. Mein Körper ließ mich spüren, welche Gefühle mir vertrauter waren und leichter fielen und welche Gefühle im Körper eher blockiert, vernachlässigt und unangenehm zu spüren waren. Ich kann rückblickend sagen, dass ich mir und meinem Körper(-bewusstsein) mehr und mehr vertraut habe. Mit diesem zunehmenden Vertrauen habe ich meinen Körper mehr und mehr als ‚Gefäß' erlebt (...), ich konnte spüren, wie ich an mir wachse."

Wahrnehmungsschulung bedeutet auch Bewegung, beweglich zu werden in den eigenen Innenräumen, Kontakt zum Körper zu bekommen, zu den Gefühlen und den Gedanken, im Rhythmus der Lebenskraft.

Es wird Bewusstsein für die Pulsationen des Lebens entwickelt. Wir bekommen Klarheit über unsere Bedürfnisse und deren adäquate Befriedigung und lernen, unseren persönlichen Lebensrhythmus anzuerkennen.

Die Wahrnehmungsfähigkeit der coredynamischen Ebenen V und VI wird mit Hilfe von Übungen zur Intuitionssteigerung und der Arbeit mit dem Atem intensiviert bzw. geöffnet. *B. Mack* entwickelte das Intuitionsstorming in Anlehnung an die uralte Tradition der Derwisch-Tänze. Beim Drehen im Kreis werden Botenstoffe, Neurotransmitter und Hormone freigesetzt, und die Person gelangt in eine leichte Trance. In dieser Trance spricht die Person fortwährend über Lösungsansätze bezüglich ihrer Themen, spontan und ohne jede Selbstzensur. Die Begleiter der Übung notieren die Aussagen der sich drehenden Person, so dass alle Informationen aus der Tiefe der Intuition erhalten bleiben.

„Das Drehen fiel mir anfangs soo schwer. Torkeln, Mitte suchen... und dann hineinfinden. Ich spüre Verbundenheit zum Boden und Himmel durch meine Wirbelsäule... und dann fließt es. Als ich später meine Tagebuchaufzeichnungen durchlas, stellte ich einen roten Faden fest. Vertraue dir, vertraue deiner inneren Stimme."

„Meine Fähigkeit zur intuitiven Wahrnehmung hat sich im Laufe der Jahre immer weiter entwickelt. Dazu waren all die verschiedenen feinen Spürübungen wichtig, die sozusagen meine Körperkanäle und Antennen geschult haben. Üben, in mich hineinzuhorchen und ernst zu nehmen, was ich dort spüre und sehe, ist dafür die Grundlage."

Über die Wahrnehmung des eigenen Körpers wird die Erfahrung gemacht, dass Leib, Seele und Geist eine Einheit sind und dass die Kommunikation durch und mit dieser Einheit neue Fülle und inneren Reichtum bringt.

Im Zuge der über die Ausbildung verteilten Atemreisen erschließt sich ein Wahrnehmungsbereich, der jenseits der Erfassung der üblichen Sinnesorgane liegt. Die sogenannte feinstoffliche Ebene, der Kontakt zur Spiritualität wird erfahrbar (dieses wird später ausführlich beschrieben).

3. Komplexitätsbewusstsein

„Ein wesentliches Merkmal von Komplexität ist, dass wir sie nicht im üblichen Sinne managen können. Wir stehen nicht außerhalb des Prozesses, sondern befinden uns statt dessen inmitten des Gesamtsystems und sind zugleich ein Teil von ihm. Wir erleben eine Situation aus jeder Perspektive anders und neu, und keine Blickrichtung ist die allein gültige" (*„Kontakt, Intuition"*).

Unser normales Bewusstsein zeichnet sich durch lineares Denken aus. D.h., wir sind meistens auf eine Begebenheit konzentriert und fokussiert und bewegen uns gedanklich von A nach B und nach C usw. Gleichzeitiges Wahrnehmen von unterschiedlichen Dimensionen einer Wirklichkeit empfinden wir meistens als Überforderung. Begebenheiten, Situationen, Verhältnisse, Gefühle, Beziehungen und Dynamiken sind jedoch selten monokausale und singuläre Phänomene. Sie zeichnen sich vielmehr durch Vielschichtigkeit und Interdependenz aus. Das macht sie komplex. Nach *Reither* (1997) gibt es sechs wesentliche Merkmale von Komplexität: Unüberschaubarkeit, Vernetztheit, Eigendynamik, Undurchsichtigkeit, Wahrscheinlichkeitsabhängigkeit und Instabilität. Wir fügen hier noch die

Gleichzeitigkeit hinzu. Durch Rückkopplung sind die Elemente einer komplexen Situation untereinander verbunden und beeinflussen sich in ihrer Eigendynamik gegenseitig. Situationen sind niemals völlig transparent oder in ihrer Entwicklung berechenbar. Alle Ebenen menschlicher Existenz, ob individuell, sozial, ökonomisch, biologisch etc., erweisen sich als komplex.

Nehmen wir als Beispiel ein notwendiges Gespräch zwischen der Abteilungsleiterin A und dem Mitarbeiter B. Gegenstand des Gesprächs wird die Zukunftsperspektive des Mitarbeiters in der Firma sein. Das Gespräch wird in zehn Minuten beginnen, und kurz vor dem Gespräch gehen A viele Dinge durch den Kopf:

A ist erst ein paar Monate im Betrieb, und B, langjähriger Mitarbeiter der Firma, hat sich auch um den Posten der Abteilungsleitung beworben. Seit As Einstieg in die Firma hat Bs ehemals sehr gute Leistung nachgelassen. Er (B) erscheint wenig engagiert und gibt sich ihr (A) gegenüber als „alter Hase“. Sein Auftreten ist sportlich, betont männlich. Im Kollegenkreis gilt er als kompetent, verantwortungsbewusst und witzig. Er ist verheiratet und hat einen kleinen Sohn.

A ist auch verheiratet. Ihr Partner lebt in einer anderen Stadt. Führungsaufgaben machen ihr Spaß, und die neue Aufgabe liegt ihr. Sie fühlt sich von B zwar formal akzeptiert, aber irgendwie ist da ein Gefühl von Unwohlsein. Sie fühlt sich nicht immer ganz ernst genommen und respektiert. Auch sie ist überzeugt von seiner Kompetenz. Seine nachlassende Leistung macht ihr Sorge, und er wäre auch nicht so leicht zu ersetzen. Durch seine längere Erfahrung könnte er für sie eine gute Stütze sein, auf die sie eigentlich noch ein wenig angewiesen ist. Allerdings müsste sich sowohl sein Arbeitsverhalten als auch sein Verhalten ihr gegenüber verändern, da er sonst zur Belastung für die Abteilung wird. Sie weiß um seine damalige Bewerbung und hatte auch schon einmal ein Gespräch versucht, bei dem er ausgewichen ist. Jetzt bedarf es aber unbedingt einer Klärung, da die Produktivität ihrer Abteilung eindeutig zu leiden beginnt. Etliche Mitarbeiter scheinen sich mit ihm zu solidarisieren. Das Konfliktpotential steigt. Ihr Ziel ist Verständigung. Die Alternative wäre eine Trennung von ihm, was allerdings unübersehbare Konsequenzen in der Abteilung nach sich ziehen könnte.

All das geht A durch den Kopf, der ihr ohnehin schmerzt. Sie hat sich ihre Karriere erkämpft. Als Frau hat sie sich immer wieder gegen Männer behaupten müssen, und sie ist sich einer gewissen inneren Verhärtung durchaus bewusst. Schon als Mädchen musste sie sich als jüngstes Kind von drei Geschwistern gegen ihre Eltern behaupten. Das Verhalten des Mitarbeiters kommt ihr oft machohaft vor. Sie sorgt sich ernsthaft um die Zukunft der Abteilung und damit auch um ihre Zukunft. Und das macht sie auch ärgerlich. Sie fühlt sich von ihm und seinem Kreis nicht ernst genommen in ihrer Kompetenz.

Dieses kleine Beispiel mag zeigen, was alles in eine solche Situation mit hineinspielen kann und eine Komplexität erzeugt, der in der dann folgenden Gesprächssituation möglicherweise nur schwer gerecht werden kann. Jedes im Beispiel erwähnte Detail kann Wirkung haben bzw. von Wichtigkeit in dem Gespräch werden, so dass eine Nichtbeachtung ungewollte und unangenehme Konsequenzen für A haben könnte. Bewusstsein für eine derartige Komplexität und die Möglichkeit des praktischen Umgangs mit ihr wäre zweifellos eine große Hilfe.

„Wer Komplexität bewältigen will, muss selbst komplex sein. Wer (mit) Unsicherheit umgehen will, muss sie zulassen können“ (*Reither*, 1997).

Die CoreDynamik-Ausbildung unterstützt gezielt die Bewusstseinsbildung zu Komplexität sowie den Umgang mit komplexen Verhältnissen. Das Menschenbild der CoreDynamik ist ein systemisches. Im Laufe der Ausbildung lernen die Auszubildenden im Rahmen von Selbsterfahrung zunächst ihr persönliches System kennen und ihre Wahrnehmung systemisch zu schulen. Muster, die Verhalten steuern, werden erkennbar. Es entsteht ein Landkartenbewusstsein der eigenen Persönlichkeit und damit die Möglichkeit zur bewussten Navigation. Das systemische Verständnis wird später auf die Makroebene, die Außenwelt angewandt. Der Wald und die Bäume werden gleichzeitig sichtbar. Dabei ist nicht nur die Detailkomplexität von Wichtigkeit, sondern auch die dynamische Komplexität, d.h. Entwicklungsprozesse, bei denen Ursachen und Wirkungen zeitlich, inhaltlich und auch räumlich weit auseinanderliegen können. Diese Vielfalt der Ebenen, die damit einhergehende Gleichzeitigkeit ist für das normale menschliche Verarbeitungsvermögen in der Regel eine Überforderung. Hier hilft die Fähigkeit zur Intuition und zum unmittelbaren Gewahrsein, die immer wieder geübt wird.

Zu Beginn des Ausbildungsprozesses wird zunächst allerdings mit einer scheinbar einfachen Übung (Gestalttherapie) der Fokus auf den Augenblick („Was ist jetzt?“) gerichtet. Die Fähigkeit zur Konzentration auf das Jetzt ist eine wesentliche Voraussetzung für Intuitionsentwicklung. Es ist sozusagen der Navigationsnullpunkt für den Umgang mit Komplexität. Indem der Augenblick alleiniger Gegenstand der Aufmerksamkeit wird, entsteht paradoxerweise durch Konzentration die Möglichkeit einer breiteren Wahrnehmung. Die Gleichzeitigkeit verschiedenster Vorgänge und deren Prozesshaftigkeit wird erlebbar. Es ist eine Defokussierung, die durch das Abschalten von Absicht, Reflexion und Antizipation entsteht und von einem Gefühl tiefer, innerer Ruhe begleitet wird. Und nicht zuletzt dieser Ruhe bedarf es beim Umgang mit Komplexität.

Aus dem Brief einer Ausbildungsteilnehmerin: *„… Jetzt übe ich gerade Gleichzeitigkeit: mit Sabine rechnen, den Brief schreiben, dabei sitzt mir Stefan auf den Knien und durchwühlt mein Pult, und wir schauen zu, wie es regnet draußen, und ich merke, dies bedingt, dass ich ganz im ‚Jetzt‘ bin …“*

Andere Themenfelder und Übungen des ersten Ausbildungsjahres erweitern die Möglichkeiten des Umgangs mit Komplexität. So öffnet die Beschäftigung mit dem Modell der acht Säulen der Identität (darunter verstehen wir folgende Lebensbereiche, die als Säulendiagramm dargestellt werden können: Körper, Gefühle, materielle Basis, Beruf, soziales Netz, Werte, Ich-Identität, seelisch-geistiges Sein) öffnet den Blick für die Komplexität der unterschiedlichen Aspekte der persönlichen Identität. Über das Bewusstwerden der Vielheit ergibt sich Raum für Entwicklung und Veränderung. Die Stabilität des einen Lebensbereiches steht neben der Labilität des anderen: Hier ich bin stabil und satt; das gibt mir Sicherheit. Und da fehlt etwas, und das schwächt mich. Beides ist da, gleichzeitig.

Das sogenannte Lebenspanorama ermöglicht den Blick auf die eigene Biografie. Die TeilnehmerInnen zeichnen und kollagieren eine mehrere Meter lange Papierrolle mit den entscheidenden Szenen ihres Lebens. Die aktuell Wichtigsten werden in Kleingruppen bearbeitet. Erlebnisse, die die eigene Entwicklung behindert haben, die schmerzhaft waren, stehen neben protektiven Faktoren, die gut, förderlich und stabilisierend waren. Beide hatten und haben Wirkung und sind Bestandteil der betrachtenden Persönlichkeit. Diese ergibt sich aus der Vielheit von Erfahrungen und repräsentiert diese zu diesem Zeitpunkt.

Die Komplexität wird durch die Existenz eines weiteren Modells zusätzlich erhöht. Das coredynamische Modell zur Diagnose bzw. Erklärung menschlicher Persönlichkeit mittels der neun Grundüberzeugungen greift auf eigene Weise die Vielheit wieder auf. Es zeigt, wie verschiedene Erfahrungen (Grundüberzeugungen) Persönlichkeit formen, wie diese unterschiedlichen Grundmuster wertfrei nebeneinanderstehen und stets jeweils positive wie negative Charakteristiken mit sich bringen. Die neun Grundüberzeugungen („*Kontakt, Intuition*"), die sich als Lebensthemen zeigen, sind:

1. Mangelnde Existenzberechtigung
2. Maßlosigkeit
3. Rückzug
4. Verführung
5. Macht und Kontrolle
6. Schuld
7. Fehlende Grenzen und Verwirrung
8. Leistung, Perfektion
9. Fülle, Integration, Core

Wie ein Ausbildungsteilnehmer berichtet, kann Komplexität dabei durchaus als stabilisierend erfahren werden: *„...Als sehr wesentlich empfinde ich die Gleichwertigkeit aller genannten Grundmuster. Da gibt es kein Besser oder Schlechter, Weiter oder*

Zurückgeblieben. Auf der narzisstischen Ebene führt das Erkennen und Benennen von Strukturen und Mustern erst einmal zu einer Ernüchterung und zum Verlust der Einzigartigkeit (auch im Drama). Heilsam und hilfreich auf dem Weg zur Selbstakzeptanz ist, zu sehen, dass andere diese Muster verstehen, teilen, auch daran arbeiten, sie vielleicht schon ein Stück weiter transformiert haben und damit die Möglichkeiten der Entwicklung aufzeigen. Mir selber wurde nach und nach auch die positiven Gaben, die mit diesen Mustern einhergehen, deutlich, die auch zu mir gehören ...“

Selbsterfahrungsprozesse aufgrund der *Jung*schen Archetypen (Jüngling/junges Mädchen, Mann/Frau, Vater/Mutter, Weiser/Weise) integrieren scheinbar völlig Gegensätzliches. Sie helfen durch ihre Komplexität die Fixierung auf die Biografie zu lösen, indem sich zeigt, dass der Ausdruck von Persönlichkeit auch durch verschiedene Archetypen geprägt ist. Dass dies so ist, wenn auch in unterschiedlicher Entwicklung bzw. Ausprägung und relativ unabhängig vom tatsächlichen Lebensalter, erhöht das Komplexitätsbewusstsein.

Wie bei derartigen Zusammenhängen typisch, wird auch hier immer wieder die Möglichkeit des „Und“ als heilsam erfahren:

„... Zu dem Thema Selbstakzeptanz, das für mich auf dieser Ebene viel mit der eigenen Erfahrung von Identität und der positiven Würdigung durch andere zu tun hat, gehörte auch die Arbeit mit den Archetypen. Das Erforschen, Begrüßen und Annehmen von sonst nicht sehr in das Leben gebrachten Teilen (in diesem Fall das junge Mädchen), erlaubt die Vielheit. Die nicht wertende bzw. keine Gewichtung vornehmende Betrachtungsweise macht es leichter, auch scheinbar Widersprüchliches anzunehmen (Ich kann verspielt sein und ich habe viel Tiefe – Ich kenne den Schmerz und ich darf lachen und albern sein) und unter alten Narben Verborgenes zu zeigen.“

Um sich dem Erleben von Gleichzeitigkeit, Vielfalt und Dynamik zu nähern, ist das Verständnis von Rhythmik und Pulsation hilfreich. Die Vorstellung von linearer Entwicklung ist irrig. Jede Entwicklung, jede Bewegung, alle Lebensvorgänge sind gewissen Rhythmen unterworfen. Es gibt Phasen von schnell und langsam, Ruhe und Aktivität, Kraft und Erschöpfung, Aufstieg und Abstieg. Und diese Phasen sind oftmals übereinandergelegt. Deshalb werden im Laufe der Ausbildung Erfahrungen mit TaKeTiNa (siehe Aufsatz von *K.* und *V. Dittmer*) gemacht. Die körperliche Erfahrung von gleichzeitigen, unterschiedlichen Rhythmen ist überwältigend und auch für „Anfänger“ möglich. Da die Rhythmen zu komplex sind für parallele mentale Verarbeitung, hilft nur Loslassen und Einlassen auf die Rhythmen. Gleichzeitigkeit und Komplexität wird physisch erfahren und als befreiend erlebt. Dieses intensive motorische Erleben weckt Körper und Geist anhaltend für Wahrnehmung und auch Genuss von Komplexität, werden TeilnehmerInnen immer wieder berichten. Wie so oft, wird gerade auch beim TaKeTiNa deutlich, wie sehr Erfahrungen, die gleichzeitig auf körperlicher, emotionaler und geistiger Ebene gemacht werden, für Entwicklung förderlich sind.

Direkt an die Erfahrung mit TaKeTiNa schließt sich die erste Atemarbeit. Es ist eine eineinhalbstündige Atemreise, die im Stehen beginnt (ausführlicher siehe: Heilungsmöglichkeiten). Durch intensive Begleitung wird ein sicherer Raum geschaffen, in dem bisher unbekannte Bewusstseinszustände erreicht werden können. Es kann zu starken Veränderungen in der Wahrnehmung von Raum und Zeit kommen. Erste Core-Erfahrungen werden von TeilnehmerInnen erlebt und anschließend berichtet. Gleichzeitigkeit von Gegensätzen, von Getrenntsein und Verbundenheit, Eingebundensein in ein großes Ganzes sind wichtige Aspekte, die im Laufe der Reise erlebt werden können: *„... unglaubliches Getöse und Chaos. Es ist da, ich bin ein Teil davon und bei mir selber. Auflösung und Struktur – gleichzeitig ...“*

Die Ich-Grenzen beginnen sich zu öffnen, und die Komplexität der Schöpfung beginnt sich zu offenbaren.

Das ist sicherlich die höchste Form vorstellbaren Komplexitätsbewusstseins und, wie immer wieder beobachtet und berichtet, von großer Heilkraft:

„...Meine Erfahrungen in der Atemarbeit breiteten sich jedoch immer stärker aus. Ich kam in Berührung mit meinen anderen Realitäten, mit dem, was meine Sinne nicht wahrnehmen. Eine Erweiterung meines Seins. Das wurde immer mehr Realität, nahm mehr Raum ein und gab mir die Bestätigung, dass wir Menschen nicht linear ausgerichtet sind. Das gilt es in der Tat ernst zu nehmen und als nächsten Schritt im eigenen Leben zu integrieren. Die Möglichkeit, sich damit zu vernetzen, sich zu verbinden, insbesondere in dieser Gruppe, sehe ich als großes Geschenk an. Die Verbindung findet sowohl im Inneren als auch im Außen statt. Das Sein fühlt sich ganzer an und somit wahrhaftiger. Wenn ich das nicht ernst nehme, kann ich mich nicht verbinden, nicht mit mir und auch nicht mit anderen ...“

Wie ist es nun möglich, solcherart komplexe Erfahrungen in das Alltagsbewusstsein und in die alltägliche Praxis zu integrieren? Hier arbeitet die CoreDynamik mit der Erfahrung von Raum und seinen Dimensionen.

Alle Lebensvorgänge vollziehen sich im Raum, haben Richtung. Selbst unsere Vorstellungen vollziehen sich räumlich. In der Ausbildung wird ein Raumbewusstsein angestrebt, das komplexe Verstehens- und Handlungsvollzüge ermöglicht, unterstützt, ganzkörperlich erfahrbar macht und die Entwicklung hilfreicher innerer Landkarten erlaubt. Raum wird dabei als realer Bewegungsraum und als innere Metapher gesehen. Innere Ebenen, Gefühle, Persönlichkeitsmerkmale, äußere Lebenskoordinaten aus Familie, Beruf etc. werden räumlichen Dimensionen zugeordnet und ganzkörperlich erfahren. Bezüge zwischen Innenraum und Außenraum werden hergestellt. Bewegung im Raum eröffnet Handlungsmöglichkeiten als Veränderungsdimension komplexer Zusammenhänge.

Hierzu ist eine Übung möglich, die abhängig vom jeweiligen Prozess, der jeweiligen Situation in verschiedenen Variationen durchgeführt werden kann:

Übung:

Im Raum werden auf dem Fußboden mit Abstand voneinander beschriftete Karten verteilt, die verschiedene Ebenen, Aspekte, Teile und Perspektiven eines Themas/Problems bezeichnen (z.B. bezogen auf die oben beschriebene Gesprächssituation für die Abteilungsleiterin A, Karten mit den Aufschriften: Gute Leistung von B, Bs soziale Stellung, Gesprächsziel, Konflikt, Verständigung, Stellung als Frau, Führung etc.). Die TeilnehmerInnen gehen nun auf einen mit einer Karte bezeichneten Ort und fühlen sich ganz in diesen spezifischen Teilaspekt ein, meditieren sozusagen darüber. Wenn herausgefunden ist, was dieser Aspekt bedeutet, wie er sich anfühlt, wird eine symbolische Bewegung oder Geste als körperlicher Anker für die Gesamtheit dieses Aspektes gefunden und vollzogen. Ist das getan, geht es zu einer weiteren Karte, und das gleiche Ritual wird wieder vollzogen mit einer neuen weiteren Bewegung oder Geste usw., bis alle TeilnehmerInnen an allen Kartenorten gewesen sind.

Nun folgt die Aufforderung, das Tempo zu erhöhen und weiter von Karte zu Karte zu gehen, kurz zu verweilen, sich einzufühlen, die Bewegung zu vollziehen und weiter … . Nach und nach wird das Tempo erhöht, so dass am Ende die TeilnehmerInnen durch den Raum tanzen, jede Person mit ihrem individuellen Tanz zum Thema. Die eigenen Bewegungen können dann noch verkleinert werden, im Stehen, bis sie von außen kaum mehr wahrnehmbar sind.

Die Merkfähigkeit hat sich über die Kopplung mit Raum und Bewegung erhöht. Der jeweilige Kontext ist über eine Minibewegung abrufbar. Komplexität wird auf diese Weise fassbar, aushaltbar und beherrschbar. Als Vorbereitung auf eine komplexe Herausforderung eignet sich eine solche Übung besonders gut. Sie ermöglicht, sich ohne Stress auf die Situation einzulassen und angemessen mit ihrer Komplexität umzugehen. Von großer Hilfe ist auch ein solchermaßen zu aktivierender Komplex der eigenen Stärken, Schwächen und Unterstützer. In einer Raumübung benannt, eingefühlt, erschritten und ertanzt und schließlich in kleinsten Bewegungen gespeichert, wird er sozusagen zu einem persönlichen Tai Chi entwickelt, einem jederzeit abrufbaren Stabilisierungsprogramm.

Neben dieser praktischen Ebene findet hier auch Heilung statt. Auf die Frage, was für sie in der Ausbildung heilsam gewesen sei, antwortete eine Teilnehmerin: *„Das Raumerleben, das auch das Erleben von innerer Komplexität leichter macht.“*

Dass der Umgang mit Komplexität durchaus auch Quelle von Genuss und Lust sein kann, zeigen die Aufzeichnungen eines Ausbildungsteilnehmers zu einer weiteren Komplexitätsübung (Übungsanweisungen ebenfalls kursiv gedruckt):

„... Endlich wieder Komplexitätserleben. Welch ein Aufatmen und Beleben der verschiedenen Sinne und Räume in mir.

1. Mit der Hüfte schwingen (links – rechts) 2. Arme dazu 3. Kopf entgegengesetzt, dazu 4. Lied singen 5. Musik hören (something with a dream ...) 6. Vision vom schönen Leben 7. Situation, die gerade angst macht, vorstellen 8. Atem bewusstmachen.

Ich fühle den Energiewirbel in mir und um mich, diesen Trichter – nach unten spitz, nach oben weiter werdend. Direkt anschließend die nächste Übung:

„Rechten und linken Fuß heben, 2. rechten und linken Arm entgegengesetzt dazu schwingen, 3. Musik hören und Kiefer lockern, 4. schönes Urlaubsfoto erinnern, 5. starken, positiven Satz denken, 6. negativen Satz denken, 7. Atem um 5% vertiefen, 8. Verbindungen der Synapsen im Körper spüren.

Ich spüre Ausdehnung, Weite, Verbindung mit dem Kosmos und die innere Logik. ... Ich fühle, spüre die Komplexität, Gleichzeitigkeit – alles ist richtig, hat seinen Platz und kann nebeneinanderstehen ohne Wertung. Das innere Lied hat Auswirkung auf mein Befinden."

4. Heilungsmöglichkeiten jenseits des biografischen Kontextes

Was verstehen wir unter Heilungsmöglichkeiten jenseits des biografischen Kontextes? Hier sind alle Heilungswege gemeint, die nicht speziell die Arbeit mit der eigenen Biografie in den Mittelpunkt rücken, aber dennoch für eine Heilung seelischer Wunden unabdingbar sind. Die CoreDynamik begeht viele solche Wege. Zu nennen sind hier übungszentrierte Wege, wie zum Beispiel Aikido, Meditation, Übungen zur Raumwahrnehmung und Richtung, Stockübungen und erlebniszentrierte Wege wie Klangreisen und Übungen zur Magie des Platzes. All diese Übungen tragen auf ihre jeweils spezifische Weise zur Heilung und Ganzwerdung des Menschen bei. Darüber hinaus führen sie häufig zu einer tiefen Erkenntnis von Sinn und Wert des eigenen Lebens.

Weiterhin ist die *Übung von Ent-identifizierung* ein wichtiger Schlüssel zu Heilungsmöglichkeiten außerhalb des biografischen Kontextes. Die TeilnehmerInnen machen die Erfahrung, dass es möglich ist, sich davon zu lösen, sich der eigenen Biografie ausgeliefert zu fühlen.

Hier ist die schon oben genannte Übung des **GefühlsParcours** ein wichtiger Schritt: Die TeilnehmerInnen gehen im Raum umher und begeben sich an den jeweiligen Orten willentlich in das Gefühl. So können sie lernen, das Gefühl wirklich in der Tiefe zu erfahren, auszuloten und über das kathartische Ausagieren eventuelle Spannungen und Fixierungen zu lösen.

Wenn sie den Ort wieder verlassen, verlassen sie auch das Gefühl. So können sie erfahren, dass sie mehr sind als ihre Gefühle, dass sie in der Lage sind, ihre Gefühle zu steuern. Dies hilft in alltäglichen Situationen, sich den Gefühlen nicht vollständig ausgeliefert zu fühlen. Eine Teilnehmerin beschreibt einen Traum, in den sie diese Erfahrung integriert hat:

„Meine Gefühle waren wie Mäntel, sie waren nicht mehr eins mit mir. Ich entscheide, was ich anziehe (Angst, Schuld, Trauer, Wut, Freude...). Es liegt ganz allein an mir, und ich entscheide auch, wann ich den Mantel wieder ausziehe. Sie sind immer da, diese Mäntel, und versuchen oft, mich zu verführen (so dass ich in alte Musterfalle). Mit diesem Bild der ‚Mäntel' wurde mir bewusst, dass ich die Macht habe über meine Gefühle und nicht umgekehrt."

Übertragen auf die eigene Biografie bedeutet dies auch, dass ich ihr nicht vollständig ausgeliefert bin, sondern auch hier steuernd eingreifen kann. Die Erfahrung, mich als handlungs- und erlebnisfähig zu begreifen, auch wenn meine individuelle Vergangenheit mir viele Erschwernisse mit auf den Weg gegeben hat, ist befreiend und heilend zugleich.

CoreDynamik stellt als ein wesentlichen Schwerpunkt des Lernens und Erlebens das „Core" in den Vordergrund.

An Hand von Zitaten der Teilnehmer wurde oben schon skizziert, was doch nur schwer beschreibbar ist – Erlebnisse im „Core":

Weitere Satzfragmente von TeilnehmerInnen sollen deutlich machen, um was es hier geht: *„... da ist einfach Fülle", „Ich bin", „Ich bin angekommen", „Ich bin geborgen", „Ich bin angeschlossen an das große Netzwerk."*

Beim Core-Zustand, wie *Bernhard Mack* ihn beschreibt, handelt es sich um „einen Zustand des Seins, weniger um ein Tun oder Haben". Um in Kontakt mit dem Core zu kommen, können eine Reihe von Übungen hilfreich sein.

Im Verlaufe der Ausbildung werden die TeilnehmerInnen durch verschiedene Übungsformen an das Erleben und Wahrnehmen des Core-Zustandes herangeführt. Die TeilnehmerInnen gehen immer wieder von den Randschichten zum Kern ihres Seins. Unsere Erfahrung ist, dass ein wichtiger Teil jeglicher Heilung seelischer Verletzungen dadurch geschehen kann, dass die Menschen sich selbst wahrnehmen als Teil eines großen Ganzen, angeschlossen an ein übergeordnetes Netzwerk. Dies geht über eine subjektive biografische Aufarbeitung von individuellen Problematiken hinaus.

Drei Arbeitsweisen der CoreDynamik sollen im Folgenden vorgestellt werden, die diese Heilung jenseits des biografischen Kontextes ermöglichen:

1. Die Arbeit mit den Archetypen
   Ziel: die Wahrnehmung der beiden Strömungen Biografie und Archetypus
2. Die Arbeit mit Ritualen, hier dargestellt am Großen Heilungsritual.
   Ziel: Ritualräume und deren Wirksamkeit kennenlernen und besonders bei

diesem Ritual den Zusammenhang zwischen Phylogenese und Ontogenese im persönlichen Erleben erfahrbar machen

3. Atemreisen als Schwerpunkt der CoreDynamik
   Ziel: Öffnung neuer Bewusstseinsdimensionen und Zugang zum Wesen

Die Arbeit mit den Archetypen

In der Arbeit mit den Archetypen (nach *C. G. Jung*) gehen die TeilnehmerInnen in einem eintägigen Ritual mit ihren ihnen innewohnenden Archetypen in Kontakt. Dies geschieht sowohl auf der biografischen Ebene als auch auf der nichtbiografischen Ebene. Sie erfahren die Vielschichtigkeit ihres Seins durch die Tatsache, dass nicht alles, was sie auf dieser eintägigen Reise in das innere Land ihrer Archetypen erleben, sich rein biografisch erklären lässt.

Die CoreDynamik greift vier wichtige Archetypen heraus, fügt einen fünften (das Kind) hinzu und bringt sie in einen räumlichen, zeitlichen und körperlichen Zusammenhang. Durch einen Kreis werden die verschiedenen Archetypen mit einer Himmelsrichtung, einer Berührungsqualität, einem Lebensalter und mehreren inhaltlichen Qualitäten verbunden. In Abbildung 26 sind die Zuordnungen vorgenommen. Der Kreis gleicht einem individuellen Lebenslauf, kann aber auch als räumliche Darstellung verschiedener Seinsqualitäten in einem Leben zu einem bestimmten Zeitpunkt gesehen werden.

So beginnt der individuelle Lebenslauf auf der Uhr bei ca. 5 Uhr mit der Ausformung eines Babys aus Ton. Die TeilnehmerInnen bekommen in einem rituellen Rahmen eine Klumpen aus Ton in die Hände und formen daraus ihr individuelles Baby. Sie tun dies mit geschlossenen Augen, ganz in das Tun versunken. Hier fließen ihre eigenen Erinnerungen an ihr Baby-Sein genauso ein wie Vorstellungen und Überlieferungen über den Zustand des In-die-Welt-geworfen-Seins ein. Das Material Ton ist hier besonders geeignet, da es Erdverbundenheit vermittelt und Eins-Sein mit Mutter Erde symbolisieren kann.

„... Mein Kind ist so stark. Ich habe es aus einem Stück geformt. Es steht, hat Ohren als Arme oder Flügel, ist Krieger in Afrika und offen für die Welt. Sender und Empfänger. Es fliegt und steht am Boden. Es ist weise und hat innere Stärke. ... du hast so viel Kraft, bist so alt und so weise. Was soll dich da aus den Flügeln bringen? ... völlige Lebensbejahung, Öffnung für außen, empfangen und senden. ...“

Im weiteren Verlauf des Rituals werden die TeilnehmerInnen mit den verschiedenen Archetypen vertraut gemacht. Dies geschieht mittels Musik und Bewegung und durch die Beschreibung der Seins-Qualitäten der einzelnen Archetypen. Die TeilnehmerInnen bewegen sich im Raum und finden sich in die einzelnen Charaktere hinein, sind für diesen Moment ganz diese Qualität. Sie werden angeregt,

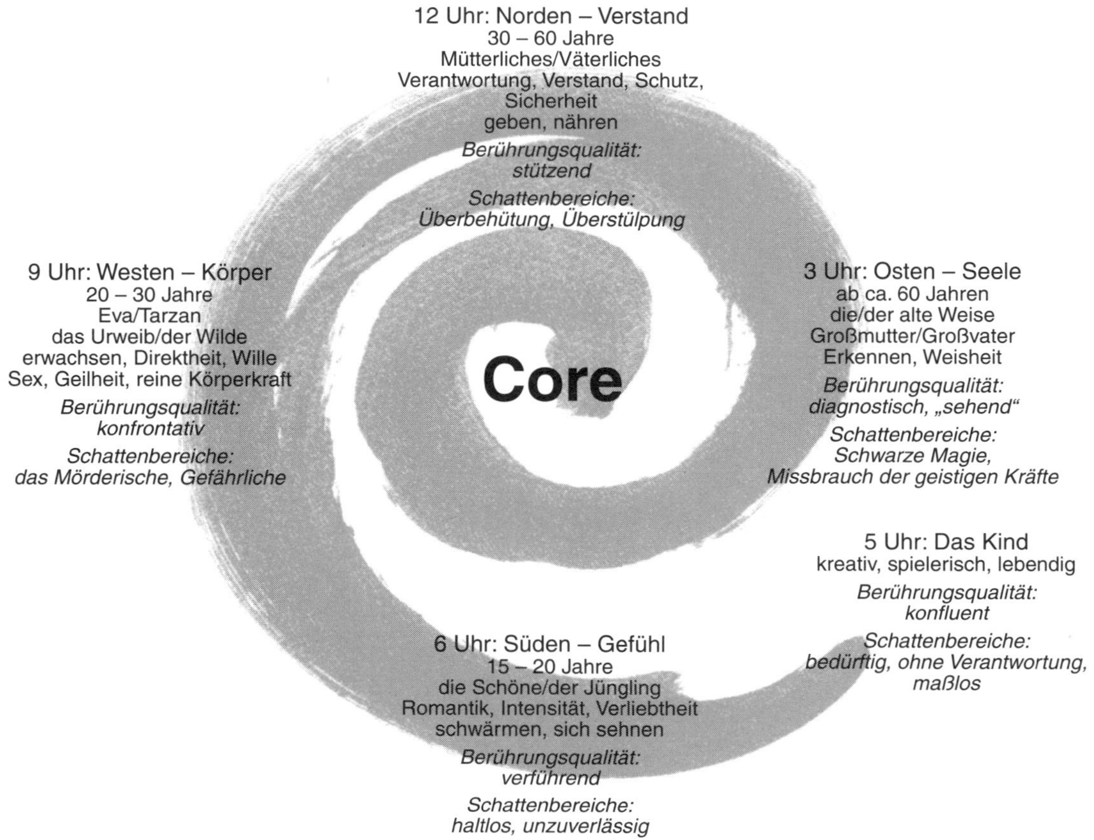
12 Uhr: Norden – Verstand
30 – 60 Jahre
Mütterliches/Väterliches
Verantwortung, Verstand, Schutz,
Sicherheit
geben, nähren
Berührungsqualität:
stützend
Schattenbereiche:
Überbehütung, Überstülpung
9 Uhr: Westen – Körper
20 – 30 Jahre
Eva/Tarzan
das Urweib/der Wilde
erwachsen, Direktheit, Wille
Sex, Geilheit, reine Körperkraft
Berührungsqualität:
konfrontativ
Schattenbereiche:
das Mörderische, Gefährliche
Core
3 Uhr: Osten – Seele
ab ca. 60 Jahren
die/der alte Weise
Großmutter/Großvater
Erkennen, Weisheit
Berührungsqualität:
diagnostisch, „sehend“
Schattenbereiche:
Schwarze Magie,
Missbrauch der geistigen Kräfte
5 Uhr: Das Kind
kreativ, spielerisch, lebendig
Berührungsqualität:
konfluent
Schattenbereiche:
bedürftig, ohne Verantwortung,
maßlos
6 Uhr: Süden – Gefühl
15 – 20 Jahre
die Schöne/der Jüngling
Romantik, Intensität, Verliebtheit
schwärmen, sich sehnen
Berührungsqualität:
verführend
Schattenbereiche:
haltlos, unzuverlässig

Abb. 26

diese Gefühlsqualitäten auch körperlich auszudrücken. Wie bewegt sich ein Jüngling/eine junge Schöne, die sich sehnt, träumt, verliebt ist? Wie fühlt sich eine Frau, ein Mann, ganz in der Qualität des „im Körper-Seins"? Was kenne ich an der Rolle des Vaters/der Mutter, und wie ist die Qualität „Verantwortung" in mir vorhanden? Kenne ich einen Weisen/eine Weise in mir, und wieviel Raum hat die Qualität „Seele/Geist" in mir?

Nachdem die TeilnehmerInnen sich an diese Qualitäten herangetastet haben, gestalten sie eine vorbereitete weiße Gipsmaske nach ihrer Vorstellung von dieser Qualität. In einem späteren Schritt werden diese Masken aufgesetzt, und die TeilnehmerInnen gehen noch einmal auf der Bühne ganz in diese Qualität hinein.

In den Erfahrungen der TeilnehmerInnen finden sich hier sowohl individuelle, biografische Berichte, als auch solche Berichte, die mehr auf eine über den biografischen Kontext hinausgehende Erfahrung hinweisen.

Viele berichten hier von einer heilenden Erfahrung, wenn sie zum ersten Mal entdecken, einen Zugang zu einer dieser Qualitäten zu haben:

„Es war eine Versöhnung mit meiner Mutter, meiner inneren Mutter und der ‚großen' Mutter. In mir sitzt sie, die Göttin und Königin, und ist doch gleichzeitig Mutter, schon immer gewesen und doch ganz neu. Sie trägt Verantwortung, ganz selbstverständlich schon immer, und gibt mir das Gefühl, auf uralte Erfahrungen zurückgreifen zu können."

„Die Arbeit mit den Masken gab mir deutliche Hinweise darauf, welche inneren Archetypen in mir verletzt oder ungelebt sind und wo im Anschluss an die Arbeit ein Bedürfnis entstand, diese Anteile anzuschauen, zu beleben, ein Stück weit zu heilen und dann zu integrieren. Mein innerer Impuls war deutlich, dass die junge Schöne in mir verletzt ist und gerne Kontakt mit Unbeschwertheit, Leichtigkeit und Spiel möchte und die Eva jetzt gelebt sein möchte (Erkunden meiner inneren wilden Natur, im Saft sein, Leidenschaft, Ebenbürtigkeit, Genuss, Orgasmus).

Auf der Bilderebene sind mir wiederholt Bilder begegnet, die ich später als schon bekannt und zu mir gehörend erkannt habe: der Vulkan, die Tänzerin, der Stier, die Waldkönigin."

„Die Arbeit mit den Archetypen ist spannend und aufregend. ... bei der Hinführung zur alten Weisen mache ich eine ekstatische Lichterfahrung. Ich weiß zunächst nicht, wie ich das Erlebte auf die Maske bannen soll. Schließlich entsteht unter meinen Händen eine Lotusblüte, für mich ein Symbol für Ganzheit und Heilung."

„... ich baue ‚meine Welt' auf aus den vier Masken (Archetypen), dem Ton-Baby, dem Stock und dem Lebenspanorama. Siebendimensionale Repräsentation meiner Seele. Es ist wunderschön und berührend, all diese Aspekte meiner Seele so klar vor mir zu sehen. Ich spüre Liebe, Ergriffenheit; ich spreche zu jeder meiner Masken: dem Jüngling, dem Wilden, dem Vater, dem Weisen."

Alle berichten in verschiedenster Weise von einem Stück innerer Heilung und neuem Vertrauen in die eigenen inneren Qualitäten. Das Gefühl des Verbunden-Seins mit uralten Seins-Dimensionen gibt Kraft und ein Bewusstsein vom richtigen Platz in dieser Welt.

Die Ritualarbeit

Die Arbeit mit Ritualen zieht sich wie ein roter Faden durch die Ausbildung. Hier ist als Beispiel das große Heilungsritual zu nennen.

Die TeilnehmerInnen erfahren innerhalb dieses Rituals ihre gesamte ontogenetische und phylogenetische Entwicklung und ordnen sich als Teil eines langen Prozesses ein. So wird eine rein biografische Ursachenforschung aufgegeben und ein großes Maß an Integration in einen größeren Zusammenhang erreicht.

Ritual meint immer einen vorgefertigten Rahmen, innerhalb dessen sich jede/r dann frei bewegen kann, der ihn/sie aber immer wieder an bestimmten festgelegten Fixpunkten weitergeleitet. Ein Ritual bietet somit höchstmögliche Freiheit innerhalb eines Rahmens. Gleichzeitig bietet der Rahmen Halt und Stütze beim Gang auch in angstauslösende und verunsichernde Räume.

Ein ritueller Rahmen gibt Gewicht und Bedeutung. Das Hineintreten in ein Ritual ist ein bewusster Schritt: Jetzt bin ich offen für einen neuen Weg zu Heilung und neuer Erfahrung. Ich begebe mich auf Entdeckungsreise und halte mich an den Rahmen, der vorgegeben ist, *und* ich darf innerhalb dieses Rahmens frei meinen Weg gehen. Dieser Schritt ist immer ein sehr bedeutsamer, denn es geht um Vertrauen. Vertrauen in den rituellen Rahmen, der mich hält, und Vertrauen in den Prozess, von dem ich nicht weiß, wo er mich hinführen wird. *„... ich hatte viel Angst, in das Ritual hineinzugehen: Das ist kein Spiel, das ist Ernst!“*

Höhepunkt des zweiten Ausbildungsjahres ist das eintägige Große Heilungsritual, in das eine Atemreise eingebettet ist.

Dieses Ritual, wie es *Bernhard Mack* in seinem Buch *„Der Liebe einen Sinn geben“* ausführlich beschrieben hat (S. 207 ff), führt die TeilnehmerInnen mit Musik, die speziell auf die jeweiligen Phasen abgestimmt ist, durch die Entwicklung vom Einzeller über das Tier zum Stammesmenschen hin zum Individuum. Sie bewegen sich dabei durch den Raum und gehen ganz in die jeweilige Qualität und erleben sich dabei als Teil der Ursuppe, Einzeller, Tier und Stammesmensch. Sie spüren Verbundenheit mit der Erde als „Große Mutter“, aber auf dem ontogenetischen Entwicklungsweg auch Verbundenheit mit der eigenen Mutter. Sie lernen im Laufe des Rituals alle grundlegenden Gefühle noch einmal kennen und erleben sie neu. Eine Reise durch die Energiezentren des eigenen Körpers und deren Verbindung zu verschiedenen Seinsqualitäten bringt die Teilnehmer sowohl mit ihren eigenen Kräften in Verbindung, aber auch mit den im jeweiligen Körperraum erfahrbaren zugeordneten Energien.

In der darauffolgenden Atemreise ist bei den Teilnehmern eine große Offenheit und Bereitschaft vorhanden, sich hinzugeben an das große Ganze. Viele Erlebnisse, die von einem Kontakt mit dem Core zeugen, werden hinterher berichtet:

„Beim Hineingehen in das Ritual hatte ich als Not formuliert, dass ich das Sender- und Empfänger-Thema näher erleben möchte. Warum ist mein Empfänger schlecht ausgeprägt? Ich habe meine Würde kennengelernt. Sie kann sich nun weiterentwickeln. Ich fühle mich rund und glücklich."

„Ich hatte auch das Thema Würde: Ich bin nicht würdig, und ich trage die ganze Schuld. Bei der Atemreise sah ich dann eine glasklare Kugel mit Licht. Ich schaue sie an – und irgendwann war das Licht weg. Ich stelle fest: Das Licht ist in mir. Es entsteht ein Tanz. Ich tanze für MICH."

„Als ich von der Ursuppe an Land gespült wurde, war ich zuerst eine große Echse, dann ein Häschen (was soll ich denn damit?) und dann ein schwarzer Panther. Ich fühle, alles ist in mir. Beim Kampf in den Stammeshorden bin ich den Männern nicht ausgewichen. Das tat gut. Ich habe meine Würde gespürt, die mir keiner mehr nehmen kann. Ich habe die Königin der Liebe gesehen, ich weiß, dass sie da ist. Ich gebe ihr noch nicht genug Raum."

„Ich brauche meine Stimme, um an meine Kraft zu kommen. Ich bin dann ganz groß geworden. Ich hatte Klang, der sich in mir ausgebreitet hat, ein grenzenlos gewaltiger Dom war in mir. Ich war kurz vor der absoluten Ekstase, da wurde etwas abgedreht von oben. Alte Sätze kommen: ‚Vögel, die morgens singen, frisst abends die Katze.' Ich lass mir nix mehr verbieten, egal, wie stark das ist."

„Ich hatte beim Heilungsritual ein sehr klares Gefühl: Nämlich mit jeder Welle in den Ozean hinausgetragen zu werden, und dabei wurde ich geborgen von einer Welle gehalten, wie im Uterus, im Mutterleib. Diese Welle trug mich ganz weit hinauf, es war ein unbeschreibliches Gefühl, irgendwie fremd und doch so vertraut; fast hätte es mir auch Angst gemacht, und ich wusste, es ist richtig so, es wird zu mir geschaut, auch so ein Gefühl, als käme ich in den Himmel, total geborgen. Dieses glückselige Gefühl wurde immer größer, bis ich schließlich eins mit dem Ozean wurde und mich im Wasser auflöste. Da hatte ich überhaupt keine Angst mehr."

Auch hier bestätigen die Berichte der TeilnehmerInnen einen Erfahrungsschatz, der sie an ihren inneren Reichtum heranführt. Sie erleben neue innere Räume, und dies ist immer auch verbunden mit dem Bewusstsein neuer Kräfte, die sie in sich kennenlernen. Diese neuen Kräfte kommen nicht nur aus ihnen selbst heraus, sondern speisen sich aus Energien, an die sich die TeilnehmerInnen angeschlossen fühlen. Sie schöpfen aus den Kraftreserven des großen Ganzen und fühlen sich gestärkt durch das Gefühl des Verbunden-Seins.

Atemreisen

Das holotrope Atmen (in Anlehnung an *Stan Grof*), das die TeilnehmerInnen im Laufe der Ausbildung immer besser kennenlernen, ist ein wichtiger Weg zum Erleben außergewöhnlicher Bewusstseinszustände und des Core-Zustandes.

Die Atemreisen oder Bewegungsekstasen, wie wir diese Atemarbeit nennen, ermöglichen den TeilnehmerInnen mit Musikbegleitung und durch genaue Anleitung ein immer tieferes Hineingehen in innere Räume. Sie zeigen ihnen den Weg zu einem Bewusstsein von Ganzheit auch über den physischen Körper hinaus.

Anders als *Stan Grof* bauen wir die Erfahrungen mit der Atemarbeit langsam und in kleinen Schritten auf. Diese Atemreisen gehen mit intensiver Begleitung durch das Team anfangs über ein bis zwei Stunden und werden im Laufe der Ausbildungsjahre weiter ausgedehnt. Die TeilnehmerInnen haben hier selbst Verantwortung für ihren Prozess, bekommen aber Hilfe und Unterstützung, wenn sie es wünschen.

Am Ende des ersten Ausbildungsjahres werden die TeilnehmerInnen in ein- bis eineinhalbstündigen Atemreisen an das Öffnen neuer innerer Räume herangeführt. Wir beginnen im Stehen, weil dadurch zunächst eine höhere Kontrolle nötig wird und die sog. „Erwachsenen-Funktionen" aktiviert werden. Dies kann zu einer Reduzierung von Anfangsängsten führen. Im Laufe des Atem-Prozesses legen sich die Teilnehmer dann, wenn sie wollen, hin.

Die Fragen, die aufkommen können, sind:

Was ist wesentlich? Was ist mein Wesen? Was macht mich im wesentlichen aus? Wie kann ich meine Intuition schulen, um bei mir und später sowohl in der therapeutischen Praxis bei meinem Klienten, oder auch im Beratungsgespräch und in der Teamentwicklung ein Gespür für das Wesentliche zu entwickeln?

Atemreisen ermöglichen den Zugang zu einer vertieften intuitiven Wahrnehmung. Dies geschieht, indem wir dem Körper Energie zuführen.

Im ersten Atemzyklus atmen sie für die Dauer von anderthalb Stunden 20% schneller, als es ihrem üblichen Atemrhythmus entspricht. Der Weg ist einfach: einatmen, ausatmen, aber ca. 20% mehr als sonst. In diesen Prozess kann man mit einer aktuellen Frage gehen, man kann aber auch einfach offen sein für das, was kommt. Es geht um das Einlassen auf Unbekanntes und das Vertrauen auf den eigenen Körper.

Schon bei diesen ersten kurzen Atemreisen können die TeilnehmerInnen eine Befreiung von alten körperlichen Blockaden erfahren, was ihnen dann den Weg frei macht für die Wahrnehmung ganz neuer Dimensionen ihres inneren Erlebens. Viele sehen in den ersten Atemreisen Szenen aus der Kindheit, die sie längst vergessen glaubten, und spüren alte Schmerzen neu. Manche nehmen ihren Körper mit seinen Blockaden das erste Mal intensiv wahr und können einen ersten Schritt zur

Lösung alter Panzerungen machen. Andere machen erste Erfahrungen mit außergewöhnlichen Bewusstseinszuständen. Sie erleben einen Zustand von ganzheitlicher Wahrnehmung unterschiedlicher Seinsebenen (Körperwahrnehmung, Gedanken, Bilder, Gefühle....).

Aus diesen ersten Atemreisen gingen viele mit einer Ahnung hervor, dass es mehr gibt als diese eine Wirklichkeit, die wir zu kennen glauben. Einige erlebten ihre Geburt noch einmal oder empfingen Botschaften von Familienmitgliedern.

„Erste Atemreise: Ich bin mit den Gongs in die Erde gegangen, mein Weg ist in die Erde, aber auch auf die Erde. Plötzlich war ich im Licht, aber es fehlte noch Wärme.“

„Da war ein tiefes Hadern mit dem Schicksal. Mutterbauch: ich bin nicht erwünscht, tiefe Verzweiflung. Aber ich habe es mir ja ausgesucht. Warum habe ich mir das angetan? .... Dann Wahrnehmung von Licht von draußen – Göttlicher Raum. Ich habe göttliche Präsenz gespürt, aber er hat mich verlassen – warum hat er mich verlassen? .... Ich will die Aufgabe annehmen, die da kommt, auch wenn ich noch nicht weiß, welche das sein könnte.“

„Ich hatte auch Kontakt zu meiner Großmutter, und sie gab mir zu verstehen, dass ich auserwählt bin, dem Leiden unserer Vorfrauen (Mutter, Großmutter, Urgroßmutter usw.) ein Ende zu setzen, die Linie zu durchbrechen.“

Diese Erfahrungen aus den ersten Atemreisen zeigen schon eine große Vielfalt an Erlebnisfähigkeit, die sich erstreckt von biografisch einzuordnenden Erlebnissen hin zu Erlebnissen, die einen tiefen Einblick in andere Bewusstseinsdimensionen geben. In diesen Reisen erleben die Menschen sich selbst in neuer Tiefe und finden Zugang zu inneren Räumen, die teilweise verschüttet waren oder noch gar nicht im Bewusstsein der Einzelnen vorhanden waren. Kraftorte können aufgesucht werden, eine Ahnung von der inneren Weisen, dem Göttlichen, dem inneren Licht, der Verbundenheit mit Mensch und Tier in einem riesigen Netzwerk kann erfahren werden. Eine Ahnung des Core, wie viele Teilnehmer es dann in den längeren Atemreisen im Liegen erleben durften, hat bei manchen schon während der ersten Atemreisen stattgefunden.

Dies ist ein wesentlicher Bestandteil der CoreDynamik-Ausbildung: Erleben des Core-Zustandes und damit der Zugang zum tiefsten inneren Kern. Denn ein Wissen um diesen eigenen inneren Kern, ein Wissen um unsere Verbundenheit auf anderen Bewusstseinsebenen ist eine Grundvoraussetzung für die Arbeit mit Menschen, wie wir sie verstehen. AbsolventInnen der CoreDynamik-Ausbildung haben ein Wissen um diesen Kern und können so ihre KlientInnen und Trainees mit dieser Dimension vertraut machen.

„Ich bin mehr als nur das, was erscheint. Ich suche nach dem, was ‚durchscheint durch das, was erscheint‘“ (Dürckheim).

Im Laufe der Ausbildung werden diese Atemreisen verlängert und die Atmung vertieft. Sie werden dann im Liegen durchgeführt. So können sich die TeilnehmerInnen noch besser auf den Prozess einlassen, ohne sich um die Kontrolle des aufrechten Stehens kümmern zu müssen. Ferner wird durch das Liegen ein tieferer Regressionsprozess ermöglicht, d.h., frühe Erlebnisse aus der Kindheit können an die Oberfläche kommen und bearbeitet werden. Ebenso können im Liegen durch das größere Loslassen vertiefte transpersonale Erfahrungen möglich werden.

Aus den Aufzeichungen zu den Atemreisen:

„... kauen, kauen, kauen ... es ist genug geschluckt... erst kauen, dann schlucken (ab jetzt wird gekaut). Mein Kopf hat einen Deckel, der offen ist. Wie eine Meerschaumpfeife mit Deckel. Es strömt im Austausch mit der Welt. Ich rauche die Friedenspfeife mit dem Leben."

„Müheloses Mitgehen mit der Musik. Impulse von außen und aus dem Körper heraus, ein Wechselspiel ... eine lange Phase von unten fest verwurzelt (Füße, Boden, Rhythmus), oben leicht (fein, schwebend, schwingend, kreisend) sein, dann kraftvoll öffnend. Die Energie steigt von unten auf, immer höhergehende, steigende Bewegungen. Auf einmal merke ich, dass der (innere) Kontakt zum Boden schwindet. Ich kann ihn loslassen (ich bin einverstanden), und es öffnen sich ganz neue Räume: bis in die Fingerspitzen reicht die Energie. Es ist wie eine Dusche von goldenen Funken, die auf mich niederregnen. Immer wieder aufs neue. Ich scheine das in der Hand zu haben – ein unendlicher Reichtum. Dann entsteht im Körper eine Welle, große Armkreise und eine Welle von den Zehenspitzen bis zum Scheitel und darüber hinaus. Ich werde Teil eines universellen Kreislaufes, werde bewegt, bin einverstanden, auf und ab, schwer und schwerelos, Anfang und Ende, sehr traurig und sehr glücklich."

„... ich strahle beim Atmen. Da ist eine Kuppel über mir. Ich habe meine Aufgabe gezeigt bekommen: Strahlen weitergeben und eine durchlässige Röhre sein."

Wie der Bericht einer Teilnehmerin abschließend zeigt, lassen sich Erfahrungen aus den Atemreisen auf den Alltag übertragen:

„Ich finde es erstaunlich, dass ich solche Reisen einfach so machen kann, ohne Anleitung oder Begleitung zuhause, ich mache es für mich allein ... ich kann mir vertrauen, ich kann mich auf mich verlassen, so schön. Danke."

Der Bericht der folgenden Teilnehmerin fasst noch einmal zusammen, was Atemarbeit bedeutet und welche Entwicklungsmöglichkeiten darin enthalten sind:

„Mit dem Beginn der Atemarbeit begann der anstehende tiefere Weg nach Innen – hin zum Wesen, zu meiner Seele. Die Frage: ‚Wer bin ich?' wurde für mich noch erweitert: ‚Wer bin ich noch, dahinter?' ... Die Heilung besteht darin, dass sich im Überschreiten dieser Bewusstseinsschwelle Ahnungen über mich, über mein Wesen zu bestätigen beginnen. ... Die Erfahrungen auf diesen Reisen, in den sich immer wieder neu

öffnenden Innenräumen, waren angefüllt von Momenten von Gleichzeitigkeit: Ich schwimme auf mich selbst zu. Ich werde von mir abgeholt. Ich bin in einer Situation und sehe mir dabei von außen/oben zu. Und diese verschiedenen Ebenen von Gleichzeitigkeit sind mir immer öfter im Alltag bewusst! Ist das Herz der Schnittpunkt aller Linien, wie jemand bemerkte?"

Resumee

Eine der wichtigsten Erfahrungen der Ausbildung war für uns als Leitende und Begleitende, dass tiefes, leibliches Verstehen und Erfahren in Verbindung mit intensivem Theorie-Input Wachstums- und Lernprozesse beschleunigen kann. Wie eine Teilnehmerin berichtete, ist das Einordnen und Verstehen dessen, was geschieht, das Zuordnen zu kognitiven Modellen, eine wichtige Stütze. Das eigene Drama wird in einen Kontext gesetzt und erscheint dadurch weniger einmalig. Das bedeutet u.a. auch, dass Prozesse auf der ersten Tiefungsebene, der Ebene des Verstehens, Einordnens und Erkennens, ebenso wertvoll und stützend sind wie Erfahrungen auf der sechsten Ebene, der Ebene der Core-Erfahrungen. So ist z.B. jede kleine Übung zum Thema Kontakt nicht isoliert vom Gesamtcurriculum der Ausbildung zu sehen. Sie ist Teil eines in sich aufeinander aufbauenden Lernweges.

Wir haben bei allen Teilnehmern große Lernschritte beobachten können. Teilweise gab es offensichtlich ganz erhebliche Persönlichkeitsentwicklungen im Laufe der drei Jahre. Die Kompetenzerweiterung durch Selbsterfahrung, Theorie- und Methodenlernen nahmen viele entweder als berufliche Fortbildung oder auch zum Anlass für berufliche Neuorientierung. Die Frage, ob Selbsterfahrungsprozesse und berufliche Fortbildung so eng miteinander zu verzahnen sind, können wir eindeutig bejahen.

Über einen Aspekt ihrer professionellen Kompetenz berichtete eine Teilnehmerin gegen Ende der Ausbildung:

„Wann immer ich in einer für mich kritischen Kommunikationssituation bin, hilft mir meine ‚Weise Frau'. Sie steht rechts hinter mir und unterstützt mich. Seitdem meistere ich Situationen, in denen ich früher, wenn nicht gar gescheitert, so doch recht schlecht oder unsicher gewesen bin."

Die sichere Kenntnis eigener persönlicher Strukturen, der Dynamik von Gruppen und Paaren, der integrativ-systemische Ansatz, die spirituelle Dimension und der praktische Umgang damit erweisen sich nicht nur als Fortbildung, sondern vielmehr als neue Arbeitsbasis für Menschen, die mit Menschen arbeiten. Es wird sich für die Absolventen der ersten Ausbildungsgänge noch erweisen müssen, von welcher Tragfähigkeit diese Ausbildung auf lange Sicht hin für sie sein wird. Die beobachteten Entwicklungen während der Ausbildungsjahre lassen uns vielversprechende Prognosen stellen.

3.3 Erfahrungsberichte und Eigenauswertung der Ausbildungsteilnehmer

Das folgende Kapitel lässt acht AusbildungteilnehmerInnen der 3-jährigen CoreDynamik-Ausbildung zu Wort kommen. Ausschnitte aus Berichten der übrigen Ausbildungsabsolventen und von TrainingsteilnehmerInnen sind oben von *Mack, Moos, Leiter* und *v. Bothmer* zitiert.

Es werden Ausschnitte aus den schriftlichen Entwicklungsberichten in der Originalfassung ohne jeglichen Kommentar aufgeführt.

Eine Kommunikationstrainerin berichtet:

Die Ausbildung war für mich ein 3-jähriger **Weg der Selbsterforschung**, der Erinnerung, der Begegnung mit meinem (Seelen-)Kern und der innewohnenden Kraft, und der Heilung.

Wenn ich heute auf diese drei Jahre des gemeinsamen Lernens zurückschaue, bin ich sehr erfüllt und sehe, dass ich meine mitgebrachten eigenen Fähigkeiten und die angebotenen neuen Erfahrungsmöglichkeiten auf diesem Weg der Selbsterforschung zutiefst genutzt habe.

Den spiralförmigen Aufbau der Ausbildung habe ich erlebt als ein Erforschen meines Ichs, von meinen äußeren Persönlichkeitsschichten in die Tiefe meiner Persönlichkeit gehend bis zu meinem innersten Wesenskern. Eine Ahnung von meinem Kern, meiner unverletzten (Kinder-)Seele, hatte ich immer schon, und meine äußeren Lebensumstände zum Zeitpunkt des Beginns der Ausbildung waren mir vertraut und eingefahren. Mir war bewusst, dass zwischen diesen beiden Polen, zwischen dem außen Sichtbaren und dem tief innen Verborgenen, sehr viel Anerzogenes, Erlebtes und Erfahrenes lag, das ich im Laufe der folgenden 3 Jahre erinnern, entdecken und verarbeiten wollte.

Die Frage: „Wer bin ich?“

war die wegweisende Frage durch die ganze Ausbildungszeit. „Wer bin ich ... und wo will ich hin?“

Das ist die Frage, die mich schon immer bewegt hat.

Die Ausbildung gab mir die Möglichkeit, mich mit mir und dieser Frage um ein Vielfaches bewusster auseinanderzusetzen und Methoden zu nutzen, die mir vorher unbekannt waren.

„Wer bin ich?"

ist die Frage, auf die mir mein bisheriges Leben eine Fülle von Antworten geben kann. Sie bringt mich möglicherweise zurück bis an den Ausgangspunkt meines Lebens.

„Wo will ich hin?"

ist die Frage, die sich anschließt. Auch auf diese Frage kann ich rückblickend Antworten bekommen („Wo war ich, wo bin ich jetzt?") und mir Orientierung für mein augenblickliches oder zukünftiges Handeln geben.

Neu war für mich die Erkenntnis: ***Leben ist Prozess.***

Zwischen den Fragen: „Wer bin ich?" und „Wo will ich hin?" liegt mein Alltag, mein familiäres Umfeld, meine Beziehung(en), mein Beruf, mein Leben mit all seinen Themen. Hier genauer hinzuschauen, ein *Bewusstsein für die einzelnen Prozesse* zu entwickeln und Gestaltungsmöglichkeiten zu erkennen und für mich zu nutzen war für mich der Schwerpunkt in den ersten beiden Ausbildungsjahren.

Aus der Betrachtung heraus:

Leben ist Prozess oder eine Hintereinanderreihung von einzelnen (Kontakt-)Prozessen

konnte ich mehr und mehr in die Rolle meiner eigenen Beobachterin gehen und im Laufe der Zeit das entdecken und entwickeln, was in der CoreDynamik unter *Landkartenbewusstsein* verstanden wird. Jede neue Übung enthielt die Möglichkeit, einen weiteren Teilausschnitt meiner persönlichen Landkarte zu entdecken, um im Verlauf vielleicht Verbindungen, Schnittpunkte oder einsame Inseln zu erkennen.

Ich konnte erfahren, angelegt an den Aufbau der Ausbildung (langsam, von außen nach innen), wie unterschiedlich die Herangehensweisen der verschiedenen therapeutischen Schulen (Gestalttherapie, Integrative Therapie, TA) sind, vergleichbar mit unterschiedlichen Richtungen und Wegen auf ein gemeinsames erstes Ziel hin:

das Ich.

Ich konnte mich in diesem Sinne immer wieder von anderen Richtungen startend an meine Persönlichkeit herantasten und dadurch eine entsprechend andere Perspektive einnehmen.

Im Nachhinein sehe ich, dass gerade in der *Verbindung* dieser unterschiedlichen Ansätze, in diesen unterschiedlichen Erlebensräumen, eine große Chance für mich bestand, auch unterschiedlichen Zugang zu mir zu bekommen.

Die Erfahrungen, die ich jeweils machte, oder die Antworten, die ich jeweils bekam, waren der Methode entsprechend, je nachdem, welche Tür ich gerade öffnete, in welche Schicht meiner Persönlichkeit sie mich führte und mit welchen Persönlichkeitsanteilen sie mich dort konfrontierte.

Wenn das Hauptthema heißt: Leben ist Prozess, dann ist das darunterliegende Thema:

Leben ist Kontakt.

Die ersten Schritte auf dem Weg dieser Ausbildung führten mich über das Thema „Kontakt“ langsam, auf dem spiralischen Weg, zu ersten Begegnungen mit meinen – im Inneren liegenden – Mustern.

„Wie trete ich mit mir und dem Gegenüber (der Welt) in Kontakt?“

Schon in den *Anfangs-Basis-Kontaktübungen* wurde mir eine Art „Mangel-Überschuss“- Verhältnis in mir bewusst, das sich in einer großen Pacing-Qualität und einer dazu relativ geringen Leading-Qualität zeigte. Übersetzen konnte ich das aus den Erfahrungen in Partnerübungen, in denen ich mich zunächst empathisch, mitgehend, spiegelnd, zunehmend jedoch konfluent fühlte. Ich verspürte immer wieder den Sog, mich an den Partner anzugleichen und, ab einem unmerklichen Moment, nur wenig bewussten Einfluß auf unser gemeinsames Kontaktgeschehen zu nehmen.

Erst später, nach vielen Übungen zur Wahrnehmung meiner eigenen Grenze und dem Wachmachen dafür, wie entscheidend dies für einen gelungenen Kontakt ist, wurde ich aufmerksamer für diesen inneren Zustand. Eine innere Instanz wurde wach, die mich immer öfter an den Moment erinnerte, von dem ab ich wieder bereit war, aus meiner Mitte zu gehen, meine Grenze zum anderen zu übertreten, mit meinem Gegenüber „mitzuschwimmen“ und mich am Ende dann nicht wirklich zufrieden zu fühlen.

Durch die Erlaubnis, mich mehr und mehr vom Gegenüber abgrenzen zu dürfen, konnte ich klarer und sinnvoller begleiten. Die intuitiven Angebote an meinen Partner konnte ich zunehmend bewusster anbieten, und insgesamt wurde der Kontakt deutlich gelungener für beide.

Zusammenfassend wurde mir hier entscheidend bewusst, wie ich bislang Kontakt gemacht habe, wann ich ihn gestaltet habe und wann ich – unbewusst für mich – den Kontakt zum Gegenüber unterbrochen habe. Ich konnte Verbindungen erkennen in der Art und Weise, wie ich gelungenen Kontakt gestalte oder nicht gestalte, wie erfüllt oder unerfüllt ich aus einem Kontakt gehe, und in diesem Sinn etwas darüber erfahren, *wie* ich mein Leben gestalte und *ob* ich es *überhaupt* gestalte.

Etwas langsamer war mein Prozess hinsichtlich meiner schwach vorhandenen Leading-Qualität. Der Zugang und das Verständnis für diese Qualität fiel mir nicht so leicht. Über längere Zeit hindurch konnte ich erleben, wie ich mich um dieses Thema drückte. Es war für mich hier schwieriger, eine innere Tür zu öffnen, eine Antwort zu finden darauf, warum ich ungern führe (im Kontaktgeschehen, die Gruppe ...). Im 3. Jahr konnte ich zunehmend eine sich anbahnende Entwicklung spüren, hin zu mehr innerem Gefühl für Leading und entsprechend sicherer Prozessführung mit meinem Partner.

Am eindrucksvollsten war für mich zu erkennen, dass mir die Momente, in denen ich einen Kontakt unterbreche, oft nicht bewusst waren.

Die Themen „Kontakt“ (im Leben) und „Nicht-Kontakt“ waren ab diesem Moment ständige Begleitthemen und wichtige Hilfestellungen im Beobachten meines eigenen Prozesses oder dem einer anderen Person.

Etwas Unbewusstes zu erinnern, es noch einmal zu erleben, es ins Außen zu transportieren *und zu benennen* war eine wichtige Bedingung für mich, um wichtige Stationen auf meiner persönlichen Landkarte zu erkennen.

Die wiederholte Frage: „Wer bin ich?“ förderte meinen Prozess des Erinnerns.

Ich habe viel Erfahrung im Umgang mit Verwirrung und Chaos gesammelt, und dies hat sicher mein (coredynamisch ausgedrückt:) Spürbewusstsein geschult, meine Sensibilität stark entwickelt und mich schon früh eigene Möglichkeiten von Self-Support entwickeln lassen. In den späteren geführten Atemreisen konnte ich mehr und mehr Kontakt zu meiner inneren Klarheit herstellen, ihr zunehmend vertrauen und meine Anteile von Verwirrung liebevoll(er) anschauen.

Die Bewusstmachung und Aufarbeitung dieser Themen gab mir zunehmend die Möglichkeit, wieder Kontakt zu meiner verborgenen inneren Qualität, meiner Klarheit, aufzubauen.

In begleitenden Körperübungen konnte ich immer wieder erleben, dass mein Körper ein wunderbares Instrument ist, um mir zu zeigen, wo etwas noch entwickelt werden möchte.

Es war für mich neu, dass ich im *GefühlsParcours* innerhalb 1 Stunde (mehr oder weniger tief) von alleine oder verstärkt durch eine entsprechende Körperhaltung und Stimme in die unterschiedlichsten Gefühle gehen kann. Mein Körper ließ mich spüren, welche Gefühle mir vertrauter waren und leichter fielen (Freude, Trauer, Trotz) und welche Gefühle im Körper eher blockiert, vernachlässigt und unangenehm zu spüren waren (Angst, Wut).

Ich kann rückblickend sagen, dass ich mir und meinem Körper(-bewusstsein) mehr und mehr vertraut habe und dadurch im weiteren Verlauf in der Arbeit erfahren konnte: „Ich bin jetzt in diesem Gefühl, *und* ich bin mehr als meine Gefühle. Mit diesem zunehmenden Vertrauen in meinen Körper und dem Mich-Einlassen auf die Arbeit habe ich meinen Körper zunehmend als „Gefäß" erlebt:

Mein Körper als Gefäß für meine gesammelten Erfahrungen, Gefühle, Bilder ...

Gleichzeitig mit diesem zunehmenden Wahrnehmen meines Körpers und dem wachsenden Vertrauen wuchs auch mein Mut und meine innere Bereitschaft, auf diesem Weg weitergehen zu wollen. Ich begann, mich mehr und mehr mir selbst zu öffnen.

Ich konnte erleben, wie diese innere Öffnung mir Zugänge zu tieferen Schichten ermöglichte (Ebenen III und IV) und während späterer Übungen immer häufiger richtungsweisende Impulse aus meinem Inneren:

„Da, wo die Angst ist, da geht der Weg lang"

aufstiegen, an denen ich mich orientieren wollte. Ich konnte spüren, wie ich *an mir wachse.*

Durch geführte Meditationen bin ich immer wieder in Kontakt mit meinen Gefühlen gekommen, und Körper und Seele haben sich an Szenen erinnert, die mit diesen Gefühlen in Verbindung stehen. Die Beschäftigung mit meiner Biografie in der Arbeit mit meinem *Lebenspanorama* und beim *Familienstellen* hat mich entscheidende Szenen meines Lebens erinnern lassen. Ich konnte hier alte Verletzungen noch mal spüren und hatte die Chance, mir heute zu erlauben, die alte Situation noch einmal in den Vordergrund zu rücken und aus dem Jetzt heraus gewünschte Veränderungen an der Szene zu entwickeln. Dies hat mein Verständnis für ein Denken in (Familien-)systemischen Zusammenhängen geschult und mir wiederum eine Möglichkeit des Perspektivwechsels angeboten:

Als Beobachterin konnte ich mir erlauben, aus diesem System herauszutreten und wahrzunehmen, *was da ist.* Es bestand aus dieser Perspektive für mich die Möglichkeit, Mitglieder meines Systems (Eltern, Geschwister) wiederum als Teile ihres eigenen Systems zu sehen, und ich hatte dadurch die Chance des Klärens.

Ich hatte schon hier erste Gelegenheiten von der Persönlichkeitsebene auf die Seelenebene überzuwechseln, erste Kontakte mit meiner Intuition zu entwickeln, um zu spüren:

Ein Teil von mir ist eingebunden und verwickelt in diese Systeme (Persönlichkeit), *und* ein anderer Teil von mir ist unabhängig und frei davon (mein Seelenwesen).

Durch ein Herantasten an meine Persönlichkeit auf unterschiedlichen Ebenen:

Ich und mein Körper
Ich und meine Ursprungsfamilie
Ich als Paarwesen
Ich und die Gruppe

und immer wieder ein Wechseln der Perspektive:

Ich als Betroffene – Ich als Prozessbeobachterin

hat sich, zunächst fast unmerklich und dann immer wieder auch stark spürbar, meine Wahrnehmung verfeinert, meine Erfahrungen haben sich miteinander verknüpft, und der Blick auf mein Äußeres und Inneres hat sich dadurch verbreitert.

Mit dem **Beginn der Atemarbeit** begann der anstehende tiefere Weg nach Innen – hin zum Wesen, zu meiner Seele.

Die Frage : „Wer bin ich?" wurde für mich erweitert:

„Wer bin ich, noch, dahinter?"

Wer bin ich hinter meinen Rollen, hinter meinen Bildern, hinter meinen Gefühlen, hinter meinen inneren Symbolen?

Die Erfahrung war neu für mich, dass ich, um tiefer zu kommen, meinem Körper Energie zuführen muss:

Der tiefere Weg nach Innen – hin zu *seelennäheren Antworten* –
führt über vertiefte Atmung.

Ich war gut vorbereitet, mich der nächsten spiralischen Drehung des Weges, mich dem nächsten Schritt in meinem Prozess zu öffnen:

meiner **ersten vertieften Atmung – Bewegungsekstase**

Für mich hat diese erste Begegnung mit transpersonaler Arbeit ein ganz besondere Bedeutung. Ich habe einmalig während der gesamten Ausbildungsdauer etwas erlebt, welches – mir vorher unbekannt – als „Kundalini-Phänomen" bezeichnet wird. Die Bewegungsekstase löste in mir innerlich eine – mir vorher unbekannte – Blockade:

Meiner erlebten Erfahrung lagen gute Bedingungen zugrunde:

- eine wunderbare, meiner Natur entgegenkommende Vorbereitung,
- die Sicherheit, einen Partner an der Seite zu haben, der mich begleiten und auf mich achtgeben wird,
- die von außen gegebene Erlaubnis, dass es leicht sein darf, Freude machen darf,
- Überforderung durch die unbekannte Aufgabe und darin die Möglichkeit, einen neuen Wachstumsschritt zu gehen,

- meine innere Bereitschaft, Kontrolle loslassen zu wollen,
- mein positives Erleben von Raum-Öffnung: zunehmende Enge-Druck-Ringen-Durchdringen-Ankommen.

Ich erinnere gegen Ende der Bewegungsekstase einen Moment, in dem ich deutlich am unteren Ende meiner Wirbelsäule eine Art „inneren Knall" gespürt habe. Diese körperliche Empfindung war mir bislang unbekannt. In der Folge erwärmte sich meine Wirbelsäule langsam von unten aufsteigend bis in den Halsbereich (aufsteigende Kundalini-Energie). Diese angenehme Wärme hielt über 10 Tage an. Ich konnte im Verlauf eine bislang ungekannt reine, innere, geistige Wachheit feststellen und das Ausbleiben der üblichen körperlichen und geistigen Müdigkeit am Ende eines Tages. Während dieser 10 Tage habe ich mich deutlich vitalisiert gespürt und überraschend festgestellt, dass es mir unangenehm und unmöglich war, mich ungesund hinzusetzen. Mein Körper gab mir eine ungewohnt aufrechte („gesunde"), für meine Umgebung deutlich unterschiedliche Haltung, der ich willentlich nicht entgegenwirken konnte. Diese Erfahrung war für mich etwas völlig Neues und bis heute einmalig.

„Wer bin ich, dahinter?" Durch diese mir neue Methode der Selbsterforschung, die Arbeit mit dem Transpersonalen, bekam ich im wahrsten Sinne des Wortes *neue Einsichten*: eine neue Sicht in die immense Welt meines Inneren, hin zu meinem innersten Wesensbereich, dem **Core**.

In wiederholten, jeweils längereren, tieferen Atemreisen wurde für mich dieser unbekannte Weg in meine Innenwelt zu einer großen Entdeckungsreise, immer wieder einem natürlichen, wellenartigen Prozess folgend:

Entspannung
vertiefte (heftige) Atmung
Zunahme von Bewusstsein
Öffnung von (bekannten oder unbekannten) inneren Räumen
Begegnung mit dem Dunklen
Unterwelt
Enge
Zwischenräume
zunehmender Druck
Widerstand
Höhepunkt
Öffnung (Geburt)
unmittelbares Gewahrsein
Präsenz
Intuition

Gleichzeitigkeit
im Kontakt mit dem innersten Wesensbereich
mit der Seele
mit der inneren Heilerin in mir
mit dem Göttlichen in mir
Essenz
Sein
Quelle
Heilung
Stille
Core

In diesem Sinne wurde für mich der Forschungsbereich, mein möglicher (Selbst-)Erfahrungsraum, unendlich erweitert.

Ich habe durch den Ausbildungsaufbau, durch die einzelnen Lernschritte aus der traditionellen Psychotherapie, im Verlauf Verbindungen erkennen können. Die einzelnen Fragmente aus meinem unbewussten Inneren, die durch entsprechende Methoden (Gestalt, Integrative Therapie, TA, NLP) an die Oberfläche – an mein Bewusstsein – kamen, standen mehr und mehr in Verbindung zueinander.

Dieses Netz von Verbindungen ist vergleichbar mit einer Landkarte, meiner persönlichen Landkarte, an der ich mich zunehmend orientieren konnte. Mein Bewusstsein für diese Landkarte war im Wachstum begriffen, und ich bekam mehr und mehr Stabilität und Sicherheit.

Dadurch, dass in der transpersonalen Arbeit mein Erfahrungsraum immens erweitert wurde, wurde auch die Möglichkeit, mein Bewusstsein auszuweiten, vergrößert. Dieser außergewöhnliche Bewusstseinszustand während der Atemreisen führte mich entsprechend zu Erfahrungen, die über personale (meine mir bisher persönlich möglichen) Erfahrungen weit hinausgehen.

Ich habe diesen Erfahrungsbereich als einen Ort erlebt, wo innere Heilung stattfinden kann.

Die Heilung besteht darin, dass sich im Überschreiten dieser Bewusstseinsschwelle Ahnungen über mich, über mein Wesen, zu bestätigen beginnen.

Die Erfahrungsräume führten mich tiefergehend in einen (Ebene VI) unendlichen Raum, einen Ort innerer Weisheit, der mit Worten und Begrifflichkeiten nicht mehr beschreibbar ist:

Der Raum, in dem die Seele wohnt, ist nicht in Worte zu fassen.
In diesem Raum schwingt Wahrheit ohne Raum- und Zeitgrenzen.

Das große Heilungsritual am Ende des 2. Ausbildungsjahres war für mich ein Höhepunkt auf diesem Ausbildungsweg. Der Aufbau des Heilungsrituals entsprach wiederum dem (natürlichen) Zyklus des erlebbaren (Wachstums-)Prozesses:

Der großzügige Zeitrahmen bietet den Raum, den ich brauche, um in Tiefen meines Bewusstseins, zum Kontakt mit meiner Seele – als dem Ort, wo mein innerstes Wissen wohnt – vorzudringen und die dort liegende (Selbstheilungs-) Kraft zu entdecken.

„Die Seele scheint ein Raumwesen zu sein."

Ich sehe das große Heilungsritual als das Kernritual innerhalb der CoreDynamik(-Ausbildung), weil hier alle meine bis zu diesem Zeitpunkt gesammelten Erfahrungen und Erkenntnisse über mein Wesen zueinander in natürliche Verbindung kamen (diagnostische Modelle und traditionelle Verfahren, die Arbeit mit kraftvollen Ritualen [Geburt und Tod / Paar-Ritual / Visionssuche], Energiearbeit und Meditationen und die transpersonale Arbeit).

„Wer bin ich, dahinter?"

Mein persönlicher Höhepunkt, im Rahmen dieser Ausbildung, war für mich das Intuitionsstorming zu Beginn des 3. Ausbildungsjahres. Das vorangehende 1½-tägige Schweigen, kombiniert mit geführten Meditationen, war für mich ein intensives Erleben von Innehalten, Erinnern, innerer Sammlung und Ordnung.

„Sammle!
Sammle ein, sammle dich,
so taucht auf, was wirklich wichtig ist."

Ich habe das Schweigen als eine für mich wunderbar hilfreiche Methode erlebt, um – unabgelenkt – ganz bei mir anzukommen. Die begleitenden Meditationen habe ich als tiefe Unterstützung erlebt, um meinen inneren Dialog mit mir anzuregen. Diese ungestörte Atmosphäre des Mit-mir-Seins hat meine Intuition in ungekannter Weise angeregt und mir einen wertvollen Hinweis geliefert:

„Mein Hinterkopf ist so empfindlich und
so fein.
Ich danke allen an meiner Geburt Beteiligten, dass sie so auf meinen Hinterkopf
achtgegeben haben."

Die Vorbereitung auf das Intuitionsstorming (Trancearbeit) hat mich innerlich sehr erfüllt und sicher gemacht. Ich habe mich angstlos, weit und offen gefühlt. Es ist wichtig für mich, diesen inneren Zustand nochmals zu erinnern, weil dies für mich der Beginn meines Zugangs zu meiner inneren Demut wurde. Im Verlauf des

Intuitionsstormings hat sich diese innere Öffnung und Hingabe verstärkt, und ich hatte an einem von mir nicht mehr lenkbaren Höhepunkt eine so starke innere Gewissheit, dass es dieses »dahinter«, das Göttliche, gibt, dass es für mich persönlich seit diesem Moment keinen Zweifel mehr daran gibt.

Während des Durchlaufens der 3 Jahre Ausbildung konnte ich mehr und mehr die darin enthaltene Dynamik erkennen und Zusammenhänge feststellen. In gewisser Weise handelte es sich dabei um eine Art Wieder-Erkennen:

Ich konnte mich, mit meiner Natur und den mir eigenen Rhythmen und Zyklen, in Zusammenhang bringen mit den zyklenhaften, wellenartigen Erfahrungen innerhalb der einzelnen Prozessarbeiten. Ich konnte somit zunehmend die einzelnen Lernschritte als Ausschnitte erkennen, mich mit meiner Natur zu erfassen, um irgendwann im Verlauf diese ausschnitthaften Erfahrungen zusammenzufügen und eine Art Gesamtbild von mir zu entwickeln. Dabei wurde mir bewusst, dass ein Schubladendenken mir und dem Leben in seiner Vielschichtigkeit nicht gerecht wird. Ich erkenne heute das Leben, und mich als ein Teil dieser Natur, als viel zu komplex, um nur einzelne Schablonen zu nutzen.

Es entsteht für mich vielmehr der Eindruck, dass ich im Übereinanderlegen verschiedenster Schablonen (Ansätze) einen ungefähren Einblick darin gewinnen kann, *wie* vielschichtig, komplex und am Ende paradox, das Leben aufgebaut ist (vergleichbar für mich mit dem Blick durch ein Kaleidoskop, der meine Eindrücke auch immer wieder, durch eine kleinste Bewegung, verändern kann). Ich erweitere damit mein Erfassen der mich umgebenden Wirklichkeit und erhöhe dadurch meine Möglichkeiten, mein Leben zu gestalten.

Insofern stehen die Inhalte der Ausbildung in der Art des Aufbaus, die Wiederholungen, die Möglichkeit des Übens mit seiner Dynamik des Ganz-in-den-Prozess-Gehens und wieder Heraustretens in direktem Zusammenhang, wie Natur, mit den ihr eigenen natürlichen Verläufen, aufgebaut zu sein scheint.

Ich fühle am Ende dieser drei Ausbildungsjahre große Dankbarkeit.

Ich möchte Dir, Bernhard, aus vollstem Herzen danken, dass Du mir Dein Schatzkästlein geöffnet hast, ich davon lernen und daran wachsen konnte, und möchte mir danken, dass ich mich mutig und wahrhaftig auf diese Forschungsreise eingelassen habe.

Eine Lehrerin schreibt:
Ich will eine Auswahl aus der Menge des Materials treffen. Es erscheint nur das, was im Moment bei nochmaliger Durchsicht meiner Unterlagen und im Nachspüren einiger Erfahrungen in den Vordergrund tritt.

Nachnähren/Geburt
Auf der Ebene von Heilung alter Wunden war es für mich eine der wesentlichen Erfahrungen, neben aller erwachsenen Reflexion an einigen Stellen ganz schwach und unendlich klein sein zu dürfen, ohne den Druck des Anspruchs: „Dies ist eine Ausbildungsgruppe. Hier geht es um Erwachsensein und Selbstverantwortung."

Und es war an dieser Stelle viel heilender, den bedürftigen, schutzlosen, schwachen, zittrigen Teilen in mir Raum zu geben und dazu auch wirklich ja zu sagen. Während um mich herum einer nach dem anderen z.T. lautstark sein Lied arrangierte und darbot, konnte ich zwei halbe Tage, sehr liebevoll und einfühlsam von Antje geschützt und begleitet, meinen eigenen Weg gehen. Es wurde eine sehr weite Reise, auf dem tiefsten noch wahrnehmbaren Punkt zurück in das noch ungeborene Kind, das seinen Schutz von außen erhält, wo alles um Atmosphäre und Schwingungen geht, Spüren, Umfasst- und Gehaltenwerden, wo durch noch nicht vorhandene Grenzen ganz viel Schutzlosigkeit und Verletzlichkeit da ist, viel Chance zum Vertrauen. Worte scheinen noch viel zu hart und Nach-außen-Spüren nicht ganz ungefährlich, weil ich zu sehr mit den anderen mitschwinge.

Das für mich Beeindruckende war, diesen Zustand ganz erfahren zu können, ganz durchlässig zu werden und ihn in den Pausen im Gruppengeschehen auch verlassen, in Maßen „normale" Gespräche führen zu können. Ein Stück Bewusstheit für den Prozess war die ganze Zeit vorhanden, und noch in der Rückschau bin ich sehr fasziniert davon, wie ich langsam älter wurde in meinem Erleben, längere Zeit eine fiebernde, kranke 4-jährige war, glücklich, Zuwendung und Aufmerksamkeit zu bekommen, gar nichts leisten zu müssen, um da sein zu dürfen, Geschenke von anderen Kindern zu bekommen, aber auch die Mutter noch für mich alleine haben zu wollen.

Es folgte ein sehr schöner, organisch fließender Prozess des Älterwerdens, meine Begleiterin wieder teilen, dann auch loslassen Könnens, bis ich am nächsten Mittag das Gefühl hatte, als etwas erschöpfte Erwachsene neben einer erwachsenen Freundin auf der Matte zu sitzen. Meine in mir angelegten etwas voreiligen Ansätze von „Ich kann jetzt wieder alleine" hatte Antje mit viel Gespür liebevoll unterbunden.

Was die Welt bzw. die Gruppe dann für mich bereit hielt, war das pralle Leben: ein unglaubliches Chaos und mächtiges Getöse in Teilen der Neujahrssinfonie, wo ich in gutem Kontakt mit mir und dem Ganzen einfach mitschwingen, dasein, mit gestalten und genießen kann, mich dabei und lebendig fühle.

Loslassen/Aufrichtung

Unter dieser Überschrift ließe sich sehr viel fassen. Ich möchte hier vor allem von den Atemreisen im mittleren Teil der Ausbildung berichten.

Die erste Atemreise in dieser Gruppe war sehr durch Freude an der Bewegung, an der eigenen Kraft, durch Verbundenheit mit Energien innerhalb und außerhalb von mir bestimmt. Den Weg dazu haben sicher die vorangegangenen tiefen Arbeiten in der Neujahrsgruppe, die sehr einfühlsame, mitreißende und tragende Live-Musik und der behutsame Einstieg (mit 20%) geebnet.

Ich möchte hier an dieser Stelle aus meinen Aufzeichnungen ausführlicher zitieren, weil es für mich Erfahrungen von einer ganz neuen Qualität waren, ein mit großer Bewusstheit erlebtes Eintreten in andere Räume und die Wahrnehmung, wie sehr dies ein vom Körper ausgehendes oder zumindest weitgehend mit gestütztes Erleben sein kann.

Der Satz „Ich bin einverstanden“, den es so zuvor nicht spürbar in mir gab, taucht in den nächsten Monaten auf immer tieferen Ebenen des Erlebens in mir auf, stellt eine ganz zentrale Phase in einer Atemreise dar, die mit einem Loslassen der Mutter und der Rolle als Tochter in dieser Welt begann und über erste tiefe Erfahrungen von Hingabe und Demut zu diesem Einklang, diesem „Ja“, diesem Einverstandensein führt und der Entdeckung der Großzügigkeit (der Liebe?) als Wurzel von allem. In der Integrationsphase dieser Reise taucht, noch mehr als Richtung denn als Realität, der Satz auf: „Ich übernehme die Verantwortung für mich und mein Leben zwischen Himmel und Erde.“ Aufrichtung und Erwachsenwerden.

Die folgende Atemreise (während des Paarseminars) in der Gruppe „schenkt“ mir die Sätze: „Ich bin dem Leben doch gewachsen. Ich kann das alles: Chaos erleben und mir Struktur geben.“ Und es ist eine Erfahrung des mit dem Widerstand Gehens, des teilweise damit Spielens. Wieviel Energie lasse ich zu? Wann genau fangen die Hände an, sich zu versteifen? Ich arbeite an der Grenze der möglichen Bewegung, was für mich Neuland ist und ein Stück Loslassen des Opfers.

Ein Loslassen von Drama auch bei der Atemreise im August, der ersten, die ich im Liegen mache. Zunächst halte ich das nicht aus, zu groß ist die Gefahr von Erstarrung. Ich gehe am Anfang in eine längere Phase des Stehens und der Arbeit mit den Wörtern „Ich“ und „Ja“. Auch das ist so neu, dass ich gleichzeitig ganz dabei bin und staunend „neben mir“ stehe. Als ich mich dann lege, kommt eine längere Phase von Kampf, von Ärger und Langeweile. Durch das Dranbleiben lösen sich die im Kampf liegenden düsteren und hellen Kräfte (es geht um Sexualität) auf und gehen über in Rotation, Pulsation, eine körperliche und energetische Rundheit und Ganzheit. Danach diese mir wohl für immer unvergesslich bleibenden Bilder der Dämonen, die sich zu froschähnlichen Wesen wandeln und auf eine grotesklächerliche Weise Aufmerksamkeit fordern. Sie nehmen sich ja soooo ernst, und ich kann nur lachen und lachen und lachen auf eine sehr tief befreiende Weise. Und auch dieses Loslassen schafft Raum für Neues. In meinen Aufzeichnungen und meinen Erinnerungen spielen an dieser Stelle Demut und Dankbarkeit (den Kräften des Universums, meinen Begleitern auf meinem Weg von Heilung und auch mir selber gegenüber) eine große Rolle.

Als Bewegungsform und Erfahrungsraum an dieser Stelle „passt" für mich sehr gut die Drehung in der Aufrichtung: das Fliegen, der Rausch und die Zentrierung, das schnelle Aufeinanderfolgen von Erfahrung des großen Ganzen, von Loslassen, Chaos zulassen und wieder stabilisieren. Dazu noch gleichzeitig die Walzermusik und der Blick aus dem Fenster in die Weite der Landschaft.

Die Atemreise während des großen Heilungsrituals enthält fast alle Elemente der vorangegangenen Reisen. Hier stehen die (Mutter-)Monster relativ am Anfang. Als ich ihnen ohne Angst begegne, fressen sie sich selbst auf oder zerfallen zu Staub. Auf eine lange Phase im Liegen, die ich in bild- und wortlosen, aber sehr kraftvollen inneren Räumen verbringe (starke Energien im Körper und in der Stimme), folgen sehr lustvolle Bewegungen der Befreiung und Aufrichtung, eine Phase mit dem Wort „Ja" und weiterem Loslassen über tiefe, lange Töne.

Und die letzte Reise in dieser Gruppe vollzieht den noch größeren Bogen von der Erfahrung der Leere, des Loches in die Weite , die Schwerelosigkeit, grenzenlose Durchlässigkeit, fast körperlos. Auch das „Ja" taucht am Anfang wieder auf, diesmal von der Situation begleitet, dass, wenn mich jemand aus dem Gitterbett holt, ich ja dazu sagen werde, nehmen werde, was mir gegeben wird. Dann eine lange, lustvolle Phase des „Tanzens am Rande des Lochs" hin zum Loslassen und fallen Können, Vertrauen und Hingabe.

Sinn

Manches von dem, was sich jetzt vielleicht als so organisch gewachsen darstellt, habe ich während des Prozesses als durcheinander und verwirrend erlebt.

Es gibt auf dem Weg in sich öffnende innere Räume auch erst einmal die Möglichkeit, verlorenzugehen.

Sinn ist für mich nichts dauerhaft Festes und Fassbares. Es ist etwas, das sich in Momenten tiefen Erlebens sehr klar enthüllt, in guten Phasen meines Lebens im Hintergrund mitschwingt und in schlechten auch wieder ganz in den Bereich des Verborgenen, nicht Spürbaren geht.

Verdichtet hat sich dieses Sinnerleben im Rahmen der Ausbildung in Momenten der Erkenntnis, der Einsicht in Wahrheiten, sei es persönlicher oder universeller Natur, in existentiellen Erfahrungen von Geburt und Tod, eingebettet in größere Zusammenhänge des Seins, im Erleben von Verbundenheit, Pulsation, Fließen, „Angeschlossensein“, in der tiefen Stille – Erfahrungen im Kernbereich.

Ein sehr bedeutsames Erlebnis auf dieser Ebene war die an anderer Stelle dargestellte Schaffung des Babys aus Ton.

Während des Inkarnationsrituals kam ich schon in der Rolle der Begleiterin in Kontakt mit dem weiten Raum, in dem die Seelen leben. Und als es auf die Inkarnation zuging, stiegen in mir die Sätze auf: „Es stimmt. Es ist genau der richtige Zeitpunkt. Es ist Weihnachten: Das Göttliche inkarniert sich auf der Erde.“ Bei aller Scheu und Abwehr dieser Gedanken, die mir ein Stück weit „kitschig“ erschienen, war es dennoch ein heiliger Moment.

Meine eigene Geburtserfahrung begann mit dem heftigem Schmerz und der Trauer eines Kindes (wir waren in das Alter zwischen 0 und 6 zurückgegangen), das sich unendlich alleine fühlt. Was dann folgte, war eine für mich in diesem Fluss und dieser Klarheit völlig neuartige Erfahrung des Auf-die-Welt-Kommens, ein grundlegender Wechsel der Perspektive, ein Erlebnis, das ich nach allen früheren Erfahrungen von Qual und Enge nur sehr unzulänglich mit: „Es ist die andere Seite“ beschreiben kann.

Was dieses gegenüber meinen früheren Erfahrungen so deutlich veränderte Erleben möglich macht, ist meines Erachtens neben dem biografischen „Durcharbeiten“ vor allem die wachsende Bewusstheit und Erfahrung anderer seelisch-geistiger Räume, wie wir sie in der Arbeit auf den Tiefungsebenen 5 und 6 erlebt haben.

Und Stück für Stück löst sich meine Scham auf, überhaupt auf der Welt zu sein.

Nur vor dem Hintergrund des Erlebens von so viel Verbundenheit und Kraft war auch die Erfahrung des „Nichts“ in der Radikalität, in der sie an uns herangetragen wurde, möglich. Wie sonst auch des öfteren war es eine Erfahrung, in der sich biografische und weit darüber hinausgehende Ebenen finden.

Und auf dem Grund dieser ausweglos erscheinenden Situation eine Erinnerung, die das Warten noch sinnvoll erscheinen lässt. Die Erinnerung an die Geburt. Da gab es schon einmal einen Ausweg, als alles ausweglos schien. Und daneben, das nehme ich sehr erstaunt wahr, gibt es das Wissen der kindlichen Seele, dass es noch nicht Zeit ist zu sterben. Der Tod bietet sich mehrfach an, und ich schicke ihn fort. So wird Überleben durch ein inneres Wissen möglich und eine Entscheidung dieses Körper-Seele-Organismus, leben zu wollen.

Die Reise geht noch eine Weile weiter durch mein frühes Leben: das Erleben von viel Mangel, die Entstehung von Rachegelüsten und die Identifizierung mit dem „Nein“ als früh angelegte Strategie (was wir tun, um das Loch nicht zu spüren ...).

Ich erlebe das mit einer starken inneren Beteiligung, und gleichzeitig läuft eine Ebene von Verständnis und Verstehen mit.

Auf einer ganz anderen Ebene erfahre ich den Tod dann in einer späteren Phase der Reise. Äußerlich gibt es Parallelen zum Anfang, das innere Erleben ist sehr unterschiedlich. Da ist ein abgrundtief schwarzes Loch, der Tod, und ich stehe am Rande und schaue hinein. Es entsteht ein langes inneres Mantra: „Ich bin einverstanden" und eine tiefe körperliche Entspannung. Dann lasse ich zu, dass Stück für Stück meines Körpers sich von mir löst. Immer mehr Stücke verwirbeln in dieses schwarze Loch hinein. Das Herz halte ich eine Weile fest, dann lasse ich zu, dass erst die negativen, dann die positiven Gefühle in dieses Loch hineinfliegen. Dann kann ich auch noch den Zeugen loslassen, mich einem höheren Gesetz unterordnen. Durch das „Ja", das Einverstandensein, ist auch die Angst weg. Das Nichts ist dann erfahrbar als ein Raum, der sich in der Leere, dem Mangel an Begrenztheit deutlich anders anfühlt als ein Loch.

Auch diese Erfahrung hat für mich viel mit Sinn zu tun. Neben dem Erleben, wie nah Tod und Geburt immer wieder beieinander liegen, dem Staunen über ein sehr früh vorhandenes inneres Wissen (der Seele?) war es hier vor allen Dingen das Vorhandensein von etwas, das trägt, auch bei den tiefsten Löchern und gefährlichsten Abgründen, und ein Gefühl von Reife, mich auch damit konfrontieren zu können – „no more turning away".

Vernetzung

Während die Großgruppe für mich vor allem durch das gesamte energetische Feld, das sie bot, von Bedeutung war (z.B. die Intensität, der Reichtum bei Atemreisen), war die Regionalgruppe Stütze und Lernfeld. Es war für mich eine Gruppe, die sehr durch ein gemeinsames Interesse an Wachstum charakterisiert war, fähig und bereit, Einzelnen den Raum zu geben, den sie brauchten, sehr ernsthaft (manchmal vielleicht zu ernsthaft) im „Commitment" zur gemeinsamen Arbeit. Bei aller Verschiedenheit der Einzelwesen war immer auch eine gemeinsame Energie spürbar, die ein emotionales Sich-Einlassen möglich machte, und ein Sich-aufeinanderverlassen-Können, von dem auch die mehr theoretisch orientierte Arbeit des letzten Jahres profitierte. Die Auseinandersetzung mit dem Thema „Führung" in dem „fishbowl" der Großgruppe, das wir bis dahin in stillschweigender Übereinkunft unter den Teppich gekehrt hatten, brachte uns noch einmal einen Sprung nach vorn.

Ich bin sicher, dass der Kontakt nach dem Ende dieser Ausbildung nicht abreißt, sondern sich in persönlichem und/oder arbeitsmäßigem Rahmen fortsetzt.

Was war heilsam?

(Ganz viel von dem, was heilsam war, ist schon in den vorangegangenen Ausführungen angesprochen. Ich möchte hier nur noch einige Einzelaspekte auflisten, die für mich darüber hinaus von Bedeutung sind.)

- eine Grundatmosphäre von Liebe und Wertschätzung
- die Glaubwürdigkeit bei der Umsetzung des Anfangsmottos „My Way"
- die große Rolle, die Humor, Spaß, Genuß und Leichtigkeit spielten
- die Freude, die jede(r) (Team und TeilnehmerInnen) an Wachstumsschritten des/der anderen zum Ausdruck brachte
- die Vielzahl der Angebote, der Reichtum und die Vielseitigkeit in der Arbeitsweise
- bei aller Flexibilität ein didaktisches Modell als Grundlage, d.h. klare Landkarten zur Orientierung und Unterstützung des Prozessbewusstseins (schafft auch Sicherheit)
- die Abwesenheit von Leistungsdruck, das Angebot von selbstbestimmten Lern- und Wachstumsschritten
- die viele Körperarbeit
- das Raumerleben, das auch das Erleben von innerer Komplexität leichter macht (Ich denke gerade an die Erfahrung des inneren Raumes in der letzten Gruppe: ein hochkomplexes inneres Geschehen, in dem die Depression nur eine der bestimmenden Kräfte ist, die aber vielfach ausbalanciert gehört.)
- die Einladung, tiefe innere Räume zu erforschen
- die Verbindung von persönlichem und spirituellem Wachstum

Rückblick und Ausblick

„And the end of all our exploring will be to arrive where we started and to know the place for the first time."

Dieser sehr häufig zitierte Satz von *T. S. Elliot* gilt sicher auch und besonders für die CoreDynamik und ihr spiralförmiges Durchdringen der verschiedenen Schichten. Ich bin nicht „fertig" am Ende dieser Ausbildung. Ich habe viel gewonnen an Beweglichkeit und Durchlässigkeit, an Verständnis für meine inneren Strukturen, an Begegnungsfähigkeit, auch an Glücksfähigkeit und Seins- und Sinnerfahrung.

Dank

Ich möchte Bernhard und allen Begleitern und Begleiterinnen noch einmal von Herzen danken für alles, was sie erfahrbar gemacht haben und was sie gegeben haben. Ganz besonders wertvoll für mich war Eure starke Präsenz als Person und wie sehr Ihr Euch auch mit uns auf das Unbekannte eingelassen habt. Es war für mich stark spürbar, wie sehr Bernhard es fühlt und meint, wenn er sagt: „Was du sagst, ist zum Heulen schön." Auch die Tränen der Freude und des Berührtseins von einigen BegleiterInnen bei manchen meiner Arbeiten werde ich nicht vergessen.

Bericht eines Ingenieurs und Physikers:
Ich will nun versuchen, einige Entwicklungsbereiche genauer anzuschauen. Ich orientiere mich dabei erstmal an der Diagnostik der „acht Säulen der Identität“. Gleichzeitig benenne ich einige Erfahrungen, die für mich von zentraler Bedeutung waren.

Körper

Das größte Wachstum nehme ich wahr beim Verhältnis zu meinem Körper. Ich fühle mich viel stabiler und breiter. Ich spüre leicht meine inneren Räume, die Energien und die Spannungen, meine Aufrichtung, und diese Wahrnehmung steht mir auch immer mehr im Alltag zur Verfügung. Ich habe meinen Körper annehmen und lieben gelernt. Nur damit, ihn aktiv zu pflegen und zu bewegen (Sport, Entspannung, Tanz), tue ich mich noch schwer.

Zum veränderten Körpergefühl beigetragen haben

- die Spürübungen nach innen, Meditationen;
- das Wahrnehmen der Wachstumskraft und Lebensenergie in meinem Kind;
- das Erleben von Energie, Ekstase, Atem;
- mich im Ausdruck zu erleben, in Musik und Tanz, und auch in wachsender Selbstverständlichkeit zu tanzen;
- die Erfahrungen von Gleichzeitigkeit.

Und ganz wesentlich dabei ist meine gewachsene und stabilisierte Männlichkeit. Meine sexuelle Unsicherheit ist weitgehend verschwunden. Da ist weniger Anspannung und Angst, mehr Öffnen, Fließenlassen und Energie und Kraft spüren. Was in der Maske des Mannes als Entwicklungsperspektive angelegt war, hat sich mit der Zeit zu einem guten Teil realisiert, zumindest in meinem inneren Gefühl. Nun will es noch nach außen gelebt sein.

Gefühle

Das Spektrum meiner wahrnehmbaren Gefühle ist reichhaltiger geworden. Nach wie vor sind sie aber meist eingekapselt, der Zugang zu ihnen ist mir nicht leicht. Ich bin kein Gefühls-Experte, und ich nehme mir oft wenig Zeit zum Fühlen. Ich kann den Weg zu ihnen aber finden, indem ich mich hineinbegebe und all meinen Widerständen mehr auf die Schliche komme. Und ich vertraue viel mehr dem, was ich fühle.

Werte

Zwei wesentliche Wandlungen von Werten kann ich in den drei Jahren beobachten: Ich bin bodenständiger geworden; Basis und Stabilität zu schaffen und den

Alltag zu würdigen ist mir wichtiger geworden; meine Geringschätzung für das Normale ist nicht mehr so stark. Und ich werde langsam egoistischer, sorge mehr für mich, nehme meine Bedürfnisse wichtig. Das war entscheidend für die Trennung von … .

Diese beiden Werte wurden mir sehr deutlich im Sterbe-Ritual: Ich sah im Jenseits das Bild einer Kuh, die sagte: „Gras fressen und verdauen." Das steht für den Wert des einfachen Lebens. Und ich spürte, dass hinter meiner Todesangst die Angst sitzt, etwas Entscheidendes zu verpassen. Also: Lebe dein Leben.

Überhaupt hat das Thema Tod eine wichtige Rolle gespielt. Es ist mir neu, ich habe mich vorher fast nicht damit auseinander gesetzt. Es tauchte mehrfach symbolisch auf (Maske des Weisen, der Wolf, Anubis) und hat mich tief berührt, ohne dass ich es zunächst verstehen konnte.

Ferner beobachte ich in den letzten Monaten, dass sich in meinem Weltbild wohl etwas gewandelt hat. Ich komme her aus einem rein materialistischen Weltbild (Physiker!). Obwohl ich mich schon lange mit Zwischenmenschlichem und Nicht- Materiellem beschäftige, blieb das alte Weltbild letztlich bestimmend und „wahr". Nun spüre ich, wie ich allmählich wirklich die Existenz von Geist, Jenseits, Unbewusstem, Transzendentem erfahre. Ich ahne einen ganz langsamen Prozess von Verschiebung in meinem Weltbild.

Seelisch-Geistiges Sein

Der Kontakt zu meinen Energiezentren (Chakren) und inneren Räumen und Pulsationen ist mir mittlerweile sehr vertraut und selbstverständlich; der Existenz dieser Erfahrungen bin ich mir sicher, und sie geben mir einiges an Selbst- Bewusstsein und Stabilität. Eine gewisse Vertrautheit damit war auch vor der CoreDynamik-Ausbildung schon da, sie ist aber noch gewachsen und gefestigt worden.

Entwicklungsbericht eines Konstrukteurs:
Während der Musikwoche zum Jahreswechsel 97/98 lernte ich anhand einer Einzelarbeit mit meinem Körperbild, was phänomenologische Diagnostik in der CoreDynamik bedeutet: vom Detail zum Gesamteindruck, von der Vielfalt zum Thema, zur Gestalt. Mir wurde mein innerer Reichtum und der Mangel an entsprechendem Ausdruck deutlich. Der vom Gegenüber unabhängige Selbstausdruck bedeutet ja das Heraustreten aus der symbiotischen Verstrickung, was für mich bei nahestehenden und geliebten Menschen besonders schwierig ist, weil es von Kindesbeinen an mit Strafe, Schuld, Liebes- und Kontaktentzug bedroht wurde. Ich sollte nicht wachsen, sondern der liebe Junge, der ewige Jüngling bleiben. Dass ich diese Zeiten endgültig verabschieden und loslassen kann, bedeutet auch das Heraustreten aus der Opferrolle, das Nehmen von Königsenergie, und ist so das wiederkehrene Oberthema in meinem Prozess.

Die Rhythmusarbeit begann ich mit der Frage: „Wer bin ich zwischen Ta und Ki?" Ich erlebte in diesem „Dazwischen" unsägliche Schmerzen, tiefste Abgründe und ein schwarzes Verloren-Sein, dem ich nur im Bewusstsein des tragendes Kreises der Gruppe standhalten konnte. Das tief-seelische Abgetrennt-Sein verhinderte das Spüren meiner Wurzeln und des Bodens, und erst erschütterndes Weinen brachte mich wieder zurück. Am nächsten Morgen war etwas weg, und ich blieb im Rhythmus. Den folgenden Gruppenprozess erlebte ich in neuer Klarheit und Deutlichkeit. Gruppen brauchen Chaos-Phasen und Führung (oder eine Aufgabe); durch Führung entsteht Heimat und Vertrauen; der Gesamtprozess ist immer größer, und ich kann lernen, mir im Chaos zu vertrauen.

Die Woche im August bringt mir ein neues Energie-Erleben während der Atemreise: Statt Schmerz, Wut und Trauer erlebe ich feinere Kanäle und Kräfte, insbesondere in meinen Händen. Dort nehme ich rötliche und blaue Energiebälle mit starken Heilkräften wahr.

Eine Musikerin schreibt:
Themen der ersten 4 Seminare 1997: Wachsen und teilen. Frau sein, Schwester sein, Mutter sein. Ich darf Fehler machen. Ich kann mir helfen lassen. Auch wenn ich meine Schwäche zeige, werde ich unterstützt. Im Gegensatz zu früher, als mein Klavierlehrer mich als 7-Jährige auf die Finger oder ins Gesicht schlug, sobald ich einen Fehler machte, und noch strenger wurde, mich als Heulsuse betitelte, wenn ich dann in Tränen ausbrach; oder mein überarbeiteter und unerfahrener Vater mich als Zärtlichkeit und Zuwendung suchende 3-Jährige regelmäßig von sich wegschlug. Mein Leben: süß und bitter oder eine große Improvisation. In Gestalt meines Tonbabys bin ich Sender und Empfänger und im Maskenspiel das weise Mädchen, die dem schönen Jüngling die Öffnung ins Dritte angibt. Hingabe und Mitschwingen empfinde ich zu diesem Zeitpunkt weniger unterstützend als konfrontierende Berührungen. (Das ändert sich im Laufe der Ausbildung zusehends!) Das Hinausschreien von Wut und Ärger in der Gruppe ist schwer und befreit meine Ausdrucksfähigkeit.

TaKeTiNa
Dann ist Kontakt von innen nach außen und von außen nach innen möglich. Welch eine Kraft liegt in Musik. Scham vor der vielen Trauer, die in mir sitzt. Eine Elefantin und eine Bärin erscheinen mir als Krafttiere: Power, Freude und Traurigkeit verdeutlichen die Essenz meiner Atemreise – GEWAHRSEIN DER GLEICHZEITIGKEIT DER GEFÜHLE – NICHT BEWEGUNG MACHEN, SONDERN INNERE BEWEGUNG ZULASSEN. TaKeTiNa verdeutlicht die Gleichzeitigkeit verschiedener Rhythmen im Körper und ist eine Methode, das Komplexitätsbewusstsein zu erhöhen.

Heilungsritual
Ich genieße den Luxus einer persönlichen Begleiterin, die alle Höhen und Tiefen der Reise miterlebt. Essenz: Endlich erspüre, fühle ich das Heilende der Ursuppe mit Haut und Öl; trenne mich ungern, bin im lustvollen, erotischen und spielerischen Paartanz der Schlangengöttin mal männlich, mal weiblich. Und streife Dämonen und Moralinstanzen mit den Kleidern ab, tanze zur Dschungel- und Ozeanmusik meinen Königinnentanz. Wenn ich meine Haut in der Wärme spüre, mich frei in der Natur bewegen kann – dann öffnet sich mein Herz und mein Sein.

Integrationsseminar
Wunderbares Schweigen zum Ankommen in den Löchern und im Kern. In der 3. Meditation ohne Anleitung am ersten Abend lasse ich alle Anspannung los – Leere. Meine früheste positive Erinnerung ist ein häufig vorkommender Traum, dass ich

alleine auf der Oberfläche des Erdballes herumspaziere, hüpfe und singe und: ICH HABE ALLES UND ICH BIN ALLES. Das andere, das Loch, ist das FALLENGELASSENWERDEN – schutzlos, verletzt, verunsichert. Vielleicht bin ich deswegen immer in Bewegung, zeige Kraft, um nicht das Schutzlose und Ausgeliefertsein spüren zu müssen – lieber steuern als Opfer sein. Das Urvertrauen in die Menschen ist angeknackst – das Urvertrauen in eine höhere Energie (Gott) ist eher ausgeprägt. Immer wieder bewahrten mich Schutzengel vor Schaden, bei Stürzen von meterhohen Klettergerüsten, Trampabenteuern, Pferderitten ... Ohne Vergebung komme ich nicht durch meine Löcher. Benutze ich meinen Freund, um meine Löcher zu stopfen?

Tief in meinem Bauch, in meinem Herzen und über meinem Kopf spüre ich den Schimmer von goldenem Strahl, eine immer wieder sich drehende Spirale. Das ist der Lebensimpuls von WACHSEN – WERDEN – VERGEHEN, und ich kann da nichts dran verändern. Es bleibt. ICH BRAUCHE MICH NICHT ZU HETZEN – ES PASSIERT VON ALLEINE, UND ES IST IMMER ALLES DA. Doch das Ich will nicht vergehen, daran halte ich fest.

Die Gongmusik bzw. Klangschalenmusik ist für mich die reinste Verkörperung von Licht. Menschen repräsentieren die verschiedenen Spektren von Licht – fließende farbintensive Strahlen bis zum farblosen Tupfer – von farbenprächtig bis zu einer einzigen Farbe. Erkenntnis schon von anderen Reisen: WIR SIND LICHT; NEHMEN, LEBEN VOM LICHT UND GEBEN LICHT AB. Von der Bergspitze in den Krater zum Licht.

Mit dem Erwachen der Frau öffnet sich der Raum für die Königinnenenergie mit gleichzeitig mehr Bescheidenheit, Demut und Akzeptanz der langsamen Schritte.

Bericht eines Inhabers einer Baufirma:
Nach dem Motto: „Entwicklung erfolgt langsam und in Sprüngen“ kann ich sagen, dass ich beides erlebt habe.

Anfangs ließen meine festen Lebensgrundsätze und Leitsätze keine Sprünge zu, erst im Laufe der Zeit konnte ich mich aus den Fesseln und der Enge dieser Denkweise befreien.

Das tägliche Streben nach Anerkennung und Bestätigung wandelte sich immer mehr in ein Gefühl: „Ich habe mein Bestes gegeben – und es ist so; es muss nicht alles noch verbessert werden, und ich darf mich glücklich fühlen, es so geschafft zu haben.“

Der Zwang zur ständigen Optimierung und Verbesserung hatte mich so unter Stress gesetzt, dass ich immer das Gefühl hatte, den Anforderungen nicht zu genügen. Die zwangsläufig damit verbundene Angst vor Kritik hat mich lange gelähmt und viel von meiner natürlichen Lebensfreude genommen. Mein Verständnis von Leben hat sich grundlegend geändert. Ich muss nicht leben und kämpfen, sondern ich darf leben und mich am Leben erfreuen. Es darf Spaß machen.

Wo waren da die Blockaden und die Hürden, die ich nicht loslassen konnte oder vielleicht auch nicht loslassen wollte?

Meine Unkenntnis über die Zusammenhänge, das Nichtverstehen, das Nicht-Kalkulierbare hat mich festgehalten und blockiert. Einfache Beschreibungen der Gefühle und die Unfähigkeit, meine Gefühle zu erkennen, geschweige denn zu ihnen zu stehen, waren für mich bittere Erkenntnisse, die ich durch sanfte Art und Weise mit gezielten Übungen überwinden konnte.

Im ersten Jahr der Ausbildung konnte ich meine Verhaltensmuster erkennen und habe die Ursache und die Wirkung in der Gruppe und anschließend im heimischen Umfeld, in der Familie, in der Firma mit den Mitarbeitern und Kunden erproben können. Ein leichterer Umgang mit meinen Mitmenschen ist das Ergebnis. Achtung und Respekt vor dem anderen, ohne Bewertung, ohne Filter und Vorbehalte, ist für mich kein Schritt, sondern ein Sprung gewesen.

Ein treffender Ausspruch: „Der sympathische Außenseiter“ hat mich anfangs betroffen gemacht, aber bei näherem Hinsehen kann ich diese Bezeichnung gut annehmen und stehe sogar dazu.

Besonders die Arbeiten mit den Musikinstrumenten hat mir bisher nicht gekannte Erlebnisse beschert. Eine Welle von neuen Gefühlen beim Musizieren, von Chaos bis Harmonie, von Beständigkeit und Wechselhaftigkeit im Ausdruck, von Führen und Zurücknehmen und Mitschwingen, hat mich begeistert, und meine Achtung vor Musikern und ihrer Leidenschaft zur Musik hat mich tief getroffen. Ein Vorurteil, dass ich nicht musikalisch wäre, konnte ich hinter mir lassen.

Ein Bild ist mir in bleibender Erinnerung, es beschreibt die Diskrepanz in mir: der am Boden rumhüpfende Adler, der weiß, dass er fliegen könnte, und es nicht tut.

Mein Selbstverständnis ist dahingehend gewachsen, dass ich meine Eigenheiten und Eigenarten annehme und erkannt habe: Sie sind Teil von mir, sie sind meins. Ich bin ein authentischerer Mensch geworden, ohne dass ich mich ständig der Zustimmung oder der Liebe von anderen vergewissern muss. Manchmal traue ich mich schon, als Adler zu fliegen.

Eine Software- und Kommunikationstrainerin schreibt:
Neben allen Erkenntnissen, die ich aus den hier erwähnten Arbeiten bezogen habe, kommt mir der Begriff „MUT“ in den Sinn. Bei aller Neugier und Offenheit, die ich immer wieder hatte, um mich überhaupt auf die ganze Ausbildung und den damit verbundenen Übungen, Erfahrungen und Prozessen einzulassen, habe ich immer wieder den Mut dazu aufgebracht.

Das wiederum habe ich auch der Gruppe zu verdanken. In meiner Biografie habe ich weder Schutz (du bist willkommen; gehört, gesehen werden; ich nehme dich so, wie du bist) noch Rückenstärkung, Willen (du hast deinen Platz, du bist) erfahren.

In der Gruppe habe ich all das erfahren. Aufgefangen zu werden, liebevoll konfrontiert zu werden, willkommen zu sein, die Wahrheiten zu zeigen, auszudrücken, mich mit allem, was ich bin, zu zeigen. Das hat mir immer wieder Mut gegeben, weiterzugehen, weiterzumachen und den nächsten Schritt zu gehen.

Atmen, atmen, in die Tiefe gehen, wach bleiben, tief atmen, bei mir bleiben, die anderen dennoch wahrnehmen. Was war passiert?

Ich spürte den Klang in meinem Körper, Rhythmus, Bewegung, Tiefe, ich, die anderen, Raum. Es stellte sich völlig von selbst ein eigener Rhythmus ein. Heftige Beckenbewegungen, heftiger Rhythmus, tiefer, tiefer, tiefer, intensiver, intensiver, intensiver. Ich spürte nur noch Heftigkeit, Intensität ohne Ende. Trance, bis hin zur Ekstase. Ich hatte einen Höhepunkt (Orgasmus). Ein Beben ging durch meinen Körper, ein wunderbares warmes Gefühl.

Musik, Stimme, Körper, Rhythmus. Befreiung, frei sein, neue Musik, neues Gefühl, Helligkeit, sich frei fühlen. Wunderbares, warmes, liebevolles Gefühl, liebevoller Klang. Ich suchte meine Stimme, holte mir ..... zur Unterstützung, setzte meine Stimme ein, erst mit Rückenstärkung, dann versuchte ich es alleine. Die Stimme bebte, wurde lauter, voller Volumen, wurde wieder leiser. So ging es eine Weile, bis ich meinen Klang fand. Ich hatte meine Wachsamkeit nicht verloren, aber meine Kontrolle aufgegeben. Ich hatte mich dem Geschehen hingegeben und mich wunderbar erlebt. Mein Wunsch damals: So möchte ich mich gerne öfter spüren. Moments of excellence.

Zeitweise befand ich mich auf dieser Reise im tiefen Dunkel. Es war aber nichts Bedrohliches. Es war wie ein Urwald, der seinen Ton hatte, in dem ich mich wiegte. Nach der Ekstase, dem ekstatischen Erleben wurde es plötzlich hell. So hell, Sonne, Sonne, Sonne, so, als hätte ich durch den Rhythmus und die Tiefe und durch den Höhepunkt den Weg in das Licht gefunden. Ich spürte eine Grazilität in mir, wie eine Elfe, die mit den Klängen des Lichtes tanzte.

Mein Erlebnis auf einer 2-stündigen Atemreise mit musikalischer Untermalung: Ich hatte eine Begleiterin. Nachdem sie eine leichte Massage zu meiner Öffnung durchgeführt hatte, kam ich relativ schnell ins tiefe Atmen und fand unter ihrer Begleitung meinen Rhythmus. Mehr ein- als ausatmen. Ich ging relativ schnell ins Beckenbounzen und spürte eine ungeheure Kraft in den Beinen und einen starken Drang, mich nach hinten zu bewegen. Sie fasste mich am Kopf, und ich drückte dagegen. Die einzelnen Abläufe sind mir nicht mehr so in Erinnerung. Auf jeden Fall ging ich dieser Kraft in den Beinen nach und drückte mich nach hinten. Ich spürte einen sehr starken Willen.

Nach meiner Wahrnehmung saßen an meinem Kopfende ungefähr 3 Leute. Mit meiner ganzen Kraft drückte ich meine Begleiter, Antje und Bernhard, nach hinten und schob uns durch den Raum. Anstrengend. Ich wollte kommen. Ich drückte immer weiter, atmete in meinem Rhythmus und rief: „Lasst mich, lasst mich endlich!" Irgendwann drehte ich mich zur Seite mit dem Impuls, ich will da durch. Ich fühlte mich wirklich wie ein Baby, das sich jetzt seinen Weg durch den Geburtskanal bahnte. Es war ein Kampf. Es war so schwer. Zwischendurch hatte ich das Gefühl, zu ersticken, es nicht zu schaffen. Ich hielt immer wieder inne, sammelte meine Kräfte und spürte ganz deutlich den starken Willen, es schaffen zu wollen. So ging ich immer wieder in die Ausgangsposition und spürte Antje, die mir den Geburtskanal bot. Ebenfalls mit einer ungeheuren Kraft. Irgendwann raffte ich meine ganze Energie zusammen und kämpfte mich durch den Kanal.

Gleichzeitigkeit

Zwischendurch fielen mir meine Kinder ein und alle Babys – welche Kraft die doch haben müssen, wenn auch durch die Unterstützung der Kontraktionen und dem Pressen der Mutter, den Weg auf die Welt zu schaffen. Im Hinblick auf meine Kinder blieb diese Wahrnehmung dann bei meinem Sohn, da meine Töchter durch einen Kaiserschnitt auf die Welt gekommen sind. Es tauchte die Frage auf, ob die beiden Mädchen etwas *Wichtiges* nicht erlebt haben.

Nach großer Anstrengung schaffte ich es doch endlich. Meine Geburt. Antje nahm mich liebevoll in den Arm, und ich nahm meine Körperhaltung wie die eines Babys wahr. Ich spürte Antjes warmen Busen und ihre ganze Wärme und Mütterlichkeit und ließ mich darin ein wenig wiegen. Es war sehr, sehr schön und *heilsam.*

Nach einer Weile war es gut. Ich war genährt und konnte mich wieder auf die Matratze legen, um mich auszuruhen.

Die ganze Zeit habe ich das Drumherum wahrgenommen, die anderen gehört und habe mich dennoch durch nichts aus dem Prozess bringen lassen. Wenn die Gefahr bestand, bin ich wieder zu mir gegangen und habe mir erlaubt, weiterzugehen.

In der Ausruhphase merkte ich, dass sich der Anspruch meldete, nun wieder ganz in das Hier und Jetzt zu kommen. Gleichzeitig nahm ich wahr, dass ich noch nicht soweit bin. Ich öffnete die Augen, war aber noch nicht ganz da, schloss die Augen wieder und löste mich davon, wieder ganz da sein zu müssen. Ich gab mich meiner Eigendynamik hin, wohin sie mich auch immer bringen wollte.

Die Musik wechselte zwischendurch, und ich bekam, nachdem ich das Atmen wieder intensiviert hatte, den Impuls, aufzustehen.

Da war wieder das Licht. Dieses so helle, anziehende Licht, das bereits bei anderen Atemreisen aufgetaucht war. Auch dieses Mal zog es mich wieder zu dem Licht – unaufhaltsam. Etwas wackelig auf den Beinen ging ich diesem so hell erscheinenden Licht entgegen und war der Überzeugung, ihm nun total und endgültig begegnen zu wollen. Es wurde immer heller, und es zog mich immer stärker zu sich.

Zusammenfassung

Ich brauche weder mir noch anderen zu beweisen, was ich kann. Ich weiß, was ich kann, ich sehe meine Grenzen und akzeptiere sie. Dort, wo ich jetzt stehe, und das, was ich jetzt leiste, suche ich mir selber aus, und es erfüllt mich mit großer Zufriedenheit. Ich genieße die Anerkennung und kann sie besonders gut nehmen, wenn ich sie mir selber gebe. Die Fähigkeit, an mir zu zweifeln und hin und wieder alles in Frage zu stellen, ist als mein Begleiter geblieben. Von ihm lasse ich mich nur nicht mehr antreiben. Kommen mir Zweifel, halte ich inne und schaue sie mir an. Meinen Lebensweg gehe ich. Meine Inhalte formieren sich immer wieder neu.

Ich bin ein ganzes Stück angekommen. Nehme mir den Raum und die Zeit, mich auszuruhen und zu verweilen. Und so kann es auch ein bißchen weitergehen. Die Bewegung findet in mir statt und hat im Außen ihre Wirkung. Ich brauche keine überhöhten Ansprüche, um mich in Unzufriedenheit zu stürzen und damit ein ständiges Jagen durch mein Leben und die Welt in Gang zu setzen. Meinen neu gefundenen Rhythmus/Zyklus kann ich gut akzeptieren. Ich stehe immer mehr zu mir. Das verschafft mir eine innere Ruhe, Gelassenheit, weil ich weiß, dass ich nicht alles steuern muss und auch nicht will. Ich habe das Vertrauen entwickelt, dass alles seine natürliche Evolution hat.

Glück fühlt sich gut an. Ich kann es aushalten und nehmen und möchte inzwischen mehr davon. Die Spirale nach unten hat ihre Gleitfähigkeit verloren. Die Spirale nach oben lockt und lädt mich immer häufiger ein, und ich nehme die Einladungen an. Licht, Helligkeit, Freude, Sein, Kontakt, Erfüllung, Glück.

Mein Ziel, das ich mir vor 3 Jahren gesetzt habe, ist erreicht. Es gelingt mir immer besser meine Fähigkeiten, meine Potentiale, meine Kraft konstruktiv zu leben und sie zunehmend mit Leichtigkeit einzusetzen.

Ich habe mich von meinem Drama verabschiedet und eine tiefe Reise hinter mir. Ich glaube an mich, kenne meine Facetten, viele Schattenseiten und Abgründe und nehme sie als meine Anteile. Das bestärkt mich und in meiner Zuverlässigkeit.

Ein Abteilungsleiter berichtet:
„Mittler zwischen den Welten", dieses war die Bezeichnung für mich, die Bernhard auf einem Parcours zur Einschätzung der Ausbildungsteilnehmer auslegte.

Ich konnte dieses, wie selten, sofort nehmen und sagen: „Ja, das bin ich nach meinen ganzen Erfahrungen mit den verschiedenen Ebenen der Grenzüberschreitung des normalen, menschlichen Bewusstseins." Und es ist wohl immer wieder die Arbeit des Zurückholens bzw. Verankerns zu tun, da diese gemachten Erfahrungen durch neue Erlebnisse immer mehr in den Hintergrund geraten. Wie gut tut es mir da, jetzt noch einmal darüber zu schreiben. Auch in verschiedenen Ausbildungssequenzen hatte ich entsprechende Erlebnisse, die ich nicht missen möchte.

Inzwischen kann ich die holotropen Atemreisen alleine durchleben. Ich möchte mir die Möglichkeiten, in diese anderen Welten einzutauchen, immer wieder gönnen, um inzwischen auch die Sehnsucht nach dieser Verbindungsmöglichkeit zu stillen. Im realen Leben werde ich diese Erfahrungen im angemessenen Kontext vermitteln. Ich teile mit, dass es noch etwas anderes als das „Offensichtliche" gibt: etwas dahinter, das uns stärken kann, das Leben von anderen Aspekten her zu betrachten und zu leben.

Ich bin inzwischen über meine sozialisationsbedingten Grenzen gegangen. Jetzt auszuhalten, dass es ein ganz neues Dasein in diesem Leben geben kann, ist meine aktuelle Aufgabe. Ich hoffe, dass ich es schaffe. Der Kreis ist geschlossen. Das heißt, ich bin jetzt in einer so feinen und konstruktiven Umgebung mit Freunden und Bekannten – in meiner eigenen inneren und äußeren Weiterentwicklung, dass ich in der Lebensspirale nur noch weitergehen kann.

Dieses drückte auch schon meine Atemreise Anfang 1999 aus, in der ich die folgende Erfahrung hatte: „Dann war ich in einem Schloss oder einer Burg. Dort ging ich die Wendeltreppe runter, auf der ich einen scheinbar mir bekannten jung aussehenden Mann traf. Es muss der Schlossherr gewesen sein. Ich fragte ihn, wieso wir uns hier auf der Treppe eines Schlosses treffen müssten, um uns zu sprechen? Er sagte, dass es hier am besten sei."

4 Zusammenfassung, Forschungsvorhaben und Ausblick

Viele Reisende sind auf der hier beschriebenen Reiseroute bei einem für sie persönlich wichtigen Ziel angekommen oder konnten zumindest auf einer guten Aussichtsplattform Rast machen. Dysfunktionale Persönlichkeitsmuster konnten aufgelöst werden, viele Weggefährten erreichten größere Zufriedenheit in ihren privaten Beziehungen sowie in ihrem Arbeitsfeld. Kontakt mit größeren Energieformen wurde für die meisten erlebbar, und Wesens- oder Kernerfahrungen waren ihnen möglich.

Dennoch ist das hier vorgelegte Buch ein Zwischenergebnis.

Wir haben das Unbekannte riskiert und sind zu zufriedenstellenden Ergebnissen gekommen. Das Nicht-Wissen ist jedoch noch bei weitem größer als unser Wissen. Die Landkarte ist zwar grob gezeichnet, jetzt müssen aber noch zahlreiche weiße Flecken mit Erfahrungen, Daten und Ahnungen gefüllt werden.

So werden wir in den weiteren Durchgängen unserer Ausbildungslehrgänge und auch in allen anderen Seminaren weiterhin Protokolle erstellen, Übungen mitschreiben, Ideen sammeln, Erfahrungen der TeilnehmerInnen und LeiterInnen notieren. Wir werden weitere Themenbereiche hinzufügen, neue Methoden erproben und in ständigem Austausch mit KollegInnen bleiben.

Ein Ergebnis glauben wir jedoch schon vorwegnehmen zu können: Wir werden keinen schnelleren, einfacheren und leichteren Weg finden. Wir sind davon überzeugt, dass kein *short cut,* kein schneller Abkürzungsweg zu den von uns beschriebenen Erfahrungen möglich ist. Dennoch bleibt unsere Erfahrung gültig: Entwicklung geschieht langsam und in Sprüngen.

Beides wollen wir weiterhin unterstützen: die Sprünge und die langsame Entwicklung. Doch welche Entwicklung meinen wir und wohin?

Zahlreiche Forschungsvorhaben liegen auf unserem Weg:

- Wie können wir uns weiter und tiefer vernetzen?
- Wie können wir mit der wachsenden Komplexität ohne zu große Anstrengung mitschwingen?

- Wie können wir mit wachsender Geschwindigkeit immer langsamer werden?
- Wie können wir die unglaubliche Energie unseres Innersten besser nutzen, ohne überheblich zu werden?
- Wie können wir mit wachsender Ausdruckskraft immer ruhiger und stiller werden?
- Wie können wir lernen, tiefer und bedingungsloser zu lieben?

Dabei bedenken wir einen alten Lehrsatz: „Es ist nicht so wichtig, zu wissen, wie etwas funktioniert, sondern zu erfahren, wie etwas wirkt.“ Wir haben die Wirkungen unserer Methode erfahren und werden weiter dafür eintreten, dass die neuzeitliche Psychologie seelenvoller wird, indem die relevanten Fragen gestellt und bedeutsame, nämlich lebensnahe Forschungssettings gewählt werden. Nur so lässt sich Kontakt zur Seele herstellen.

Die Wirkungen unserer Seele auf uns und auf zwischenmenschliche Beziehungen tiefer zu verstehen, ihre Impulse auf ein friedliches und ökologisch verantwortliches Leben hin deutlicher wahrzunehmen und zu unterstützen, unsere Destruktivität zu würdigen und die Grenzen unserer menschlichen Entwicklungsmöglichkeiten auszudehnen, daran werden wir weiter forschen.

Ein spezieller Wegführer scheint uns dabei die innere Architektur des Lächelns in unserem Körperraum zu sein, unser Körperraum, die Materialisierung unserer lebendigen, lächelnden Seele.

5 Die AutorInnen

Yvonne Ats

Jg. 1966, lebt und arbeitet in Freiburg, verheiratet, Mutter einer Tochter, acht Jahre Erfahrung in der Arbeit mit Homöopathie, drei Jahre Management des CoreDynamik-Büros, CoreDynamik-Trainerin, Mitglied des Ausbildungsteams, Beratung, Coaching.

Jeanette von Bialy

1948 geboren. Nach einer kurzen Berufsepisode als Fremdsprachenkorrespondentin und Dolmetscherin studierte sie Sozialpädagogik und arbeitete 10 Jahre lang mit Jugendlichen und ihren Familien. Seit 1978 Ausbildung zur Gestalttherapeutin. Seit 1985 arbeitet sie in freier Praxis unter anderem als Lehrtherapeutin und Supervisorin. Aus dieser Praxis heraus schrieb sie gemeinsam mit ihrem Mann ein Handbuch für Gestalttherapeuten (*Siebenmal Perls auf einen Streich*, Junfermann 1998). Weiterbildung in pädagogischem Rollenspiel. Aus der Kombination dieser Methodik mit Gestalttherapie entwickelten beide einen szenisch-dialogischen Gestaltansatz.

Rutger von Bothmer

Geb. 1954, Vater von zwei erwachsenen Kindern, Musiker, Stimm- und Kreativitätstrainer, langjährige Arbeit im interkulturellen Bereich und in der Erwachsenenbildung, Lehrer, Moderator, CoreDynamik-Trainer und -Ausbilder. Coach und Managementtrainer.

Karin Dittmer

Musikerin und TaKeTiNa-Rhythmuspädagogin mit langjähriger Live- und Studioerfahrung. Lehrerin an der eigenen Musikschule KLANGRAUM als Multi-Instrumentalistin. Trancearbeit, Gründungsmitglied der Musik- und Forschungsgruppe TranceZenDance.

Volkmar Dittmer

Musiker und Komponist mit langjähriger Erfahrung in den unterschiedlichsten musikalischen Gattungen in Live- und Studioarbeit. Lehrer an der eigenen Musikschule KLANGRAUM. Trancearbeit, Gründungsmitglied der Musik- und Forschungsgruppe TranceZenDance.

Astrid Gude

Lehrerin, jahrelange Selbsterfahrungs- und Trainingserfahrungen, CoreDynamik-Trainerin und -Therapeutin (HPG), Mitglied im Leitungsteam für die CoreDynamik-Ausbildung.

Ingo Benjamin Jahrsetz

Dr. phil., arbeitet in den Bereichen Psychotherapie, Supervision, Ausbildung und Workshops, speziell mit psychoanalytisch orientierter Therapie und Familientherapie sowie Psychodramatherapie und Holotropem Atmen. Er ist Certified Grof Holotropic Breathwork Practitioner und Initiator und Ehrenvorsitzender des Spiritual Emergence Network e.V. Deutschland (SEN). Gründer der Schule für Transpersonale Psychologie und Psychotherapie e.V.

Gisela-Olga Leiter

Geb. 1955, Sozialpädagogin, Heilpraktikerin mit Schwerpunkt klassische Homöopathie, Dozentin für Homöopathie und medizinische Grundlagen, CoreDynamik-Therapeutin. Mitglied des CoreDynamik-Ausbildungsteams.

Bernhard Mack

Geb. 1948, Dr. phil., studierte Psychologie, Philosophie und Erziehungswissenschaften. War als Schulpsychologe, Hauptschul- und Techniklehrer tätig. Dipl.-Psych. in Pädagogischer Psychologie. Promotion zur Handlungsforschung in der Gruppendynamik. Seit 1972 zahlreiche Ausbildungen in verschiedenen Therapie- und Trainingsmethoden. Klinischer Psychologe, Graduierung in Integrativer Gestalt- und Bewegungstherapie am Fritz-Perls-Institut, approbierter Psychotherapeut. Entwickelte die CoreDynamik. Arbeitet als Unternehmensberater und Managementtrainer für Firmen aller Größenordnungen, insbesondere im Bereich Teamentwicklung, Coaching und Führungskräftetraining.

Gerhard Mayer

Geb. 1958, Dr. phil., hat Psychologie (Dipl.-Psych.), Soziologie und Philosophie in Freiburg studiert und im Bereich der Medienpsychologie promoviert. Er arbeitet in der Forschung am Institut für Grenzgebiete der Psychologie und Psychohygiene e.V. in Freiburg. Er ist CoreDynamik-Trainer und -Therapeut und begleitet eine Ausbildungsgruppe. Weitere Berufsausbildungen: Holzbildhauerei und Astrologie.

Barbara Moos

Geb. 1958, verheiratet, Sonderschullehrerin, langjährige Erfahrung in der Arbeit mit psychisch und geistig behinderten Menschen. CoreDynamik-Trainerin und -Therapeutin. Mitglied des Ausbildungsteams.

Doris Müller

Geb. 1952, Ausbildung als Schauspielerin und langjährige Tätigkeit auf verschiedenen Bühnen. Ab 1984 absolvierte sie eine Ausbildung zur Gestalttherapeutin. Seit 1988 hat sie eine Praxis für Psychotherapie (HPG), arbeitet als Kommunikationstrainerin und entwickelte ihre Form von therapeutischem Theater/Dramatherapie. Sie leitet das Life-Act-Projekt „Theater für Betriebe“ und ist Dozentin am CoreDynamik-Institut.

Maria Roszkopf-Niel

48 Jahre, Konz. Lebens- und Sozialberaterin, Erstberuf: Dipl. Operationsschwester

Hubert Roszkopf

56 Jahre, Architekt
Beide leben seit 25 Jahren in lebendiger Partnerschaft und haben miteinander drei Kinder. Sie leiten ein Wasser- und Seminarzentrum in Österreich. Ihr gemeinsamer Erfahrungs- und Ausbildungsweg führte sie unter anderem über den Hoffmann-Quadrinity-Prozess, Tantra-Trainings und Assistenzen verschiedener Schulen zu WATSU und WATA und zur CoreDynamik-Ausbildung.

Seit 1994 geben sie in ihrem Zentrum Behandlungen in Aquatischer Körpertherapie (WATSU, WATA) für Einzelne, Paare und Gruppen. Seit 1998 Institut für Aquatische Körpertherapie und CoreDynamik-Institut Österreich.

Helmut Volk-von Bialy

1946 geboren. Dr. phil. Nach einer Lehrerausbildung arbeitet er seit 1976 in der beruflichen Erwachsenenbildung als Dozent für Kommunikation, als Lehrerfortbilder und seit 1998 als Projektentwickler. Sachbuchautor zu Themen der Berufsbildungsdidaktik, der Kommunikations- und Rollenspielpädagogik und der Psychotherapie. Zusammen mit seiner Frau begleitet er zwei Töchter – 1983 und 1988 geboren – auf ihrem Weg ins Leben. Seit 1993 arbeitet er als Trainer und Supervisor für szenisch-dialogische Bildung und als Unternehmensentwickler mit dem Akzent auf der Förderung einer partnerschaftlichen Begegnungs- und Lernkultur unter den Bedingungen wachsender Anforderungen an Komplexität und Veränderungsfähigkeit.

Michael Wilmes

Unternehmensberater, Coach und Supervisor, Ausbildung als Managementtrainer, Studium der Germanistik, Sozialwissenschaften, Theaterwissenschaften, Arbeit als Lehrer, Abteilungsleiter, Theaterpädagoge und Schulberater. Seit 10 Jahren begleitet er Unternehmen und Schulen in den Bereichen Teamentwicklung, Führungskompetenzentwicklung und Konfliktlösung.

6 Das CoreDynamik-Institut

Ausbildungsprogramm des CoreDynamik-Instituts

Das CoreDynamik-Institut bietet eine dreijährige berufsbegleitende Aus- und Weiterbildung zum CoreDynamik-TrainerIn für Einzelne, Paare, Gruppen und Organisationen an. Ziel ist die Befähigung zu professioneller Arbeit als Coach und BeraterIn für Privatpersonen sowie als TrainerIn im Managementbereich und für Organisationsentwicklung.

Im ersten Jahr werden vermittelt:
- Methoden des Einzelcoaching
- Methoden der biografischen Aufarbeitung von Verhaltens- und Persönlichkeitsmustern
- Diagnostische Modelle
- Verfahren zur Lösung von Gefühls- und Körperblockaden
- Wege zum Spürbewusstsein
- Arbeit mit kreativen Medien wie Bild, Ton und Stimme
- Intensivierung der Ausdruckskraft

Im zweiten Jahr steht im Vordergrund:
- Paardiagnostik und Arbeit mit Paardynamiken
- Arbeit mit Klein- und Großgruppenprozessen
- Energie- und Ritualarbeit
- Methoden der Atemarbeit und Meditation zur Öffnung der Intuition und Förderung der Kreativität

Im dritten Jahr wird die eigenständige coredynamische Arbeit in den Praxisfeldern der TeilnehmerInnen der Ausbildungsgruppe angeregt und unterstützt:
- Vertiefung der Erfahrung und Supervision der Praxis in Gruppen und Organisationen steht im Vordergrund
- Theorie und Praxis der Organisationsentwicklung
- Supervidierte Kleingruppenleitung durch die Teilnehmer

- Experten aus verschiedenen Praxisbereichen begleiten die Supervisionsprozesse aus ihrer Praxiserfahrung

Die Ausbildung wird geleitet von *Bernhard Mack* und den Dozenten des Instituts sowie dem Team der Assistenten. Eine detaillierte Beschreibung der Ausbildung und die Anschriften der Regionalinstitute finden Sie in der Aus- und Weiterbildungsbroschüre. Diese können Sie mit weiteren Unterlagen und Informationen zu aktuellen Seminaren anfordern im:

CoreDynamik-Institut
Leimbachweg 12
79283 Bollschweil bei Freiburg

Telefon: 07633-98 27 07
Fax: 07633-98 27 08
e-mail: info@coredynamik.de
http://www.coredynamik.de